Eines Tages werden Sie kommen, aber Sie werden mich nicht mehr vorfinden; Sie werden nichts als den Wind antreffen. Jener Tag wird kommen, und wenn es soweit ist, wird es niemanden geben, der Ihnen eine Auskunft geben kann. Und Sie werden denken, daß alles eine Lüge gewesen ist. Es ist wahr, wir leben hier mit Lügen. Was man im Radio erzählt, sind Lügen; Lügen, das, was die Nachbarn erzählen, und eine Lüge, daß Sie um mich trauern. Da ich Ihnen nicht mehr nützlich sein kann, warum zum Teufel sollten Sie mich auch vermissen. Wer, glauben Sie, sollte mich schon vermissen, zumal ich gehen werde, ohne Adieu zu sagen?

Jesusa

Die Autorin:

Elena Poniatowska, geboren 1933, begann ab 1954 journalistisch zu arbeiten. Für ihre Interviews erhielt sie als erste Frau den *Nationalen Journalistenpreis* Mexikos. Außerdem wirkt sie als Herausgeberin für zeitgenössische Literatur.

Ihr gesellschaftliches Engagement wird unter anderem auch durch *Allem zum Trotz* ... gekennzeichnet, das in Mexiko in 19 Auflagen erschienen ist.

Sie erregte großes Aufsehen, als sie den *Villa-Rotia-Preis* für ihr Buch über den Studentenaufstand 1968 zurückwies und den damaligen Präsidenten Echeverria in einem offenen Brief fragte, wer denn den Toten Preise verleihe.

Allem zum Trotz ... wurde ins Französische und Polnische übersetzt.

Die Übersetzerin:

Karin Schmidt machte zunächst eine Tanzausbildung in Essen, studierte später zwei Jahre Spanisch in Madrid, lebte danach insgesamt neun Jahre in Lateinamerika (Peru, Bolivien, Ecuador), wo sie neben ihrer Tätigkeit an staatlichen Ballettschulen und -kompagnien auch als Dolmetscherin und Übersetzerin arbeitete. Aufgrund ihres langjährigen Aufenthaltes in Lateinamerika ist sie mit Land und Leuten, mit den besonderen Gegebenheiten und Lebensumständen sowie dem politischen Kontext bestens vertraut und möchte sich jetzt gezielt der Übersetzung von Büchern aus Lateinamerika widmen.

Seit 1978 arbeitet sie an der Herausgabe des zweimonatlich erscheinenden *SAGO Informationsblattes Bolivien* mit, da ihr besonderes Engagement Bolivien gilt.

Elena Poniatowska

Allem zum Trotz ...

Das Leben der Jesusa

Aus dem Spanischen von Karin Schmidt

Lamuv Verlag

CIP-Kurztitelaufnahme der Deutschen Bibliothek

Poniatowska, Elena: Allem zum Trotz . . .: d. Leben d. Jesusa/
Elena Ponitowska. (Aus dem Span. von Karin Schmidt). –
1. Auflage, 1.–4. Tsd. – Bornheim-Merten: Lamuv-Verlag, 1982.
Einheitssacht.: Hasta no verte Jesus mío (dt.)
ISBN 3-921521-51-3

1. Auflage 1.–4. Tausend, April 1982

Umschlagentwurf und Gestaltung: Gerhard Steidl
Gesamtherstellung: Steidl, Düstere Straße 4, 3400 Göttingen
ISBN 3-921521-51-3

Für meinen Bruder Jan und
für all die jungen Leute,
die 1968
- dem Jahr von Tlatelolco* -
ihr Leben ließen.

* Das Jahr von Tlatelolco steht für die mexikanische Studentenbewegung, die von den Militärs am 2. Oktober 1968 - der Nacht von Tlatelolco - gewaltsam beendet wurde. Massaker unter den 5 000 Menschen, die sich auf dem Platz der Drei Kulturen, an der alten Kirche von Santiago de Tlatelolco in Mexiko City versammelt hatte, um die Sprecher des nationalen Streikrates zu hören. (Diese Anmerkung stammt, wie auch alle folgenden von der Übersetzerin.)

Elena Poniatowska

Vorwort zur deutschen Ausgabe

Dort, am Rand von Mexiko City, dort, wo die Straßen sich verlaufen und sich auflösen und immer verlassener wirken, dort, dort wohnt Jesusa. Durch die Straßen macht die Polizeistreife ganz langsam ihre Runden, den ganzen Tag über streifen die von der Hitze schläfrigen Polizisten durch die Straßen und verweilen oft stundenlang an einer Straßenecke. Dieses Chaos heißt: *»El Apenitas.«* Die Polizisten entsteigen ihrem Auto, um eine Limonade zu trinken; das Eis in den Eisboxen der Victoria und Superior ist nur noch Wasser, in dem Bier- und Limonadenflaschen herumschwimmen. Das Haar klebt den Frauen schweißnaß im Nacken. In dem gleichen Maße, wie die Hitze sirrt, sirren auch die Fliegen. Wie klebrig und wie schmutzig doch die Luft in jenen Teilen der Stadt ist! Die Menschen essen aus den gleichen Tiegeln, in denen sie Fleisch und mit Kartoffeln oder Kürbisblüten gefüllte Tortillas zubereiten, dieses tägliche Brot, das die Frauen auf den Straßen auf wackeligen Tischen auftürmen. Ein paar Kürbisse liegen zum Trocknen auf den Dächern aus.

Jesusa ist auch ausgetrocknet. Sie ist genauso alt wie das Jahrhundert; sie ist heute 82 Jahre, und die Jahre haben sie zusammenschrumpfen lassen, haben ihr den Rücken gebeugt. Man erzählt sich, daß die Alten kleiner werden, damit sie in der Erde so wenig Platz wie möglich benötigen. Jesusas Augen, die von roten Äderchen durchzogen sind, blicken müde. Am Außenrand ist die Pupille erdfarben, grau; das Braun ihrer Augen verblaßt nach und nach. Das Wasser steigt nicht mehr in die Augen, und der Tränenwinkel ist blutunterlaufen. Unter der Haut ist auch kein Wasser, deshalb wiederholt Jesusa unaufhörlich: »Ich, ich schrumpfe immer mehr zusammen.« Die Haut über den hervorstehenden Backenknochen jedoch ist noch straff. »Jedesmal, wenn ich mich bewege, fällt mir die Haut in Schuppen herunter.« Als erstes verlor sie einen Vorderzahn und beschloß: »Wenn er heraus ist, werde ich mir einen Kaugummi nehmen, ich werde ihn gut durchkauen, und dann klebe ich ihn mir dort hin.« Sie hat ihr wundervolles Haar verloren, dieses schöne Haar, das die Soldaten der Truppe dazu verleitet hatte, sie die »Blumenkönigin« zu nennen. Was sie am meisten stört, sind ihre zwei dünnen Zöpfchen, und wenn sie heute ins Zentrum geht, um Brot oder Milch zu holen, dann bedeckt sie ihren Kopf mit ihrem Umschlagtuch. Sie geht gebeugt, dicht an den Häuserwänden entlang, in sich selbst verkrochen; mir jedoch, mir gefallen ihre zwei mit grauen Strähnchen durchzogenen Zöpfe, ihr schütteres Haar, das sich an den Schläfen und über der Stirn, die von einem Leberfleck bedeckt ist, kräuselt. Auch an den Händen hat sie diese großen braunen Flecken. Sie behauptet, das käme von der Leber; ich glaube aber eher, daß das vom Alter kommt. Im Alter werden Männer wie Frauen von Gebirgen und Tälern überzogen, von Hügeln und von Wüsten. Jesusa ähnelt jedesmal mehr der Erde; ein wandelnder Erdklumpen, ein Häufchen Lehm, das die Zeit festigte und das heute durch die Sonne ausgetrocknet ist. »Vier Zahnstumpen sind mir verblieben«, und um all die Lücken zu zeigen, führt sie ihre von der Arthritis deformierten Finger an den Mund. Mit den Jahren ist auch Jesusa zahm geworden. Als ich sie kennenlernte, war sie mürrisch, finster, sie sagte nicht einmal »herein«. Heute bietet sie sogar Platz an, wenn sie Besuch bekommt.

»Was wollen Sie? Was haben Sie mit mir vor?«

»Ich will mich mit Ihnen unterhalten.«

»Mit mir? Hören Sie, ich muß arbeiten. Wenn ich nicht arbeite, habe ich nichts zu essen. Ich habe keine Zeit, mich zu unterhalten.«

Nur widerwillig stimmte Jesusa zu, daß ich sie an dem einzigen Tag in der Woche, den sie frei hatte, besuchte; mittwochs nachmittags von vier bis sechs Uhr. Ich begann so ziemlich von Mittwoch zu Mittwoch zu leben. Jesusa aber behielt ihre ablehnende Haltung bei. Wenn die Nachbarinnen ihr Bescheid sagten, daß sie den Hund festhalten solle, damit ich eintreten konnte, sagte sie in schlechtgelauntem Ton: »Ach, Sie sind es!« Der an eine kurze Kette gelegte schwarze Hund bewachte gleichzeitig den ganzen Wohnhof. Er war groß und stark: ein bösartiger Hund. Er ließ keinen Fremden durch den sowieso schon kleinen Eingang herein. Wenn ich mich mit einem enormen Tonbandgerät an ihm vorbeiquetschte, fühlte ich seinen heißen Atem, und sein Gekläffe war genauso mürrisch wie Jesusas Ablehnung. Der Wohnhof hatte einen Durchgang in der Mitte und Zimmer zu beiden Seiten. Die zwei »sanitären Anlagen«, ohne Wasser und bis zum Rand voll, befanden sich am äußersten Ende. Es waren keine Stehklos mit Haltegriffen; es gab schon eine Schüssel, um sich darauf zu setzen, aber das schmutzige Papier häufte sich auf dem Fußboden. Jesusas Zimmer hatte nur wenig Tageslicht, und der Gestank nach dem Petroleum, mit dem die Kocher betrieben wurden, ließ einem die Augen tränen. Die Wände waren schimmelig, und obwohl der Durchgang ziemlich eng war, spielte dort ein halbes Dutzend Kinder, die auch in die angrenzenden Zimmer kamen. Jesusa fragte sie: »Wollt Ihr einen *Taco,* auch wenn er nur mit Bohnen ist? Nein? Nun, dann stellt euch nicht bettelnd unter die Türen.« Auch die Ratten erschienen auf der Bildfläche.

Zu jener Zeit verbrachte Jesusa nicht viel Zeit in ihrer Unterkunft, denn sie ging früh am Morgen zur Arbeit in eine Druckerei, wo man sie auch heute noch beschäftigt. Sie verrammelte ihr Zimmer, und ihre Tiere darin erstickten fast und ihre Pflanzen auch. In der Druckerei machte sie sauber, fegte, sammelte Abfälle auf, wischte, putzte das Metall, und die Overalls nahm sie mit nach Hause, oftmals auch die Wäsche der Arbeiter.

Das erste Mal, als ich sie bat, mir ihr Leben zu erzählen (denn ich hatte sie an einem Waschplatz reden gehört, und ihre Ausdrucksweise fand ich großartig, vor allem ihre Fähigkeit, sich zu empören), antwortete sie mir: »Ich habe keine Zeit.« Sie zeigte mir, was sie alles zu tun hatte; die aufgehäuften Overalls, die fünf Hühner, die sie ins Freie bringen mußte, den Hund und die Katze, die sie versorgen mußte, die zwei eingesperrten Vögel, die wie Spatzen aussahen, gefangen in einem Käfig, der mit jedem Tag enger für sie wurde. »Verstehen Sie jetzt? Oder wollen Sie mir etwa zur Hand gehen?« Ich sagte ja. »Sehr gut, legen Sie also diese Overalls in Benzin.« Von diesem Moment an wußte ich, was ein Overall ist. Ich griff nach einem harten, zusammengedrückten Gegenstand, der steif vor Dreck war, mit großen Schmierölflecken und weichte ihn in einer Wanne ein. Er war so steif, das die Flüssigkeit ihn nicht bedeckte; er war eine Insel mitten im Wasser, ein Felsen. Jesusa befahl mir: »Während er aufweicht, führen Sie die Hühner ins Freie auf den Bürgersteig.« Genau das tat ich, aber die Hühner begannen zu gackern und auseinanderzurennen. Ich erschrak und rannte schnell zurück. »Ein Auto wird sie überfahren.«

»Wissen Sie denn nicht, wie man das macht, Hühner ins Freie bringen?« fragte sie mich wütend. »Haben Sie denn den Mahlstein nicht gesehen? Da muß man sie an einem Fuß anbinden.«

Im Handumdrehen hatte sie ihre Hühner wieder im Haus und fing wieder an zu schimpfen. »Wer kommt schon auf die Idee, Hühner einfach so laufen zu lassen?«

Widerstrebend fragte ich sie: »Wobei kann ich Ihnen sonst noch helfen?«

»Tun Sie die Hühner auf die Dachterasse, selbst wenn es nur für einen Moment ist.«

Ängstlich tat ich, wie mir geheißen. Das Haus war so niedrig, daß ich die Hühner von unten sehen konnte, wie sie zufrieden herumflatterten und sich aufplusterten. Das gefiel mir, ich dachte: »Wenigstens etwas ist mir gelungen.«

Jesusa schrie mich wieder an: »Und, was ist mit dem Overall?«

Als ich sie fragte: »Wo ist der Waschplatz?« zeigte Jesusa auf ein kleines geriffeltes Blech, kaum zehn oder zwölf Zentimeter breit und zwanzig Zentimeter lang, und sagte zu mir: »Was heißt hier Waschplatz oder so! Darauf, bearbeiten Sie ihn nur darauf!«

Unter ihrem Bett holte sie einen großen, irdenen Napf hervor. Sie schaute mich spöttisch an: Es war mir unmöglich, irgendetwas zu bearbeiten. Das Kleidungsstück war so steif, daß es schon schwierig war, es überhaupt in die Hand zu nehmen. Jesusa rief daraufhin aus: »Man sieht doch gleich, welch ein Nichtsnutz Sie sind, eine von diesen Eingebildeten, die zu nichts taugen!« Und sie schob mich beiseite. Später mußte sie zugeben, daß der Overall die ganze Nacht über in Benzin liegen müßte, und dann schob sie die volle Wanne unter ihr Bett und befahl mir: »Jetzt gehen wir das Fleisch für meine Tiere holen!«

Ich bot ihr meinen Volkswagen an. »Nein, das ist doch gleich hier an der Ecke.« Sie ging schnell davon, ihren Geldbeutel in der Hand, ohne mich anzuschauen. In der Schlachterei, im Gegensatz zu dem Schweigen, das sie mir gegenüber bewahrt hatte, scherzte sie mit dem Schlachter herum, schmeichelte ihm und kaufte einen mickerigen Haufen minderwertigen Zeugs, eingewickelt in einen Fetzen Papier, das sich sofort voll Blut saugte. Zu Hause warf sie die Lunge auf den Fußboden, und die Katzen, mit hochaufgestelltem Schwanz, fielen darüber her. Die Hunde waren da unbeholfener. Die Vögel sagten keinen Piep. Ich versuchte, mein Tonbandgerät anzuschließen; ein Ding, fast wie ein dunkelblauer Sarg mit einem Schalltrichter wie die in einem Tanzsalon; und Jesusa protestierte: »Sie werden mir den Strom bezahlen, nicht wahr? Sie sehen doch wohl, daß Sie mir damit den Strom stehlen?« Später dann lenkte sie ein: »Wohin wollen Sie denn Ihr Ungetüm stellen? Ich werde diesen Saustall etwas aufräumen müssen.« Zu allem Überfluß war das Tonbandgerät auch noch geliehen: »Warum benutzen Sie anderer Leute Sachen? Haben Sie da keine Angst?« Am nächsten Mittwoch fragte ich sie dasselbe noch einmal:

»Also, habe ich Ihnen das nicht schon letzte Woche erzählt?«

»Ja, aber das Gerät hat nicht aufgenommen.«

»Taugt denn dieses Ungetüm nichts?«

»Manchmal merke ich nicht, ob es aufnimmt oder nicht.«

»Dann bringen Sie es doch nicht mehr mit!«

»Ich schreibe aber nicht sehr schnell, und wir würden viel Zeit verlieren.«

»Da haben wir es. Besser wir stoppen die ganze Sache hier, denn schließlich gewinnen wir nichts damit, weder Sie noch ich.«

Also notierte ich mir alles in einem Heft, und Jesusa machte sich lustig, als sie meine Schrift sah: »Soviele Jahre des Lernens und dann kommt dieses Gekritzel dabei heraus.« Es reichte aber aus, denn wenn ich abends nach Hause kam, rekonstruierte ich alles, was sie mir erzählt hatte. Ich hatte immer die Befürchtung, daß sie mir eines Tages, wenn ich es am wenigsten erwartete, *Einhalt gebieten würde.* Sie mochte es nicht, daß die Nachbarn mich sahen, daß ich sie grüßte. Eines Tages, als ich nach den lächelnden Mädchen vor der Tür fragte, stellte Jesusa das, als wir in ihrem Zimmer waren, richtig: »Sagen Sie nicht Mädchen zu denen, sagen Sie lieber Huren. Ja, kleine Huren, das sind sie.«

Eines Mittwochs traf ich Jesusa in einen schreienden Umhang gehüllt, rot, gelb, grün, mit breiten auffallenden Streifen, hingestreckt auf ihrem Bett an. Sie stand nur auf, um mich einzulassen, und verschwand wieder unter ihrem Umhang, zugedeckt bis über den Kopf. Sonst traf ich sie immer im Dunkel vor ihrem Radio sitzend an, wie ein Häufchen Elend, alt und einsam, aber aufmerksam, aufgeweckt und kritisch zuhörend.

»Nichts als Lügen verbreiten sie in diesem Kasten! Die sagen nur, was ihnen in den Kram paßt! Wenn ich höre, daß man Carranza* im Radio erwähnt, dann schreie ich ihm zu: 'Verfluchter Bandit!' Jede Regierung rühmt den, der am meisten von Nutzen für sie ist. Heute nennt man ihn den Held der Vier Sümpfe und ich glaube, weil er eine schmutzige Seele hatte!

Man wird Villas** Namen in Goldbuchstaben in einer Kirche verewigen. Wie können sie das tun, wenn er doch ein gemeiner Mörder, Viehdieb und Schürzenjäger war? All diese Revolutionäre sind für mich wie ein Tritt in die . . ., nun gut, das ist so eine Redensart, denn ich bin ja kein Mann. Nichts anderes als Banditen, als Räuber großen Stils sind sie, noch dazu durch das Gesetz geschützt!«

Ich schaute auf den großen Umhang aus Saltillo, den ich noch nicht kannte; ich setzte mich auf einen kleinen Stuhl ans Fußende des Bettes und wartete. Jesusa sagte nicht ein einziges Wort. Sogar das Radio, das sonst immer lief, während wir uns unterhielten, war ausgeschaltet. Ich wartete wohl so eine halbe Stunde lang im Dunkeln. Ab und zu fragte ich sie:

»Jesusa, fühlen Sie sich nicht wohl?«

Keine Antwort.

»Jesusa, wollen Sie nicht reden?«

Keine Bewegung.

»Sind Sie mir böse?«

Absolutes Schweigen. Ich beschloß, zu warten. Oftmals war Jesusa zu Beginn unserer Unterhaltungen schlecht gelaunt. Nach einiger Zeit dann

---

* General Jesús Carranza – Nach der Ermordung von Präsident Madero führte Carranza den Kampf gegen den Diktator General Huerta. Er ist der, der wesentlich zur Verfassung von 1917 beigetragen hat. 1917 wurde er Präsident Mexikos; 1920 von den Generälen Calles und Obregon gestürzt.

** Francisco »Pancho« Villa – Neben Zapata der bekannteste Anführer der Revolution. An der Spitze seiner Viehtreiber kam er von Norden und kämpfte gegen Carranza. Seine Angriffe auf die Eisenbahnzüge, die die Bundestruppen transportierten, haben Geschichte gemacht.

nahm sie sich zusammen, behielt aber ihr mürrisches und verächtliches Benehmen bei.

»Haben Sie sich krank gefühlt? Sind Sie nicht zur Arbeit gegangen?«

»Nein.«

»Warum?«

»Seit 14 Tagen schon gehe ich nicht mehr hin.«

Wieder verfielen wir in absolutes Schweigen. Unter den Lumpen, mit denen sie den Käfig zudeckte, war nicht einmal das Piepsen ihrer Vögel zu hören, die sonst immer ihre Anwesenheit durch einen Laut bekundeten, ein kleiner und bescheidener Hinweis, der besagte: »Hier bin ich!« Ganz entmutigt wartete ich eine ziemlich lange Zeit, und dann begann ich wieder mit der Fragerei:

»Wollen Sie nicht mit mir sprechen?«

Sie antwortete mir nicht.

»Wollen Sie, daß ich gehe?

Daraufhin zog sie ihre Decke bis auf Augenhöhe herunter, dann bis zu ihrem Mund und fuhr mich an:

»Hören Sie, zwei Jahre lang kommen Sie schon hierher und nerven mich, aber Sie haben nichts verstanden. Es wird besser sein, daß wir die Sache hiermit beenden.«

Ich ging und drückte mein Notizbuch wie ein Schutzschild gegen die Brust. Im Auto dann dachte ich bei mir: »Was für eine zähe Alte, mein Gott! Sie hat niemanden; der einzige Mensch, der sie besucht, bin ich, und sie bringt es fertig, mich zum Teufel zu schicken.« (Bei anderer Gelegenheit hatte sie mir schon einmal gesagt: »Scheren Sie sich bloß zum Teufel!«)

Am nächsten Mittwoch war ich spät dran, und ich traf sie draußen auf dem Bürgersteig an. Sie murrte: »Was ist los mit Ihnen? Sehen Sie nicht, daß ich keine Zeit habe? Wenn Sie hier fertig sind und gehen, mache ich mich auf den Weg zum Stall, um meine Milch zu holen, gehe ich mein Brot kaufen. Sie schädigen mich, wenn ich hier auf sie warten muß.«

Ich ging dann mit ihr zum Stall, denn in den Armenvierteln rückt das freie Feld bis zum Stadtrand vor oder umgekehrt, obwohl nichts von freier Natur zu riechen ist, sondern alles nach Staub, Abfall, Menschengebrodel und Fäulnis stinkt. »Wir Armen, wenn wir Milch trinken, dann trinken wir sie frisch gemolken, nicht dieses Zeugs da aus den Flaschen und Beuteln, das Sie trinken.«

In der Bäckerei kaufte Jesusa vier Brötchen: »Kein süßes Brot, das macht nicht satt und kostet mehr.«

Ich kam in Berührung mit der Armut, mit der wirklichen Armut, dem Mangel an Wasser, das man in Trageimern holt und vorsichtig transportiert, damit man es nicht verschüttet, dem behelfsmäßigen Waschen auf dem Waschbrett, weil es keinen Waschplatz gibt, dem Mangel an Strom, den man durch Abklemmen stiehlt, den elenden Hühnern, die Eier ohne Schale legen, nur mit einer Haut überzogen, weil sich durch das Fehlen von Sonneneinwirkung kein Kalk bilden kann.

Jesusa gehört zu den Millionen von Männern und Frauen, die nicht leben, sondern überleben. Nur den Tag überstehen und bis zum Abend zu kommen, kostet sie soviel Mühe, daß die Stunden und alle Energie für das draufgehen, was das schwere Leben der Randgruppen ausmacht: sich das Leben zu verdienen, als ob das Leben eine Ware wäre, an der Oberfläche zu bleiben, und, wenn der Tag zu Ende geht, wenn die Hühner in ihrem Verschlag keinen Mucks mehr von sich geben und die Katze sich faul auf dem festgestampften Boden ausstreckt, aufzuatmen, wenn auch nur für einen Moment.

Trotz allem tauchte in jenem Zimmer, in dem fast immer nur Dämmerlicht herrschte, inmitten des Kindergeschreis aus den anderen Wohungen, des Türenknallens, des Stimmengewirrs aus den auf voller Lautstärke laufenden Radios, an den Mittwochnachmittagen, zur Stunde des Sonnenuntergangs ein anderes Leben auf, das vergangene Leben der Jesusa, das sie jetzt, während sie es mir erzählte, noch einmal durchlebte.

Jesusa teilte mir mit, daß sie das dritte Mal auf der Erde weile und daß sie jetzt so litte und so arm sei, käme daher, daß sie in der vorhergegangenen Reinkarnation eine Königin gewesen sei. »Ich bin auf der Erde, um meine Schuld abzutragen, aber mein Leben ist ein anderes. In Wirklichkeit ist der, der auf der Erde lebt, nur ausgeliehen, er ist nur vorübergehend hier, und wenn die Seele sich aus dem Sack von Haut und Knochen, der uns alle umgibt, löst, wenn dies Häufchen Elend unter der Erde verschwindet, erst dann beginnt man zu leben. Wir sind die Toten, also umgekehrt, damit Sie es nur wissen. Wir glauben, daß wir leben, aber dem ist nicht so; wir sind nur in einem geliehenen Körper auf der Erde, um eine Mission zu erfüllen; wir wandeln auf Erden und stoßen auf Hindernisse, und wenn *Er* Rechenschaft von uns verlangt, dann ist der Moment gekommen, in dem wir als Materie sterben. Das Fleisch stirbt, man beerdigt es, aber die Seele kehrt an den Ort zurück, von dem aus sie ausgesandt wurde. Wir werden 33 Jahre*, nachdem wir gestorben sind, wiedergeboren.«

So, zwischen dem einen Tod und dem anderen, zwischen einer Wiedergeburt und der anderen, stellte sich Jesusa ein vorheriges und inneres Leben vor, was ihre derzeitige Misere für sie erträglich machte. »Sie sehen mich jetzt in dieser Mistgrube, aber ich hatte mein sehr vornehmes Kleid und Pierrot, und

* Jesus Christus starb mit 33 Jahren.

Colombine trugen meine Schleppe, denn ich war ihre Herrscherin, sie meine Untertanen.«

Durch Jesusa Palancares erfuhr ich von einer Lehre oder einer Sekte, die in Mexiko sehr verbreitet ist: *dem Spiritualismus.* Im Innenministerium informierte man mich, daß es allein im Bundesdistrikt mehr als 176 spiritualistische Tempel gibt, und ich habe einige davon besuchen und Medien in Portales, in Tepito, in der Straße de la Luna und den Armenvierteln kennengelernt. Ebenso wie den *Spiritismus* verurteilt die Katholische Kirche auch den *Spiritualismus,* und das, obwohl diese religiöse Doktrin viel vom Katholizismus hat. Es ist klar erkennbar eine Sekte, und die Gläubigen treten ihr bei, weil sie, wie bei den Banken, eine mehr auf jeden einzelnen bezogene Zuwendung erfahren. Sie nennen sich selbst *das Volk der Trinitarier und Marienverehrer,* das bezieht sich auf die Verehrung der Dreifaltigkeit und der Jungfrau Maria, und niemals brechen sie ganz mit der Katholischen Kirche, obwohl sie nicht mehr in die Kirche gehen, weil sie die *Geistliche Gemeinschaft* vorziehen.

Die *Geistliche Gemeinschaft* blieb für mich immer undurchschaubar, manchmal unverständlich, und es gefiel Jesusa überhaupt nicht, wenn ich sie einige Ideen wiederholen ließ: »Aber habe ich Ihnen das denn nicht schon erzählt? Wie oft soll ich Ihnen das noch beantworten!« Sie sprach von Allan Kardec, von ihrem Vater und Beschützer Manuel Antonio Mesmer, und so stieß ich auf Franz Anton Mesmer, Begründer des *Mesmerismus*,* sowie der hypnotischen Experimente, die später Doktor Charcot in der Salpetrière an schizophrenen Patienten in die Praxis umsetzen sollte. Als ich den spiritistischen Tempel unter der Brücke von Noalco besuchte, den Tempel des Südens (Templo del Mediodía) in der Straße des Mondes (Calle de la Luna), lernte ich eine Bruderschaft kennen und hörte einer Offenbarungs- und Ausstrahlungs-Schulung zu, die die Priesterinnen und der »Lehrmeister« einer Gemeinde gaben, die mit geschlossenen Augen und voller Respekt lauschte.

Die nordamerikanische Anthropologin Isabel Kelly und der Dichter Sergio Mondragón wiesen einen Unterschied nach zwischen dem *Spiritismus* und dem *Spiritualismus.* Die, die sich für den *Spiritismus* interessieren, sind affektiert und von gewissem finanziellen Niveau; viele von ihnen sind Politiker (Madero** zum Beispiel war ein Spiritist), und ihr Interesse konzentriert sich auf die Erscheinungen, das Ektoplasma, die Licht- und Toneffekte, die *Levita-*

---

* Mesmerismus – Lehre vom tierischen Heilmagnetismus, begründet von Franz Anton Mesmer (1734-1815), wird als Ursprung der Hypnosetherapie betrachtet.

** Madero-Revolution – Beginnt 1910 und ist die erste Phase der mexikanischen Revolution. Francisco Madero, Rechtsanwalt, gehörte einer Familie von Großgrundbesitzern an, die aber auch schon über eine Fabrik und ein eigenes Schmelzwerk zur Kupferverarbeitung verfügte. Sie gehörte dem kleinen Sektor der entstehenden modernen Bourgeoisie an. Maderos Kritik richtete sich gegen die Diktatur, nicht aber gegen das dahinter stehende soziale System.

tion und die Geisterschrift. Sie versammeln sich in Privathäusern oder in einem gemieteten Raum (in Gante, im letzten Stock eines alten Gebäudes aus Porfirios* Zeiten, pflegte sich eine ausgesuchte und elegante Gruppe von Spiritisten zu versammeln) und halten ihre Sitzungen im Dunkeln ab; an den Händen gefaßt bilden sie einen Kreis, den sie nicht aufbrechen dürfen, die Kraft ihres Geistes läßt das Jenseits erbeben, und die Antwort läßt nicht auf sich warten: die Toten steigen zur Erde herab und machen sich verständlich, der Tisch bewegt sich, die Vorhänge flattern, das Übernatürliche bricht herein, die Übertragung beginnt. Im *Spiritualismus* dagegen herrscht die Armut vor, und viele Bewohner der Armenviertel suchen die spiritualistischen Tempel auf, um Behandlung oder Heilung zu erfahren, da die Geistheiler zwischen drei und fünf Pesos zu verlangen pflegen, und die Behandlungen oft wirksamer sind als die in den Krankenhäusern und selbstverständlich sehr viel anregender, denn eine Koramin-Spritze ist nicht dasselbe wie eine Reinigung mit einem aus sieben Kräutern zusammengesetzten Strauß: Marienkraut, Lavendel, Raute, Bisamblume, Kirsche, Fenchel und Nelken. 22 Tage dauert die Reinigung: sieben Strauß-Reinigungen, sieben Feuer-Reinigungen und sieben Reinigungen mit Schleierkraut; eine gute Abreibung mit der Lotion *Siete Machos* und ein Durchkneten, das in Extase endet.

Männer und Frauen aller Altersklassen kennen die Läuterung, während der sie von ihren Beschützern geistig in Besitz genommen werden: Mesmer, Adrian Carriel o Alán Cardel (wahrscheinlich Allan Kardec), Licht des Ostens und viele mexikanische Seelen: Pedrito Jaramillo, Rogelio Piel Roja und andere, die Roque Rojas unterstehen, also dem Pater Elías. Roque Rojas, der 1866 zu Pater Elías wurde, ist der Begründer des Spiritualismus. An seiner Seite und neben seinen überragenden Wunden verblaßt Jesus Christus. Außerdem besitzt er seine Herde, dringt in sie ein. Wenn er nach einem kräftigen Durchrütteln in sie eingefahren ist, sprechen Männer und Frauen mit hoher Stimme, im Trance-Zustand, mit geschlossenen Augen und unter Zukkungen, die den ganzen Körper durchlaufen. Sie verschaffen sich Erleichterung: Sturzbäche von Konflikten, Frustrationen, die Impotenz des Ehemannes, der Haß auf die Nachbarin, brechen aus ihnen heraus. Hinterher gehen sie nach Hause und fühlen sich erleichtert. Nach einer Woche kommen sie wieder, und plötzlich stehen sie auf und fallen auf in der Menge der Anwesenden: steif, die Augen geschlossen und die Arme an der Seite des Körpers herabhängend, so sprudelt ihre ganze Misere aus ihnen heraus.

---

* Porfirio Díaz – Diktator von 1877 bis 1911. Von ihm angeordnet: Ein Präsident darf nicht wiedergewählt werden. Er selbst klammerte sich aber an die Macht, ließ sich mehrere Male wiederwählen; nur zwischen 1880 und 1884 gab er die Präsidentenschaft ab, blieb aber als Minister. Die Revolution von 1910 verjagte den 88jährigen vom Diktatorensessel.

Die Mehrheit stellen die Mestizen*, die in dieser monströsen Stadt leben und deren Einkommen sehr niedrig ist. Sie bilden das, was die Anthropologen *fluktuierende Bevölkerung* nennen. Ihre kulturellen Wurzeln sind durch Fernsehen und Radio zerstört worden, und ihnen bietet der Spiritualismus wesentlich mehr Befriedigung als der Katholizismus; die Emotionen sind stärker; der Spiritualismus läßt sie sich als Menschen fühlen.

Für Jesusa zum Beispiel war die *Geistliche Gemeinschaft* in einem bestimmten Moment das einzige, das ihr das Leben lebenswert machte, und sie ließ sich sogar taufen, eine Zeremonie, die in *El Pocito* auf dem Weg nach Pachuca stattfand, und bei der sie viele Tränen vergoß. Man machte ihr das Dreieck der Erleuchtung zuerst auf die Stirn, dann auf den Kopf, dann an den Ohren, am Mund, auf dem Schädel, an den Füßen und auf die nach oben gekehrten Handflächen. Und dieses göttliche Dreieck hält Stürme, Unwetter, Wirbelwind auf und *glättet auch die Wogen der aufwallenden Unruhen in einem selbst, läßt Abgründe veschwinden, denn es ist ein Schutz gegen alles Übel dieser Erde.* An jenem Tag sah sie eine übersinnliche Hand, die das Wasser in *El Pocito* segnete, und hatte eine Erscheinung, die sie tröstete: sie sah drei Rosen in dem Wasser, eine weiße, eine gelbe und eine rosa, und von diesem Moment an sprach sie mit ihren Toten, ihren Eltern und ihren Geschwistern; sie holte sie heraus aus der Finsternis, und ihr ist es zu verdanken, daß sie nicht mehr verloren im Jenseits herumirren mußten, weil sich niemand daran erinnerte, welches Leben sie auf der Erde geführt hatten.

Aber Jesusa trennte sich von der *Geistlichen Gemeinschaft,* weil andere Priesterinnen, solche, die weiße Nylon-Kittel und große, teure Schleierkraut-Sträuße trugen, sie geringschätzten und sie von ihrem Platz wiesen. Sie selbst erzählt das: »In dem Moment, als ich gerade dabei war, in Trance zu fallen, und wir alle dort saßen, damit die Seelen in uns eindringen konnten, stießen sie mich mit dem Ellbogen an: 'Schwester, rücken Sie auf einen anderen Platz weiter nach hinten!'« Bis Jesusa eines Tages wütend wurde und sie anschrie: »Hier habt ihr eure Stühle, pflanzt euch darauf mit euren beiden Hinterbacken!«

Zwischen Jesusa und mir entwickelte sich nach und nach eine vorsichtige Zuneigung, zaghaft und schüchtern. Wenn ich mit meiner Last daher kam, ein wehleidiges, ein verwöhntes kleines Biest, rief sie mir zu:

»Mensch, warum schleppen Sie sich so ab? Es gibt doch so viele Lastenträger überall.«

---

* Mestize: Mischling zwischen Weißen und Indianern

Das war ein heilsamer Schlag gegen meinen Stolz und ein Bagatellisieren des ältesten Problems der Welt: das der Zuneigung oder der Abneigung, Wappen oder Zahl der gleichen Münze. Da standen wir nun, wir zwei, ängstlich darauf bedacht, uns keinen Schaden zuzufügen. An jenem Nachmittag bereitete sie mir einen bitteren Gallentee zu und schlachtete für mich das fünfte Huhn. »Nehmen Sie, bringen Sie es Ihrer Mutter, damit sie Ihnen daraus eine Brühe kocht.«

Eines Mittwochs war ich bei ihr und schlief auf ihrem Bett ein, und sie opferte ihre Radio-Novellen, um meinen Schlaf nicht zu stören. Und man bedenke, Jesusa lebt mit dem Radio! Es stellt ihre Verbindung zur Außenwelt dar, ist ihr einziger Kontakt nach draußen; sie stellte es niemals ab, nicht einmal, wenn sie mir die intimsten Episoden aus ihrem Leben erzählte. Nach und nach erwuchs gegenseitiges Vertrauen, »das Liebgewinnen«, wie sie es nennt, was wir uns aber nie eingestanden haben, nicht einmal erwähnt haben wir es. Ich glaube, daß Jesusa der Mensch ist, den ich, nach Mane . . ., am meisten respektiere, und sie wird, da sie es so wünscht, mich eines Tages verlassen, deshalb krampft sich mir jeden Mittwoch das Herz zusammen, wenn ich daran denke, daß sie nicht mehr dasein könnte. »Eines Tages werden Sie kommen, aber Sie werden mich nicht mehr vorfinden; Sie werden nichts als den Wind antreffen.« Und das Herz geht mir auf, wenn ich sie dort sitzen sehe, zusammengekauert auf ihrem kleinen Stuhl oder auf ihrem Bett mit herunterhängenden Beinen, die in ganz einfachen Strümpfen stecken, während sie ihre Radio-Novelle hört: mich mürrisch und brummig empfangend, mit ihren vom vielen Waschen krumm gewordenen Fingern, den gelben und braunen Flecken im Gesicht, ihren dünnen Zöpfen, ihren von einer Sicherheitsnadel zusammengehaltenen Pullovern, und ich bitte Gott, daß er mir erlaubt, sie bis zu ihrem Grab zu begleiten.

Als ich nach Frankreich reiste, schickte ich ihr Briefe, aber vor allen Dingen Ansichtskarten. Die ersten Antworten, die ich postwendend bekam, waren von ihr. Sie ging zu den Briefeschreibern auf dem Santo-Domingo-Platz, diktierte ihnen die Briefe und brachte sie zur Hauptpost. Sie erzählte mir, was mich ihrer Meinung nach interessieren könnte: Der Besuch, den der tschechoslowakische Staatschef Mexiko abstattete, die Auslandsverschuldung, Autounfälle, obwohl wir in Mexiko niemals weder über Tagesereignisse noch über Zeitungsnotizen gesprochen hatten.

Jesusa war immer unberechenbar. Eines Nachmittags kam ich bei ihr an und fand sie ganz nahe am Radio sitzend, ein Heft auf ihren Knien, einen Bleistift zwischen ihren Fingern. Sie schrieb das »U« umgekehrt und das »N« mit drei Beinchen; sie tat das mit einer unendlichen Unbeholfenheit. Sie lernte gerade schreiben durch einen Radio-Kurs. Ungeschickterweise fragte ich sie: »Und wozu wollen Sie das jetzt noch lernen?« Sie antwortete mir: »Weil ich lesen und schreiben können möchte, wenn ich sterbe.«

Mehrmals habe ich versucht, sie irgendwo mit hinzunehmen: »Kommen Sie, lassen Sie uns ins Kino gehen, Jesusa!« – »Nein, ich kann nicht mehr gut sehen ... Früher, ja da hab ich Liebesfilme sehr gern gesehen, die von Lon Chaney.« Dann schlug ich ihr vor: »Machen wir einen Spaziergang!« – »Und was ist mit der Arbeit? Man merkt doch gleich, daß sie nicht arbeiten müssen.« Ich bot ihr eine Reise zum Isthmus von Tehuantepec an, damit sie ihren Heimatort einmal wiedersehen könnte; ich glaubte, daß würde ihr Freude machen, bis ich merkte, daß die Aussicht auf etwas Besseres sie vollkommen aus dem Häuschen geraten läßt, sie aggressiv macht. Jesusa ist schon so an ihre Lebensbedingungen angepaßt, so verschlissen von Einsamkeit und Armut, daß die Möglichkeit einer Veränderung ihr wie eine Beleidigung vorkommt: »Verschwinden Sie! Was verstehen Sie schon?! Verschwinden Sie, sage ich! Lassen Sie mich in Frieden!« Ich begriff damals, daß es einen Moment gibt, wo man so sehr leidet, daß man nicht mehr aufhören kann zu leiden. Die einzige Ruhepause, die Jesusa sich leistete, war eine *Farito,* die sie so gegen sechs Uhr nachmittags neben ihrem ewig laufenden Radio langsam rauchte. Geschenke wickelte sie aus und packte sie sorgfältig wieder ein. »Damit ihnen niemand etwas anhaben kann.« Auf diese Weise lernte ich ihre Puppen-Schachtel kennen; alle Puppen neu und unberührt. »Es sind vier. Ich habe sie mir gekauft. Da ich als Kind keine hatte ...«

Beim Schreiben von *Allem zum Trotz* stellte sich mir ein Problem: das der Kraftausdrücke. In einer ersten Version hat Jesusa sie niemals ausgesprochen, und mir gefiel ihre Scheu, ihre Zurückhaltung; ich war erfreut über die Möglichkeit zu schreiben, ohne diese Ausdrücke zu verwenden, aber in dem Maße, wie unser gegenseitiges Vertrauen wuchs, und vor allem nach meiner Rückkehr von einem fast einjährigen Aufenthalt in Frankreich redete Jesusa freier; sie integrierte mich in ihre Welt, war nicht mehr so zurückhaltend, und sie selbst ermahnte mich: »Seien Sie kein Dummkopf! Nur Sie schenken den Menschen Glauben. Nur Sie glauben, daß die Menschen gut sind.« Einige ihrer Worte mußte ich in einem Wörterbuch mit typisch mexikanischen Ausdrücken suchen, andere wieder entstammten dem Altspanischen, wie »hurgamanderas« (Dirne) und »bellaco« (Schurke).

Sie warf mir meine Abwesenheit vor: »Soweit also reicht Ihr Interesse! Sie kommen mich besuchen, solange Sie aus mir herausholen können, was Sie interessiert, danach sieht man Sie nicht mehr. So ist es immer: jeder versucht, den anderen auszunutzen.« Wie alle alten Leute, zählte auch sie mir eine lange Reihe von Gebrechen und Schmerzen auf; ihr zermarterter Rücken, ihre schmerzenden Kniekehlen; wie schlecht doch die Busse fahren, die schlechte Qualität der Lebensmittel, die Miete, die man gar nicht mehr bezahlen kann, die arbeitsscheuen und betrunkenen Nachbarn. Wie der stete Tropfen, der den Stein höhlt, kam sie immer wieder auf das gleiche Thema zurück, saß dabei auf ihrem Bett und ihre Beine baumelten herunter, denn das Bett stand auf zwei Ziegelsteinen, da das Wasser in ihr Zimmer eindrang, vor allem in der Regenzeit, und Doña Casimir, die Hausbesitzerin, sich nicht darum kümmerte, die verstopften Abflußrohre im Flur säubern zu lassen.

Im Laufe der zehn Jahre sah ich sie dreimal die Wohnung wechseln, und mit jedem Umzug landete sie weiter weg von der Stadt, denn die Stadt verscheucht ihre armen Leute, sie drückt sie an die Ränder, marginalisiert sie in dem Maße, wie sie sich selbst ausbreitet. Wenn Jesusa zuerst in der Nähe von Lecumberri in Consulado del Norde, in Inguarán wohnte, so landete sie später am Berg Peñón, und jetzt zog sie hinaus bis zur Straße, die nach Pachuca führt, in Siedlungen, die sich Aurora, Tablas de San Agustín, San Agustín por Jardines nennen, in denen Hinweisschilder mit blauen Pfeilen stehen, auf denen »Drainage« mit »j«, »Wasser« mit »ß« und »Strom« mit »h« geschrieben steht. Es gibt weder »Drainaje« noch »Waßer« noch »Strohm«. Es gibt auch keinen Baum in diesem flachen Ödland, weder ein Stückchen Wiese noch irgendeine Pflanze, ausgenommen die, die die Anwohner sich in Ölkanister eingepflanzt haben und dahin mitbrachten. Die Staubwolken sehen aus wie der Pilz von Hiroshima und sind nicht sehr viel ungefährlicher, denn sie tragen allen Unrat der Welt mit sich und verschlingen sogar die Seele der Menschen.

Jesusa lebt heute in zwei kleinen Zimmern von vier mal vier Metern, die ihr Adoptivsohn Perico für sie gebaut hat. Sie berichtet: »Wir sind hier alle aus Oaxaca, deshalb helfen wir uns.« Leute, die aus dem gleichen Staat kommen, rotten sich in den Siedlungen zusammen, und an der Religion erkennen sie, woher jeder kommt; sie helfen sich gegenseitig, oder zumindest schädigen sie sich nicht. Jesusa sagt klar und deutlich: »Schließlich und endlich habe ich keine Heimat. Ich bin wie die Zigeuner, heimatlos. Ich fühle mich weder als Mexikanerin noch erkenne ich die Mexikaner an.

Hier zählen nur die Annehmlichkeiten und Vorteile. Wenn ich Geld hätte und Reichtümer, wäre ich Mexikanerin, aber da ich der letzte Dreck bin, bin ich eben nichts. Ich bin ein Dreck, den der Hund anpinkelt und dann weiter seiner Wege geht. Ein Wind erhebt sich, bläst ihn weg und keiner fragt mehr danach.«

Wenn ich sie früher besuchte, mußte ich viele Straßen durchfahren. Wenn ich sie in ihrer neuen Behausung besuchte, kam ich durch kahles, ödes Land, und die Autoreifen wirbelten nur so die gelben Staubwolken auf; es gab keine Straßen, nichts, nur die Wüste. Weit entfernt noch, in der Mitte des Ödlandes, sah ich plötzlich einen schwarzen, kleinen Punkt, und der verwandelte sich dann in einen in der Sonne hockenden Mann, in einer Sonne, die, je weiter ich vordrang, immer sengender wurde. Ich dachte bei mir: »Was ist mit diesem armen Mann los? Der muß krank sein!« Ich näherte mich ihm mit dem Auto und fragte ihn durch das Fenster: »Kann ich etwas für Sie ...?« Ich hielt abrupt inne. Der hingehockte Mann verrichtete gerade sein Geschäft. Er fühlte sich belästigt. Während ich Gas gab, dachte ich, wie seltsam doch jener Mann mir erschien, der einen wer weiß wie langen Fußmarsch zurückgelegt hatte, nur um sein Geschäft zu verrichten, sozusagen auf dem Gipfel der Welt. Ich erzählte das Jesusa, und irritiert schnauzte sie mich an: »Ihnen fällt immer irgendeine Dummheit ein.«

Ich benutzte ein journalistisches Vorgehen, um das Buch der Jesusa zu schreiben: das Interview. Zwei Jahre vorher hatte ich 11/2 Monate lang mit dem nordamerikanischen Anthropologen Oscar Lewis, Autor der Bücher »Die Kinder von Sánchez«, »Anthropologie der Armut« und eines, das mir noch besser gefällt als »Die Kinder von Sánchez«, »Fünf Familien«, gearbeitet. Lewis bat mich, ihm bei der Herausgabe von »Pedro Martínez, das Leben eines Bauern aus Tepoztlán« zu helfen. Lewis stand ein Team zur Verfügung, das Daten zusammentrug, eine Art von topographischer Erhebung der Armut erstellte. Seine Informanten kamen zu ihm in seine Wohnung in der Gutenbergstraße; er schaltete sein Tonbandgerät ein, fragte die Leute aus, und dann war die Reihe an mir, diese Erzählungen von allem unnützen Zeug zu reinigen, das heißt, Wiederholungen und Abweichungen vom Thema zu streichen.

Einmal fuhr ich auch mit Lewis und seiner Familie nach Tepoztlán. Wir reisten mit einem Wasserfilter, Joghurt in einem Kühlbehälter, eingefrorenem Spezialfleisch, einem Verbandskasten, Medikamenten gegen Tropenkrankheiten, vier Moskitonetzen, Plastikbeuteln sowie einer ganzen nordamerikanischen Auswahl von DDT, Fliegentöter, Desinfektionsmitteln, Deodorants, Kleenex und sehr weichem Toilettenpapier. Im Dorf trafen wir uns mit dem wahnsinnig sympathischen Autor von »Die Elite der Macht«, C. Wright Mills. Als er Lewis mit all seiner Ausrüstung sah, die wir niemals ganz aus der Ford Camioneta ausgeladen haben, und als er hörte, welche Vorsichtsmaßnahmen getroffen worden waren, rief C. Wright Mills aus: »You and your strange anthropological diseases!« (Sie und Ihre merkwürdigen anthropologischen Krankheiten!) Während des Essens teilte uns C. Wright Mills seine Absicht mit, nach Kuba zu gehen, was Oscar Lewis später dann gelingen sollte, und als

Lewis, der Spanisch perfekt beherrschte, ihm riet: »Sie sollten Spanisch lernen«, antwortete Mills: »Die Zeit dafür kann ich mir nicht nehmen. Das würde mich ein Jahr kosten.« Er schien zu wissen, daß er jung sterben würde, und daß ein Jahr zum Erlernen einer Sprache, ein Jahr weniger wäre für seine Forschungen und sein Werk.

Für die Arbeit stand Oscar Lewis eine Methodologie, eine hervorragende Ausbildung zur Verfügung, und von der Universität Illinois bereitgestellte Mittel erlaubten ihm, ein ganzes Forschungsteam zu unterhalten. Seine Schüler erstellten Tabellen über die Casa-Grande-Siedlung, wo die Sánchez und viele andere arme Familien Mexikos wohnten. Sie stellten fest, wieviele Tische, Stühle, Betten, Küchengeräte etc. zu jedem Haushalt gehörten, wie man mit dem Familieneinkommen zurechtkam, wieviel sie für Vergnügungen ausgaben, für Schnaps, wie hoch sie sich verschuldeten, welche Beziehungen sie zu ihren Nachbarn hatten, etc. All das reduzierten sie auf Prozentsätze, Diagramme und schrieben viele kleine Zahlen auf ein rechteckiges, liniertes Papier, das in viele Spalten eingeteilt war, Abkürzungen standen da geschrieben und Zeichen. Wenn zum Beispiel Matilde eingestand: »Ich weine jede Nacht«, reduzierten die Anthropologen das auf eine Gleichung: ZXT = 3695. Ich glaube, das war die Zahl für vergossene Tränen der Matilde.

Ich nehme an, daß die Menge an Informationen, die Sánchez und seine Kinder lieferten, alle Schemata übertraf, Prozentsätze sprengte, Seiten von kariertem Papier überlaufen ließ, Indikatoren und Tabellen zunichte machte, und Lewis war davon überzeugt, daß er ein solch wertvolles Material nicht ungenutzt lassen konnte. Die Sánchez, die wirklich aus Tepoztlán stammten, wo Lewis seine erste Arbeit durchführte, *Tepoztlán revisited,* um die Arbeit von Robert Redfield zu erweitern und zu korrigieren, hielten ihn für einen Doktor, und deshalb nannten sie ihn *Doctorcito,* und tatsächlich verschrieb Lewis ihnen Aspirin-Tabletten, um sie nicht zu enttäuschen. Das war auch der Grund dafür, daß sie ihm großes Vertrauen entgegenbrachten. Wenn Lewis irgendeine Ablehnung spürte - vor allem bei den Frauen, die weder über ihre Menstruation noch über ihren Orgasmus reden wollten –, dann schickte Oscar seine Frau Ruth vor, die sehr einfühlsam war und den forschen- den und unsteten Blick von Leuten hat, die nicht gut hören. Sie schenkte allem ganz besondere Aufmerksamkeit, damit ihr nicht ein einziges Wort entging, und das war der Grund dafür, daß Lewis sagte: »Honey, you have such a pained look on your face.« (Liebling, du hast so einen schmerzlichen Gesichtsausdruck.)

So entstanden die hervorragenden anthropologischen Bücher von Lewis, und für die Dauer von 11/2 Monaten war ich Zeuge dieser Arbeitsweise, die mich zweifellos beim Schreiben von *Allem zum Trotz* beeinflußt hat. Da ich jedoch keine Anthropologin bin, kann man meine Arbeit mehr als Zeugnis-Roman bezeichnen und nicht als ein anthropologisches und soziologisches Dokument. Ich benutzte die Anekdoten, die Ideen, viele Ausdrucksweisen der Jesusa Palancares, aber ich könnte nicht sagen, daß die Erzählung eine direkte Transkription ihres Lebens wäre, weil auch sie selbst das ablehnen würde. Ich eliminierte Personen, die überflüssig waren, nahm soviel wie möglich heraus, was sich auf spiritualistische Séancen bezog, bearbeitete dort, wo es mir notwendig erschien, kürzte, setzte zusammen, besserte aus und fügte hinzu. Am Ende hatte ich das Gefühl, an der Oberfläche geblieben zu sein; ich hatte das wesentliche nicht sichtbar gemacht, das unergründliche Naturell der Jesusa. Aber, nachdem einige Jahre vergangen sind, denke ich, daß, wenn ich es nicht tat, dann, weil ich auf das wirkliche Leben stieß, ohne mir dessen bewußt zu sein; ich beschränkte mich darauf, Jesusa zu erahnen. Ich sammelte Erlebnisse, preschte immer vor, es gelang mir nicht, jene Momente herauszuarbeiten, die wir zwei in Schweigen versunken verbrachten, ohne groß nachzudenken, in der Hoffnung auf ein Wunder. Wir verspürten immer eine leichte Erregung, immer ersehnten wir etwas Unwirkliches.

Da ich nur auf das Tonband zurückgreifen konnte, wenn sie es mir erlaubte, rekonstruierte ich an den Mittwochabenden einer jeden Woche das, was sie mir erzählt hatte. In ihrer Stimme fand ich die Stimme des Kindermädchens wieder, das mir Spanisch beigebracht hatte, die Stimme all der Mädchen, die irgendwann einmal wie ein Windhauch durch unser Haus gezogen waren; ihre Ausdrucksweise, ihre Art, das Leben zu sehen, wenn sie es überhaupt sahen, denn sie lebten von einem Tag auf den anderen, sie konnten sich nicht irgendwelchen Illusionen hingeben. Diese anderen Stimmen von Frauen der Unterschicht vereinten sich mit der Hauptstimme, die der Jesusa Palancares, und ich glaube, daß deshalb in meinem Text nicht nur Worte, Ausdrücke, Redensarten, viele Redensarten aus Oaxaca, dem Staat aus dem Jesusa stammt, enthalten sind, sondern aus der ganzen Republik, aus Jalisco, Guerrero, den Bergen von Puebla, dem Bundesdistrikt.

Es gab so manchen Mittwoch, an dem Jesusa von nichts weiter sprach als von dem, was sie im Moment gerade beschäftigte, die verstopften Abflußrohre zum Beispiel, aber trotz der ermüdenden Routine und vielen Schwierigkeiten gab es Momente, in denen wir gemeinsam weinten, ganz verhalten, denn sie hatte gelitten und litt noch immer. Es gab Augenblicke, in denen die Ausgelassenheit über uns hereinbrach, wer weiß schon weshalb, wo wir die Hühner aus ihrem Verschlag holten und sie ins Bett legten, so als ob sie unsere Kinder wären, in denen wir uns an einer Straßenecke trafen und ich schon von weitem, mit klopfendem Herzen, ihren erhobenen Arm, der mich aufhalten sollte, sah, denn ihr, die kaum noch etwas sehen konnte, hatte Mesmer mitgeteilt, daß ich auf dem Weg zu ihr sei.

Wenn ich so ausführlich über Oscar Lewis und seine Arbeitsweise gesprochen habe, dann deshalb, weil ich sein Dasein als Anthropologe und auch meines abgrenzen wollte. Weder der eine noch der andere wurde sich untreu. Jesusa hat Recht. Ich benutzte sie, so wie Lewis die Sánchez benutzte. Das Leben der Sánchez veränderte sich in keiner Weise; es ging ihnen nachher weder besser noch schlechter. Lewis und ich verdienten Geld mit unseren Büchern über die Armut. Lewis führte weiterhin das keimfreie Dasein eines nordamerikanischen Anthropologen, umgeben von Desinfektionsmitteln und gefiltertem Wasser; weder mein derzeitiges Leben noch mein vergangenes haben etwas mit Jesusas Leben zu tun.

Mittwochs nachmittags besuchte ich Jesusa und abends, wenn ich nach Hause zurückkam, begleitete ich meine Mutter zu irgendeinem Empfang in irgendeiner Botschaft. Ich versuchte immer, ein Gleichgewicht zu halten zwischen der extremen Armut, die ich am Nachmittag teilte, und dem Glanz der Empfänge. Mein Sozialismus war unaufrichtig. Wenn ich in mein warmes Bad stieg, erinnerte ich mich an die Wanne unter Jesusas Bett, in der sie die Overalls einweichte und sich selbst samstags badete. Es fiel mir nichts anderes ein, als beschämt zu denken: »Hoffentlich lernt sie nie mein Haus kennen, erfährt sie niemals, wie ich lebe!« Als sie es dann doch kennenlernte, sagte sie zu mir: »Ich werde nicht wieder herkommen. Sie sollen nicht denken, daß ich eine Bettlerin bin!« Und trotzdem bestand unsere Freundschaft weiter, sie hatte tiefe Wurzeln; Jesusa und ich, wir liebten uns. Sie unterließ es nie, mich auszumeckern, aber sie hat mich niemals beleidigt: »Ich wußte schon immer, daß Sie solch eine Eingebildete sind.« Als ich im Krankenhaus lag, wollte sie dort schlafen. »Ich lege mich hier hin, selbst wenn es unter dem Bett sein muß.« Niemals habe ich soviel von jemandem erhalten, niemals habe ich mich so schuldig gefühlt; das einzige, was ich tat, war, ein bißchen zur Seite zu rücken: »Kommen Sie, Jesusita, wir haben alle beide Platz im Bett«, aber sie wollte nicht. Sie verabschiedete sich um 5 Uhr in der Früh, und ich sagte noch zu ihr: »Ach, wir hätten doch alle zwei Platz gehabt!« Und sie antwortete mir: »Das einzige Bett, in dem wir zwei Platz haben, ist das meine, weil es das Bett einer Armen ist.«

Als ich die erste mit der Maschine geschriebene Version über ihr Leben fertig hatte, brachte ich sie ihr, eingebunden in einen hellblauen Umschlag. Sie sagte zu mir: »Wozu brauche ich das? Nehmen Sie den ganzen Kram wieder mit! Sehen Sie nicht, daß es mir nur im Wege ist?!« Ich hatte gedacht, es würde ihr gefallen, gerade weil es solch ein großes Buch war, und weil Ricardo Pozas mir einmal erzählt hatte, daß Juan Pérez Jolote von der zweiten Auflage seines Lebensberichtes, herausgegeben vom Wirtschaftskultur-Verlag (Fondo de Cultura Económica), enttäuscht war und sich nach den gelben Einbänden des Institutio Nacional Indigenista zurücksehnte: »Die waren so groß, wie ein ganzer Häuserblock!« Weil Jesusa die mit der Maschine geschriebene Version über ihr Leben ablehnte, wählte ich das Jesuskind von Atocha, das die Dämmerung ihres Zimmers beherrschte, als Deckblatt für das Buch, und tatsächlich, als sie das sah, bat sie mich gleich um 20 Exemplare, die sie an die Jungens in der Druckerei weiterverschenkte, damit sie wüßten, wie ihr Leben gewesen war, die vielen Abgründe, die sie hatte überwinden müssen.

Ihre Reaktionen brachten mich immer durcheinander. Vor meinen Augen zerriß sie ein Foto, das Hector García von uns gemacht hatte, in tausend kleine Stücke: »Ich wollte ein Foto wie dieses hier!« und sie zeigte mir ein großes Porträt auf Sepiapapier, das in einem Holzrahmen an der Wand hängt. »Das ist die Haarfrisur à la Marcel, mit fünf Wellen.« 1968 bekundete sie ihren Haß auf die Studenten. »Das sind Ruhestörer. Warum studieren sie nicht, statt alles aufzuwiegeln? Ich hasse sie.« Sie haßte auch die Gewerkschaften, die Lehrer, die Nonnen und die Priester. »Die Nonnen, die kenne ich, und deshalb sage ich Ihnen klar und deutlich: Heuchlerische Töchter Evas, tut nicht so scheinheilig, spielt mit offenen Karten, seid ehrlich! Außerdem, Priester und Nonnen, wie geschmacklos!« Merkwürdigerweise akzeptierte sie immer die Homosexualität: »Die Frauen sind heutzutage derart unanständig, daß ein junger Mann gar nicht mehr weiß, woran er ist ...« Und dann bemerkte sie noch: »Don Lucho war sehr gutmütig, denn die verweichlichten Männer sind viel besser als die knallharten«, und rechtfertigte so ihren Freund Manuel, der »Robachicos«*: »Vielleicht ekelten sich die Frauen vor ihm, weil er Syphilis hatte, oder er hatte eine Enttäuschung erlebt und hielt sich deshalb lieber an die kleinen Jungen. Er amüsierte sich köstlich mit ihnen und sagte immer, daß die Männer billiger sind als die Frauen und auch witziger.« Ihr Privatleben jedoch behandelte sie immer mit äußerster Zurückhaltung. Das einzige Mal, wo sie ihr Liebesleben erwähnte, sagte sie: »Wenn Pedro im Felde war, dann, ja dann benutzte er mich. Ich zog mir nie die Hosen aus, er zog sie mir nur herunter, benutzte mich und aus. Wir mußten immer fertig angezogen sein, damit wir, wenn zum Sammeln oder zum Aufbruch geblasen wurde, losmarschieren konnten, wohin auch immer. Mein Mann war nicht der Mann, der einem schmeichelte, nichts dergleichen. Er war ein seriöser Mann. Heut-

* »Robachicos« – Spitzname, der »Jungendieb« bedeutet, da Manuel homosexuell war. Später in Abkürzung auch nur »Roba» genannt.

zutage sehe ich, wie sie sich in den Eingängen abküssen und liebkosen. Mir kommt das eigenartig vor, denn mein Mann hat niemals solche Verrenkungen gemacht. Er hatte sein *Womit,* tat es und fertig.«

Was ihre Pubertät betrifft, drückte sie sich nicht klarer aus: »Heute erzählt man sich alles; damals bekam man seine Blutungen, und damit hatte es sich. Wenn sie kam, dann kam sie eben und wenn nicht, dann nicht. Mir hat niemand gesagt, daß ich mir Lappen oder sonst etwas vorlegen sollte. Ich wusch mich zwei- oder dreimal am Tag, und so machte ich das mein ganzes Leben lang. Niemals ging ich mit solch einer Schweinerei umher, nach totem Hund riechend. Und mein Kleid beschmutzte ich mir auch nicht. Es gab keinen Grund dafür, mich zu beschmutzen. Ich ging, wusch mich, wechselte meine Wäsche, hängte sie auf und zog sie mir schön sauber wieder an. Aber ich habe niemals gelitten, weder dachte ich groß darüber nach, noch hatte ich jemals Schmerzen, und zu niemandem sprach ich darüber.«

Der mexikanischen Politik gegenüber reagierte sie wütend und enttäuscht: »Derart viele Bankette! Warum lädt der Präsident nicht die Unmenge von Bettlern ein, die durch die Straßen ziehen? Eh, warum? Alles nur Scheißrevolutionäre! Jeden Tag stecken wir tiefer in der Patsche, und jeder, der herkommt, beißt uns etwas ab, reißt uns Zähne aus, läßt uns hinkend zurück, und aus unseren Stücken baut er sich sein Haus.« Ihre Mitmenschen sind auch kein Trost für sie: »Es ist wirklich ganz fürchterlich hart, nicht rechtzeitig zu sterben. Wenn ich krank bin, öffne ich meine Tür den ganzen Tag über nicht; mehrere Tage hintereinander lasse ich sie verschlossen, kaum einen Tee bereite ich mir oder einen *Atole* oder sonst etwas. Aber ich gehe nicht hinaus und belästige niemanden, und niemand stellt sich in meine Tür. An dem Tag, an dem ich schmerzgekrümmt hier liege, wird meine Tür verriegelt sein ... Weil sonst die Nachbarn hereinkommen und schauen, ob man schon stirbt, schon in den letzten Zuckungen liegt, denn die meisten Menschen kommen und lachen über den, der gerade stirbt. So ist das Leben. Einer stirbt, damit die anderen etwas zu lachen haben. Sie machen sich lustig über das Schauspiel, das man ihnen liefert; man streckt alle Viere von sich, dreht und wendet sich, mit aufgerissenem Mund und hervorquellenden Augen. Als ob das Leben nicht schon hart genug wäre, um dann noch so zu sterben. Deshalb verriegele ich meine Tür. Man wird mich hinausschleifen, wenn ich schon stinke, aber daß sie herkommen und mich anschauen und dies und das daherreden, nein, niemand ... niemand ... nur Gott und ich.«

Zunächst hatte ich Jesusa Palancares in der mexikanischen Literatur einen Platz verschaffen wollen, über ihre Rolle als Soldatenfrau, als Frau, die während der Revolution mit der Truppe zog, sprechen wollen, über ihre Vorgängerinnen, sagen, daß sie eine Heldin ist, eine Art spontane Kämpferin wie die Soldatenfrauen und die Arbeiterinnen, die Frauen, die in Streik traten, die, die sich weder im Leben noch bei ihrer Arbeit etwas gefallen ließen, aber ich hielt es für unangebracht, für pedantisch. Ich hatte auch vor, besonderes Gewicht auf die persönlichen Qualitäten der Jesusa zu legen, jenes Etwas, das sie von dem traditionellen Bild der mexikanischen Frau unterscheidet, ihren Nonkonformismus, ihre Unabhängigkeit: »Schließlich und endlich, je mehr man sich gefallen läßt, umso mehr wird man ruiniert. Ich glaube, daß es selbst in der Hölle noch einen Ort für die Mißbrauchten gibt! Nichts als brennende Holzscheite unter dem Hintern!« Ihre Widerspenstigkeit, ihre Agressivität: »Bevor man mir einen Schlag versetzt, habe ich schon zwei ausgeteilt.« Ich kam zu dem Schluß, daß es nicht an mir ist, das zu tun. Wozu?

Was ich mit Sicherheit sagen kann, ist, daß die gleiche Vitalität, der Widerstand gegen die Ungerechtigkeit, die in der spontanen Rebellion der Jesusa liegt, weiterlebt in den Landbesetzungen der Bauern, die der ewigen guten Worte und des Papierkrieges überdrüssig waren, in den Komitees der Armenviertel zur Verteidigung eines Fleckchens Erde zum Leben, in den Frauen, die unter den rotschwarzen Fahnen an der Seite ihrer Männer oder oftmals alleine Wache halten. Jesusa, diese widersprüchliche Frau, Unruhestifterin wie ein schweres Erdbeben, ist Mitglied der Kommunistischen Partei oder tritt in sie ein (damit es ihr so schlecht ergehe wie Benita Galeana); sie wird Trotzkistin und wirkt in der Revolutionären Arbeiterpartei (PRT); fühlt sich hingezogen zur Arbeiterpartei Mexikos (PMT) oder zur Sozialistischen Arbeiterpartei (PST); sie integriert sich in jeden Kampf, selbst wenn ihre Enttäuschung hinterher groß ist. Kampf bleibt ihr Wesen, selbst wenn sie sich wie die Fußstapfen des gähnenden Mexikos von 1910 verändert. Ja, Jesusa ist wie die Erde, erschöpfte Erde und bereit, aufgewirbelt zu werden. Suchen Sie und Sie werden es finden, ihr Gesicht, in den Demonstrationen, in den Versammlungen und der ganzen Protest-Szene, die von Mal zu Mal lautstärker auf sich aufmerksam macht. Jesusa – und ich spreche von der Frau, nicht von der Hauptfigur – glaube ich, am Himmel, auf der Erde und überall in Mexiko zu sehen, einfach so, wie auch Gott einmal hier weilte, *ER,* der männliche.

Es tut weh, darüber nachzudenken, daß unser Land über ein solch hervorragendes Menschenmaterial verfügt wie Jesusa, das nicht nur nicht genutzt, sondern auch noch schlecht behandelt wird. Wenn Jesusa wunderbar ist, dann gibt es noch viele andere Wunder außer ihr; Männer und Frauen, die noch unverdorben sind. Jesusa hätte alle Berechtigung zu sterben, bewerkstelligt aber Unmögliches, um zu leben und um zu schlafen. Schlafen ist für sie ein Abenteuer. Jede Nacht wartet sie auf den Schlaf, der sie wieder mit dem Jenseits verbindet. Sie erlebt Offenbarungen, die sogar die Luft mit Wohlgerüchen erfüllen, so als ob Harz verbrannt wird; manchmal riecht es nach Orangenblüten, andere Male nach Eisenkraut, wieder andere Male nach Früchten, nach Moschus, und das ganze Zimmer ist in ein zartes violettes Licht getaucht.

Jesusa ist eine Frau, die sich außerdem vor den Angriffen der Männer schützt; nicht wie eine Heilige (denn sie selbst beichtet, daß sie gerne trinkt, sich herumtreibt; »viele machten mir den Hof«), sondern wie ein integrer Mensch, der sich selbst achtet. Ich sehe sie wie einen Tempel; ein Tempel in dem Sinne, wie wir ihn uns als Kinder vorstellen, wenn man uns erzählte, daß in unserem Innern ein Schatz ruht, den wir nicht beschmutzen dürfen. Ich habe von Jesusa immer dieses Bild der Reinheit gehabt.

Auf irgendeine Weise ist das Leben der Jesusa eine Ohrfeige ins Gesicht der mexikanischen Korruption. Dieses Leben verdeutlicht uns, welches Rohmaterial zur Verfügung steht, wenn wir es nur zur Kenntnis nehmen würden; ein Menschenmaterial, stark, authentisch, fähig zum Kampf, zur Entrüstung, zur Selbstachtung, *dem das Land nichts gegeben hat,* das es nicht einmal beachtet, im Gegenteil, das es immer weiter wegräumt, immer mehr an die Peripherie abdrängt. »Ich bin Abfall, den der Wind mit sich nimmt«, sagt Jesusa, aber an anderer Stelle begehrt sie auf: »Ich lebe, ich weiß, daß ich lebe, schlecht ist es, nicht zu leben.« Und dann stelle ich sie mir vor, wie sie Pedros Mauser lädt.

Was würde passieren, wenn die 800 000 Einwohner von Netzahualcóyotl sich in Bewegung setzen, zum Beispiel in Richtung auf den Zócalo und ihn im Handstreich nehmen würden? Jesusa wäre dann einer der Anführer, würde das Kommando führen, so wie sie es während der Revolution getan hat, und es wäre keine Zeit, so wie mit mir Freundschaft zu schließen, sich kennenzulernen, die andere Wirklichkeit zu akzeptieren. Keine Rücksichtnahme. Jesusa, hoch zu Roß, mit geladener Mauser, würde Befehle geben und Exekutionskommandos aufstellen. Aber ich bin sicher, sie würde weniger schonungslos mit dem sogenannten Volk umgehen, als wir es als Nation getan haben. Sie würde uns besser behandeln, weil sie – im Gegensatz zu uns – aus einem wunderschönen, aus einem reinen Ton gebrannt ist.

die 3 männlichen Hauptheiligen,
die männliche Dreieinigkeit,
der Ahne = der Großvater
der Sohn hat gleichzeitig Liebe
zum Bruder, besonders mit
Bruder

I.

Dieses ist das dritte Mal, daß ich auf der Erde weile, aber niemals vorher habe ich so gelitten wie in dieser Reinkarnation, denn in der letzten war ich sogar eine Königin. Das weiß ich, weil ich mich in einer Erscheinung, die ich hatte, mit einer Schleppe sah. Ich befand mich in einem Schönheitssalon, und es gab dort einige große, hohe Spiegel; sie reichten vom Boden bis zur Decke. Und in einem dieser Spiegel sah ich mein Kleid und die Schleppe. Ich sah, daß sie sehr lang war, und ganz am Ende, sozusagen an der Spitze, befand sich ein schwarzgelb gesprenkeltes Dreieck, wie ein Stück Tigerfell. Das ganze Gewand war weiß, weiß wie das Kleid einer Braut, nur daß dort am Ende dieses Stückchen Tigerfell war, wie die Spitze von des Teufels Schwanz. Neben mir im Spiegel erschienen Colombine und Pierrot, Colombine auf der einen Seite und Pierrot auf der anderen. Beide in weiß gekleidet, mit diesen schwarzen Tupfen, die sie immer haben.

In der *Geistlichen Gemeinschaft* erzählte ich von meiner Erscheinung, und man sagte mir, daß jenes weiße Gewand der Habit sei, in dem ich mich zur Stunde des Jüngsten Gerichts präsentieren müßte, und daß der Herr mir zugestanden habe, mich danach zu beurteilen, wie ich in irgendeinem der drei Male, die ich vorher auf der Erde weilte, gewesen sei.

»Das einzige, was dir als Schandfleck bleibt, ist dieses Gesprenkelte, das du auf der Schleppe des Kleides gesehen hast... Es ist das einzige, von dem du dich reinzuwaschen hast, und tust du das nicht, wird es deine Unschuld zerstören.«

Ich trug das Kleid einer Königin, lang und mit weiten Ärmeln, über und über mit Verzierungen besetzt. Pierrot und Colombine waren meine Bediensteten, aber sie hofierten mich nicht so, wie es hätte sein sollen. Sie vergnügten sich miteinander. Die Königinnen sind immer einsam. Im Tempel erzählte ich auch, daß ich eine große Ebene mit vielen gefleckten Rindern gesehen hatte:

»Das ist die Herde, die der Herr dir anvertraut hat, damit du sie ihm unbefleckt zurückbringst.«

Ich bin sehr beschäftigt und ich weiß nicht, wann ich sie alle zusammentreiben und von den Flecken säubern werde, ob in diesem Leben oder im nächsten, wenn ich aufs neue beginne, mich zu entwickeln... Es gibt soviele an der Seele erkrankte Christen, die ich heilen muß, aber da ich das bisher noch nicht getan habe, leiden wir weiterhin, alle, sie und ich. Durch das Späher-Auge im Inneren seines göttlichen Dreiecks und durch die Antennen seiner Wimpern sieht der Herr mich überall. Es ist das allmächtige Auge des

Schöpfers, und wenn ich meinen Auftrag nicht erfülle, werde ich mir die Mühe sparen können, die Heiligen um Fürsprache für uns zu bitten, denn Gottes Hand wird mich verlassen haben. Darum, alles was ich durchmache, sind Läuterungen. Warum bin ich dieses Mal als Arme wiedergeboren, wenn ich vorher Königin war? Meine Schuld muß groß sein, da Gott mir meine Eltern schon im frühen Kindesalter nahm und mich so meine Schuld allein büßen ließ, allein wie eine Aussätzige. Ich muß sehr schlecht gewesen sein; deshalb läßt der Oberste Gebieter mich so leiden, damit ich mich nach und nach von meinem Schmutz reinwasche.

Um den spirituellen Weg zu finden, muß man Abgründe überwinden, Schmerzen und Kümmernisse. So kann der Beschützer, der uns leitet, sich durch unsere Leiden manifestieren. Aber es ist auch notwendig, mehrere Male auf die Erde zurückzukommen, je nach der Schuld, die man auf sich geladen hat. In meiner ersten Reinkarnation war ich im Besitz der Türken, der Ungarn, der Griechen; ich sah mich mit jenem Umhang, den die Schmerzensreiche zu tragen pflegte. Mein Kopf war bedeckt, mein Gewand war weiß und fiel schwer bis auf den Boden. Ich stand aufrecht an einem öden, unbe- wohnten Ort. Ich zählte zwölf Kamele, und auf der Nummer zwölf ritt er heran, braun, mit großen Augen und gebogenen Wimpern, weiß gekleidet und mit einem Turban. Er streckte die Hand nach mir aus. Ich glaubte, seine Hand sei braun, braun wie sein Gesicht, aber nein, sie war silbern. Er tat, als wollte er mich aufs Kamel heben. Ich bekam Angst, ließ mich zurückfallen, er mußte mich loslassen, und ich rannte fort, so schnell ich konnte; ich formte mit den Händen ein Kreuz, etwa so, und dieses Kreuz muß seine Wirkung gehabt haben, denn er konnte mich, trotz seines schnell laufenden Kamels, nicht einholen. Ich lief und lief, aber er zog seine Pistole, und ich wurde getötet. Als ich erwachte, hörte ich seinen Namen: *Licht des Ostens.*

Am nächsten Tag ging ich zum Tempel und vertraute unserem Pater Elías, das heißt Roque Rojas, der jeden ersten Freitag zur Erde herabsteigt, meine Erscheinung an. Indem sie sich eines Mediums bedienen, weilen manche Wesen nach ihrer Erleuchtung wieder unter uns; die Mächte geben den Sterblichen die Erklärung ihrer Erscheinungen. Ich sagte, daß ich diesen Bru- der mit der silbernen Haut auf einem Kamel gesehen hatte. Durch das Medium Trinidad Pérez de Soto, die heute meine Patin ist, fragte mich das übersinnliche Wesen:

»Und du weißt also nicht, wer es ist?«

»Nein, nein, ich weiß es nicht.«

»Fürchte dich nicht, es ist dein Bruder ... Und dieser Bruder war dein Begleiter zu Beginn deiner Zeit.«

»Wie das?«

»Er war dein Mann, als du in jener grauen Vorzeit auf der Erde weiltest. Du müßtest ihn wiedererkennen, denn er ist dein dritter Beschützer, der, der dich begleitet, wohin auch immer du gehst ... Noch ist die Zeit nicht gekommen, da er dich verläßt; er führt dich noch heute, aus diesem Grunde zeigte der Herr ihn dir, so wie er damals war ...«

»Ach so ...«

»Und, liebst du ihn nicht?«

»Doch, ich liebe ihn.«

»Er ist dein Mann, dein Ehemann, der über dich wacht ...«

Ich schwieg, ich fragte ihn nicht weiter aus, aber ich studierte meinen Traum für mich allein und wußte plötzlich, wer er war und warum er mich *damals* tötete. Weil er nicht seinen Pflichten als Ehemann nachgekommen ist, muß er heute leiden. Er ist dem Pedro Aguilar sehr ähnlich; der sagte, daß er mich nicht lebend auf der Erde zurücklassen würde, und immer nahm er mich mit sich. Zumindest sagte er mir: »Wenn ich sehe, daß die Lage aussichtslos ist, schicke ich dich vor und töte dich ...«

Gott ließ nicht zu, daß er in die Bedrängnis kam, sich am Ende zu sehen, und deshalb lebe ich noch. Und so zog es jener *Licht des Ostens* vor, mich zu töten, da er mich nicht mit sich nehmen konnte. Ich fürchtete mich vor ihm, und diese Furcht rettete mich. Und das, obwohl man mir die Angst austrieb, als ich anfing, mit meinem Vater zusammen den Truppen zu folgen, denn mit meinem Gebrüll verriet ich sie immer. Am Anfang, wenn ich die Schüsse hörte, begann ich zu schreien, und die Kommandeure wurden böse, weil wir uns in der Feuerlinie befanden, das ist, wenn man den Feind jagt. Deshalb schüttete mein Vater hinterher und ohne, daß ich es sah, Pulver in das Wasser: »Nur zu meine Kleine, trink dieses Wasser ...« Für mich schmeckte es nicht schlecht, da ich ja sogar das Wasser aus den Pfützen trank. Später dann sagte man mir, daß es Wasser mit Pulver gewesen war, das mutig macht.

Licht des Ostens büßt noch immer, denn die Schwestern erzählen mir, daß er, wenn er von ihnen Besitz ergreift, nur immer weint und ihnen sagt: »Ich, ich bin für alles verantwortlich.« Sie sagen, daß er sehr gewählt und sehr schön spricht; daß er mir Grüße sendet, und daß ich ihn nicht vergessen möge; daß er über mich wacht und mich beschützt, weil er eine große Verantwortung gegenüber dem Herrn hat, der ihm meine fleischliche Hülle anvertraut hat.

Darum umsorgt er mich noch immer mit großer Aufmerksamkeit. Wieviele Hunderte von Jahren mögen schon vergangen sein, und immer noch läßt er mich nicht ohne seinen Schutz! Aber nicht nur in Erscheinungen habe ich ihn gesehen, sondern sein Porträt in Farbe hängt in dem Bethaus von Luis Moya, Calle Ancha, wie sie früher hieß. Es hängt dort in einem großen Rahmen, ungefähr so, und er hat seine Augen geöffnet, die schwarz wie Kohle sind. Er trägt seinen eingerollten Turban, in dessen Mitte eine schimmernde weiße Perle befestigt ist, und jenem Schimmer entspringt eine Art Strahl, aus Federn gemacht.

Der Oberste Gebieter schickt uns auf die Erde, um unsere Seelen reinzuwaschen, denn er schuf uns das erste Mal rein, und um zu ihm zurückkehren zu können, müssen wir so wieder sein, wie er uns entsandte. Aber wie können wir uns reinwaschen? Durch Schmerz und Leid. Wir glauben, daß *Er* sich irrt, aber nein, die, die sich irren, sind wir, weil wir nicht hören, nicht verstehen, nicht den richtigen Weg finden wollen; wenn die Mehrzahl der Menschen dahin käme, den reinen Weg Gottes zu finden, gäbe es keine, die andere ausbeuten, und keine Frauen, die sich ausnutzen lassen. Nachts, wenn ich allein bin, denke ich nach und sage: »Oh, mein Gebieter, gib mir Kraft, die Schmerzen, die du mir auferlegt hast, zu ertragen!« Und jetzt, da ich alt bin und Medizin schlucke, jetzt denke ich: »Nicht einmal die Medizin hilft mir, denn worauf es ankommt, ist doch nicht einzunehmen, um dann die wahre Läuterung zu spüren, die *Er* mir schickt.«

In dieser Reinkarnation hat Gott mich nicht als etwas Besonderes behandelt. Finde ich etwas zu essen, esse ich, und wenn nicht, dann eben nicht, auch gut. Gott sagte: »Du mußt allein fertig werden. Du mußt leiden, damit du weißt, was es heißt, Gott im Land der Indios zu lieben.« Obwohl ich sehr unwissend bin, finde ich mit Hilfe dessen, was man mir offenbart, nach und nach mein verflossenes Leben allein heraus. Ich denke viel nach, soviel, daß mir der Kopf weh tut, so, als ob ich darin alles Unheil dieser Welt zu tragen hätte. Uff, nein! Wenn ich weiter darüber nachgegrübelt hätte, wäre ich verrückt geworden! Aber das sind Dinge, die man herausfinden muß, weil man sie schon seit seiner Geburt mit sich schleppt, und denkt man zu gegebener Zeit darüber nach, erscheinen sie klarer.

Viele Augen haben wir wie ein kleines Sternen-Bündel in unseren Gehirnen. Darum muß man die richtigen Augen schließen, fest, ganz fest schließen, um zurückschauen zu können, selbst wenn es Nacht ist, wenn es noch nicht Tag ist. Ich sage das so, besser kann ich mich nicht ausdrücken.

Ich habe soviele Abgründe überwunden. Deshalb denke ich: »Nur Gott allein weiß, was ich gelitten habe, seit meine Mutter starb, und was ich noch zu erleiden habe.« Ich muß meinen Weg weitergehen, auch wenn es noch weit ist bis zur letzten Stunde.

Meine Stiefmutter, dort in Tehuantepec, besaß ein Buch über Wahrsagerei, das das Leben eines jeden in Zahlen enthielt. Sie war eine studierte Frau, die sich auskannte. Sie ließ mich die Augen schließen und mit dem Finger auf die Zahlen zeigen, und sie suchte dann in dem Buch. Auf meine Rechnung kamen 102 Jahre, so daß der Weg noch lang ist. Bei meinem jetzigen Alter fehlt mir noch ein gutes Stück. Ich weiß nicht, wie oft und als was ich wiedergeboren werde, aber ich bitte Gott, daß er mich nicht zu schnell wieder auf die Erde schickt, damit ich eine Zeitlang im All verweilen kann, um auszuruhen. Aber soweit kommt es noch, daß Gott Launen befriedigt und Buckelige gerade macht. Nur *Er* weiß, wieviel Schuld ich auf mich geladen habe. Und das ist nicht wenig, denn in dieser letzten Reinkarnation war ich sehr heruntergekommen, raufte mich und trank; von jedem etwas. Ich kann nicht sagen, daß ich gut war; nichts kann ich sagen.

Ich hatte eine Freundin, die *Schwester* Sebastiana, die Tomaten verkaufte; sie hatte einen großen Stand, aber sie konnte sich nicht darum kümmern, denn sie war krank. Sie verfiel zusehends; sie ging auf, wurde sehr dick, aber ich glaube nicht, daß es Fett war, sondern Schwellung; ihre Füße schwollen an wie sich vollsaugende Schwämme, und sie konnte nicht mehr gehen. Nur Gott weiß, wofür sie büßen mußte, aber sie litt sehr. Und in dieser Zeit fand sich natürlich auch jemand, der ihr von der *Gemeinschaft* erzählte, und sie kam zu dem Tempel.

Sie sagte: »Ich bin am Ende, vollkommen kaputt und verlassen. Ich bitte euch, heilt mich. Während meiner letzten Schwangerschaft wurde das Embryo zu einer Krebsgeschwulst; es fehlte nicht viel und ich wäre gestorben. Meine Eingeweide sind verfault; die Ärzte glauben nicht, daß ich überleben kann.«

»Und was ist in deinem Herzen?«

»Viel Gift.«

Nachdem sie sich der *Geistlichen Gemeinschaft* angeschlossen hatte, begann man, sie zu heilen; sie machten eine Geistoperation. Sie bekam keine Kinder, aber man entfernte aus ihr alles Verfaulte. Sie kam zu jedem Gottesdienst, und eines Tages gab Gott ihr die Fähigkeit zu sehen, vorauszusehen, und sie sah alles mit weit geöffneten Augen, ohne zu zwinkern. Die Jahrhunderte flossen zurück, die versteckten Dinge traten hervor, und die *Schwester* Sebastiana erblickte eine Unzahl von Händen, die auf sie zeigten und sich ihr näherten:

»Mich bedrängen viele Hände!«

Daraufhin sagte ihr der Herr: »Und erkennst du sie nicht?«

»Nun, es sind die Hände vieler junger Mädchen ...«

»Nun gut, du mußt das, was ich dir offenbare, analysieren und studieren ...«

Dann schaute der Herr sie an, damit sie erkennen möge, daß sie in der anderen Reinkarnation ein Mann gewesen war und daß all diese Hände den Frauen gehörten, die er unglücklich gemacht hatte und die jetzt Rache forderten. Lange Zeit machte sie in der Katholischen Gemeinschaft Gelübde und tat Buße, aber nichts wurde besser, und in der *Geistlichen Gemeinschaft* sagte man ihr, daß diese verfaulten Kinder die der Frauen waren, die sie in der vorherigen Reinkarnation verlassen hatte. Und dann kniete Sebastiana nieder und bat den Obersten Gebieter um Verzeihung. »Ich gebe mich zufrieden damit, daß ich weiter büßen muß, aber hab Erbarmen mit mir.«

Vor ungefähr acht Jahren bin ich zum Markt gegangen und habe sie dort getroffen, aber sie war nicht wiederzuerkennen. Sie lebte immer noch von ihrem Verkaufsstand, aber sie hatte es sich in den Kopf gesetzt, Kinder anderer Leute, die man ihr schenkte, aufzuziehen. Aber sie erzog sie schlecht; niemals haben sie ihr geholfen, und niemals haben sie sie geliebt. So zahlt man nach und nach all die Schuld ab, die der Oberste Gebieter dort oben notiert hat. Man zahlt sehr wenig jedes Mal, und deshalb muß man so oft wieder auf die Erde zurück. Aber wir, die wir in der *Geistlichen Gemeinschaft* sind, verstehen das, weil unsere Beschützer es uns einschärfen. Ich habe zum Beispiel drei. Der erste ist der hochbetagte Mesmer, der zweite ist Manuel Allende und zum Schluß des Heilungsprozesses kommt mein Beschützer, *Licht des Ostens;* er ist der schönste der drei. Aber ich liebe sie alle gleich viel. Nur, daß *Licht des Ostens* mich mit großer Begierde anschaut. Immer hat er diesen Hunger in den Augen, und das gibt mir zu denken. Sie gehören zu den Obersten, aber die drei Höchsten sind der Ewige Vater, Jesus Christus und unser Sendbote Elías, oder aber Roque Rojas, wie er in seiner jetzigen Inkarnation heißt, der die Dritte Person ist, das heißt der Heilige Geist. Die Katholische Kirche sagt, daß er in Form einer kleinen Taube auftritt, dort wird nichts erklärt; die Priester haben ihre ganz eigene Art und Weise, die Dinge zu sehen. Sie kennen die *Geistliche Gemeinschaft,* nur wollen sie nicht, daß sie sich weiter verbreitet, denn sie sind Egoisten. Sie wollen nicht, daß die Menschen aufwachen, weil sie dann ihre Felle davonschwimmen sehen. Sie verdienen viel Geld mit der Messe, den Eheschließungen, den Taufen. In der *Geistlichen Gemeinschaft* werden die Menschen nicht nur aufgeweckt, sondern es ist die Kongregation selbst, die das Bethaus trägt, es sind die Priesterinnen, die Medien, die Träger und die Säulen, und niemand bittet um Almosen. Dem, der eintritt, sagt man nicht: »Soviel wie du gibst, soviel tun wir für dich.« In der Katholischen Kirche: »Wir zelebrieren deine Messe, aber dein Reich komme.« Bei der Totenmesse begnügen sie sich damit, das ganze Drumherum aufzubauen, den zugedeckten Sarg, der nichts anderes ist als eine falsche Hülle, machen nichts wie Fisematenten und schwenken den Weihrauch, aber sie rufen die arme, büßend herumirrende Seele nicht an. Ich kann das bezeugen, denn an jedem Totengedenktag machte ich mir die Mühe, meiner armen Mutter die Messe lesen zu lassen. Als es dann mit Vermittlung der *Geistlichen Gemeinschaft* gelang, mit mir zu sprechen, stellte ich fest, daß sie blind war, vollkommen blind. Sie kannte mich nicht mehr. Als man ihr das Augenlicht gab, sagte sie mir, daß ich mich bis dahin nicht an sie erinnert hätte. Ich aber denke immerfort an sie. Die Priester steckten das Geld für die Messe ein, aber sie lasen sie weder für sie noch für meinen Vater. Und ich dumme Gans zahlte ihnen drei Pesos bar auf die Hand für jede Messe, die sie dann vielleicht für ihre eigene Mutter lasen.

Meine Mutter erinnerte sich nicht einmal mehr daran, daß sie Kinder hatte. Dort, in eben dem Bethaus von Chimalpopoca, versetzten sie mich zurück in meine früheste Kindheit und legten die geistige Hand meiner Mutter auf mein Gesicht, damit sie mich wiedererkennen möge: »Wach auf aus deiner Lethargie – sagten sie ihr – und erinnere dich, daß sie deine Tochter ist.« Nach einem tiefen Seufzer sagte sie: »Gott sei Dank, sie haben mich erleuchtet, und ich, ich habe festgestellt, daß ich ein Kind hatte.«

»Du hattest nicht nur eines. Du hattest fünf! Die anderen sind dort, wo du bist. Nur Jesusa weilt noch auf der Erde.«

Soweit hatte man ihr die Augen geöffnet, und sie gingen, unter all den toten Seelen, die im All herumirren, meine Brüder suchen. Sie begann, sie mit ihren Namen zu rufen, aber aus den himmlischen Reihen lösten sich nur zwei, Petra und Emiliano. Efrén, der Älteste, kam nicht und sie wurden müde, nach ihm zu suchen; schließlich sagten sie, daß er wohl wiedergeboren sei. Ich wußte nicht, ob sie den wiedergeborenen Verstorbenen getauft hatten. Ich freute mich, Emiliano zu sehen, denn er war immer sehr gut zu mir gewesen. Viele Jahre lang beschützte er mich, als ich betrunken durch die *Cantinas** zog. Er nahm Gestalt an, er bediente sich anderer Hirne und holte mich aus den Saufereien. Er präsentierte sich mir in einem anderen Mann und sagte mir: »Gehen wir!« Ich schaute ihn lange an: »Gut denn, gehen wir«, antwortete ich ihm ganz folgsam. Und wir verließen die Kneipen und während wir gingen, verlor ich ihn nach einiger Zeit unter all den Menschen aus den Augen; ich blieb stehen und schaute überall herum, um ihn irgendwo ausfindig zu machen.

Emilianos Geist sagte mir: »Erinnerst du dich noch daran, als ich dich aus dem *Tranvía* holte? Erinnerst du dich noch daran, daß ich dich in der Straße Mesones zurückließ?«

Ich schwieg: Ach, mein armer kleiner Bruder, wieviel mußte er erleiden, während er mich beschützte! Ich war eine Verlorene, die nicht den rechten Weg einschlagen wollte. Was meine Schwester Petra betrifft, die sagte mir

---

* Cantinas – Kneipe, die nur von Männern besucht wird, wo viel getrunken wird und wo rauhe Umgangsformen an der Tagesordnung sind. Verkauf von *Pulque* u. a. durch einen »Schalter«, der direkt zur Straße geht.

nichts während der Erscheinung, die ich hatte. Sie war immer schwer von Begriff. Wenn sie schon auf Erden nicht gesprochen hatte, im Jenseits sprach sie noch weniger. Aber schließlich zeigte sie doch das Zeichen des Erkennens, wenn auch nur schwach. Emiliano aber folgt mir noch immer, nur, daß ich ihn nicht sehe. Manchmal fühle ich seine Gegenwart in diesem Zimmer und manchmal nicht. Wenn ich die Augen schließe, sehe ich sein Gesicht.

Meine Mutter begann zu weinen: »Gott sei Dank, Gott sei Dank, daß du mich nach so vielen Jahren gerufen hast, meine Tochter. Ich hatte die Meinen verloren, aber schließlich fanden wir uns.«

Ihre Kinder im All beruhigten sie. Sie sagten ihr, daß sie sich von mir verabschieden müsse, aber sie betonte: »Dank dir, meine Tochter, daß du dich an mich erinnert hast...« Viele sind es, die in der Finsternis der Ungewißheit ausharren, und sie bleiben dort verschüttet, bis eine barmherzige Seele sie ruft.

II.

Ich weiß nicht, ob aufgrund der Armut oder weil es so Brauch war, aber die Beerdigung meiner Mutter war armselig. Man wickelte sie in eine Strohmatte, und ich sah, daß man sie einfach nur so in die Grube warf und Erde auf sie schüttete. Ich drängte mich an meinen Vater, aber er unterhielt sich und trank seine Gläschen mit allen, die ihn begleiteten, und er bemerkte nicht, als ich mich in das Erdloch verkroch und meiner Mutter den Kopf mit meinem Kleid bedeckte, damit ihr keine Erde ins Gesicht falle. Niemand bemerkte, daß ich dort unten drin war. Plötzlich erinnerte mein Vater sich an mich, und ich antwortete ihm von dort unten, woraufhin er dann bat, man möge keine Erde mehr hineinwerfen. Ich wollte nicht rauskommen. Ich wollte, daß man mich dort mit meiner Mutter zusammen begrabe.

Ich weinte, als man mich, über und über mit Erde bedeckt, herauszog. Ich abbekamen, röten; denn jedes Mal, wenn ein Wind weht, schmerzen sie mich, weil ich seit jener Zeit den Friedhofshauch in den Augen habe.

Die Nachbarn machten ein Kreuz aus Maiskörnern und pflanzten es in einem Kasten in den Innenhof der Kirche von Mixtequilla. Dort beteten sie die Novene, sie beteten die neun Tage lang, die die Seele braucht, um das Universum zu durchqueren. Als der Mais aufging und hoch gewachsen war, pflanzten sie das Kreuz auf den Friedhof um, dorthin wo meine Mutter lag. Wie ein Zeichen für das Leben meiner Mutter blieb das Mais-Kreuz auf der Erde.

Meine Mutter starb vor Schreck oder der Tote war es, der sie abholen kam, denn sie hatte geträumt, daß ein paar kleine Hündchen sie ins Bein bissen. Beim Aufwachen hörte ich, daß sie zu meinem Vater sagte: »Welch schrecklichen Traum ich träumte! Ein paar kleine Hündchen bissen mich ins Bein, und ich zerrte an ihnen und drückte sie solange, bis sie tot auf dem Boden lagen!«

Mein Vater antwortete: »Welche Hunde hast du getötet? Es war ein Traum.«

»Ja, ja, es war ein Traum. Mach zu, steh auf und hilf mir beim Wasserlassen!«

Da es in dem Dorf keine Toiletten gab, gingen meine Eltern auf den Hof, wo sich abends die Nachbarn zu einem Schwätzchen einfanden. An der Ecke des Hauses gegenüber befand sich ein länglicher Stein, auf den ein Mensch sich hätte hinlegen können. Es war eine Mondnacht, in der man alles deutlich sehen konnte: »Felipe, schau dort gegenüber!«

»Wo?«

»Hier auf der Steinplatte. Wer mag ihn getötet haben?«

»Wen?«

»Schau doch, wer mag den Mann dort getötet haben?«

»Wen? Welchen Mann?«

»Nun den, der da über der Steinplatte liegt.«

»Ich sehe nichts.«

»Wie, du siehst nichts, wo ich doch dabei bin, ihn an den Füßen zu fassen?«

»Ich sehe nichts, Maria, aber wenn du ihn siehst, laß uns nachsehen, vielleicht hat jemand ihn getötet und will uns jetzt den Toten aufhalsen.«

Am Morgen, als mein Vater aufstand, um zur Arbeit zu gehen, war das erste, was er tat, hinzugehen und nachzuschauen, ob er irgendetwas sehen könnte. Nichts, der Stein war sauber: »Gut. Aber wieso hat Maria den Toten dort gesehen?«

Meine Mutter stand nicht mehr auf. Am nächsten Tag wachte sie mit einer Erkältung und Fieber auf, und eine Woche später war sie tot. Deshalb unterhielt sich mein Vater später mit den Nachbarn: »Wissen Sie, sie wird vor Entsetzen gestorben sein und nicht an der Erkältung, denn ich rieb sie oft mit Alkohol ein, ich behandelte sie und gab ihr Chinin. Meiner Meinung nach hat sie der Tote, den sie an der Ecke von Doña Luisas Haus gesehen hat, mitgenommen.«

In jenem Moment begriff ich, daß nichts ohne Gottes Willen geschieht. Meine Mutter sah den Leichnam, weil sie hellsehen konnte und mein Vater nicht. Jetzt, wo ich erwachsen bin und mich der *Geistlichen Gemeinschaft* hingegeben habe und den Weg vor mir sehe, glaube ich, daß meine Mutter eine Mission zu erfüllen hatte und in die Zukunft sah. Obwohl sie Mut hatte und seine Füße ergriff, besaß sie wenig Verstand, und deshalb hat der Tote sie mitgenommen.

Als mein Vater mir eine Puppe aus Eichhörnchenfell machte, lebte meine Mutter noch. Später hat er mir niemals mehr etwas gemacht, nie mehr. Entweder stellte er sich taub oder alles ging an ihm vorbei. Aus dem Eichhörnchenfell entfernte er das Fleisch, denn in Mixtequilla ißt man es. Man würzt es mit Salz, Pfeffer, Knoblauch und Essig oder Zitrone, man spreizt ihm die Pfoten und spannt es auf Stöckchen, damit es durch die Hitze des Feuers goldbraun brät. Eichhörnchen schmeckt hervorragend, schmeckt nach Eichhörnchen und ist sehr gut. Mein Vater ließ nur das Fell übrig, er schnitt es auf, um es an der Sonne zu trocknen, er bestreute es mit Kalk, und als es trocken war, nähte er die Pfötchen zusammen; mit dem Ende eines Stockes stopfte er es aus. Dann kam er und schenkte es mir:

»Warum ist sie so hart, Papa?«

»Wegen der Füllung.«

»Aber, womit hast du es denn gefüllt, mit Erde?«

»Nein, mit Sägespänen.«

»Und was ist das, Sägespäne?«

»Oh, Jesusa, gib dich zufrieden und spiel damit!«

Und ich spielte mit jenem kleinen Tier; ich hüllte mich gut in mein Umschlagtuch ein und trug darin auch meine Puppe, obwohl sie mir immer aus den Händen glitt, weil sie doch so hart war.

Da mein Vater kein Geld hatte, mir etwas zu kaufen, waren mein Spielzeug einige Steine, ein Pfeil, eine Steinschleuder und Murmeln, die er selbst schliff. Er suchte einen großen, harten Stein, einen blauen Stein, und mit dem rundete und schliff er andere poröse Steinchen, und durch ständiges Schleifen entstanden dann die kleinen Kugeln. Holzkreisel machte er mir aus dem Pochote-Baum, an dessen Ästen sich kleine Knötchen befinden. Er suchte die größten heraus, um daraus die Kreisel zu machen, und ich brauchte sie nur einmal zu drehen, und schon tanzten sie. Und während sie tanzten, ließ ich meiner Phantasie freien Lauf. Ich dachte an tausenderlei und vergaß es gleich wieder, oder ich begann zu singen. Gut, singen ist zuviel gesagt, ich brachte einige heitere Liedchen zustande, um die tanzenden Kreisel zu begleiten.

Wenn ich nichts weiter vorhatte, spielte ich mit Erde, es gefiel mir sehr, sie anzufassen, denn mit fünf Jahren erscheint einem die Erde noch weiß. Unser Gebieter schuf sie weiß, gleich seinem Ebenbild, umd mit der Zeit wurde sie durch die Benutzung und durch die Bosheit der Menschen schwärzer und schwärzer. Deshalb spielen die kleinen Kinder mit der Erde, weil sie sie weiß und schön sehen, aber während sie heranwachsen, ergreift der Teufel Besitz von ihnen, von ihren Gedanken, und langsam verändert er die Dinge für sie, indem er sie schmutzig macht, ihre Farbe verändert, sie in den Dreck zieht.

Ich war ein richtiger Junge; ich liebte es, Krieg zu spielen, Steine zu schmeißen, Hüpfekästchen zu spielen, mit Kreiseln und Murmeln zu spielen, ich liebte Kampfspiele und ich liebte es, Fußtritte auszuteilen, alles Sachen für Männer; immer damit beschäftigt, Eidechsen mit Steinen zu erschlagen, Leguane gegen die Felsen zu klatschen.

Wir durchbohrten ein Schilfrohr und gingen mit diesem Blasrohr dann auf die Jagd: es machte mir nichts aus, diese kleinen Tiere zu töten. Warum auch? Früher oder später müssen wir alle sterben. Ich verstehe nicht, wie ich als Kind war. Ich ließ es auch nicht zu, daß die Vögel ihre Eier ausbrüteten; ich stahl ihnen die Nester und später tauschte ich die Eier gegen Porzellan- und Keramik-Scherben, kleine farbige Stückchen, die bei unseren Spielen die Reales, die Medios, die Cuartillas, die Peseten und die Pfennige darstellten, denn das waren die Münzen, die es damals gab.

Danach machte ich ein Feuer und briet die kleinen Leguane, und sobald sie aufplatzten, schabte ich ihnen die Haut mit einem Messer ab, schnitt sie auf, entfernte die Eingeweide, würzte sie scheinbar mit Salz und rief den Jungen zu: »Das Essen ist fertig, kommt essen! Setzt euch, ich werde euch sofort servieren! Denn, wie könnte ich euch so hungrig lassen, das fehlte gerade noch! Später gibt es nichts mehr ...«

Und sie, wie sollten sie denn solch eine Schweinerei essen.

»Das gilt nicht!«

»Hereingelegt, hereingelegt!«

»Heuchlerin, du Niederträchtige!«

»Angeschmiert, Butter lackiert ...«

Und ich haute ab, und sie verfolgten mich. Niemandem gefällt es, wenn er angeschmiert wird.

Wenn ich keine Lust mehr hatte, mit den Jungen zu spielen, kletterte ich die Bäume 'rauf und bewarf sie mit Steinen. Ich stieg von Ast zu Ast, um Schaden anzurichten, nur wegen des Vergnügens, mit allen zu streiten. Ich verletzte sie, sie gingen und erzählten meiner Mutter, daß ich ihnen die Köpfe eingeschlagen hätte. Meine Mutter sprach mir gut zu, aber ich war nicht zu besänftigen. Von klein auf war das nicht möglich. Jetzt ist alles vorüber, ich tauge zu nichts mehr, ich habe den Teufel nicht mehr in mir.

Meine Mutter schimpfte weder mit mir, noch schlug sie mich. Sie war von brauner Hautfarbe wie ich, klein und dick, und nach ihrem Tod habe ich nie wieder gespielt.

Acht Tage nachdem meine Mutter gestorben war, suchte mein Vater sich eine andere Frau. Besagte Dame trank sehr viel. Ich erinnere mich nicht mehr, wie sie hieß. Sie war eine Frau wie alle Frauen. Weiß der Teufel, wo mein Vater sie kennengelernt hatte, aber er behielt sie lange Zeit bei sich. In der ersten Woche gab ich ihr zwei Reales (50 Centavos), damit sie damit die Einkäufe tätige. Dieses Weibsbild wollte, daß man ihr das Geld überließe, aber da mein Vater uns gesagt hatte, daß sie ein Dienstmädchen sei, daß für Emiliano und für mich zu sorgen hätte, übernahm ich es, das Geld zu verwalten, und das Dienstmädchen mußte mit mir abrechnen. Und dann umarmte ich meinen Vater, weil ... warum sollte eine andere Frau mit ihm schlafen? War es nicht meine Mutter, die mit ihm schlief? Obwohl ich noch klein war, trug ich die Boshaftigkeit schon in mir, und trotzdem ich in einem Dorf aufgewachsen war, dachte ich: »Warum sollten andere mit meinem Vater schlafen?« Wenn doch in einem Dorf jeder in seinem Haus wohnt, wie soll man dafür Verständnis haben? Wer berät einen? Das Verständnis ist eine Fähigkeit, die angeboren ist, es ist eine Sache, die man in sich trägt. Kann sein, daß ich schlecht bin oder was auch immer, aber ich erkannte diese Frau nicht an; klar, daß ihr das nicht gefiel. Ich schlief bei meinem Vater, aber da es dort sehr heiß ist, streckten wir uns in einer Hängematte aus; niemals ließ ich es zu, daß er mit diesem Weibsbild schlief. Dann fing sie an, sich mit dem Einkaufsgeld zu betrinken, wer weiß schon, warum.

Mein Vater machte immer, was ich wollte. Als ich noch klein war, erlaubte er mir viel, aber er war nie zärtlich. Wir kannten keine Zärtlichkeiten, Verhätschelungen oder so, nein. Als meine Mutter noch lebte, sagte mein Vater zu ihr:

»Schimpf nicht mit ihr, und tu ihr auch sonst nichts an!«

Deshalb wurde ich so rüpelhaft. Und wenn sie sich beschwerte:

»Felipe, schau, sie läßt sich nicht kämmen ...«

»Gut, dann kämm sie nicht.«

Und er kämmte mich sehr vorsichtig, weil ich es nicht leiden konnte, wenn man mir an den Haaren zog, ich hasse es geradezu, aber er hatte eine vorsichtige Hand, sehr vorsichtig. Wenn meine Mutter mich kämmte, kam es mir vor, als fiele glühende Kohle auf meinen Kopf. Nur von ihm habe ich mich kämmen lassen. Da wir zwei Kleinkinder waren, mußte meine Mutter einen käm-

Ich habe das besoffene Weib nie mit meinem Vater schlafen sehen, aber sie war sein Flittchen. Sie sagte es mir: »Es paßt mir überhaupt nicht, daß du uns nicht in Ruhe läßt. Er ist mein Mann ...« Ich schrie sie an, daß er nicht ihr Mann sei, weil er mein Vater sei. Daraufhin begann sie, mit mir zu streiten. Da sie betrunken war, warf sie mir die schlimmsten Sachen an den Kopf, daß er keine Angst vor mir zu haben brauchte, seit wann denn hier die Töchter ihre Väter gängelten: »Das wird dir leid tun«, sagte sie mir. Ich antwortete ihr, daß es keinen Grund dafür gäbe, daß mir etwas leid täte, und wenn ihr soviel an ihm läge, dann sollte sie mit ihm das Weite suchen und mich dort lassen.

Um sechs, als mein Vater von den Sprengungen nach Hause kam, erzählten wir ihm nichts. Aber am nächsten Tag ging das versoffene Weibsbild in die Kneipe, um das Haushaltsgeld mit anderen Männern zu verjubeln. Als ich sie auf dem Heimweg erspähte, sammelte ich Steine in mein Baumwollhemd und warf damit nach ihr: »Hau ab, mach dich davon! Ich will dich hier nicht mehr sehen!«

Abends sagte ich meinem Vater, daß ich sie davongejagt hätte, weil sie sich immer betrunken herumtrieb. »Es ist gut, meine Tochter, gräm dich nicht.«

Wieder einmal blieb mein Vater mit seinen Kindern allein. Er stand auf, um uns unser Frühstück zu richten, und ging dann zur Arbeit. Obwohl er sich schon daran gewöhnt hatte, daß das Luder kam und ihm den Haushalt machte, mußte er jetzt selbst den Mais mahlen und für unser Essen sorgen, denn wir waren noch klein. Mein Bruder Emiliano dürfte zwei Jahre älter sein als ich, aber trotzdem ließ mein Vater uns beide angebunden zurück, damit wir nicht aus dem Haus gehen konnten und Unheil anrichten, denn ich war sehr einfallsreich beim Aushecken von Schandtaten. Mein Vater legte einige große Holzscheite ins Feuer und darauf wurde das Essen langsam gar; er kalkulierte so, daß um zwölf Uhr, wenn er nach Hause kam, das Fleisch oder die Bohnen oder was er sonst aufgesetzt hatte, noch Wasser hatten. Er hatte auch den Teig aus Maismehl vorbereitet und machte uns daraus grobe Tortillas, denn er war ein Mann und wußte nicht, wie man Tortillas macht.

Mein Vater war Hilfsarbeiter bei der Eisenbahn und arbeitete am Bahndamm. Er sprengte mit Dynamit die Berge und öffnete damit die Durchbrüche, durch die später der Zug zur Landenge von Tehuantepec fahren sollte. Für meinen Vater war es jeden Tag das gleiche Lied: kochen, um uns zu essen zu geben. Sicher, er litt, denn er brauchte eine Frau, die ihm die Kinder versorgte.

Ziemlich verärgert sagte er mir eines Tages: »Hör zu, Kind, es ist dringend notwendig, eine Frau hierherzubringen, die auf dich aufpaßt, die dich entlaust und dich badet, denn ich habe auch meine Arbeit.«

In dieser Sache mußte mein Vater schwer mit mir kämpfen, denn ich sagte mir: »Mein Vater hat die Verpflichtung, mich zu kämmen, mich zu baden und mir zu essen zu geben ... Er ist dazu verpflichtet, hier zu sein und mich zu versorgen ...« Denn so sind die Kinder, ziemlich fordernd.

Als er mir sagte, daß eine Frau nach uns sehen würde, antwortete ich ihm: »Ich weiß nicht, aber komm mir nicht und mach mir vor, sie sei dein Dienstmädchen, und später gibst du dann zu, daß es nicht dein Dienstmädchen ist. Sag mir klar und deutlich, was ist, und dann sieh zu, wie du damit fertig wirst.«

Er fand eine, die einen kleinen Jungen hatte. Ich bemerkte – und das, weil ich sehr helle war –, daß diese Frau darauf bedacht war, das Essen für meinen Vater getrennt zuzubereiten, und ich sah, daß sie sich die Fußnägel abschabte, das Pulver zu einem kleinen Haufen zusammenschob und in den Eßnapf meines Vaters streute, den sie verrückt machen wollte. So glaube ich. Ich bin zwar für die Hölle bestimmt, aber ich sagte mir: »Gut, was soll das? Warum schüttet sie ihm das Pulver ins Essen und uns nicht?«

Während sie Wasser holen ging, vertauschte ich die Eßnäpfe. Ich paßte immer auf meinen Vater auf. »Aus irgendeinem Grund macht sie das. Irgend etwas Übles wird es sein. Wenn es nichts damit auf sich hat, warum macht sie dann nicht das ganze Essen in ein und demselben Topf?« Und das Essen, das sie mir servierte, gab ich meinem Vater; das Essen mit dem Pulver schüttete ich weg. Ich hatte den Vorteil, daß ich argwöhnisch war. Mit dieser, ja, schlief er in der Hängematte. Als er mir schließlich erklärte, daß er sie zur Frau haben wollte, konnte mir das nichts mehr ausmachen. Aber jene andere, die angeblich ein Dienstmädchen war, nein, das ging zu weit; ich lasse mir doch nichts vormachen.

Die andere, die mit den Fußnägeln, die, die ein Kind hatte, war auch nicht gut zu uns. Sie konnte uns nicht ausstehen. Ich hörte sie immer mit meinem Vater diskutieren. Und er sagte ihr: »Paß auf sie auf, kämm sie so, als wäre sie deine Tochter, denn du bist diejenige, die ihr Vertrauen erlangen muß, nicht ich.«

»Ist schon gut.«

Aber sie kannte nicht einmal meinen Namen. Viele Tage lang wiederholte sich immer dasselbe, bis ich genug davon hatte und mich mit ihr anlegte, denn ich war inzwischen älter geworden und unausstehlich und bösartig. Niemand von uns war so streitsüchtig wie ich. Jedenfalls war es so, daß sie sieben oder acht Monate, höchstens ein Jahr bei uns blieb. Danach gab mein Vater die Arbeit bei der Eisenbahn auf, denn allein konnte er das nicht mehr schaffen, eine Arbeit haben und um zwölf Uhr sagen: »Ich komme gleich wieder ...«, um uns zu essen zu geben ... Er wollte eine Arbeit, wo man seinen häuslichen

Verpflichtungen Rechnung getragen hätte, und da er keine fand, zog die ganze Familie um nach Salina Cruz.

III.

Mein Vater ging über den ganzen Strand bis zu einem Felsen am Fuße des Leuchtturms. Die Felsen ragten aus dem Wasser heraus, und wenn die Wellen sie überspülten, öffnete sich die Austernmuschel und ernährte sich aus dem Meer; gleich darauf schloß sich die Muschel wieder. Mit seiner Machete* schlug mein Vater die großen Austern ab. Er öffnete sie, und gleich aus der Muschel heraus aßen wir die Austern, sie lebten dann noch und waren ganz frisch. Hier in Mexiko City habe ich sie nie gegessen. Wer weiß denn, wielange sie hier schon auf Eis liegen! Welchen Nährwert haben sie denn noch, wenn sie schon tot sind?

Vor kurzem kaufte ich mir ein Dutzend Schildkröten-Eier, denn schon seit vielen Jahren, seit ich klein war, habe ich keine mehr gegessen. Mein Vater nahm uns nachts auf Schildkröten-Eiersuche mit. Die Schildkröten kommen aus dem Meer und graben sich in den Sand ein, sie leiden und ermüden sehr, denn sie legen Dutzende von Eiern. Sie legen das erste Dutzend ganz auf den Grund des Lochs, wo sie sich eingegraben haben, dann bedecken sie die Eier mit Sand, und darauf legen sie wieder ein Dutzend, dann krabbeln sie darauf, bedecken auch diese und legen wieder eine Schicht Eier, bedecken auch diese wieder mit Sand und so weiter, bis sie sich vollkommen entleert haben. Bevor sie gehen, bedecken sie die letzte Schicht Eier mit Sand und gehen zurück ins Meer. Bevor die Flut kommt und die Spuren verwischt, muß man dort hinlaufen, wo der Sand aufgewühlt ist und wo das Nest ist, einen Stock oder sonst etwas als Markierung einstecken. Auch wenn man von der Flut überrascht wird, muß man die Eier ausgraben. Gelingt es nicht, dann wachsen die klei-

* Machete – Ein großes Hackmesser, das die Bauern immer bei sich tragen und für die verschiedenartigsten Arbeiten nutzen.

nen Schildkröten dort ganz allein, nur durch die Wärme des Sandes und der Sonne.

Sie sind sehr komisch, diese Tiere. Die Schildkröten können gleich, nachdem sie ausgeschlüpft sind, schon laufen und gehen direkt ins Meer und tauchen darin ein wie kleine Fische. Sie erinnern an Schlangen, denn die kleinen Schlangen laufen sofort los, nachdem sie die Eischale zerbrochen haben.

Wir gingen nachmittags und in mondklaren Nächten, wenn der Strand ruhig dalag, auf Eiersuche. Tagsüber kommen die Schildkröten nicht an den Strand. Mein Vater nahm uns gern mit, weil wir sofort bemerkten, wann die Schildkröten sich durch den Sand in Richtung Meer schleppten, und wir liefen gleich los, um die Eier auszugraben. Mein Vater warf sich mit Kleidung und allem ins Wasser. Um ihm zu helfen, sprang ich auch bekleidet, so wie Sie mich hier sehen, ins Wasser und wurde von Kopf bis Fuß durchnäßt.

Ich ließ meine Sachen am Körper trocknen. Immer darauf bedacht, daß sich der Korb füllt, den mein Vater mitgebracht hatte, waren wir bis ein oder zwei Uhr morgens mit der Eiersuche beschäftigt. Unser Korb war groß, und wir sind erst zurückgekehrt, wenn er ganz voll war. Am frühen Morgen aßen wir die Eier. Das Äußere, die Schale, wie wir sagen, ist eine runde Lederhaut. Einige sind groß, andere, die von den kleinen Schildkröten,mittelgroß. Man reinigt die Eier von dem Sand und setzt sie mit viel Salz, damit es durch die Haut einzieht, zum Kochen auf. Wir kochten sie und aßen sie dann ganz frisch.

Andere Male schmorte mein Vater sie; alles durcheinander, wie er es nannte. Er nahm einen Topf, tat Tomaten, Knoblauch, Zwiebeln hinein und wenn alles gut gar war, schlug er einen Haufen Schildkröten-Eier in die kochende Suppe. Oder er gab uns Fisch zu essen; einen Fisch pro Nase. Niemals fing er die Fische mit der Angel. Er trieb die Fische in Höhlen. Er machte eine Höhle aus Felsbrocken, die Fische gingen von ganz allein dort hinein, und er wartete davor und sammelte sie in einem Netz. Er fing Fische bis zu einem Meter Länge, Seebarsch vor allem, denn den findet man dort am meisten. Wenn die Leute am Strand auf meinen Vater warteten, verkaufte er ihnen Fische, wenn nicht, öffnete er sie, nahm sie aus, salzte sie und legte sie zum Trocknen aus; er verkaufte sie in jeder Form.

Ich badete so gegen fünf Uhr morgens oder fünf Uhr nachmittags, nicht in der prallen Sonne. Man stand da und wartete darauf, daß die Welle einen durchnäßte und den Schmutz von einem abwusch. Wenn die Welle zurückging, wartete man auf die nächste. Ich weiß nicht, wie man sich heute badet, denn es ist schon viele Jahre her, daß ich zum Meer ging; man sagt, daß sie ins Meer hinausschwimmen. Für so etwas ging ich in einen Teich, in ein stilles Gewässer. Nein, der Witz ist, sich am Strand zu baden, wo die Welle heranrollt mit weißer Schaumkrone und einen vollkommen überspült; diesem Schlag des Wassers standzuhalten, bekleidet oder nackt, und das lebende Wasser zu spüren. Es ist so schön, die Welle heranrollen zu sehen und – schwapp! – bedeckt sie uns und rollt zurück, und man wartet auf die nächste, die schon donnernd herankommt, so als ob sich das ganze Wasser dort zusammengezogen hätte. Ich war klein, aber stark und wußte mit den Wellen umzugehen. Wenn ich wieder ans Meer käme, würde ich so gegen sechs Uhr die Wellen erwarten, die man sich erheben und dann zusammenstürzen sieht. Wenn die Welle ins Meer zurückrollt, ist der Sand sauber, und man steht dort mit gespreizten Beinen, nicht frontal und nicht mit dem Rücken zum Wasser, sondern schräg und fest auf dem Boden, weil man sonst umgerissen wird.

Der Schlag durch das Meerwasser ist sehr angenehm. Aber nicht so, wie man sagt, wie sich die Leute heute baden, so nicht. Davon will ich nichts wissen.

So wie er damals war, schien der Hafen von Salina Cruz sehr groß zu sein. Die Schiffe fuhren unter zwei Eisenbrücken durch und ankerten in der Bucht. Ich könnte nicht sagen, wie das Leben dort ist, denn ich lebte wie ein Hund, ohne zu wissen wie, aber ich glaube, mein Vater mietete ein Grundstück und baute eine Hütte aus Pfählen mit einem Dach aus Palmenblättern. Er vermischte Schlamm mit Stroh und stopfte das Gemisch zwischen die Pfähle, so daß es wie eine Wand wurde. So lebten wir. Es war sehr heiß. Ich ging ohne Schuhe, weil sie mich beim Bäumeklettern störten; ich band sie aneinander und hängte sie mir über die Schulter; so konnte ich dann von Baum zu Baum klettern. Meistens ließ ich sie an einem Ast hängen. Kaum hatten wir gegessen, schon rannte ich zu den Bäumen. Mein Vater ging zur Arbeit; es gab also niemanden, der mich aufhielt.

In Salina Cruz arbeitete mein Vater an verschiedenen Stellen. Er war sehr einfallsreich, sehr gewitzt und gewöhnte sich an alles. Er kochte für uns, wusch unsere Wäsche, aber als wir heranwuchsen, sagte er, daß es unmöglich sei, daß er uns uns selbst überließe; das ginge noch an für den Jungen, aber was sollte er mit mir machen? Er machte das zu seinem Problem. Nun, er sagte zu einer Frau, bei der er uns schon einige Male gelassen hatte, wenn er arbeiten ging: »Wissen Sie, ich weiß mir keinen Ausweg, sie behindern mich schon sehr ... Ich weiß nicht, wo ich sie lassen soll ... Wer nimmt sich schon fremder Leute Kinder an?«

»Niemand, eben ...«

»Nun gut, ich gehe auf dem Schiff nachfragen, ob man mich dort beschäftigen kann, aber es muß nachts sein, denn tagsüber muß ich mich um diese beiden Dreckspatzen kümmern ...«

Und er bekam Arbeit auf dem Schiff. Er ging nachmittags um fünf Uhr und kam um fünf Uhr morgens zurück. Er schloß uns ein, allein. Bevor er ging, gab er uns zu essen und brachte uns zu Bett. Was sollten wir auch auf der Straße machen, da es doch bald schon dunkel wurde. Außerdem, er mußte in der Nacht ein Schiff beladen und ein anderes löschen, und wenn er bei Morgengrauen noch nicht fertig war, arbeitete er die nächste Schicht weiter bis fünf Uhr nachmittags. Es gab dort nur Arbeit, Arbeit und nochmals Arbeit, kein Ausruhen. Eine Plackerei. Mein Vater machte das ziemlich lange, die Frachtschiffe be- und entladen, viele Monate, vielleicht auch Jahre, ich weiß es nicht, denn ich war noch klein.

In dieser Zeit kam mein ältester Bruder, Efrén Palancares, zu uns. Er war sehr dunkelhäutig, versoffen und ziemlich am Ende. Er verbrachte sein Leben in den Kneipen. Selten kam er nach Hause, und wenn, dann war es jedesmal notwendig, daß mein Vater ihn verdrosch, denn er war nie ganz bei sich. Er blieb acht Tage oder zwei Wochen zu Hause, und dann war er wieder weg. Als Kind lebte Efrén bei uns, aber als er erwachsen war, wurde er zum Herumtreiber. Er hat uns mit 14 oder 15 Jahren verlassen, denn mein Vater schlug oft und heftig. Meine Mutter schlug uns nie. Efrén war widerspenstig. Als Junge trank er noch nicht, aber er war trotzig und verzweifelt.

Nachdem er gegangen war, fragte ich meinen Vater: »Und Efrén?«

»Er ist weg.«

»Warum?«

»Wegen des schlechten Umgangs ...«

Mein Vater wollte ihm den schlechten Umgang verbieten, wie mir den Umgang mit Perico, aber es gab immer wieder das gleiche Problem. Den, der mit störrischem Kopf geboren wird, kann man nicht ändern. Efrén war ein Dummkopf. Der Gutmütige war mein Bruder Emiliano. Er folgte meinem Vater, wo immer er auch hinging. Während der Zeit der Schiffsbeladungen und Schiffsentladungen blieb der kleine Emiliano auf der Mole und wartete auf ihn. Er holte sich dort Sonnenstiche, die nicht von schlechten Eltern waren. Und wenn mein Vater einen Kneipenbummel machte, ging Emiliano ihm nach, voller Hoffnungen und Wünsche. Ich nicht. Ich war ein menschenscheues Tier; es zog mich in die Berge. Efrén war auch so. Wer weiß, woher er kam, wer weiß, wohin es ihn trieb. Und selbst wenn man es wüßte ... Und bei seinem ewigen Kommen und Gehen erschien er eines Tages bei uns und sagte zu meinem Vater, daß er eine Frau mitbrächte und man schon sehen würde, wozu sie tauge. Mein Vater antwortete ihm: »Gut. Und warum hast du diese Frau mitgebracht?«

Und sicher haben sie alles getan, um miteinander auszukommen, wie Gott weiß. Nicht wahr? Jedenfalls hat dieses Mädchen, Ignacia hieß sie, auf mich aufgepaßt, obwohl ich mir das nicht gefallen ließ. Sie wollte, daß ich Tortillas machen lerne, aber ich war daran gewöhnt, überall herumzustromern. Von Kindesbeinen an war ich an Freiheit gewöhnt; mein ganzes Vergnügen war es, allein über das Land oder den Berg zu wandern.

Mein Bruder Efrén blieb lange Zeit bei uns, da er ja eine Frau hatte; da er immer betrunken nach Hause kam, mußte mein Vater ihn schelten. Die Frau ertrug alles, denn was hätte sie schon tun können, arme Ignacia. Sie war auch ein Waisenkind. Sie dürfte sechzehn Jahre alt gewesen sein, hatte niemanden, der sich um sie kümmerte, und so erwartete sie nichts.

Mein Vater hielt zu ihr, und Emiliano und ich mochten sie auch, aber Efrén machte ihr das Leben schwer. Er schlug sie: »Was machst du, faules Stück? Steh auf und gib mir zu essen!«

Wann immer er nach Hause kam, er verlangte, daß sie ihm sein Essen serviere. Und wenn ihm danach war, machte er ihr Beine. Er verlangte Besteck, wußte aber nicht, es zu gebrauchen. Wir haben immer mit Tortillas gegessen. Außerdem besaßen wir gar kein Besteck. Aber in seinem Suff schrie er: »Ein Messer und eine Gabel, liederliche Dirne!«

Und schließlich weckte er meinen Vater auf: »Warum, verdammt, hast du die Frau hierher gebracht, wenn du sie so behandelst?« Und er streckte ihn mit einem Schlag zu Boden. Dort, wo er hinfiel, schlief er ein.

Eines Nachts, als er kam und mein Vater nicht zu Hause war, sprang ich aus dem Bett: »Leg dich mit mir an, los, aber sie wirst du nicht noch einmal schlagen!«

Er gab ihr eine Ohrfeige, aber keine zweite. Ich ergriff ein Holzscheit, so dick war es, und obwohl ich es kaum halten konnte, verteidigte ich Ignacia damit. Ich verprügelte ihn. Heute noch, wenn ich die Kinder in den Häusern singen höre: »Jenes schöne Mädchen heißt Nachita* und hat eine große Pobacke, und eine andere ganz kleine«, werde ich wütend, aber es erinnert mich auch an Ignacia. Und das, obwohl mich meine Schwägerin auch schlug, weil ich es nie lernte, Tortillas zu machen. Sie machte schöne, kleine Tortillas; sie bereitete mir die kleinen Teig-Bällchen vor, damit ich sie nur noch mit den Handflächen zu formen brauchte; aber bis heute werden es bei mir immer nur ein paar dicke Scheiben, die mein armer Perico, als er noch klein war, so häßlich sie auch sein mochten, verschlang. Um mich zu bestrafen, zwang mich meine Schwägerin, alles aufzuessen, all diese Tortilla-Brocken, die ich verbrannt hatte: »Licht der Straße, Finsternis deines Hauses.« Mit fester Hand müßte sie mir alles beibringen, sagte Ignacia, aber ich bin eben nicht dazu geboren, Tortillas zu machen, und ich habe es auch niemals gelernt.

---

* Nachita – Kosename von Ignacia

Meinem Bruder Efrén war es gar nicht recht, daß wir alle zu seiner Frau hielten, vor allem mein Vater. Sie hatte eine Tochter: Felipita. Wir liebten sie alle sehr, und es gab für uns keine andere. Ich spielte mit ihr und trug sie in meinem Umschlagtuch, aber sie starb, als sie acht Monate alt war, kleine Blume des Tages. Als sich ihr Zustand verschlimmerte, brachten wir sie ins Krankenhaus von Tehuantepec. Wer kann wissen, woran sie starb, aber sie begann schwarz anzulaufen und wurde nach und nach ganz schwarz, so als ob man sie erwürgt hätte. Meine Schwägerin sagte nichts, und wir sind nach Salina Cruz zurückgekehrt, ohne den kleinen Leichnam; das Krankenhaus behielt ihn dort.

Kaum waren wir zu Hause angekommen, als mein Vater sich mit meinem Bruder anlegte: »Du hast diese Frau getreten, als sie schwanger war. Deshalb starb die Kleine! Du hast sie in den Bauch getreten!«

Als er seine Wut abreagiert hatte und müde wurde, ihn zu schlagen, sagte er ihm, daß er nicht länger seinetwegen leiden wolle; er solle das Haus verlassen und seine Frau und alles mitnehmen.

An einem dieser nebligen Tage, wenn der Nebel, der vom Meer her kommt, den Himmel nach und nach verdeckt, ging ich durch die Straßen und hörte, wie ein Mann fragte, wo Felipe Palancares wohnt. Ich näherte mich ihm: »Ich kenne ihn. Er ist mein Vater, mein Vater. Was wollen Sie von ihm?«

»Bring mich zu ihm!«

»Gut, gehen wir.«

Er trug mich auf den Armen, denn ich war noch klein. Vor der Haustür setzte er mich ab. Mein Vater schlief. Ich rief ihm zu: »Papa, ein Herr fragt nach dir.«

Der Mann trat ins Haus. Durch diese Lattentüren hört man alles ganz deutlich. Er sagte, daß er Cayetano heiße, und erzählte meinem Vater, wie er Petra, meine ältere Schwester, gerettet habe. Viele Nächte hörte er, wie man eine Frau schlug, die in dem Haus gleich neben seinem weinte, und eines Nachts verständigte er die Polizei, die einige Gendarmen schickte. Die Gendarmen umstellten das Haus, und Cayetano klopfte an und verlangte, daß man ihm öffne. Der Mann, der meine Schwester verprügelte, versteckte sie in einer Truhe und drohte ihr an, daß er sie töten würde, wenn sie den Mund aufmachte.

»Hier wohnt niemand«, sagte er zu den Gendarmen.

»Doch, hier ist eine Frau, die weint.«

»Das stimmt nicht. Ich habe nichts gehört.«

Aber sie hatten den Befehl, das Haus zu durchschauen, auch wenn es leer schiene. Cayetano hörte ein leises Kratzen, ging zu der Truhe, hob den Deckel auf und holte die weinende, zerschlagene Frau heraus. Sie nahmen den Mann fest und nahmen auch sie mit, damit sie ihre Aussage machte, und Petra sagte aus, daß der Mann Vorarbeiter und beim Bahndammbau beschäftigt war, an der Eisenbahnstrecke, die von Tehuantepec bis zum Hafen von Salina Cruz führen sollte. Und als die Arbeit des Schotter-Aufschüttens beendet war, entführte er sie, obwohl sie ihn kaum kannte; weder sprachen sie zusammen, noch war er ihr Freier.

Cayetano sagte aus, daß er seit drei Jahren die Schläge und das Wimmern der Frau im Nachbarhaus gehört habe.

Der Richter fragte Petra: »Gut, und der Vorarbeiter?«

»Das ist ein Taugenichts. Meine Mutter gab ihm und den anderen Arbeitern, die die Bahnschwellen legten, zu essen ... Ich kannte ihn gar nicht ... Er tauchte erst auf, als wir schon weit von Tehuantepec entfernt waren ... Da kam er in den Gepäckwagen, in den man mich wie eine Sache geworfen hatte ... Ich weiß nicht, wie lange ich in diesem Haus gelebt habe, aber es müssen Jahre sein. Ich will nach Hause!«

Die Polizei rief die Mutter von Cayetano, und man fragte sie, ob sie damit einverstanden wäre, die Verantwortung für Petra zu übernehmen, da ihr Sohn sie ja gerettet hatte.

»Ja.«

»Ich will nach Hause, zu meiner Familie nach Hause!« schrie Petra. Cayetano sagte daraufhin: »Ich bin bereit zu arbeiten, zu sparen und sie zu ihren Eltern zurückzubringen.«

Sie lebten in Tierra Blanca im Staat Veracruz. Er mußte ein Jahr lang hart arbeiten, bis er das Geld für die zwei Fahrkarten zusammen hatte. Meine Schwester, die vollkommen abgemagert war, wurde von Cayetanos Mutter wieder aufgepäppelt. Von Tierra Blanca kamen sie hierher und fragten schon acht Tage lang in jedem Haus in Salina Cruz nach.

»Ihr Haus war das letzte; wir wären heute wieder abgereist.«

Mein Vater bat ihn daraufhin, ihm die Frau zu zeigen.

»Sie ist draußen.«

Mein Vater öffnete die Tür und schaute sie an: »Ja, ja, sie ist meine Tochter.«

»Gut, mein Herr, ich gebe sie Ihnen zurück, halte aber gleichzeitig um sie an.«

Ich weiß nicht, ob sie wirklich heirateten, auf jeden Fall war es das, was ich verstanden hatte. Jedenfalls wohnten sie nun bei uns, und da Petra ja eine Hausfrau war, lud mein Vater seine Verpflichtungen auf sie ab: »Ich vertraue dir deine kleine Schwester an. Paß auf sie auf, kämm sie, wasch sie, mach mit ihr all das, was eine Mutter machen würde! Nur zu, jetzt bist du an der Reihe.«

Da ich nicht mit der Schwester zusammen aufgewachsen war, liebte ich sie auch nicht; ich nannte sie auch nicht meine Schwester. Ich war schon an Männerhand gewöhnt, an die Hand meines Vaters. Petra war von bräunlicher Hautfarbe, dunkler als ich. Mein Gesicht ist von der Sonne gebräunt, aber sonst bin ich nicht dunkelhäutig. Sie aber war am ganzen Körper und im Gesicht dunkelhäutig. Efrén und Petra, Emiliano und ich. Petra war ein bißchen größer als ich und hatte einen starken Willen. Man stelle sich das vor: drei Jahre lang jede Nacht das Gewimmer! Jede andere hätte sich damit abgefunden und hätte darin eine Befriedigung gefunden, wenn man sie so festbindet. Und damit auch noch hausieren gehen, diese Schwächlinge! Aber Petra gab niemals auf, sie ließ sich von dem Kerl nicht unterkriegen, sie ließ sich niemals unterkriegen, auch wenn sie den Mut verlor und schwach wurde. Sie war jähzornig und ein Hitzkopf und sehr stolz. Aber sie war schweigsam, sehr schweigsam und behielt alles für sich.

Petra war fünfzehn Jahre alt, als sie entführt wurde. Der Vorarbeiter kannte sie, aber er sprach nicht mit ihr. Zu jener Zeit war das nicht so wie heute, wo die Mädchen sich den Männern an den Hals schmeißen. Nein! Gar nicht dran zu denken! Sie kannten sie, sie kannten sie gut, aber mit ihnen sprechen? Nein! Petra war den ganzen Tag in der Küche und bereitete das Essen vor, sie zerstampfte Mais, machte Tortillas und kam nie nach draußen. Mein Vater machte die Einkäufe und stellte sie ihr vor die Tür, denn meine Mutter war nicht daran gewöhnt, alles heranzuschleppen. Eines Nachmittags sagte meine Mutter zu Petra, sie solle die Decke von dem Baum holen, wo man sie zum Trocknen aufgehängt hatte, denn morgens wusch man sie und nachmittags mußte sie trocken sein, damit ich damit schlafen konnte. Meine Schwester kam nicht mehr zurück. Ein Arbeiter hatte sie in eben diese Decke gehüllt. Mein Vater erfuhr dies erst, als sie zurückkam. Es war ganz plötzlich geschehen, ohne daß einer etwas merkte.

Meine Mutter war sehr reinlich. Die Leute von Tehuantepec sind so. Den ganzen Tag war sie am Saubermachen, den ganzen Tag fegte sie mit dem Strohbesen den Hof, den ganzen Tag hantierte sie mit Bürste und Lauge. Wie oft ließ sie uns im Hof essen, damit wir ihr nicht ihre blitzsaubere Küche beschmutzten. Diese verdammte Putzsucht war Schuld daran, daß man ihre Tochter entführte.

Ich fürchtete mich immer vor Petra, weil sie schweigsam war, mager und verschlossen. Ihre Art gefiel mir nicht. Deshalb schlug ich sie, aber aus gebührender Entfernung; ich ließ mich nicht von ihr fangen. Sie hatte viel von mir zu erleiden.

Ich war voller Läuse; mein Vater badete mich jede Woche und entlauste mich, aber am nächsten Tag spielte ich wieder mit Erde und klar, durch den

Dreck hatte ich den Kopf wieder voller Läuse. Von meiner Schwester ließ ich mich nicht baden. Ich flüchtete auf einen Baum und blieb dort den ganzen Tag ohne Essen. »Komm nur näher«, sagte ich zu meiner Schwester, »komm nur, komm«, und ich warf mit Steinen nach ihr. Erst wenn mein Vater kam, kletterte ich vom Baum herunter und kam zum Essen.

Eines Tages sagte Petra zu meinem Vater: »Da sie sich weder entlausen noch baden läßt, werde ich ihr die Haare abschneiden.« Ich begann zu schreien: »Versuch nur, mir die Haare abzuschneiden, und du wirst sehen, was dir passiert!« Sie hat mir nie die Haare abgeschnitten, aber ich habe sehr gelitten, alles voller Grind; schließlich hatte ich den Kopf voller Würmer.

Ich weiß nicht, wieviele Jahre oder Monate wir schon zusammenlebten, als eines Tages Cayetano hereinkam und meine Schwester Petra töten wollte. Sie hatte sich hingelegt und sich herumgewälzt, bis sie eingeschlafen war. Cayetano kam herein mit dem Messer in der Hand, konnte aber nicht zustechen, da mein kleiner Bruder ihm nachgegangen war und ihn in dem Moment zurückhielt, als er sich auf die Schlafende stürzen wollte. Durch den Krach, den sie machten, wurde Petra wach und sah ihren Mann mit dem Messer in der Hand und den kleinen Emiliano, der ihn zurückhielt. Ihr fuhr der Schreck in die Knochen, aber zumindest konnte sie Emiliano helfen, Cayetano zu entwaffnen. Für sie aber war das der Anfang vom Ende. Petra hatte Cayetano nichts getan. Fast nie sprach sie mit ihm. Tatsächlich hat sie nie jemandem etwas getan. Es war am Nachmittag. Er tötete sie nicht, aber von dem Moment an begann ihre Krankheit. Die Ohren begannen ihr zu sausen, und immerzu hörte sie eine Stimme, die sagte: »Sieh dich vor, Petra! Sieh dich vor, Petra!« Die Galle lief ihr aus. Sie trocknete langsam aus, und ihr Gesicht wurde ganz gelb wie eine Zitrone, genau wie eine Zitrone. Sie starb wahrscheinlich an dem Schrecken, wie soll man das wissen; jedenfalls fanden wir sie eines Tages tot.

Zu jener Zeit gruben sie die Straßen von Salina Cruz auf, um die Kanalisation zu legen. In einen dieser offenen Gräben fiel Efrén, mein ältester Bruder, und ertrank darin, weil er betrunken war. Ich glaube, daß er durch den Aufprall ohnmächtig wurde und durch die Hitze, und weil er völlig betrunken war, konnte er nicht mehr aufstehen. Als man ihn aus dem Graben zog, hatte er die Augen offen und war über und über voll Schlamm. Wir nahmen Ignacia zu uns und lebten noch lange mit ihr zusammen.

Wie man sagt, ging meine Schwägerin mit einem Jungen oder Mädchen Palancares schwanger, als sie sich mit einem Fischer zusammentat. Mein Vater besuchte sie, wann immer er wollte, und ihr Mann hat nie etwas gesagt, wenn er über Nacht dort blieb. Irgendwo gibt es also noch einen Palancares, aber wenn der andere ihn als seinen Sohn anerkannt hat, dann weiß der Junge natürlich nicht, daß er zu meiner Familie gehört.

Kurz nachdem Ignacia zu dem Fischer gegangen ist, zog es meinen Vater fort; er kehrte zurück nach Tehuantepec. Er verlor keine Zeit. Er wurde Polizist, und zu der Zeit war es, daß er meine Stiefmutter, Evarista Valencia, kennenlernte, die mir alles beibrachte.

IV.

Meine Stiefmutter war die Tochter der Gefängnis-Direktorin. Das Gefängnis war eins der älteren Sorte, mit einem hohen Gewölbe und sehr lang; in der Mitte war ein Trenngitter, und danach kamen noch mehr Gitter, Gitter bis hin zur Tür, die auf die Straße führte. Aber noch vor der Tür zur Straße war das Zimmer, in dem wir wohnten. Auf diese Weise war es unmöglich zu fliehen. Es gab mehr Gitter als Gefangene. Meistens wurden Betrunkene eingeliefert; damit füllten sich die Verliese. Der Kerker war feucht und dunkel, und wenn es sehr heiß war, brodelte es darin wie in einem Dampfkessel, und allen klebten die Haare am Kopf. Die Gefangenen, die nur einige Tage oder Monate absitzen mußten, führte man in den Hof an die Sonne, aber die zu Jahren Verurteilten waren ganz am Ende des Gewölbes untergebracht. Zu jener Zeit, in dem Jahr als Madero in Mexiko einfiel, saß niemand sonst ganz hinten im Gewölbe, hinter dem letzten Gitter als die Gefangene, von der keiner wußte, wieviele Jahre sie zu verbüßen hatte; sie hatte sieben Menschenleben auf dem Gewissen. Weder wußte sie selbst, wozu sie verurteilt worden war, noch hatte sie die leiseste Hoffnung, herauszukommen. Nun, sie kam heran und bat die Mutter meiner Stiefmutter, mich bei ihr schlafen zu lassen, weil sie Angst hätte.

Das Gefängnis war enorm groß. Wir schliefen ganz nahe beim Gitter. Ich werde so acht oder neun Jahre alt gewesen sein, oder vielleicht auch zehn. Ich sprach mit keiner der Gefangenen. So bin ich, ich rede nicht gern mit den Leuten. Ich bin ein bißchen merkwürdig. Die Leute müssen denken, ich sei verärgert, aber nein, man hat mich so erzogen.

Meine Stiefmutter war eine dicke Frau, so um die dreißig Jahre alt; sie war weder klein noch groß, sie war mittelgroß. Ihr Haar war lockig und gewellt, und sie trug Zöpfe. Sie hatte ihre Hände immer auf die Hüften gestützt, wie ein Krug, etwas von oben herab. Sie kleidete sich nach Art der Frauen aus Tehuantepec, und sie behängte sich mit Ohrringen und Ketten aus Gold, die in der Sonne glänzten. Dort in Tehuantepec verwendet man gerne Gold für die Zähne, damit es beim Lachen aufblitzt. Meine Stiefmutter besaß viele Reichtümer; große Obst- und Gemüsepflanzungen. Die ganze Familie Valencia besaß viel kultivierbares Land, Maisfelder, Kokospalmen, Mango- und Apfelsinenplantagen, Ananasfelder, alle Sorten von Früchten. Ihre Anbaugebiete waren immens, so wie von hier bis nach Bondojo und noch weiter. Die Bäume brachen unter dem vielen Obst, das sie trugen, zusammen.

Meine Stiefmutter Evarista brachte mir bei, mich nützlich zu machen. Dort arbeitete ein jeder von vier Uhr morgens bis sieben oder acht Uhr abends. Ich stand um vier Uhr morgens auf, und das erste war, sich bekreuzigen und dann sich schnell anziehen und beten; wir beteten: »Dank dir Gott für den neuen Tag, und möge er bis zum Abend erfreulich sein.« Danach mußte ich Feuerstellen reinigen. Man mußte sie ausspülen und mit Asche bestreichen, und ich mußte die Asche mit Wasser vermischen, damit sie fest wurde wie Zement, schön glatt und weiß. Sehr schön sahen diese Herdstellen aus. Man wusch Steine, um die Töpfe zum Essenkochen oder zum Kaffeemachen oder was auch sonst immer darauf zu stellen; diese Steine, mit einer Bürste ganz sauber gewaschen, daß sie nur so glänzen, nennt man *Tenamaxtles*. Danach wurde das Feuer angefacht, und während der Kaffee kochte, nahm ich den Besen und kehrte. Um fünf Uhr früh dann war der Kaffee fertig, wir frühstückten, und danach ging es zur Messe. Zurück von der Messe ging es gleich weiter mit der Hausarbeit. Um acht Uhr zum zweiten Frühstück, das, was Gott einem bescherte: aufgewärmte Bohnen mit Tomatensoße, gebratenes Fleisch, gebratenen Fisch und *Atole**. Jetzt, nachdem du dein zweites Frühstück hattest, der Abwasch, soviel Küchengeschirr; bis zum Mittagessen um zwei Uhr nachmittags: Suppe, Reis, Braten, Bohnen, Süßspeise, Obst.

Und am nächsten Tag, um vier Uhr morgens: »An die Arbeit, denn etwas anderes gibt es nicht.« Da das Gefängnis sehr groß war und meine Stiefmutter diejenige war, die das Essen zubereitete, half ich in der Küche, die Gewürze zu mahlen, den Reis goldbraun zu rösten, wenn es Reis gab, oder sonst irgendetwas. Normalerweise bekamen die Gefangenen eine Reissuppe, etwas Fleisch mit Bohnen. Jeden Tag wurde ein halbes Rind verbraucht. An einem Tag gab es Fleisch in grüner Soße mit Kürbis-Kernen und Minze, am nächsten in Tomatensoße und roten Pfefferschoten. Wir gaben ihnen auch *Gina do*

---

* Atole – mexikanisches Gericht aus Maismehl, Milch und Zucker

*shuba**, anderswo *Cuachala* genannt, eine *Mole*** aus geröstetem Mais. Frau Evarista sprach nie mit mir, sie sprach nicht einmal mit meinem Vater. Sie schlug mich, aber ich sagte nichts, denn da ich nun schon größer war, verstand ich auch besser. Ich dachte bei mir: »Gut denn, was soll ich von Haus zu Haus ziehen? Ich halte dort aus, wo mein Vater ist... Wohin könnte ich gehen, wo träfe ich es besser?« Und diese Frau machte es sich zur Aufgabe, mir die Hausarbeit beizubringen; sie schlug mich oft mit dem Stock von einem Quittenbaum, ja, aber sie tat es zu meinem Besten, damit etwas aus mir werde.

Es war eine sehr große Familie, es war ein ständiges Kommen und Gehen, viele Leute waren zu versorgen, viel gerösteten Mais, große Körbe voll; einen mit Pfefferschoten und einen mit Tomaten. Und dann das Mahlen von Schokolade und einer *arroba**** Kaffee jeden dritten Tag. Die Schokolade röstet man in einem Tongefäß und mahlt sie mit den Händen, um ihr Öl zu entziehen, und man formt Tafeln. Bei mir zu Hause macht man die Tafeln rund und ritzt mit dem Fingernagel ein Kreuz darauf, um sie dort brechen zu können. Hier tut man sie in Formen. Hinterher legt man sie zum Trocknen aus. Meine Stiefmutter brachte mir bei, die Schokolade mit einem Quirl zu schlagen, und wir bereiteten sie nach dem Geschmack eines jeden einzelnen Familienmitglieds zu, und das waren mehr als 20; wir machten sie mit Wasser oder mit Milch. Den Gefangenen bereiteten wir die Schokolade mit Wasser zu, nicht deshalb, weil sie Gefangene waren, sondern weil das die klassische Schokolade ist. Schokolade mit Mais nennt man *Champurrado*****. Señora Fortunata trank immer Champurrado. Eine gut zubereitete Schokolade muß schaumig sein und genau die richtige Festigkeit besitzen. Wenn sie keinen Schaum hat, taugt sie nichts. Hier bereite ich keine Schokolade zu, weil es mich zu sehr ermüdet. Aber ich kaufe sie mir. Die »Morelia« ist die, die man trinken kann, die »La Abuela« dagegen ist mit Sand vermischt. Ich habe sie probiert und hinterher war es, als ob ich den Mund voll Schlamm hätte. Verfluchte »Abuela«! Ach, die von damals, ich erinnere mich gut, das war eine ganz andere Sache.

Meine Stiefmutter bereitete das Essen zu, und meine Stiefgroßmutter teilte es aus. Ich liebte sie beide, weil sie mich erzogen. Die Mutter meiner Stiefmutter, die Señora Fortunata, war eine betagte Dame, mit einem mächtigen Haarknoten, eine dieser Damen, die es in früheren Zeiten gab. Früher überließen die alten Damen den Töchtern den Haushalt und ruhten sich auf

---

* Gina do shuba – Maiseintopf
** Mole – Eine Soße, die aus in Hühnerbrühe aufgelöstem Kakaokonzentrat gemacht wird.
*** Arroba – 11,5 kg
**** Champurrado – Schaumig geschlagene Schokolade und sämig durch beigemischte Maisstärke

ihren Lorbeeren aus. Sie gaben nur Anweisungen. Und alles geschah mit viel Respekt.

Die Señora Fortunata befahl: »Macht die Feuerstellen an!«

Alle gehorchten.

»Füllt diese Kessel mit Wasser und kocht es!«

Dann ging sie in den Hof: »Hier ist nicht gefegt worden! Wo steckt die, die fegen muß?« Und schon rannte eine von uns los.

»Ich komme schon, einen Moment ...«

»Ist auch besser für dich ...«

Die Señora Fortunata fuhr fort mit ihrem Rundgang, und wenn sie uns zufällig irgendwo sitzend vorfand, sagte sie: »Wollt ihr, daß ich ein Foto von euch mache?«

So kam es, daß ich nie Zeit zum Spielen hatte, auch nicht, mich mit jemandem zu unterhalten; man hatte mich auch nicht dazu erzogen, in andere Häuser zu gehen, denn von Kind an mußte ich nur arbeiten. Als meine Mutter noch lebte, war es auch nicht üblich, Besuche zu machen und ein Schwätzchen zu halten, und wenn meine Eltern zum Markt gingen, banden sie uns an wie zwei Kampfhähne. Emiliano in einer Ecke und ich in der anderen. Abends, wenn ich mit der Arbeit fertig war, begab ich mich hinter die Gitter, um bei der Gefangenen zu schlafen.

Als ich im Gefängnis schlief, arbeitete mein Vater als Nachtwächter. Später wurde er Polizist, und als er Polizist war, begann die Madero-Revolution*. Als Nachtwächter kontrollierte er die Straßen mit einer Laterne in der Hand und rief: »Nachtwächter auf Posten«. Manchmal hatte er Dienst im Gefängnis, und dann hörte man ihn die ganze Nacht von den Dächern rufen: »Posten auf Wache«, damit niemand wagte, zu entfliehen. Die neuen Gefangenen konnten bei diesem Geschrei nicht schlafen, aber sie gewöhnten sich daran, und dann schliefen alle ohne Probleme.

Wir wohnten im Gefängnis aus dem einfachen Grunde, weil man meine Stiefgroßmutter dort einquartiert hatte, damit sie sich um die Gefangenen kümmere. Ihr Mann war Bürgermeister in Tehuantepec, und er hatte sie gebeten, ihm diese Verpflichtung abzunehmen. Die Familie war groß; Söhne und Töchter, Schwiegersöhne und Schwiegertöchter; zehn Kinder, sieben Jungen und drei Mädchen. Alle waren schon verheiratet; die Söhne haben ihre Frauen mit in die Familie gebracht, und die jüngste Tochter war auch

---

* Madero-Revolution – Beginnt 1910 und ist die erste Phase der mexikanischen Revolution. Francisco Madero, Rechtsanwalt, gehörte einer Familie von Großgrundbesitzern an, die aber auch schon über eine Fabrik und ein eigenes Schmelzwerk zur Kupferverarbeitung verfügte. Sie gehörte dem kleinen Sektor der entstehenden modernen Bourgeoisie an. Maderos Kritik richtete sich gegen die Diktatur, nicht aber gegen das dahinter stehende soziale System.

schon im heiratsfähigen Alter. Sie war zwölf oder dreizehn Jahre alt, aber wir sind nie Freundinnen geworden. Emiliano und ich wuchsen mit ihnen auf, während mein Vater mit meiner Stiefmutter lebte, denn sie mußte uns ja alle aufnehmen. Emiliano, da er ein Mann war, begleitete meinen Vater; ich sah ihn nur am Nachmittag oder erst am Abend. Er ging früh und kam abends zum Essen nach Hause. Den ganzen Tag, die ganze Nacht begleitete Emiliano meinen Vater. Er liebte ihn sehr. Wenn mein Vater ihn tadelte, war Emiliano verzweifelt: »Ach Papa, mein lieber Papa!« Die Stiefmutter behandelte ihn gut, so gut wie auch die anderen Jungen im Hause.

1911 nahm Madero die Hauptstadt von Mexiko ein, und in demselben Jahr hatten wir das Erdbeben, viele Häuser stürzten ein. Das Beben war um vier Uhr morgens. Ich war allein, nur mit der Gefangenen. Wie jeden Abend war meine Großmutter gekommen, eingehüllt in ihr Umschlagtuch, das Schlüsselbund in der Hand. »Komm, Mädchen ...« Wir durchquerten den Teil, in dem die Gefangenen saßen, die nur für wenige Tage im Gefängnis blieben, und meine Stiefmutter öffnete mir das letzte Gitter, ließ mich hinein: »Rein mit dir!«

In jener Nacht sagte mir die Gefangene auf Lebenszeit: »Heute werden wir keine Geschichten erzählen, denn schließlich ist doch alles Lüge.« Denn sie liebte es, mir mit lauter Stimme aus ihrem Leben zu erzählen, und ich habe Gefallen daran gefunden, aber dieses Mal sprach sie so zu mir, als ob ihr etwas verdächtig vorkäme.

»Laß uns schlafen!«

»Ist gut.«

Sie drehte sich auf die andere Seite und hat es sich bequem gemacht. Bis zu dem Moment, wo das Beben begann, und die Arme zum Gitter rannte und mir zurief, ich solle ihr folgen, erinnere ich mich an nichts mehr. In demselben Moment öffnete ich die Augen und sah, daß das Gewölbe aufgebrochen war.

Sie kniete sich hin und rief mit einer solchen Verzweiflung und aus ganzer Seele, daß man Mitleid haben und uns herausholen solle. Aber meine Stiefmutter war zusamen mit ihrer Mutter auf die Straße gegangen und hörte uns nicht. Es war ein furchtbarer Lärm. Alle Leute knieten draußen nieder, auf dem Bürgersteig, im Hof, am Fluß, auf den Feldern, in den Bergen, zwischen den Schotterhaufen und den Akazien. In Mexiko sagt man, daß das Beben eine Viertelstunde dauerte, ein heilloses Durcheinander, die Erde verschlang die Häuser, wie eine Bestie. In Tehuantepec, wer weiß, aber da war es besonders schlimm, und das Gefängnis brach auseinander. Erst als alles vorbei war, haben sie mich herausgeholt. Ich informierte meine Stiefmutter: »Schauen Sie, was mit der Decke passiert ist.«

Die Gefangene ließen sie im Gefängnis. Sie fürchtete sich sehr. Man gab ihr die Erlaubnis, bis an das Gitter zu kommen, wo die anderen Gefangenen waren, und obwohl man nicht miteinander sprach, fühlte sie ihre Nähe. Während des Bebens haben wir alle Betrunkenen nach draußen gelassen, aber sie nicht. Ich habe mich nie vor Erdbeben gefürchtet, denn ich kannte sie von klein auf, und mein ganzes Leben lang hat es gebebt. In meiner Gegend haben wir täglich zwei oder drei Erdstöße, und man hört das Ächzen des Bodens, es donnert und kracht und die Erde zittert furchtbar; es ist das Wüten der Erde, sie brüllt wie eine Löwin zur Paarungszeit. Sie schlägt und schnaubt genauso. Das Meer steigt an. Wenn es uns zugedacht ist, bei einem Erdbeben umzukommen, dann soll es durch Gottes Willen geschehen. Wer weiß schon, wodurch Erdbeben entstehen? Man sagt, durch die Nähe des Meeres; die Wellen bewegen die Felsen, die sich in Bewegung setzen und zu rollen beginnen, und mit der Kraft, die sie entwickeln, lassen sie die Erde erbeben. Man sagt, daß im Innern der Erde ein großes, unruhiges Tier haust, das jedesmal, wenn es sich schüttelt, alles zerschlägt. Ob das stimmt oder nicht? Und wenn das Tier herauskommen will, fallen die Felsen von den Bergen, denn das verursacht eine starke Erschütterung. So sagt man. Messen Sie dem, was ich sage, keine große Bedeutung zu, soll einer wissen, was nun stimmt.

Nach dem Erdbeben verlegte man die für sieben Morde Verurteilte von der letzten zur ersten Zelle, und sie verbrachte den ganzen Tag nahe am Gitter, um die Leute anzuschauen. Später sagte sie zu der Señora Fortunata: »Tun Sie mir den Gefallen und schenken Sie mir einen Centavo für eine Kerze ...«

Meine Stiefmutter ließ ihr eine Kerze kaufen. Die Gefangene hielt eine Novene zum Jesuskind von Atocha, und jeden Tag bat sie um eine milde Gabe, und alle gaben ihr ein Almosen ... Zwei oder drei Tage fehlten noch an der Novene, als plötzlich ein sechs- oder siebenjähriges Kind mit einem Korb in der Hand erschien und den Namen der Gefangenen rief, damit man ihr den Korb übergebe. Da sie von niemandem wußte, der sich an sie erinnern könnte, war sie sehr überrascht. Das Kind brachte ihr weiterhin morgens das Frühstück und nach drei Tagen auch das Mittagessen. Wir nahmen den Korb von ihm in Empfang, weil wir glaubten, daß es eben wirklich ein Kind war, ein Christ, denn als solches sahen wir es an: ein Kind. Die Gefangene sagte: »Wer mag dieses Kind sein? ... Aber die Dinge, die es mir bringt, werde ich essen ...«

Sie aß von allem, was es ihr brachte, und als die neun Tage herum waren, wurde nicht mehr der Korb gebracht, sondern es erschien ein junger Mann von ungefähr 20 Jahren, mit grauem Anzug, ganz wie ein *Licenciado* und fragte nach der Gefangenen. Er brachte eine Rolle von Papieren mit, die vom Bürgermeisteramt stammten, und der Señora Fortunata übergab er eine Visitenkarte, worauf stand, daß man ihm die Gefangene überlassen möge, damit er sie zum Gericht bringen könne. Dort plädierte man, nur Gott und die Gefangene wissen für was, aber so um zwei Uhr nachmittags kam sie zurück und sagte zu meiner Stiefgroßmutter: »Man möge meine Sachen geben, ich bin freigesprochen!« Sie hatte schon ihren Entlassungsschein. Meine Stiefmutter und ihre Mutter sahen, daß er in Ordnung war, und übergaben ihr ihren Plunder.

Draußen wartete der *Licenciado** auf sie und sagte zu ihr: »Gehen Sie immer geradeaus! Dort am Ende des Dorfes gibt es eine Kapelle. Dort warten Sie auf mich!«

Sie ging zu Fuß dorthin, und der Weg erschien ihr kurz. Es wurde schon dunkel, als sie die Kapelle sah, und sie setzte sich an den Wegesrand, um zu warten. Der Rechtsanwalt hatte ihr gesagt: »Wenn es spät wird, fragen Sie nach dem Kind von Atocha ...« Sie fragte überall, aber niemand konnte ihr Auskunft geben, alle waren sehr in Eile und beachteten sie nicht weiter, bis schließlich einer sagte: »Hier gibt es nur ein Kind von Atocha, und das ist das in der kleinen Kirche dort.«

Sie stieß die Tür auf und sah es in der Nische mit seinem Körbchen; sie sah, daß es das gleiche Gesicht hatte wie der Rechtsanwalt, der sie verteidigt hatte. Sie fiel auf die Knie, begann zu weinen und bat das Jesuskind, ihr ihre Sünden zu vergeben. Als man sie so herzzerreißend weinen hörte, fragten die Leute, die draußen waren, sie, woher sie käme.

»Ich bin um zwei Uhr nachmittags aus dem Gefängnis von Tehuantepec entlassen worden.«

»Welches Tehuantepec?«

»Tehuantepec, im Staate Oaxaca.«

»Aber das ist weit weg, sehr weit weg. Das ist unmöglich!«

»Doch, ja, ich bin um zwei Uhr nachmittags aufgebrochen, und ich komme gerade hier an.«

Die Leute traten näher und bekreuzigten sich. Das konnte nur ein Wunder sein, das das Jesuskind von Atocha vollbracht hatte, denn die Kapelle des Jesuskindes von Atocha befindet sich in Fresnillo, im Staate Zacatecas (über 1500 Kilometer von Tehuantepec entfernt), und die Gefangene kam in einem Tag zu Fuß bis hierher. Nur Gott und sie wissen, wie das möglich war.

Dort in Fresnillo schlug die Gefangene sich durch mit allem, was Gott ihr an Kenntnissen gegeben hatte, um nach Tehuantepec zurückzukehren. Sie mußte viele Jahre hart arbeiten, um das Geld für die Fahrkarte zusammenzu-

* Licenciado – Akademiker mit absolviertem Staatsexamen; hier im Sinne von Rechtsgelehrter; auch Höflichkeitstitel für studierte Leute oder solche, die ein hohes Ansehen genießen oder Beziehungen und Einfluß haben.

bekommen. Das erste, was sie tat, war, zum Gefängnis zu gehen. Dort fragte sie nach meiner Stiefmutter und nach der Señora Fortunata, und sie erzählte ihnen, war ihr passiert war, daß aus der zum Tode Verurteilten eine reuige Sünderin geworden war. Sie habe alles gebeichtet, und der Priester in Fresnillo habe ihr die Absolution erteilt. Es war das Jesuskind, das dieses Wunder vollbracht hatte ... All das erfuhr ich erst später, denn in dem Jahr, als sie zurückkam, verließ ich das Gefängnis.

Mein Vater war immer unterwegs, mal hier, mal dort. Nirgends wurde er seßhaft. Meine arme Mutter ertrug ihn, weil er ihr Mann war, aber sie besaß nie mehr, als sie auf dem Leibe trug, und die Strohmatte, auf der sie schliefen, und das war es schon. Wozu auch hätte sie irgendwelche Sachen gewünscht, wenn mein Vater doch von einem Tag auf den anderen sagte: »Wir brechen um soundsoviel Uhr auf?« Ohne viele Reden, wir brechen auf und damit Schluß. Was sie nicht zurückließ, war ihr Mahlstein, den sie brauchte, um unser Essen zu bereiten. Das war das einzige, was sie mit sich trug, ihren Mahlstein und den Topf, in dem sie die Bohnen, oder was Gott uns sonst bescherte, kochte. Aber mit meiner Stiefmutter war das ganz anders. Um nichts in der Welt wäre sie ihm gefolgt. Er sagte: »Ich gehe dort oder dort hin.«

»In Ordnung, möge es dir gut ergehen. Ich kann dich nicht begleiten, weil ich meine Mutter nicht allein lassen werde, um dir einmal dahin und dann wieder dorthin zu folgen. Geh nur! Wenn du des Herumziehens müde geworden bist und zurückkehrst, bist du willkommen, und wenn nicht, dann möge Gott dich beschützen.«

Mein Vater nahm uns immer mit. Wenn er genug hatte von der Herumzieherei, kehrten wir zur Stiefmutter Evarista zurück. Wir kamen durch Salina Cruz, durch San Jerónimo, durchzogen verschiedene Dörfer. Mein Vater war fliegender Händler, oder er arbeitete auf dem Feld und half bei der Aussaat, oder er war Hilfsarbeiter, aber er schlug nirgendwo Wurzeln. Er war an dieses Leben gewöhnt. Aus heiterem Himmel teilte er uns mit: »Morgen brechen wir auf!« Und Emiliano und ich folgten ihm. Selbst wenn ich viel zu tun gehabt hätte oder mich in dem Haus heimisch gefühlt hätte und was sonst noch, es gab nur eins: die Strohmatte zusammenrollen und uns dem Willen Gottes überlassen. Aber es war mir eine große Befriedigung, die einzige Frau zu sein, die meinen Vater begleitete.

Dort in Tehuantepec kamen von den Obstpflanzungen ganze Wagenladungen von Früchten; Bananen, Mangos, Guanábanas*, Mameyes*; ich aß Obst sehr gerne. Ich aß es gerne, und ich esse es gerne. Ich nahm Obst mit ins Bett, und dort aß ich Bananen, Sapotille, Guajaveäpfel. Ich machte das nachts, und

---

* Guanábanas, Mameyes – tropische Früchte

da ich nie genug bekommen konnte, aß ich grüne Mangos mit Salz und Ajipfeffer, auch wenn es wie Feuer brannte. Von unreifem Obst wurde ich nicht krank. Eines Tages aß ich hundert unreife Pflaumen mit Salz. Die zarte, junge Mango-Frucht verschlang ich mit Kern und allem, daß heißt der Mandel, denn sie ist weich und schmeckt gut. Zu Hause bei uns wachsen Apfelsinen, Kokosnuß, Melonen, Chirimoya*, und außer den Früchten, die meine Stiefmutter mir schenkte, holte ich mir aus den Körben noch Bananen-Stauden, ganze Mameyes, Kokosnüsse und Ananas. Im Hof lagen Guajaveäpfel und Honigäpfel. Jede Nacht holte ich mir Obst aus den Körben, und ich suchte mir immer die größten Früchte aus, die, die mich am ehesten satt machten. Ich aß sie, auf dem Bett liegend. Man sagt, daß der Magen eines Waisenkindes keinen Boden hat, denn es fehlt ihm die Hand der Mutter, die ihm zu essen gibt, und ich hatte immer die Freßlust. Ich aß von fünf Uhr morgens bis acht Uhr nachts.

Ich hatte einen sehr starken Charakter, aber ich gab meiner Stiefmutter nie Widerworte. Die Wut, die in mir hochkam, wenn sie mich schlug, reagierte ich ab, indem ich mir selbst die Haare raufte und mit dem Kopf gegen die Wand rannte. So revanchierte ich mich, nachdem sie mich mit der Rute verprügelt hatte. Vor lauter Wut rannte ich wie wild mit dem Kopf gegen die Wand. Ich spürte nichts davon, aber ich erinnere mich, daß ich mir vor lauter Wut in die Arme und Hände gebissen habe. Später habe ich das nicht mehr getan. Was würde mir das jetzt einbringen, mich zu beißen? Aber früher sagte ich: »Warum bin ich nicht tot, damit man mich nicht mehr schlagen kann?« Ich lebe immer noch; soviele Jahre sind vergangen, und ich bin noch nicht gestorben. Tagtäglich hat meine Stiefmutter mich mit brennenden Holzscheiten geschlagen; von den Holzstücken, die sie aus dem Feuer nahm und nach mir warf, war ich an Händen und Armen verbrannt. Oje, ich habe viel erleiden müssen! Die Menschen früher waren sehr energisch, sehr schnell bei der Hand, ihre Kinder zu bestrafen. Damals war es auch, daß Evarista mir den Messerstich beibrachte, weil mir die Eßnäpfe hingefallen waren, wobei sie alle zu Bruch gingen. Sie hatte das Messer in der Hand, und ohne viel nachzudenken, erhob sie es gegen mich und stieß zu. Hier, hier hinten habe ich noch die Narbe. Neulich tastete ich danach, und sie ist immer noch da; meine Fingerkuppe paßt gerade so eben in die Narbe. Den ganzen Tag zermahlte ich weiter meinen Mais, als wäre nichts geschehen. Die Mutter meiner Stiefmutter war es dann, die es bemerkte, als ich, um einen Korb aufzuheben, ich weiß nicht mehr, ob mit Pfefferschoten oder Tomaten, nah an ihr vorbei mußte,

* Chirimoya – Annona Cherimolia, Zuckerapfel, Jamaica-Apfel; ausgesprochen süße und fleischige Frucht.

und als ich mich bückte, sah sie das getrocknete Blut. Ich hatte ein schwarzes Kleidchen aus durchsichtigem Stoff an, und natürlich sah man die weiße Unterwäsche unter dem schwarzen Stoff durch. Die Señora Fortunata zog mich zu sich heran und schrie: »Was hast du?«

Ich erinnerte mich nicht, aber als sie an meinem Kleid zog, öffnete sich die Wunde wieder und fing aufs neue an zu bluten, und da ich noch so klein war, wurde sie aufmerksam: »Was ist dir passiert, meine Kleine?«

»Nichts.«

»Wie nichts? Laß sehen, komm her!«

Sie hob mir den Unterrock hoch und entdeckte die blutende Wunde.

»Wer hat dich geschlagen?«

»Niemand.«

»Soso, niemand? ... Gleich werden wir sehen.«

Sie nahm die Peitsche von der Wand und ging, sie in Wasser zu tauchen. »Du hast sie geschlagen«, sagte sie zu meiner Stiefmutter. »Du hast sie geschlagen, Evarista. Damit du weißt, wie weh das tut, werde ich dich auspeitschen.«

Sie nahm die Peitsche, das Glied eines Stieres, und ich stellte mich zwischen die beiden, damit sie sie nicht schlägt. »Schlag sie nicht, Großmutter, schlag sie nicht; laß sie!«

Evarista kniete sich hin: »Wenn es denn sein muß, Mutter, schlag mich!« Und ich umarmte meine Stiefmutter, damit sie die Schläge nicht abbekam. Aber gut, daß es sie trotzdem traf, denn die Stier-Peitsche trocknet aus, aber wenn man sie naß macht, ist sie so biegsam, daß sie die Haut bis aufs Fleisch aufreißt.

Es war getan, aber wozu war es gut? Selbst wenn sie sie halb tot geschlagen hätte, hätte das meine Wunde verschwinden lassen? Danach warf sie sie aus dem Haus. Meine Stiefmutter war nicht die Tochter des Bürgermeisters, sie war seine Stieftochter. Meine Stiefgroßmutter hatte sie ins Haus des Bürgermeisters mitgebracht. Sie war die älteste Tochter der Gefängnis-Direktorin, die anderen neun Kinder waren vom Bürgermeister. Deshalb schrie meine Großmutter, nachdem sie sie verprügelt und ihr die Arme aufgeschlagen hatte: »Pack dich!« Und sie ging zu dem anderen, zu ihrem Vater.

Als mein Vater nach Hause kam, sagte ihm die Señora Fortunata: »Ich habe meine Tochter verprügelt, und ich habe sie hinausgeworfen, weil sie grausam ist, und dich werde ich verprügeln, damit es dir vergeht, hier den Unbeteiligten zu spielen, denn statt dich um deine Tochter zu kümmern, gibst du Evarista die Erlaubnis, sie schlecht zu behandeln ... Du siehst, daß es ihr schlecht ergeht, beschützt sie aber nicht, wie es deine Pflicht ist. Du durftest ihr nicht erlauben, sie so zu schlagen!«

»Aber ich weiß von nichts, denn Jesusa erzählt mir nichts ...«

»Ich aber sage es dir, Felipe, denn dieses Kind hat genug gelitten ...«

Später dann hat sich mein Vater mir zugewendet: »Was hat sie dir getan, Jesusa?«

»Nichts.«

»Und wieso bist du dann verletzt?«

»Wer weiß, ich weiß von nichts.«

Natürlich wußte ich es, aber wann, zum Teufel, sollte ich es ihm denn sagen? Da er den ganzen Tag außer Haus war, erfuhr er nie, ob man mich schlug oder nicht. Meine Großmutter war immer mit den Gefangenen beschäftigt ... Mein Vater kümmerte sich jetzt noch weniger um mich. Aber seine Schwiegermutter war sehr verärgert und begann, mit der Peitsche auf ihn einzuschlagen.

»Schlagen Sie ihn nicht, schlagen Sie meinen Papa nicht, den trifft keine Schuld.«

»Wessen Schuld ist es dann? Ist es Evaristas Schuld?«

»Nein, sie trifft auch keine Schuld, sie auch nicht ... Schlagen Sie ihn nicht, nicht schlagen ...«

Es nützte nichts. Sie hatte meinen Papa geschlagen, das war nicht mehr ungeschehen zu machen. Sie gerieten in Zorn.

»Auf der Stelle werde ich von hier weggehen.«

»Gut so, mach, daß du fortkommst!«

Wir wußten nicht, wann und wie er verschwand, aber ich dachte mir, daß mein Papa mit Emiliano nach Salina Cruz gegangen war zu meiner Schwägerin Ignacia. Meine Stiefmutter Evarista blieb bei ihrem Vater. Mich übergab die Gefängnis-Direktorin einer mir unbekannten Frau und sagte mir: »Schau, diese Frau ist deine Patin.«

»Ist gut, Señora Fortunata.«

V.

Zu meiner Patin sagte ich immer: »Señora«, und sie nannte mich *Maria de Jesús*. Sie sprach den ganzen Tag kein Wort mit mir. Nur abends gab sie ihre Anweisungen: »Morgen muß dies und jenes gemacht werden«, und am nächsten Tag machte sie den Mund nicht auf. So wußte ich, was zu tun war, und wehe mir, wenn ich es nicht ordentlich machte. »Es wird dir schlecht ergehen«, das waren ihre Worte, »es wird dir schlecht ergehen.« Sic war Witwc, und jeden Donnerstag mußte ich ihrem Mann und ihrer verstorbenen Tochter Blumen bringen. Ich stellte sie in Krüge,die mit kleinen Spiegelstückchen besetzt waren; in die einfachsten getrockneten Mais für den Vater und die schöneren für die Tochter, und danach kam ich zurück. Der Friedhof befand sich am Rande des Dorfes Tehuantepec, und die Sonne brannte sehr stark: »Maria de Jesús, halt die Blumensträuße nach unten, damit sie nicht verwelken!« Jeden Donnerstag und die Sonntage auch bin ich zu Fuß dorthin gegangen, denn es gab nicht einmal Esel, und alle gingen zu Fuß. Heute fahren alle mit dem Auto.

Ihre Gottergebenheit zeigte meine Patin, indem sie den Kranken Sterbehilfe gab, und wir gingen nicht eher weg, als bis sie sie dem Tod übergeben hatte. Mit großer Geduld betete sie für sie, damit Gott sie zu sich nehme. Wenn sie lange brauchten, wenn der Tod nicht kommen wollte, dann schrie sie ihre Gebete heraus, sie hatte gute Lungen: »Erbarme dich unser...« Und gleich darauf ließ sie mich wissen: »Er kommt ...«

Ich habe schon mit leiser Stimme gebetet, ganz für mich allein, ohne daß mich jemand hören konnte: »Komm endlich! Ein für alle Mal, laß dich nicht so bitten, sei nicht so hochnäsig, komm schon, komm, Tod, halt uns nicht zum Narren, prüfe uns nicht, komm Tod, komm, die Zeit drängt!«

Meine Patin hieß Felisa Martínez de Henestrosa und war eine »Band-Patin«, denn damals trug man geweihte Bänder um den Hals, um dadurch die Heilung irgendeines Kranken zu erbitten. Sie ließ mich das Band unseres Herrn von Esquipula, eines schwarzen Heiligen von dort, woher ich komme, tragen. Früher trug man blaue Bänder für das Jesuskind, weiße Bänder für die Jungfrau Maria, lila Bänder für alle Heiligen, grüne, rote und gelbe für die Schutzpatrone. Früher gab es noch Frömmigkeit. Heute zeigt sich der Priester und sagt: »Das kostet euch soundsoviel.« In jenen seligen Zeiten waren es die Patinnen, die darum baten, Taufpatin eines Kindes zu sein, noch bevor es geboren wurde. Sie suchten sich eine der Frauen, die schwanger waren, heraus, und wenn es soweit war, fragten sie sie: »Werden Sie mir ihr Kind zusprechen, damit ich es taufen lasse?«

Bevor die Kinder 40 Tage alt waren, brachte man sie, bekleidet mit einem schönen, langen Gewand, das mit Rüschen versehen war und bis zum Boden reichte, in die Kirche. Dieses erste Verlassen des Hauses nannte man *Sacamisa.* Die Patin brachte den Täufling und seine Mutter zur Jungfrau Maria, damit sie sie kennenlerne, in Erinnerung daran, daß Maria ihren Sohn zu Zacharias brachte.

Das Fest der Taufe war sehr schön, weil man die Ordnung einhielt und Haltung bewahrte, nicht wie heute, wo man sich den Bauch vollschlägt und sich betrinkt, wo man tanzt und Gott weiß was für skandalöse Dinge sonst noch tut, und noch ein Gläschen und noch eins, wenn alle schon betrunken sind. Und was, wenn sie alles aufgefressen haben? Es stimmt nicht, daß das alles zur Taufe dazu gehört, als ob der kleine Täufling davon etwas mitbekäme ... Kurzum, ich weiß nicht, ob meine Patin um mich gebeten hatte, oder ob die Gefängnis-Direktorin sie aufgesucht hatte, aber meine Patin war reich. Sie war eine elegante Dame. Sie hatte einen Sohn, der Doktor war und in Mexiko City studierte, einen anderen, der sich mit der *Botica Mercantil,* einer Apotheke auf der Landenge von Tehuantepec herumschlug. Sie war die Besitzerin der Apotheke. Das Haus umfaßt einen ganzen Häuserblock, obwohl dort von meiner Patin Felisa nicht die leiseste Spur übriggeblieben sein dürfte. Der Herr Teófilo verstand etwas von Heilmitteln, und der dritte Sohn war Rechtsanwalt. Eine ihrer beiden Töchter lag auf dem Friedhof, und die andere, Celerina, lebte in Salina Cruz mit einem Oberleutnant der Artillerie. Der hatte auch Besitztümer. Der Artillerist stammte aus Morelia.

Ich war im ganzen Haus unterwegs, immer mit dem beschäftigt, was es gerade zu tun gab. Ich fegte, machte die Zimmer sauber, wusch die Kacheln ab, wischte Staub in der Apotheke und im Hinterzimmer, gab den Pflanzen Wasser, wischte die Korridore auf. In der Apotheke kletterte ich wie ein Affe auf den Leitern herum, um die Glasflaschen, die Medikamenten-Dosen und die Mörser abzustauben. Ich zermahlte die Zutaten für die Herstellung der Mittelchen; ich legte die Orangenblüten für den Kräutertrank zum Trocknen in die Sonne, ebenso Jasmin, Zitronenblüten, Baldrian und Minze. Dadurch, daß Teófilo, der Apotheker, mich immer irgendwelche Arzeneien zu den Kranken bringen ließ, lernte ich, Kranke zu pflegen, denn ich gab die Sachen nicht einfach an der Tür ab, sondern ging in die Häuser, ich gab den Kranken ihre Medizin, ich hatte dafür eine gute Hand und sie ergriffen sie: »Bleib noch einen Moment, Chuchita ... Bleib noch ... Ordne mir meine Decke! Das Essen schmeckt mir nur, wenn du es mir eingibst. Füttere mich!«

Ich zerkleinerte ihnen ihr Essen, damit sie es herunterschlucken konnten, ich fütterte sie und natürlich blieb ich dadurch lange aus. Meine Patin saß in der Apotheke hinter der Kasse, aber sie gab keine Medikamente aus; sie schrieb nur alles mit einem lila Bleistift auf. Sie feuchtete ihn mit der Zunge an, und nach kurzer Zeit hatte sie eine lila gefärbte Lippe. Ihr Sohn stellte die Arzneien her und fügte hinzu, was fehlte: zehn Tropfen Absinth, Brechwurz-Puder, ein bißchen Enzianblüte, eine Prise von der Brechnuß. Von ihrem Platz hinter der Kasse aus dirigierte meine Patin mit ihrem hohen und aufgebauschten Haarknoten, der Haarfrisur von damals, uns alle; sie war sehr energisch. Die Frauen von Tehuantepec haben ihren eigenen Charakter, sie sind nicht so wie die des *Defe**, die Wasser in den Adern haben. Die Señora Felisa hatte starke Nerven. Sie gab ihre Befehle und beachtete einen dann nicht mehr. Sie behandelte mich nicht wie den letzten Dreck; nichts von wegen: ich brauche dies und ich brauche jenes, wie es die Arbeitgeberinnen des *Defe* tun. Sie schaute mich überhaupt nicht an.

Wenn es elf Uhr schlug, mußte ich vor dem Gerichtsgebäude sein mit einem vollen Krug Erfrischungsgetränk für die Herren Advokaten; das Getränk bereitete ich zu aus Ananas, aus Wassermelone, aus Erdmandeln, und danach brachte ich mein Tablett mit den Gläsern und dem Krug dorthin. Einmal schüttete ich eine Prise von Brechnuß in das Erfrischungsgetränk, um den Anwälten Appetit zu machen, aber sie fanden, es schmecke zu bitter, und so machte ich das nicht wieder. Ich überquerte den Platz unter den Tamarinden-Bäumen. Es waren so um die acht Advokaten, denen ich jeden Tag um elf Uhr vormittags das Erfrischungsgetränk servierte. Das Gerichtsgebäude war einen Häuserblock vom Rathaus entfernt. Und um drei Uhr nachmittags servierte ich das Mittagessen. Jeder aß zu einer anderen Zeit. Zuerst meine Patin, dann der Advokat, danach der Apotheker. Kamen die Anwälte mit, wurde auch ihnen Essen serviert. In der Küche gab es eine Öffnung, und dadurch reichte die Köchin die Teller. Sie nannten diese Öffnung Durchreiche. Man bereitete zwei Suppen, eine flüssige und eine dicke, Fisch, weil man dort täglich Fisch ißt, zwei Fischgerichte. Bohnen wurden nie gereicht, denn meine Herrschaft gehörte nicht der Klasse an, die Bohnen ißt; und nach jedem Gang wurden die Gabeln, Messer, Löffel und Teller gewechselt; jedesmal ein neues Gedeck. Danach hatte das Küchenmädchen Berge von Geschirr abzuwaschen. Es gab dort einen riesigen Herd, der mit großen Holzscheiten gefeuert wurde. Die Teller waren so groß wie Tabletts, die Kochtöpfe rund und tief, eben auch groß. In jenem Haus war alles groß.

Ich besaß die Schlüssel für die Vorkammer, und es war meine Pflicht, alles, was zum Kochen benötigt wurde, auszuteilen. Ich gab das Fleisch für das Mittagessen aus, ich holte die Zutaten für die Suppen, die flüssige und die dicke, und immer war ich darauf bedacht, daß ein großer Topf mit heißer Brühe für

---

* Defe – Spanische Aussprache von D. F., Bundesdistrikt, in dem sich die Hauptstadt befindet.

die Fleischgerichte bereit stand. Zum Frühstück gab ich für die einen Schokolade, für die anderen Kaffee aus, und danach schloß ich den Vorratsraum wieder ab.

Die Sterne standen noch am Himmel, wenn ich als erstes den Knechten die Zimmertüren aufschloß, damit sie an ihre Arbeit gehen konnten. Wenn sie sich auf den Weg machten, öffnete ich den Dienstmädchen. »Verteilt euch auf das ganze Haus, und dann Federwisch, Besen, Aufnehmer, Bürsten, Lauge, Wasser und Seife, und an die Arbeit!« Und wenn alle mit ihrer Arbeit beschäftigt waren, ging ich und machte Feuer und setzte einen großen Kessel mit Wasser auf – ich konnte ihn kaum tragen – für das Bad meiner Patin. Nur ich durfte das Zimmer des Anwalts betreten und seine Bücher und Möbel abstauben, die Löschblätter ordnen, das Tintenfaß füllen und seinen Papierkorb entleeren. Außer dem Haus, das einen ganzen Häuserblock umfaßte, gab es noch viele Gemüsegärten und einen Stall. Bei Tagesanbruch, nachdem sie aufgestanden waren, fingen einige an zu melken, andere lieferten die Milch ab, andere holten Wasser, andere zerkleinerten Holz, wieder andere fegten den Hof und die Straße, andere gingen, die Felder zu bestellen oder abzuernten, und andere, das Obst aufzusammeln ... Das Haus war ständig in Bewegung. Alles mußte an seinem Platz sein. Um sechs Uhr morgens war ich schon in Schweiß gebadet. Manchmal mußte ich zu dem Pferch laufen, wo man die Kühe zum Melken zusammengetrieben hatte, um den Knechten eine Nachricht von meiner Patin zu überbringen. Sie übergab mir die Schlüssel. Ich konnte schlecht nein zu ihr sagen. All das lastete auf mir, aber ich bekam keinen Pfennig Lohn und kam kaum zum Essen. Gut, ich aß natürlich, aber im Laufen, wie ein Eseltreiber. Ich hatte kaum Zeit, mir meine *Tacos** zu bereiten, und schon mußte ich weiter. Die Köchin sagte mir dann: »Kommen Sie nicht zum Essen? Kommen Sie schon, das wird Ihnen schaden.«

»Nein, ich habe keine Zeit. Füllen Sie meinen Teller, ich werde mir dann meine Tacos bereiten.«

Von Kindesbeinen an mußte ich arbeiten wie ein Maultier! Ich setzte mich nie, noch viel weniger sprach ich mit jemandem. Es war nicht üblich, daß man den Unterhaltungen anderer lauschte. Wenn früher Besuch kam, entfernte man sich, ohne daß man einem hätte sagen müssen: »Geh jetzt!« oder »Entferne dich!« Die Mutter brauchte nur den Kopf zu wenden, und man ging hinaus in den Hof. Heute mit den modernen Erziehungsmethoden verzieht man die Kinder, und sie hören selbst das, was sie nicht hören sollten. Früher lernte jeder die Dinge zu gegebener Zeit. Mit den Kindern muß man auf Distanz

---

* Taco – Eine Tortilla (Omelett aus Maismehl), in die Fleischstückchen, Bohnen etc. eingerollt werden; wird überall angeboten.

bleiben; sie müssen uns respektieren, und wir müssen sie respektieren. Heutzutage erteilen sie uns mit sieben, acht Jahren eine Lektion mit all dem, was sie wissen. Ich wußte nicht, wie die Kinder geboren werden. Wozu? Ich war doch selbst noch ein Kind, warum sollte meine Stiefmutter sich hinsetzen und mit mir darüber reden? Sie redete doch nicht einmal mit den Erwachsenen. Sie tat ihre Arbeit, und damit hatte es sich; jeder hatte seine Beschäftigung und kein Verlangen, über solche Dinge zu reden, etwa ob einem etwas weh tut oder ob einem nichts weh tut; man weiß nichts, und die anderen wissen noch weniger. Niemand sagt etwas; niemand hat etwas zu erzählen. Wenn mir etwas passierte, bin ich nicht zu meiner Stiefmutter gegangen, um es ihr zu erzählen. »Stellen Sie sich vor, mir ist das und das passiert... oder schauen Sie, was mir gerade zugestoßen ist ...«

Wenn Sie nicht mit mir sprach, warum sollte ich dann zu ihr gehen und ihr Dinge erzählen, die ich nicht erzählen durfte? Noch weniger sprach ich mit meiner Patin Felisa. Heute erzählt man sich alles; jeden Dreck und ganz ausführlich. Damals, wenn man seine Blutung bekam, nun gut, dann bekam man sie und aus. Wenn sie kam, kam sie und wenn nicht, dann eben nicht. Mir sagte niemand, daß ich Lappen benutzen sollte, nichts dergleichen. Ich wusch mich zwei- oder dreimal am Tag, und so machte ich das mein ganzes Leben lang. Niemals benutzte ich solches Dreckszeug, daß nach totem Hund stinkt. Und ich beschmutzte mir auch mein Kleid nicht. Warum sollte ich es auch beschmutzen? Ich ging, wusch mich, wechselte meine Unterwäsche, hing sie auf und zog sie schön sauber wieder an. Ich habe nie zu leiden gehabt, ich hatte keine Schmerzen, und ich habe auch niemandem etwas erzählt.

Ich schlief in dem Zimmer meiner Patin, aber wie ein Hund, auf dem Balkon. Das Zimmer meiner Patin hatte einen dieser Balkone mit Eisengitter. Ich fror nicht, da dort unten ja eine warme Gegend ist. Ich hatte eine Strohmatte, und mein Kopfkissen war ein Ziegelstein. Das, ja, das war härter als in der Armee. Aber ich war jung, und wenn man jung ist, erträgt man alles. Das soll nicht heißen, daß meine Patin schlecht war, nein, alle Leute mit Geld sind so. Wenigstens war das damals so; ich weiß nicht, ob das heute anders ist. Ich glaube aber, daß, seitdem die Welt existiert, die Reichen immer gleich geblieben sind, immer gleich, so wie das Prasseln des Regens immer gleich geblieben ist.

Um neun Uhr abends schloß ich die Dienstmädchen ein. Danach wartete ich darauf, daß die Knechte nach Hause kamen und schloß sie dann auch ein, und nachdem ich hinter dem letzten die Tür verriegelt hatte, legte ich mich auf dem Balkon schlafen, um ihnen am nächsten Tag öffnen zu können und nicht zu verschlafen. Der es am eiligsten hatte, daß ich ihm morgens aufmachte, war der Knecht Práxedis, der damit beauftragt war, daß Wasser heranzuschaffen, denn schon war es acht Uhr morgens und noch hatte er nicht all die vielen Töpfe gefüllt. Eines Tages sagte er zu einem anderen Jungen, der auch Wasserholer war, zwei Esel führte und der sehr früh morgens aufstand, weil er vom Fluß herkommen mußte, vom Stadtteil San Jerónimo: »O weh, ich bin spät dran, ich bin spät dran, ich schaffe es nicht, soviele Töpfe zu füllen! Warum sagst du ihr nicht, daß sie uns früher öffnet?«

»Wie soll ich ihr das denn sagen, sie schläft doch da oben!«

»Wie? Na, mit einem Stock mußt du sie anstoßen.«

Dem Wasserholer fiel nichts Besseres ein, als mich mit einem Rosenstrauß zu wecken. Er streichelte mir damit das Gesicht, und dann ließ er ihn neben mir liegen. Er machte seinen ersten Gang um vier Uhr morgens. Kaum am Balkongitter angelangt, blieb er unten stehen, an der Seite, wo mein Kopf zu sehen war und mein Haar herunterhing, und ich fühlte die Blumen im Gesicht. Jeden Tag hat er sie frisch geschnitten, und ich bin sicher, daß er die Dornen entfernte, denn ich fühlte nichts als Frische. Ich wachte auf und konnte auf der Rathaus-Uhr ausmachen, daß es vier Uhr morgens war, und ich versuchte, ihn, der schon wieder zwischen seinen Eseln auf dem Weg zum Fluß war, zu sehen. Und ich, wenn ich ihn aus den Augen verloren hatte, ich trug dann den ganzen Tag den Rosenstrauß mit mir herum.

Eines Tages fragte ich Práxedis: »Hör mal, wer ist dieser Junge, der mir jeden Tag einen Strauß Rosen auf den Balkon wirft?«

»Ach so, du bist die Braut des Eseltreibers ... Nun gut, ich werde ihn dir bringen.«

Eines Nachmittags brachte er ihn mit; er war ein Junge von ungefähr 17 Jahren. Er hatte olivenfarbene Augen und war schlank. Wir sagten uns nichts. Nur der Knecht amüsierte sich über den Eseltreiber und über mich.

»Geh zu, wieso wußte ich nicht, daß sie deine Verlobte ist?«

»Nein, Mensch, nein. Wie, sie ist meine Braut? Du hast gesagt, ich solle sie wecken. Ich habe nichts weiter als ihre Haare von unten gesehen.«

Die zwei nannten sich »Brüder«, weil sie Freunde waren, und abends machten sie zusammen ihre Runde. Ich bin niemals mit ihnen gegangen, ich hatte für so etwas keine Zeit. Ich sah sie nur zusammen fortgehen. Vollkommen zufrieden mit sich, hakten sie sich unter. Ich hatte mehr Arbeit, als ich erledigen konnte, und erst wenn alle schliefen, konnte ich meine Wäsche waschen. Ich mußte mein Kleid abends waschen und über Nacht trocknen lassen, damit ich es morgens wieder anziehen konnte. In diesem Haus gingen die paar Sachen, die ich von meiner Stiefmutter bekommen hatte, alle kaputt.

Der Eseltreiber blieb dabei und weckte mich jeden Morgen, bis meine Patin mich zum Hafen von Salina Cruz schickte. Wer weiß, ob der Junge inzwischen nicht gestorben ist; ich habe ihn nie wieder gesehen.

Dort bei meiner Patin bekam ich die Pocken. Das sind so Blattern, die unheimlich jucken. Ich kurierte mich mit Sand und Flußwasser. Ich ging immer zum Fluß, und mit Sand rieb ich mir den ganzen Körper ab; überall, wo ich hinkam, seifte ich mich ein und schrubbte solange, bis aus all den Blattern Blut kam. Dann setzte ich mich in das kalte Wasser, und das Wasser spülte das Blut weg. Es war zwar sehr schmerzhaft, aber wichtig war eben, daß die Mikroben abgetötet wurden. Danach blieb ich noch ein Weilchen am Fluß und beobachtete, wie das Blut sich im Wasser auflöste. Nur so, mit Flußwasser und Salz kurierte ich mich. Nach dem Bad rieb ich mich mit Salz und Zitrone ein, obwohl es wie Feuer brannte. Ich sagte mir: »Irgendwie muß ich das los werden.« Wer hätte sich denn darum kümmern sollen, daß ich gesund wurde, ich hatte doch keine Mutter mehr. Mein Vater steckte Gott weiß wo. So richtete ich mir mein Leben ein, wie ich es eben konnte. Woher hätte ich sonst auch zu essen bekommen sollen?

Eines Tages, als ich mit dem Tablett und dem Erfrischungsgetränk unterwegs war, traf mich meine Stiefmutter: »Dein Papa ist schon zurück von seinen Unternehmungen mit den Madero-Truppen, Jesusa!« Und als sie mich genau betrachtet hatte: »Hör mal, warum läufst du so schmutzig herum? Warum ziehst du dir nichts anderes an?«

»Weil ich nichts anderes habe. Gestern abend reichte mir die Zeit nicht, um meine Sachen noch zu waschen.«

»Wie, du hast nicht mehr?«

»All meine Kleidung ist inzwischen aufgebraucht.«

»Aber, ich hatte dir doch soviel gemacht!«

»Ja doch, aber jetzt habe ich nur noch das, was ich auf dem Leibe trage. Ich wasche die Sachen abends, damit sie morgens trocken sind.«

Meine Stiefmutter wurde ganz wütend und sagte zu meinem Vater: »Ihr alle sagt, daß ich sie nicht mag, aber gerade weil ich sie liebe, habe ich sie so oft bestraft ... Da, wo sie jetzt arbeitet, rackert sie sich ab für nichts und wieder nichts, denn nicht einmal ein Kleid hat sie sich kaufen können.«

Und später dann kam sie mich im Hause meiner Patin besuchen und setzte sich mir gegenüber: »Jesusa, hör mir zu, dein Vater sagt, daß ich dich nicht liebe. Meine Mutter sagt dasselbe. Wenn ich dich nicht liebte, wäre es mir vollkommen egal, was du tust, aber da ich dich liebe, darfst du nicht machen, was du willst, sondern hast das zu tun, was ich dir befehle. Wenn ich dich prügele, tue ich das, damit du nicht dumm bleibst.«

Und, schauen Sie, ich bin ihr dankbar dafür, denn trotz der vielen Prügel, die sie mir verabreicht hat, was wäre aus mir geworden, wenn sie mir nicht beigebracht hätte, das Geschirr abzuwaschen, die Wäsche zu waschen? Womit würde ich meinen Lebensunterhalt verdienen? Wo wäre ich geendet? Mit der

Schule war es so. Meine Stiefmutter wollte mich auf eine staatliche Schule schicken, aber mein Papa war sehr, naja, eben sehr dumm, unwissend eben, um die Wahrheit zu sagen, denn er hat nie lesen gelernt. Aber wenn mein Vater richtig überlegt hätte, dann hätte er gesagt: »Sie sollte wenigstens wissen, wie sie heißt, sie soll lesen lernen, wo auch immer, Hauptsache, sie kennt die Buchstaben ...«

Aber mein Vater sagte, es käme nicht in Frage, daß ich auf eine staatliche Schule ginge, auch wenn man da besser lernt als bei den Nonnen, denn er wäre kein Protestant. Was hatte der Protestantismus damit zu tun, daß ich lesen lernte? Dieses Gezänk kenne ich schon, seitdem ich ein Kind war. Das ist der ewige Streit, die Protestanten auf der einen und die Katholiken auf der anderen Seite. Und ich, ich hörte mir das alles nur an; mach ihn fertig, dickbäuchiger Teufel, mach ihn fertig; aber nichts da, denn dieser Streit geht schon immer so und wird immer so weitergehen. Bis heute weiß ich noch nicht, was dieser ständige Hickhack, der nur Unruhe stiftet, eigentlich soll, aber wegen dieses verdammten Protestantismus mußte ich zu den Nonnen in die Schule gehen, bei denen ich niemals schreiben und lesen lernte, nur beten. Mögen sie in der Hölle schmoren, diese verfluchten Nonnen. Auf kleinen Häufchen von Bohnen, Mais oder Kichererbsen oder sogar auf Körnern aus einem Ameisenhaufen ließen sie mich auf ihren Balkonen, die zur Straße hin gingen, niederknien mit diesen Eselsohren, die sie mir überstülpten. Klar doch, daß ich noch aufsässiger wurde und mich rächte, indem ich ihnen Kaugummi auf die Bänke klebte, daß ihnen die Unterröcke zusammenpappten. Auch ihre Hauben zog ich ihnen herunter. Anderes wußte ich damals nicht zu tun, aber wenn sie mir heute über den Weg liefen, ich sage Ihnen, ich würde die Straße mit ihnen kehren, denn so zerrissen wie sie herumlaufen, sehen sie aus wie Besen.

Das Beten interessierte mich nicht, wenigstens nicht das Beten von damals. An das eine oder andere Wort erinnere ich mich vielleicht noch, das ist auch alles. Ich wollte, daß man mir das Lesen beibringt, aber daran hatten sie keinerlei Interesse. Und jetzt, wofür noch? Ich bin schon auf dem Weg zu meinem Grab; wenn ich es noch schaffe bis dahin.

Meine Stiefmutter war da ganz anders. Sie war gebildet. Ihre Mutter, die Señora Fortunata, war genauso ungebildet wie mein Vater, Indianerin, die die Sprache der Zapoteken sprach, meine Stiefmutter aber sprach nicht nur diese Sprache, sondern auch Spanisch, denn, wie auch immer, die Señora Fortunata schickte sie zur Schule. Sie bekam diese Chance. Aber ich, ich konnte zusehen, wo ich blieb. Mein Vater zog wieder von dannen. Meine Patin beschloß, mich zu ihrer Tochter in die Hafenstadt Salina Cruz zu schicken. Diese war dort mit einem Militär verheiratet. »Celerina braucht ein Kindermädchen. Du, Maria de Jesús, wirst zu ihr gehen.«

Da mein Vater dieses Mal Emiliano nicht mit sich genommen hatte, gingen wir zusammen nach Salina Cruz. Dort gab ich ihn in die Obhut einer Frau aus Oaxaca, die Benita hieß und ihm das Arbeiten beibringen sollte. Und da er ein fügsamer Junge war, wurde etwas aus ihm. Die Frau machte ihn zum Schweineschlachter.

Obwohl Emiliano älter war als ich, gehorchte er mir, vielleicht, weil ich die einzige Frau in der Familie war, oder aus Instinkt. Dort, wo ich ihn hinschickte, blieb er. Emiliano war hellhäutig wie ich, er trug einen Vollbart wie mein Vater, er hatte große olivenfarbene Augen. Wir anderen hatten schwarze Augen. Er war der beste und sehr besonnen. Keiner von uns anderen war wie er. Emiliano habe ich nie verprügelt. Er war ein so sanftmütiger Bruder, dieser Emiliano; nicht einmal ein Stück Zucker war so süß wie er... Wenn mein Vater zu ihm sagte: »Es ist Mitternacht, Emiliano.«

»Ja, Papa.«

Auch wenn es zwölf Uhr mittags gewesen wäre, er verschränkte die Arme: »Ja, Papa.« Ich, ich hätte nie so sein können. Mit immer noch verschränkten Armen antwortete er: »Ja, Papa, es ist Mitternacht.« Und die Sonne brannte vom Himmel. Niemals widersprach er meinem Vater. Ich schmunzelte vor mich hin, dann aber platzte ich los: »Ha, ha, ha! Ha, ha, ha! Es ist zwölf Uhr mittags, verdammt, zwölf Uhr mittags und nicht Mitternacht.«

Mein Vater drehte sich dann zu mir um: »Ich werde dir den Mund stopfen!«

»Nur zu, stopf ihn mir, wenn du kannst ...«

Ich kneife nie, niemals habe ich vor jemandem gekniffen. Der, der sich drückt, fährt schlecht mit mir. Ich nahm es auch mit meinem Vater auf. Emiliano war weich, weil er gut war. Aber es nützte ihm nichts, daß er der einzige war, der meinem Vater nicht widersprach.

Zu Recht sagt man: Ein zahmes Pferd endet böse, und ein guter Mensch endet als Dummkopf.

VI.

Ich blieb lange in Salina Cruz und hütete die Enkelkinder meiner Patin. Mein Vater, der mit den Truppen Maderos gezogen war, kam zurück und übernahm wieder seinen alten Posten als Polizist im Gefängnis von Tehuantepec, aber meine Stiefmutter und ihre Mutter arbeiteten nicht mehr dort. Ein neuer Direktor war mit seiner Familie ins Gefängnis gezogen.

In Salina Cruz arbeitete ich als Kindermädchen, verdiente aber keinen Pfennig. Zur Zeit der Intervention der USA muß ich so elf oder zwölf Jahre alt gewesen sein und, ob nun gut oder schlecht für mich, aber es hätte mir nicht an Gelegenheit gefehlt, mich zu verheiraten, und sei es mit einem der Chinesen, die auf den Schiffen zu uns kamen. Übrigens, was die Chinesen betrifft, da war einer, ziemlich jung noch und ein hübscher Kerl. Er hatte einen kleinen Laden gegenüber, und dort ging ich meine Einkäufe machen. Ob er es nun im Spaß sagte oder ernst meinte, oder was weiß ich, aber jedesmal, wenn ich etwas kaufte, sagte er mir, daß er mich heiraten wolle, und ich, da ich nichts verstand, antwortete ihm eines Nachmittags: »Ach nein, du bist verrückt, aber wenn du heiraten willst, dann such dir eine Braut, und ich bin deine Trauzeugin ...«

Ich war sehr daran gewöhnt, Patin zu sein oder Patinnen zu haben. Es hat mir nie an Paten und Patinnen, Gönnern und Gönnerinnen gefehlt. Heute muß ich über jenen Chinesen lächeln, der mich als Braut wollte, dem ich mich aber als Trauzeugin anbot.

Heute, da ich alt bin, verstehe ich, daß er sehr an der Heiraterei interessiert war, um Kinder zu bekommen und sich nicht mehr so sehr als Chinese zu fühlen. Ungefähr zwei Wochen später ging ich mit der Tochter meiner Patin in den Laden und er, hinter dem Thresen, begrüßte die Señora und sagte dann zu mir: »Jesusita, was ist, heiratest du mich oder heiratest du mich nicht?«

»Du bist verrückt, verrückt. Ich habe dir schon gesagt, daß du dir eine Braut suchen sollst, und ich dann deine Trauzeugin bin.«

Dummerweise sage ich ihm das im Beisein der Señora.

»Nun, wenn du mich nicht heiraten willst, habe ich schon eine andere Braut.«

Verfluchter Chinese, da hatte er doch schon eine andere! Die Señora Celerina sagte darauf: »Wenn sie dir versprochen hat, deine Trauzeugin zu sein und ihr Versprechen nicht hält, werden wir deine Trauzeugen sein.«

»Wirklich, Señora Celerina?«

Und so war es abgemacht. Das, was ihn interessierte, war ein Mädchen im heiratsfähigen Alter. Man sagt, daß die Chinesen große Heiratsvermittler sind, deshalb gibt es dort soviele Leute, und die Frauen kriegen Kinder wie die Kaninchen, manchmal gleich vier kleine Chinesen auf einmal. Er behauptete aber, daß er an mir mehr interessiert sei, und bevor er die andere heiratete, stellte er mir noch tüchtig nach. Aber ich blieb dabei; nein und nochmals nein, so nach dem Motto: schau mich an, wenn du willst, aber berühr mich nicht.

Ob er die andere nun liebte oder nicht, auf jeden Fall heiratete er sie. Und da er in Salina Cruz keine Familie hatte, feierte man die Hochzeit im Haus des Oberleutnants der Artillerie, des Ehemanns der Tochter meiner Patin. Und während die Braut nichts eiligeres zu tun hatte, als einen *Pulque** nach dem anderen zu trinken und Maisschnaps, ließ er mich nicht aus den Augen. Juan Lei hieß dieser kleine chinesische Frauenheld. Niemals werde ich vergessen, wie solch kleine Augen soviel ausdrücken konnten.

Die Tochter meiner Patin, die Señora Celerina, behandelte mich nicht schlecht, aber sie bezahlte mir nichts. Essen ja, essen tat ich gut, denn während ich das Essen für die Kleinen zubereitete, stopfte ich mich voll. Wenn die Herrschaften sich zu Tisch setzten, hatte ich mein Mittagessen schon im Bauch. Die Arbeit war nicht sehr schwer, denn ich hütete nur die Kinder, aber abends wusch ich alle Windeln und Kleidchen. Die Kleinsten führte ich in den Park, die Größeren brachte ich in die Schule. Ich habe diese fünf Kinder immer sehr sauber gehalten. Ich zog sie morgens, mittags und nachmittags um. Um vier Uhr zog ich sie wieder um, um sie in den Garten zu bringen. Um fünf Uhr brachte ich sie wieder ins Haus, ich badete sie noch einmal mit Schmierseife, gab ihnen ihr Essen und brachte sie zu Bett. Außer sie zu baden, liebte ich es, ihnen Ringellöckchen zu machen. Damals trug man das Haar lang, und den Kindern machte man ein Löckchen, hier in der Mitte des Kopfes, und das Ende des Löckchens fiel ihnen in die Stirn. Fein hergerichtet sahen sie schön aus, die lieben Kleinen. Aber, eine Arbeit war das, diese Löckchen zu machen! Man feuchtete die Haarsträhnen mit Leinöl, man rollte sie mit einem Schilfrohr ein und, hoppla, hatte man eine Ringellocke, schön rund und steif. Glatte, herunterhängende Haare, nein, die mochte ich nicht leiden, das sieht häßlich aus! Den ganzen Tag verbrachte ich damit, diese Kinderchen herauszuputzen: ein Knopf hier, ein Kragen dort, was ist mit diesem Ringellöckchen und was mit diesem Gesichtchen, hier noch etwas und dort noch etwas. Die Sache war die, daß die Kinder stillhielten, damit ich meinem Vergnügen, sie herzurichten, nachgehen konnte. »Steh ruhig, sonst kommt der schwarze Mann, auf leisen Sohlen schleicht er heran.« Außer mit den Kindern konnte ich mit niemandem reden, denn mein einziger Freund war der Mahl-

---

* Pulque – Schaumiges alkoholisches Getränk, hergestellt durch Vergärung des Agaven-Safts.

stein. Daher kommt es, daß ich so schweigsam bin. Erst jetzt im Alter habe ich angefangen, ein bißchen zu reden.

Eines Tages hat mich Doña Luisa, eine Freundin meiner verstorbenen Mutter, besucht.

»Jesusa, stell dir vor, dein Vater hat deine Stiefmutter verlassen. Er lebt in der Nähe von Salina Cruz auf einem Berg und macht Kohle und bringt sie sonntags zum Verkauf auf den Markt ...«

»Und Emiliano?«

»Er ist mit ihm dort.«

»Er hat ihn von Señora Benita fortgeholt?«

»Ja. Und er hat ihn verheiratet ...«

»Wie, er hat ihn verheiratet?«

»Ja, er hat ihn zur Heirat gezwungen, denn die Schwiegermutter deines Bruders ist die Geliebte deines Vaters.«

Eine schöne Familie! Wer weiß, ob das alles stimmte, denn ich habe das nicht mit eigenen Augen gesehen. Auf jeden Fall überkam mich eine große Zufriedenheit, wenn ich daran dachte, daß ich meinen Papa bald wiedersehen würde. Ich verabschiedete mich von der Señora Celerina, und schon war ich mit Doña Luisa auf dem Weg zum Berg. Ich kam zu der bezeichneten Hütte und fragte nach meinem Vater; im gleichen Moment kam er aus dem Haus und ließ uns nicht eintreten: »Was willst du hier?«

»Ich kam, dich zu suchen, Papa ...«

»Wer hat dir gesagt, wo ich zu finden bin?«

Ich antwortete ihm nichts.

»Du hast nicht einfach hierher zu kommen und nach mir zu fragen, du bist nicht meine Tochter.«

Ich wurde wütend.

»Wie, ich bin nicht deine Tochter?«

»Ich habe keine Tochter, mach, daß du weg kommst!«

Nun, darauf sagte ich ihm: »Ach so, ich bin nicht deine Tochter ...? So wisse denn, daß du auch nicht mein Vater bist!«

Ich drehte mich auf dem Absatz um.

»Somit sind wir fertig miteinander! Glaub nicht, daß du wieder mit mir sprechen wirst!«

Ich will verflucht sein, wenn jenes alte Weib nicht seine Geliebte war. Gott mag ihnen vergeben haben. Da Emiliano sich ohne Widerspruch verheiratet hatte, war er nicht nur sein Sohn, sondern auch sein Schwiegersohn. Darum schlug er Doña Luisa und mir die Tür vor der Nase zu.

»Haut ab, schert euch weg! Ich will euch hier nicht mehr sehen!«

Doña Luisa sagte mir daraufhin: »Gut ... gut, laß uns gehen. Hier läuft etwas schief, laß uns besser gehen und vergiß, daß es einmal einen Felipe Palancares gegeben hat.«

»Na gut, tot und begraben.«

Emiliano habe ich nicht gesehen. Er dürfte beim Schneiden von grünem Holz gewesen sein. All das passierte ihm, weil er so gutmütig war. Ich überlegte: »Er hat mich nicht kennen wollen. Gut denn, sollen sie doch da weiterhausen, jeder mit seinem Liebchen.« Jede Woche kam Emiliano auf den Markt, um Holz zu verkaufen, aber ich habe ihn nie gesehen. Er fragte nicht nach mir, ich nicht nach ihm.

Ich war nicht eifersüchtig. Aber da er und ich zusammen aufwuchsen, liebte ich nur ihn, ja, nur ihn.

Ich fing bei einer anderen Señora an zu arbeiten, einer Französin, und im Nachbarhaus wohnte ein Oberst, ein *Porfirist**. Ich erinnere mich noch, wie diese Señora mich immerzu bat: »Bring einen Scheuerlappen!« Nichts anderes wußte sie zu sagen. Aber dort, wo ich aufgewachsen bin, benutzte man keine Scheuerlappen. Und die Frau wurde böse mit mir: »Ich sage dir, daß du den Scheuerlappen bringen sollst!«

Wenn man Kind ist, ist man sehr verspielt, und alles will man sehen. Es gab dort einen Stacheldrahtzaun, und auf der anderen Seite wohnten ein Oberst und sein Adjudant, mit Namen Cándido; dem Adjudanten gefiel es, sich mit mir zu unterhalten. Er arbeitete auch als »Kindermädchen« und beaufsichtigte die Kinder. Wenn die Kinder der Französin und die Kinder des Obersten sich zum Spielen zusammenfanden, redeten und redeten wir, obwohl ich kein Freund von vielen Worten bin, aber jener Cándido war ein älterer Herr, in dem Alter wie mein Vater, so um die 30 oder 35 Jahre, und er hatte ein Lachen, das mich zum Lachen brachte. Von weitem hörte man es schon. Er erzählte den Kindern Märchen, und ich machte irgendwelche Faxen, Mätzchen, die einem so einfallen, und wir lachten schallender als die Kinder, die uns nur anschauten. Danach sagte er: »Laß sie uns aufhängen.« Er hängte die Schaukel auf und schaukelte die Kinder, wie verrückt. Ich liebte es, auf die Bäume zu klettern und die Gesichter der Kleinen mit den Ästen zu streifen, aber der Mutter gefielen diese Spiele nicht. Ihre drei Kinder waren richtige Ferkel. Zu jener Zeit trug ich den *Huipil*** und den Rock der Frauen aus Tehuantepec. Mein ganzes Augenmerk richtete ich darauf, mir die weißen Volants, die bis auf den Boden reichten, nicht zu beschmutzen. Ich ging sauberer angezogen als die

---

* Porfirist – Ein Militär, der in der Armee von Diktator Porfirio Diaz, der 1911 durch die Revolution gestürzt wurde, gedient hat.

** Huipil – Besticktes Hemd, halblang oder auch lang, das von den mexikanischen Frauen getragen wurde und in einigen Gegenden noch getragen wird.

Señora, die ziemlich schmutzig und zerlumpt umherging. Da meine Stiefmutter sehr streng war und es ihr nicht gefiel, daß ich wie ein Ferkel herumlief, bin ich in dieser Hinsicht anspruchsvoll. Diese Señora erlaubte es nicht, daß die Kinder dauernd umgezogen wurden, und sie waren daran gewöhnt, im Dreck zu wühlen. Wie hätte ich sie anfassen sollen!? Sie flößten mir Schrecken ein. Die Französin ließ zu, daß sie sich einsauten, und dann wollte sie sie nicht sauber machen. Und warum sollte ich das tun? Ihre kleinen Körper waren verklebt, und die Haut trocknete langsam aus.

»O nein, das werde ich nicht sauber machen.«

»Dafür wirst du bezahlt.«

»Dann bezahlen Sie mich eben nicht, aber Sie können mir nicht befehlen, mir meine Hände zu beschmutzen. Bringen Sie ihnen bei, sich selbst zu säubern, aber vorher sollten Sie lernen, sich selbst zu reinigen, und sei es mit einem *Olote**.«

Und damit war mein Dienst bei der Señora zu Ende. Sie sagte, daß ich besser die Beine in die Hand nehme und mache, daß ich fortkomme. Ich lief zum Haus von Doña Luisa, aber auf dem Weg dorthin traf mich der Adjudant, jener Cándido: »Wohin gehst du, kleines Äpfelchen?« (So nannte er mich: »kleines Äpfelchen« oder »kleines Mädchen aus Tehuantepec«.)

»Zu mir nach Hause.« Als ob ich ein Zuhause gehabt hätte. Ich sagte das nur, damit er nicht annahm, ich hätte niemanden.

»Und wo wohnst du?«

»Oh, dort, immer geradeaus!«

Der Señor Cándido begleitete mich bis zum Markt. Dorthin wollte er, weil er einkaufen mußte, und ich ging weiter bis zu dem Haus, wo jene Doña Luisa wohnte.

»Du kommst hierher?« sagte sie mir. »Was ist passiert?«

»Nichts weiter, die Französin hat mich rausgeworfen.«

Als ich verschwand, lief man und benachrichtigte die Französin, daß man gesehen hätte, wie ich mit dem Soldaten gegangen bin. Und der Klatsch nahm seinen Lauf, und da ich mich nicht bei meiner Stiefmutter zurückmeldete, obwohl Tehuantepec nicht weit war, sondern zu der Freundin meiner toten Mutter ging, fand sich schnell jemand, der meiner Stiefmutter Evarista zutrug, daß ich mit einem Soldaten durchgebrannt wäre. Klar, daß meine Stiefmutter wütend war und bei der Französin reklamierte: »Wenn sie doch zu Ihnen kam, um hier zu arbeiten, warum haben Sie sie dann gehen lassen?«

»Nun, weil sie zu nichts nütze war ... Und schauen Sie, hier im Nachbarhaus wohnt dieser Hanswurst von einem Soldaten ...«

---

* Olote – Entkörnter Maiskolben, der beim Waschen zum Abschrubben benutzt wird.

Die Señora Evarista beugte sich über den Zaun und nahm sich auch Cándido vor.

»Nein, nein, Señora, ich habe ihre Tochter nicht entführt. Wenn Sie das sagen, irren Sie sich sehr, denn als ich auf dem Weg zum Markt war, ging sie zufällig den gleichen Weg, und ich fragte sie, wohin sie ginge, und sie sagte mir, daß sie zum Haus von Doña Luisa ginge, die eine Freundin ihrer Mutter sei ... Ich glaube, daß ist eine Freundin von Ihnen ...«

Ich hatte dem Adjudanten nicht gesagt, daß meine Mutter gestorben war. Er hielt meine Stiefmutter für meine Mutter, er wußte nicht, daß Doña Luisa eine Freundin meiner verstorbenen Mutter, meiner wirklichen Mutter, meiner Mutter, die mich geboren hatte, war ...

An einem großen Tisch, den Kopf auf den verschränkten Armen, schlief ich fest, als meine Stiefmutter auftauchte. Sie haute mir eine herunter, so wie früher.

»Du unverschämtes Stück! Warum kommst du nicht nach Hause, sondern ziehst es vor, zu Fremden zu gehen?«

»Schauen Sie, Señora«, mischte sich Doña Luisa ein, »ich kannte die Mutter der Kleinen, die, die sie geboren hat. Verstehen Sie doch, sie ist noch ein Kind... Ich nahm sie auf, weil ich sie ja nicht auf die Straße werfen konnte...«

»Nein, nein, man sagt mir, sie sei mit einem Soldaten gegangen ...«

»Hierher ist sie mit keinem Soldaten gekommen! Man hat Sie sehr schlecht informiert!«

Da sie den Soldaten schon gefragt hatte, hatte sie keine Lust, länger herumzustreiten, aber sie zog mich mit sich fort. Doña Luisa half mir nicht, denn sie fühlte sich nicht dazu berechtigt. Außerdem kannte sie meine Stiefmutter nicht einmal. Das war das erste Mal, daß sie mit ihr zusammentraf. Ich ging zu Doña Luisa, weil sie die einzige Person war, die mich so ohne weiteres aufnehmen konnte, aber sie war eine echte Klatschbase, immer steckte sie ihre Nase in anderer Leute Angelegenheiten und hängte sich aus dem Fenster, um zu sehen, wer vorbeiging oder wer nicht.

Unterwegs fragte mich meine Stiefmutter: »Wo ist dein Vater?«

»Wer weiß ...«

Wie sollte ich ihr sagen, daß er mit einer anderen Frau zusammenlebt? Ich erzählte ihr nicht einmal, daß mein Vater mich fortgejagt hatte und mich als seine Tochter verleugnete. Besser, ich würde alles für mich behalten. Als wir schon den Zug nach Tehuantepec besteigen wollten, sagte man der Señora Evarista, daß eine andere Frau aus Tehuantepec, verheiratet mit einem Gringo, mich einstellen würde. Nun gut, sie regelte die Sache für mich und ließ mich bei der Frau jenes Gringos in Salina Cruz.

»Hör mal, Jesusa, wo sind denn all deine Kleider?«

»Die habe ich bei der anderen Stelle gelassen.«

Meine Stiefmutter ging, sie zu holen. Die Französin sagte ihr, daß ich eine unverschämte Person sei.

»So ist sie eben, Señora. Sie läßt sich nichts gefallen. Außerdem, wenn sie Ihnen nicht zusagt, geht sie, und man braucht kein Wort mehr darüber zu verlieren ...«

Ich half der Frau des Gringos in der Küche. Sie brachte mir bei, Kuchen zu backen, nur, daß man damals nach Tassen maß, nicht, wie heute, wo man alles nach Augenmaß macht. Man schlägt Eier und Butter, Milch und Zucker, und dann fügt man nach und nach das Mehl und die Milch hinzu, und dann nichts wie rühren, bis der Teig kleine Blasen schlägt, dann schüttet man ihn in die Formen und backt ihn bei mittlerer Hitze. Heutzutage, da ich keinen Backofen habe, habe ich keine Lust, die Kuchen zu machen, aber das Rezept kenne ich noch genau. Wenn Sie wollen, gebe ich es Ihnen, nur müssen Sie genau die angegebenen Mengen beachten. Ich kochte lieber, als widerborstige Kinder zu hüten.

Von klein auf sprach ich Spanisch. Von meiner Stiefmutter lernte ich auch die Sprache der Zapoteken, denn sie war ja aus Tehuantepec, sprach aber beide Sprachen. Heute verstehe ich Japanisch, Katalanisch, Französisch und Englisch, weil ich bei Gringos gearbeitet habe. Wie gesagt, ich arbeitete nur bei Ausländern, und die Leute hier haben mich immer wie eine Ausländerin behandelt. Eines Tages, zur Essenszeit, als ich dabei war, zu servieren, erzählte der Amerikaner, der der Eigentümer des Docks war, daß man einen Soldaten erschossen habe. »Um fünf Uhr nachmittags wurde er bei meinem Dock getötet ...«

Am nächsten Tag ging ich zum Markt, und dort am Eingang zeigte ein Schlangenbeschwörer seine Kunststücke. Ich schaute dem Mann mit den Schlangen, die er unter seinem Hemd hatte und die sich um seinen Hals schlangen, mit offenem Munde zu. Da sah mich die Señora Benita, die aus Oaxaca, bei der ich Emiliano in Obhut gegeben hatte und rief mich an. Aberda ich ganz versunken die Schlangen betrachtete, konnte sie rufen und rufen, ich hörte sie nicht. Schließlich war sie so wütend, daß sie ihren Fleischstand verließ und mir sagte: »Hörst du nicht, daß ich mit dir rede? Ich rufe und rufe und du hörst überhaupt nicht? Deinen Bruder hat man gestern um fünf Uhr nachmittags getötet, also, wenn du ihn zum letzten Mal sehen willst, mach schnell und geh zur Mole! Dort stehen drei Transportwagen, wo man drei Tote bewacht. Im ersten ist ein Toter, der an Pocken gestorben ist, im zweiten ein anderer, den man erstochen hat, und im dritten Wagen ist dein Bruder, den man umgebracht hat. Du wirst ihn an den Einschüssen erkennen.«

Ich ließ den Korb fallen und rannte, bis ich an die Mole kam. Und ich fand meinen Bruder.

Erst in diesem Moment wurde mir so richtig bewußt, daß man meinen Bruder getötet hatte. Ich sah ihn dort liegen, und die Soldaten sagten mir dann: »Ach, Señora, wir sprechen Ihnen unser tiefempfundenes Beileid zum Tode Ihres Mannes aus, den man umgebracht hat.«

Ich, ich drehte mich um und schaute den Soldaten, der für die anderen sprach, an: »Mein Mann? Dummkopf! Wie sollte er mein Mann sein? Sehen Sie nicht, daß es mein Bruder ist?«

Da sie mich nicht kannten, konnten sie das auch nicht wissen. Sie wußten, daß er verheiratet war, und glaubten, daß ich seine Frau sei; aber seine Frau kam nicht, ihn zu sehen. Sie wurde nicht benachrichtigt. Wenigstens sah ich keine Frau, die nach ihm gefragt hätte. Deshalb, als sie sahen, wie ich ihn umarmte und anfing zu weinen, glaubten sie, daß ich seine Frau sei. Sie blieben dabei, mir ihr Mitgefühl auszusprechen wegen der Art und Weise, auf die er hatte sterben müssen, und daß ich es mit Fassung tragen sollte und wer weiß, was noch für Gemeinplätze, die man so sagt, um Eindruck zu schinden, bis ich mich wütend umdrehte und ihnen ins Gesicht schrie: »Was heißt hier die Frau von wem! Verstehen Sie denn nicht? Ich bin seine Schwester.«

Sie sagten nichts mehr; ihr Chef fragte mich: »Wie, Sie sind die Tochter von Herrn Palancares? Sind Sie die Tochter von Felipe?«

»Ja, mein Herr, das bin ich.«

Ich sagte es, obwohl ich mich mit meinem Vater zerstritten hatte, aber als mich der Vorgesetzte so fragte, konnte ich es nicht abstreiten. Und kurz darauf kam mein Vater. Er blieb unten am Wagen stehen, das machte mich so wütend, daß ich ausstieg: »Ich habe meinen Bruder nun gesehen. Ich gehe jetzt ...«

Da rief man ihn: »Ist das nun Ihre Schwiegertochter oder Ihre Tochter?«

»Sie ist meine Tochter.«

Ganz deutlich hörte ich, daß er zu ihnen sagte: »Sie ist meine Tochter.«

Ich wußte nicht, daß mein Bruder Soldat war, und nie habe ich verstanden, was eigentlich passiert ist. Deshalb habe ich dem, was mein Brotherr sagte: »Um fünf Uhr nachmittags haben sie einen Soldaten umgebracht«, keine Aufmerksamkeit geschenkt. Die Señora Benita, die aus Oaxaca, die die ganze Nacht in dem Eisenbahnwaggon die Totenwache hielt, erzählte mir später: »Da siehst du, wie dein Papa ist ... Er schloß sich den Carranza*-Leuten an,

---

* General Jesús Carranza – Nach der Ermordung von Präsident Madero, führte Carranza den Kampf gegen den Diktator General Huerta. Er ist der, der wesentlich zur Verfassung von 1917 beigetragen hat. 1917 wurde er Präsident Mexikos; 1920 von den Generälen Calles und Obregon gestürzt.

und da er niemanden hatte, den er hätte mit in die Revolution nehmen können, holte er Emiliano ab. Er ließ ihn sich als Soldat einschreiben und sagte, dort wo er sterben würde, würde auch dein Bruder sterben ...«

Mein Vater und Emiliano gehörten zur Begleitmannschaft von Jesús Carranza, und wer weiß, warum der General anordnete, in Salina Cruz zu campieren. Sie zahlten den Soldaten ihren Lohn, und mein Bruder ist Karten spielen gegangen. Soweit ich weiß, hat Emiliano gewonnen, aber der andere Soldat war ein schlechter Verlierer und schoß ihn nieder. So wurde Emiliano Palancares getötet. Die Leute begaben sich auf die Suche nach dem Mörder, aber sie fanden ihn nicht. Die Erde hatte ihn verschluckt. Bis zum Morgengrauen streiften sie mit den kleinen Lämpchen herum und erzählten, daß die Straßen wie leergefegt gewesen wären.

Ich glaube, daß irgendeine Spiegelung den Mann geschützt hat, denn er tauchte nirgends auf. Mein Bruder starb und fertig, er hatte niemanden, der ihn rächen konnte. Der Mann, der ihn tötete, tötete ihn eben. Es war nicht möglich, ihn vor Gericht zu stellen ... All das erzählte man mir, und wer weiß schon, was nun eigentlich die Wahrheit ist.

Weil der Gringo immer um zwölf Uhr zum Mittagessen kam, war die Señora schon ganz ungeduldig, als ich kam und ihr sagte: »Hier bringe ich Ihnen die Einkäufe, Señora, aber ich werde nicht kochen, weil man meinen Bruder getötet hat und ich bei ihm bleiben werde ...«

Auf diese Weise verließ ich meine Arbeitsstelle, ließ alles zurück. Ich bin einfach so weggegangen. In dem Haus, das neben dem meiner Arbeitgeber lag, wurden die Toten registriert. Sie hatten ihn schon dort hingebracht.

Ich trat ein. Und dort sah ich meinen Vater, aber ich näherte mich ihm nicht und beachtete ihn auch nicht weiter. Die Vorgesetzten regelten die Sachen mit ihm, und ich fragte einen Soldaten: »Wissen Sie vielleicht, um wieviel Uhr er beerdigt wird?«

»Oh, ich glaube so um zwei Uhr nachmittags, denn gleich werden sie ihn erst zur Autopsie bringen.«

»Autopsie?«

»Ja, um ihn aufzuschneiden.«

Mein Vater befand sich mit meinem toten Bruder in jenem besagten Gericht und wartete auf den Totenschein. Von jenem Gericht aus brachten sie Emiliano in den Raum, wo die Autopsien vorgenommen wurden. Als ich sah, wie man ihn öffnen wollte, umarmte ich meinen Bruder, um zu verhindern, daß sie ihn auch nur berührten. Ich erklärte ihnen, daß ich sie tun ließe, was sie vorhatten, wenn sie ihn damit wieder lebendig machten, wenn nicht, dürften sie ihn auch nicht aufschneiden. Ich schrie sie an, was sie denn davon hätten, wenn sie ihn öffneten, ich wollte nicht, daß sie Hackfleisch aus ihm machten, daß sie an ihm lernten. Da sie nicht darauf hörten, was ich sagte, bekam ich einen Anfall und schlug um mich. Da trennten sie mich von dem Toten und übergaben mich meinem Vater. Später erzählte er mir, daß sie sich dann nicht mehr um die Autopsie kümmerten, sondern um mich, weil mein ganzer Körper blau anlief, und ich nicht mehr zu mir kam. Sie wußten nicht, was sie machen sollten, um mich wieder auf die Füße zu bringen; sie erschraken, und mein Vater bekam auch einen Schreck. Als ich so gegen drei Uhr nachmittags wieder zu mir kam, war Emiliano schon zerlegt, zusammengenäht und in den Sarg gelegt worden. Man kann nichts dagegen machen, sie zerlegen sie, und dann legt man sie stückweise in den Sarg.

Diese Anfälle hatte ich viele Jahre lang. Wenn sie kamen, fühlte ich, wie sich mir die Kinnbacken versteiften und ich nicht mehr atmen konnte. In dem Moment, wo sich mir der Unterkiefer verklemmte, machte ich Zeichen, damit man mir Luft zufächelte oder mir Wasser überschüttete oder sonstwas, und wenn man sich nicht darum kümmerte, schlug ich um mich und stieß überall an. Auf der Straße oder wo auch immer, hob man mich auf, aber man konnte mich nicht halten, weil ich schwer wie ein Sack war und viel Kraft entwickelte. Ich fiel um wie tot, leblos, wie ein Stein auf dem Grund eines Brunnen aufschlägt. Erst 1920 hörten diese Anfälle auf.

An jenem Tag, dem Tag, an dem mein Bruder starb, so um drei Uhr nachmittags, als ich wieder zu mir kam, hatte ich in dieser Hand hier ein Stückchen Watte mit zwei Kugeln darin. Was sollte ich mit den Kugeln? Was konnten sie mir nützen? Man hätte mich besser bei meinem Bruder gelassen. Man hätte mich damit sehr glücklich gemacht. Warum bin ich noch am Leben, wenn ich mich doch dort schon am Boden gekrümmt habe? Man hätte mich zusammen mit meinem Bruder beerdigen sollen. Wenigstens würde ich nicht so leiden, wie ich jetzt zu leiden habe.

Ich sah, wie sie den Sarg meines Bruders ins Wasser warfen, und dann bewarfen sie ihn mit Erde. Noch war ich nicht so ganz bei Bewußtsein, aber ich erinnere mich doch, daß sie ihn im Wasser beerdigt haben; in der Grube sammelte sich Meerwasser. Es war so um fünf Uhr nachmittags, als wir vom Friedhof kamen, und an eben jenem Tag, nachmittags, brachen die Truppen von General Jesús Carranza, zu denen auch wir gehörten, nach Mexiko City auf. Ich sage wir, weil ich von da an wieder mit meinem Vater umherzog. Er sagte, da er nun schon seinen Sohn verloren hätte, wolle er nicht auch noch mich verlieren.

Während wir bei der Beerdigung waren, mußte General Jesús Carranza nach Mexiko City aufbrechen. Er regelte das so, daß General Pascual Morales y Molina ihm Soldaten auslieh, und daß die Leute, die an der Beerdigung teilnahmen, dann unter General Morales y Molinas Befehl standen, geliehen sozusagen. Ein Tauschhandel mit Männern war das! Molina mußte nach Acapulco aufbrechen, und noch am selben Tag wurden wir eingeschifft. Ich ging einfach, so wie ich war. Ich ging weder meine Kleidung noch das Geld holen, daß sich angesammelt hatte, da man mir drei Monate lang meinen Lohn nicht gezahlt hatte. Mein Vater wollte nicht, daß ich zurückging ... »Was soll's, laß es fahren ...«

Wir waren unterwegs mit all den Kameraden meines Bruders, die ihn mit beerdigt hatten. General Jesús Carranza wollte uns in Acapulco abholen, aber es war das letzte Mal, daß ihn seine Soldaten an jenem Morgen sahen. Man tötete ihn irgendwo dort unten, noch bevor er nach Mexiko City kam.

VII.

Wir waren drei Tage und drei Nächte von Salina Cruz nach Acapulco unterwegs. Die Truppe schlief unter Deck in einem großen Raum, der so lang und so breit wie das ganze Schiff war. Dort richtete man sich mit seinen sieben Sachen häuslich ein, Männer, Frauen, Dicke und Dünne und all die Kinder, die die Soldaten mit sich nahmen. Zum Essen gingen wir in den Eßsaal, aber in Gruppen. Manchmal gingen wir an Deck, um das Meer zu sehen, und die frische Luft strich mir über das Gesicht. Ich wurde nicht seekrank auf dem Schiff, ich wurde krank, als wir Land betraten. Während ich auf dem Schiff war, fühlte ich absolut nichts, es ging mir blendend. Mir gefiel es, da wir kein Unwetter hatten; die Wellen bewegten das Schiff mit großer Vorsicht, und es schwankte überhaupt nicht. Wir gingen nach oben, um herumzulaufen. Aber kaum schnupperte ich Landluft, drehte sich mir der Kopf, und ich fiel zu Boden. Ich konnte die Augen nicht öffnen, weil ich dann alles verzerrt sah, und der Kopf, vollkommen durcheinander geraten, drehte sich mir. Zwei Tage lang aß ich nichts, nicht einmal Wasser nahm ich zu mir; die Erde schwankte unter meinen Füßen, und schon lag ich wieder am Boden. Eine der Frauen dort von der Küste verabreichte mir Zitronenwasser, und sie und eine andere Frau legten mir Eis auf die Stirn. Ich, ich lag dort und öffnete nicht einmal die Augen: »Trinken Sie dieses Zitronenwasser, damit Sie wieder auf die Beine kommen«, aber, wie sollte ich das Wasser denn trinken; wenn ich nur den Kopf hob, drehte sich mir alles. So ging es mir drei Tage lang, danach wurde es besser. Ich bin nicht wieder auf's Wasser gegangen. Jetzt, wo ich doch bald sterbe, warum sollte ich da noch einmal ein Schiff betreten? Es sei denn, ich gehe in meinem Sarg auf Fahrt.

Wir marschierten immer um zwei oder drei Uhr morgens los, wenn zum Aufbruch geblasen wurde; wir nutzten die Kühle, denn wenn dann die Sonne brennt, gibt es Sonnenstiche, und was bringt es, wenn die Leute ohnmächtig werden und zurückbleiben? Irgendwo wird Halt gemacht, bis die große Hitze vorbei ist. Nur wenn es Zusammenstöße gibt, kämpft man den ganzen Tag. Ich liebte es, immer früh aufzustehen. Mein Vater ging zu Fuß, und ich mußte ihm mit der Infanterie folgen. Ich trug den Korb mit dem ganzen Kochgeschirr, und ich ging in Schuhen mit hohen Absätzen, aber nicht solche Bayonett-Absätze, wie man sie heute trägt und die nur Löcher in den Boden machen, sondern solide gute Absätze. Diese Schuhe ließ mein Vater von den Schuhmachern in Acapulco für mich anfertigen. Schwarze Schuhe, braune Schuhe und die Strümpfe dazu. Mein ganzes Leben lang habe ich Strümpfe getragen; heutzutage geht man mit nackten Beinen und zeigt gar das Hinterteil, aber früher, ja, da trugen die Kinder schon Strümpfe, niemand ging mit unbedeckten Beinen. Ich ging mit meinem Korb im Arm: Teller, Tasse, Krug, ein Topf, um Kaffee zu bereiten oder irgendetwas für meinen Vater zu braten. Ich trug nicht viel Geschirr mit mir herum, wofür auch? Mit einem Teller und einer Tasse hatten wir genug. Mit der Begleitmannschaft brachten sie uns über Chilpancingo, Iguala, Chilapa nach Puente de Ixtla; und wir brachen um drei oder vier Uhr morgens auf, je nachdem, wohin wir mußten, und kamen um fünf oder sechs Uhr nachmittags oder sieben Uhr abends an. Wir blieben dort, und am nächsten Tag, früh morgens, auf geht's, zum nächsten Lagerplatz.

Uns Frauen schickte man voraus. Wir trugen lange Röcke, und alle außer mir trugen Strohhüte. Ich hatte mein Umschlagtuch. Die Hitze machte mir nichts aus. Wenn wir durch Zufall auf den Feind stießen und gefragt wurden, wie stark die Carranza-Truppe sei und ob sie genügend Waffen mit sich führten, sagten wir nein, sie wären nur wenige und schlecht ausgerüstet; wenn es 2 000 oder 3 000 Mann waren, sagten wir, es wären nur 1 000. Wir gaben ihnen falsche Auskünfte, und sie merkten es nicht. Sie sagten uns dann: »Macht, daß ihr weiterkommt, denn hier werden wir sie überfallen.« So kam es, daß ich nie erfuhr, wie so ein Zusammenstoß der Infanterien verlief, denn mein Vater schickte mich immer zwei oder drei Stunden, bevor er aufbrach, los.

Kaum daß wir angekommen waren, versuchten wir, ihnen das Essen vorzubereiten. Wir waren so zehn oder fünfzehn Frauen, die vorgingen, danach kam die Vorhut, das sind die, die die ersten Schüsse abbekommen. Die Nachhut bereitet sich dann auf den Angriff vor und schwärmt aus, um den Feind einzukreisen. Die Offiziere verteilten die ihnen zugeteilten Männer. Wenn es zum Beispiel 1 000 Mann waren, übernahm jeder Offizier 50 und plazierte sie in der Feuerlinie. Wir anderen aber, wir hörten nur das Krachen der Gewehrsalven und sahen so kleine weiße Wolken wie kleine Bällchen in der Luft. Manchmal dröhnten einem die Ohren von irgendeiner Explosion. Das war aber auch alles. Wenn die Schlacht vorüber war, wurde zum Sammeln geblasen, um zu erfahren, wieviele Männer fehlten; sie wurden nach Listen aufgerufen und antworteten mit »Hier«. Und wenn nicht – der, der nicht anwesend war, hatte eben Pech gehabt!

Normalerweise kümmerten wir Frauen uns nicht um die Kämpfe. Uns beschäftigte vielmehr, was wir den Männern zu essen geben sollten. Wenn wir zu einem Dorf kamen und zufälligerweise auch einen Menschen antrafen, dann wollte er uns nicht einmal anschauen. Die Bewohner des Dorfes verkrochen sich im Unterholz. Wenn *Zapatas** Leute kamen, wurden die Bauern ausgeplündert, wenn Carranzas Leute kamen, wurden sie ebenfalls ausgeplündert; auf welche Seite sollten sie sich schlagen, die armen Leute? Sie fürchteten sich vor allem und jedem. So kam es, daß sie uns weder erwarteten, noch uns etwas verkauften.

Wir aber, wir waren keine Galgenvögel, wir waren von der verfassungsmäßigen Regierung Carranza, und es war verboten, die Leute zu bestehlen. Auch General Pascual Morales y Molina sagte das. Zapatas Leute, die ja, die raubten Rinder, töteten sie und taten auch sonst üble Dinge, und die Bauern hatten Angst vor ihnen. Sie versteckten sich und ließen sich nirgends blicken. Niemand informierte sie, daß die Soldaten kamen, aber sie wußten, wann Zapata kam und wann Carranzas Leute. Und wenn das fragliche Dorf auf Carranzas Seite stand, empfingen sie uns mehr oder weniger normal, aber wenn nicht, verschwanden sie im Unterholz. Einmal, bei diesem ewigen Hin- und Herziehen durch Guerrero, kamen wir so um fünf Uhr nachmittags in einer Gegend an, die sich Agua del Perro nennt. Keine Menschenseele war zu sehen, alle hatten sich in die Berge davongemacht, und es war schon dunkel. In den Hütten fanden wir Tiegel mit Schweinefett darin, Kochtöpfe mit Bohnen, die vor sich hinkochten, und gemahlener Mais, der noch auf dem Mahlstein lag; nun, wir, wir machten uns daran, die Maiskörner zu zermahlen und Brotfladen zuzubereiten. Wir jagten die Hühner in ihren Ställen und noch

---

* Emiliano Zapata – Er war der Anführer der Revolution im Süden des Landes. An der Spitze der von ihm angeführten Bauern forderte er »Land und Freiheit«; marschierte 1914 in Mexiko City ein; keine politischen Ambitionen, keine Übernahme von Regierungsposten angestrebt; Zapata wurde 1919 ermordet. Der »Zapatismus« war mehr eine soziale als politische Bewegung.

warm, eben geschlachtet, rupften wir sie; danach brannten wir sie ab, wuschen sie gut, entfernten ihnen die Innereien und zerlegten sie in Stücke. Wir entdeckten dann auch die Gewürze und legten die Hühner in Knoblauch und Essig, Pfeffer und Salz ein, danach stellten wir einen großen Tiegel mit Schweinefett ins Feuer, warfen die Hühner da hinein, damit sie schön goldbraun rösteten und die Haut knusprig wurde ... Nie wieder habe ich solch köstliche Hühner gegessen wie damals ... Es war ein schnell zubereitetes Essen, und sicherlich schmeckte es so vorzüglich, weil wir ausgehungert waren. Heute, da ich keinen Hunger habe, schmeckt mir nichts ...

In diesem ewigen Hin und Her nahm sich mein Vater eine andere Frau, eine Köchin, die in die Kaserne kam und ihn sich angelte. Mein Vater war ein Mann und mußte sich verlieben. Er hatte immer seine Frauen und klar, ich habe sie immer verdroschen, weil sie unverschämt waren, weil sie gefräßig waren, weil sie betrunken herumlagen, weil sie das Geld meines Vaters ausgaben... Das vor allem machte mich wütend, daß sie meinem Vater das ganze Geld aus der Tasche zogen; das duldete ich nicht, und deshalb verprügelte ich seine Liebchen. Sollten sie es vielleicht umsonst mit ihm treiben? Mein Vater mochte ihnen gefallen, aber das wäre zuviel verlangt. Tatsache ist, daß eine von ihnen, Guayabita hieß sie, eifersüchtig auf mich war. Sie sagte: »Sicherlich ist sie seine Geliebte, denn sie ist es, die das ganze Geld abholt.«

Es war nicht meine Schuld, daß der Zahlmeister mir das Geld übergab, als er merkte, daß mein Vater eine andere Frau hatte, denn es war sehr wenig, was die Soldaten bekamen. Ich wußte, daß ich ihm seine Zigaretten kaufen, ihm zu Essen geben mußte, aber es gab keinen Grund, auch die Guayabita mit zu unterhalten.

»Welcher Zufall, daß deine Tochter das ganze Geld kassiert! Sie ist deine Geliebte!«

»Nein.«

Mein Vater sagte, nein, daß ich seine Tochter sei.

»Außerdem, halt den Mund! Heute gebe ich dir überhaupt nichts.«

»Wie denn, nichts?«

»Genau das, was du gehört hast. Nichts!«

»Das wird dir leid tun ...«

Ich war es dann, die die Rechnung zu begleichen hatte. Die Guayabita beschimpfte mich auf der Straße, beleidigte meine Mutter, sie warf mir eine Frechheit nach der anderen an den Kopf, daß ich wer weiß was für eine Hure sei, und ich, ich wußte nichts darauf zu antworten, ich fing bloß an zu weinen, wenn ich all diese Unverschämtheiten hörte. Verfluchtes Frauenzimmer, wenn sie mir das heute sagen würde! Alle unvorstellbaren schrecklichen Dinge aus dem Leben meines Vaters warf sie mir an den Kopf, und dann, eines Nachmittags versammelten sich alle Soldatenfrauen und kreisten mich ein: »Wenn du diesem Flittchen nicht antwortest, machen wir 'Pferdchen' mit dir.« Ich hatte furchtbare Angst davor, daß alle zusammen »Pferdchen« mit mir machen würden. Ich hatte gesehen, wie sie die Soldaten an Händen und Füßen aufgehängt hatten und sich dann auf sie setzten. Ich sagte mir: »Diese Frauen, sie werden mir die Eingeweide herausreißen, wenn sie 'Pferdchen' mit mir machen.« Nun, ich fragte sie: »Was soll ich tun?«

»Das ist deine Sache, aber verlang eine Erklärung. Wenn sie dich schlagen will, verteidigen wir dich ...«

Wir gingen alle zusammen auf einem Bürgersteig gleich neben der Kaserne, als wir sie plötzlich sahen: »Da kommt sie! Jetzt verlang Erklärungen!«

»Oh, mein Gott!«

»Mach zu! Gott steht dir bei!«

Ich hob einen Stein auf, uff, und warf ihn mit voller Kraft, und der traf sie an der Brust. Der Schlag warf sie rücklings zu Boden, ich nichts wie hin und rauf auf sie. Ich nahm ihre zwei Hände, überkreuzte sie und preßte sie mit meinem Arm nieder. Dann zog ich mir den Schuh aus und schlug mit dem Absatz auf sie ein. Da ich ihre Hände festhielt, konnte sie mich nicht schlagen. Aber wenn ich sie losgelassen hätte, wäre sie mir überlegen gewesen, denn sie war groß und stark, sicherlich schon 20, sie war schon eine erwachsene Frau. Der Steinwurf war meine Rettung, denn wenn ich aufrecht stehend mit ihr zu raufen angefangen hätte, hätte ich übel ausgesehen. Aber die Angst hatte meine Muskeln gestrafft, sie wurden wie Stahl. Angst macht stark. Entweder ich töte sie, oder sie tötet mich. Ich hatte ihr schon reichlich blutende Wunden beigebracht, als der Aufseher mit der Wachmannschaft kam und sie befreite. Aber die Frauen verteidigten mich. Sie erstatteten dem General Bericht, und auch der Zahlmeister sagte, daß sie mich immer beleidigte. Daraufhin bestraften sie meinen Vater, weil er zugelassen hatte, daß irgendso eine Hergelaufene mich in aller Öffentlichkeit beleidigen konnte, mich, seine Tochter. Wie immer sagte mein Vater, daß er von nichts wüßte, daß sie ohne sein Wissen ihre öffentlichen Skandale anzettelte. Da ich ihm niemals etwas von den Unverschämtheiten, die diese Frau sich erlaubte, erzählte, wen wundert es! Die Guayabita hat sich nie wieder mit mir angelegt.

Mein Vater schlief dicht an mich gedrückt; er legte sich immer neben mich. An ihrem freien Tag, nachdem sie durch die Straßen gewandert sind, müssen die Soldaten sich um sechs Uhr in der Kaserne zurückmelden, und mein Vater kam nie zu spät. Ich glaube, daß er sich die Guayabita vorher vornahm. Dieses Mal verpaßten sie ihm zehn Tage Arrest. Ich besuchte ihn im Bau. Er begrüßte mich: »Guten Tag, meine Tochter.« Er hatte keinen Grund, wütend auf mich zu sein, außerdem, was konnte er sagen? Er wußte, daß ich alle Frauen außer meiner Stiefmutter verprügeln mußte.

Der Offizier sagte mir, daß ich die Kaserne nicht verlassen solle, daß ich der Guayabita ganz schön das Gesicht mit dem Absatz lädiert hätte und daß sie es mir doppelt und dreifach heimzahlen könnte. »Also, geh nicht allein, denn sie können dich ja zu mehreren überfallen!« Aber die Soldatenfrauen, die Leute meines Vaters, sagten ihm: »Sie geht mit uns... Wenn das Weibstück sich nur in der Gruppe getraut, wir sind auch in der Gruppe ... Wir haben uns nicht eingemischt, die zwei haben sich geprügelt ... Wir haben nur versucht, die Kleine zu beschützen ...« Wie es scheint, hat mein Vater zu dem Zeitpunkt mit der Guayabita Schluß gemacht.

Als mein Vater aus dem Gefängnis kam, nahm er mich zum Baden mit, hinter der Festung Fuerte de San Diego in Acapulco. Es gab dort einen Platz, wo die Wellen genauso heranrollten wie bei uns zu Hause. Das war der einzige Ort, wo ich wieder gebadet habe. Ich zog meine Kleider aus, aber ich ging nicht nackt wie ein Schinken ins Wasser, sondern mit Leibchen und meinem Unterrock. Bei Chilpancingo badeten wir auch in den Flüssen, aber man muß wissen, wie man sich in Flüssen badet. Ich ging mit meinem Vater zum Fluß, immer mit meinem Vater, zu einer Stelle, wo keine starke Strömung war, weil das Wasser einen sonst fortreißt. Er badete auch, ging aber zu einer anderen Stelle und ließ mich in einer Flußbiegung, wo mir das Wasser bis hierhin reichte. Dort, ja dort badete ich dann nackt, aber das Ufer war mit Mangroven bestanden und die Bäume dienten als Vorhang. Es ist herrlich, sich dort hineinfallen zu lassen, wo genug Wasser ist und einen niemand sehen kann! Man seift sich gut ein und schrubbt sich und spült sich ab, weil das Wasser hoch genug ist. Ich schrubbte mich mit Seife und feinem Sand, der den ganzen Dreck vom Körper kratzt, und meine Haut war hinterher glatt, ganz glatt. Hinterher trocknet man sich mit einem Laken, oder was man sonst hat, ab. Niemals mehr bin ich zum Fluß gegangen, ich hatte keinen Vater mehr; wer hätte mich mitnehmen können?

Mein Zopf reichte mir bis unter die Hüften, und mein Haar war schön gelockt, nicht kraus, nur gelockt, so, und reichte mir bis hierher. Wenn ich vom Baden zurückkam, begannen die Jungens in der Kaserne mir zuzurufen: »Da ist sie, die Blumenkönigin! Da kommt sie, die Blumenkönigin!« Weiß Gott, was sie an meinen Haaren gefunden hatten. Sache ist, daß mein Vater sie warnte: »Haltet sie nicht zum besten, verspottet sie nicht; ich mische mich nicht ein, wenn sie etwas nach euch wirft.«

Es machte mich rasend, daß sie mich die Blumenkönigin nannten. Ich weiß nicht, aber ich empfand es als eine Kränkung. Später sagte ich zu meinem Vater: »Ich werde diesen Männern eins mit dem Knüppel überziehen, allen, die mir das zurufen.«

Ich war nicht hübsch, ich war es niemals und bin es nie gewesen. Daß sie mich Blumenkönigin nannten, waren nur Sprüche, Geplänkel, aber sie sollten mir keine Komplimente machen oder mich necken, denn das hielt ich für eine Schande. Ganz im Gegenteil, ich wollte lieber wie ein Mann sein, mir die Haare hochstecken, zusammen mit den Jungens Serenaden bringen, zur Gitarre singen, wenn sie ihren freien Tag hatten.

An dem Tag, als die Schießerei mitten auf dem Markt stattfand, machte ich meine Einkäufe. Wir befanden uns als Truppenverband in der Festung San Diego in Acapulco, und jeden zweiten Tag kamen wir ins Zentrum, um einzukaufen. Der Wochenmarkt wurde gegenüber dem Rathaus, in der Alameda, abgehalten; das Rathaus war ein niedriges Gebäude; damals war Acapulco noch ziemlich klein, es gab keine Hochhäuser, das höchste waren die Palmen, und auch davon gab es nicht viele. Obwohl man Mengen von Kokosnüssen verkaufte, die ganze Nuß, braun und groß wie eine Kanonenkugel; und der Ölhändler setzte sich auf die Rathausstufen und pries seine Ware an, denn auf den Stufen legten die Leute ihre Waren aus und verkauften sich gegenseitig Knoblauch und Zwiebeln, Kaffee und Schokolade und Kandiszucker. Der Tintenfisch-Händler hinterließ auf den Stufen feuchte Stellen von seinem durchnäßten Sack, der voll war mit stinkenden Tieren, und alles war ein ständiges Feilschen: »Geben Sie ihn mir ohne Schuppen!«

»Das kostet aber mehr ...«

»Wieso denn mehr?«

»Aber klar doch ...«

In der Hitze stanken die Fische wie die Pest, so frisch sie auch sein mochten. Aber alle rannten zwischen den Stangen der Sonnensegel umher, hier etwas fordernd, dort um etwas feilschend. Dort war es, wo Mariscals Leute begannen, auf Julián Blanco, der zu Carranzas Truppen gehörte, zu schießen. Er gehörte einmal zu Zapatas Leuten, genauso wie Mariscal, aber als die Carranza-Truppen den Hafen einnahmen, wechselten alle zu Carranza über. Sie vergaßen, daß sie zu Zapata gehörten. So war die ganze Revolution, jetzt gehöre ich zu denen, aber morgen laufe ich zu den anderen über, einfach seine Fahne nach dem Wind drehen, Hauptsache, daß man zu dem Stärkeren gehört, zu dem, der mehr Waffen hat ...

Das ist auch heute noch so. Man umschmeichelt den, der oben ist. Aber das, was man bewundert, ist der Posten, nicht der Mensch, der ihn inne hat. Der Beweis dafür ist: Wenn seine Zeit abgelaufen ist, kräht kein Hahn mehr nach ihm.

Also man hatte dem General Blanco befohlen, in den Kampf zu ziehen, aber Blanco wartete auf ein Schiff, daß Munition bringen sollte, die man ihm von hier, von Mexiko City schicken mußte.

»Mein General, ich habe Order erhalten, in der Savanne zu kämpfen, aber ich habe keine Munition ...«

»Gut, dann ziehen Sie ab ...«

»In diesen Tagen kommt das Schiff mit der Munition für mich an, aber ich habe Order erhalten, heute noch auszurücken. Warum überlassen Sie mir nicht Ihre Munition, General Mariscal, und Sie übernehmen dann die für mich bestimmte? Sie nehmen sie in Empfang und behalten sie ...«

»Nein«, antwortete ihm Mariscal, »ich kann dir keine Munition leihen ... Zieh ab mit dem, was du hast ...«

»So schickt man mich also in die Schlacht ohne Munition, um kämpfen zu können?«

»Das ist dein Problem ... Du mußt ausrücken ...«

»Nun, da kann man nichts machen, ich werde mich ohne Munition dem Kampf stellen ... Aber wenn ich Ihnen doch sage, daß das Schiff mit meiner Munition ...«

»Ich kann dir nichts geben ...«

Er schickte ihn also sozusagen unbewaffnet los, nur mit der Munition, die seine Männer in den Patronengürteln bei sich trugen. Blanco hatte seine Leute gegenüber dem Rathaus aufgestellt. Es muß so gegen zehn Uhr vormittags gewesen sein. Die Frauen waren damit beschäftigt, die Vorratskörbe zu füllen, als Julián Blanco das Rathaus verließ, die Treppen herunterkam und seinem Trupp befahl, sich zu rühren: »Gut denn, laßt uns gehen«, sagte er, »wir werden sehen, was sich machen läßt.«

Sie ließen ihn noch sein Pferd besteigen, und dann haben Mariscals Soldaten, die das Rathaus besetzt hatten, von den Balkonen aus das Feuer auf ihn eröffnet ... Sie überfielen ihn vollkommen unvorbereitet. Und was tat der arme Mann? Er eröffnete das Feuer, um seinen Rückzug zu decken. All seine Leute, die auf den Stufen gesessen hatten, um auf ihn zu warten, sprangen erschreckt auf ihre Pferde und galoppierten davon. Er aber, er ritt los in Richtung auf die von Feigenbäumen gesäumte Allee, die es damals in Acapulco gab und die zur Festung von San Diego führte. Da Blanco zu den Regierungstruppen gehörte, also zu Carranzas Truppen, ließen wir ihn passieren, und er ritt in die Festung ein. Er und seine Soldaten ergriffen von der ganzen Festung und allem Besitz. Gut geschützt kämpften sie von dort oben aus weiter. Unsere Truppe kämpfte nicht, denn wir hatten damit nichts zu tun, aber sie, sie kämpften wie verrückt den ganzen Tag lang und die ganze Nacht ...

Und am nächsten Tag dann, wie sollten sie da weiterschießen, da sie doch keine Munition mehr hatten? General Pascual Morales y Molina gab den Befehl, die Brücke hochzuziehen, damit Mariscals Leute nicht in die Festung gelangen konnten ... Wir, die wir nicht einmal wußten, worum es eigentlich ging – alles war ein großes Durcheinander, jeder schoß auf jeden –, zogen, ohne viel zu überlegen, die Zugbrücke hoch und waren also umzingelt, mit Julián Blanco unter uns, aber er war verletzt, und man brachte ihn und seine Leute in einem Pferdestall unter, den wir leer geräumt hatten, damit alle darin Platz fanden. Seine Pferde blieben frei im Hof. Da wir aber Infanterie waren, hatten wir natürlich kein Futter für die Pferde. Es gab nur Mais, und so gab man den Pferden acht Tage lang nur Mais. Niemand konnte die Festung verlassen, um Proviant heranzuschaffen.

So kam es, daß wir nichts weiter als Bohnen und Mais aßen; wir zermahlten den Mais da drinnen; nur von Tortillas ernährten wir uns. Bis zu dem Moment, wo unser General, Pascual Morales y Molina, sich in den Stall begab, um mit General Julián Blanco zu reden ... Einer sagt so, der andere so. Sie müssen mir ja nicht glauben, aber man erzählt sich, daß ihm die Kugeln nichts machten, da er mit dem Teufel im Bunde war; man erzählt auch – ich, ich verstehe nichts von diesen Dingen –, daß seine Wunden von selbst heilten, und es waren tödliche Verletzungen. Um acht Uhr morgens ging unser General, Pascual Morales y Molina, zu ihm: »Mein General, es ist an der Zeit, daß Sie verhandeln, denn wir können weder schießen, noch Ihre Partei ergreifen ... Sie kommen wieder zu Kräften, aber unsere Leute hier leiden, weil sie keinen Proviant heranschaffen können. Wir haben keine Vorräte mehr, um die Belagerung noch länger durchzuhalten. Die Pferde haben Hunger. Wir sind umzingelt. Warum verhandeln Sie nicht?«

»Ja, ich weiß nicht, was Mariscal vorhat. Ich habe nichts gegen ihn. Ich eröffnete aber das Feuer, um den Rückzug zu decken ...«

Julián Blanco ordnete dann an, daß man die weiße Flagge hissen solle, und um acht Uhr abends des gleichen Tages – wieviele Stunden schon war die weiße Flagge gehißt, um Frieden bittend – betrat General Mariscal die Festung und ging schnurstracks zu dem Stall, wo sich der verletzte Julián Blanco aufhielt, und dort durchbohrte er ihn von Kopf bis Fuß mit Kugeln. Dieser Schurke Mariscal kam, um ihn zu töten, als die Brücke noch hochgezogen und die weiße Fahne noch gehißt war ... Das war nicht die Tat eines mutigen Mannes ... Mariscal tötete ihn kaltblütig, wie er so verblutend auf dem Boden lag ...

Nach diesem Vorfall kehrten wir nach Chilpancingo zurück. Unter den Leuten unserer Kompanie gab es einige, die sagten, daß Blanco uns zu Unrecht in Schwierigkeiten gebracht hätte, daß es nicht unsere Angelegenheit gewesen wäre, daß wir durch seine Schuld gelitten hätten. Aber während der Revolution versuchte jeder irgendwie sein Glück zu machen; du bist ein Verräter, nein, der Verräter bist du, laß uns das Weite suchen, hörst du, dieser ist schon übergelaufen, nein, er gehört doch zu Carranzas Leuten, gehörte er nicht früher zu Zapata? Die Leute aus Guerrero gehörten alle zu Zapata, aber sie liefen zwischen zwei Gewehrsalven alle zu Carranza über, alle aus dem gleichen Holz. Niemand beachtete die Anweisungen; sie liefen die Abhänge hinunter, wenn man ihnen befahl, die Hügel zu umstellen; sie stürzten davon, wenn es darum ging, aufzuklären, sie vergaßen die Botschaften, ihre Munition verschwand wie durch Zauberhand, sie brauchten ewig, um die Schützengräben auszuheben, sie zerstritten sich, und die Generäle brachten sich gegenseitig um, und so ziemlich alle marschierten wir, ohne eigentlich zu wissen, wohin ...

Abends dann komponierte man die *Corridos*.* Ich habe sie gesungen, den über Mariscal und Julián Blanco; ich habe die über das 30. Batallion gesungen, über die Stadt Galeana, ich kannte auch den über Benito Canales ... viele der Corridos, die man heute im Radio hören kann, aber nur bruchstückhaft, man bringt sie nicht mehr ganz, nicht einmal zur Hälfte. Man singt nur, was man für angebracht hält, nicht, wie es sein müßte. Wenn jemand starb, machte man ihm seinen Corrido:

Mariscal und Julián Blanco
lieferten sich eine Schießerei,
Mariscal im Rathaus
Julián Blanco in der Festung ...
Tira, na, na, Tira, na, na,
Tira, na, na, Tira, na, na.

Herrje, welch herrliche Corridos man damals machte, nur waren sie eben sehr lang!

Als das 30. Batallion kämpfte
und in der Stadt Galeana
sich die Regierung wunderte
büßte das Batallion seinen Ruhm ein ...

---

* Corrido – Eine Art Volkslied, das in der Zeit der Revolution entstanden ist. Typisch für den Corrido ist die Erzählform. Immer wird eine Geschichte erzählt, eine Chronik der Ereignisse. Er wird sogar zum Nachrichtensystem, zur gesungenen Zeitung, zur vertonten Reportage. Er erzählt von Liebesleid und Tod. (Judith Reyes, in: IKA, Nr. 14/April 1980)

Wir verließen das Hauptquartier in Acapulco und zogen mehr und mehr ins Landesinnere, wo Zapata-Horden sich aufhielten. Da die Soldaten zwischen Agua del Perro und Tierra Colorada kämpfen mußten, schickte man uns Frauen voraus. Mit mir gingen vier verheiratete Frauen. Zapatas Leute sahen uns des Weges kommen und stießen zu uns: »Wieviel Mann sind hier unterwegs?«

»Ach, nur wenige ...«

»Dann kommt mit uns, damit ihr nicht in die Schießerei geratet ...«

»Gut, laßt uns also gehen.«

Wir gingen mit ihnen, und sie brachten uns zu General Zapata. Er fragte uns aus, ob wir Maschinengewehre hätten, und wir gaben ihm lauter verkehrte Antworten. Dann sagte er: »Gut denn, ihr bleibt bei uns, bis der Truppenteil mit euren Leuten hier ankommt.«

»In Ordnung.«

Wir blieben sozusagen als Vortrupp 15 Tage bei ihm im Lager, das wirklich gut versteckt war. Er befahl uns, unser Zelt gleich neben seinem und dem der Köchin aufzuschlagen. Zapata schickte seine Leute nach Proviant und gab uns Brot, Kaffee, Zucker, Reis, Bohnen und gesalzenes Fleisch. Wir aßen besser als bei den Carranza-Truppen. Die Soldaten beschäftigten sich den ganzen Tag über mit ihren Pferden; sie striegelten sie mit Stroh, oder sie suchten nach Bächen oder sogar Flüssen, um mit Steinen Sperren zu bauen und den Carranza-Truppen das Wasser zu nehmen. Im Wald fällten sie Bäume für ihre Umzäunungen. Sie, die Zapata-Horden, hatten nie Durst.

Als General Zapata erfuhr, daß das ganze Regiment in Chilpancingo war, sagte er zu uns: »Kommt mit mir, damit ich euch eine nach der anderen übergeben kann.« Er zog seine Generalsuniform aus, zog sich die weißen Hosen der Indios an, einen Umhang und setzte einen Sombrero auf, und los ging's. Er war unbewaffnet. Die Offiziere sagten ihm, daß man ihn nicht angreifen würde, wenn sie ihn begleiteten.

»Wir gehen als Leibwache mit, mein General.«

»Nein, Sie bleiben hier am Fluß, warten Sie hier auf mich. Wenn ich bis dann und dann nicht zurück bin, dann eröffnet das Feuer.« Und er verteilte sie am Flußufer entlang.

Aber sie blieben beharrlich: »Es ist besser, wenn wir mitkommen.«

Er sagte nein, daß er allein gehen würde und daß, wenn seine Stunde gekommen sei, er bei einer guten Tat sterben würde, denn er wollte den Carranza-Leuten zeigen, daß er für die Revolution kämpfte und nicht, um sich der Frauen zu bemächtigen. »Niemand begleitet mich. Ich gehe allein mit den Frauen.« Und er setzte sich in Marsch, und wir mit ihm.

An der Ecke der Kaserne blieb er stehen und sagte zu mir: »Ihr wartet hier auf mich!« Er kam bis zum Kasernentor, wo man ihm zurief: »Wer da?« und er antwortete: »Mexiko«. Und dann sagte er ihnen: »Ich suche Felipe Palancares.« Er fragte nicht nach den Ehemännern der Frauen, sondern nur nach meinem Vater, um so die bösen Zungen zu vermeiden. Mein Vater näherte sich, und der General sagte zu ihm: »Erlauben Sie mir ein paar Worte.« Mein Vater kam noch näher heran. Wir anderen, wir standen an der Ecke und hörten nur, was gesprochen wurde. Ja, und mein Vater sagte zu ihm: »Ich bin Felipe Palancares.«

»Ja, mein Herr, ich weiß ... Und Sie haben eine Tochter, die sich so und so nennt ...«

»Ja.«

»Nun, ich komme, sie Ihnen zurückzugeben. Ihnen übergebe ich die Tochter, und ich übergebe Ihnen auch diese Frauen, die zwischen Agua del Perro und Tierra Colorada aufgegriffen wurden.«

Darauf mein Vater: »Und Sie, wer sind Sie?«

»Ich bin General Zapata.«

»Sie sind Emiliano Zapata?«

»Ja, der bin ich.«

Mein Vater drehte sich um, um zu sehen, ob eine Leibwache irgendwo auftauchte.

»Nun, es kommt mir komisch vor, daß Sie der General sein sollen, denn Sie sind ganz allein gekommen.«

»Ja. Nur ich habe diese Frauen begleitet, die ich Ihnen hiermit übergebe. Diese Frauen wurden aufgegriffen, aber wir haben sie nicht angerührt. Wir geben sie Ihnen so zurück, wie wir sie vorgefunden haben. Sie übernehmen die vier verheirateten Frauen, denn die haben mir gesagt, daß sie auf Ihre Tochter aufgepaßt haben. Jetzt, da ich sie Ihnen übergebe, sorgen Sie dafür, daß sie keine Schwierigkeiten mit ihren Ehemännern haben.«

Mein Vater antwortete ihm: »In Ordnung.«

»Sie müssen entscheiden, was Sie nun tun. Meine Leute haben die ganze Umgebung besetzt. Sie wissen jetzt, wer ich bin. Wenn mir etwas zustößt, machen Sie sich schnell aus dem Staub; Sie wissen schon, dann gibt es in Chilpancingo eine Mordsschießerei ...«

»Nein, nein, Sie haben mir meine Tochter gebracht, ich habe also keinen Grund, Ihnen einen Schaden zuzufügen.«

»Nun, Sie wissen Bescheid. Wenn Sie Ihrem Kommandeur Meldung machen und man uns angreifen will, so soll man das tun.«

Mein Vater sagte kein Wort mehr. Und der General machte eine halbe Wendung und entfernte sich. Später, als mein Vater die Männer der vier

Frauen zusammenholte, sagte er zu ihnen: »Schaut her, hier habt ihr eure Frauen. Sie kamen mit meiner Tochter. General Zapata persönlich brachte sie hierher. Er sagt, wir können unserem Kommandeur darüber Meldung machen, aber ich sage euch, daß ich das nicht tun werde. Ich bin dem General Zapata dankbar dafür, daß er meine Tochter zurückgebracht hat. Wenn ihr nicht damit einverstanden seid, könnt ihr ja gehen und den Chef unterrichten.«

Die Männer schauten sich nur an. Gleich darauf befahlen sie ihren Frauen, niemandem in der Kaserne davon zu erzählen, daß sie bei Zapata im Lager gewesen waren, und zu mir sagte mein Vater: »Auch du erzählst nicht, daß ihr dort gewesen seid.« Und bis heute habe ich niemandem etwas erzählt, erst jetzt habe ich darüber gesprochen.

Da mein Vater keine Meldung machte, haben sie Zapata auch nicht angegriffen, aber zwei Tage später kam es zu einer wilden Schießerei in der Nähe des Berges San Antonio. General Zapata schickte einen Truppenverband nach dem anderen in die Schlacht; er hatte noch nie die ganze Truppe mobilisiert. Viele Leute blieben mit dem Troß im Lager, die Frauen und die Kinder. Die Brigaden kämpften aus dem Hinterhalt; sie griffen immer dort an, wo man es am wenigsten erwartete. An jenem Tag begann die Schießerei um zwei Uhr in der Früh und dauerte den ganzen Tag lang bis fünf Uhr nachmittags. Als General Morales y Molina dann befahl, daß wir Frauen abziehen sollten, daß wir den Platz räumen und auch die Bewohner Chilpancingo verlassen sollten, sind wir alle nach Mochitlán gegangen, aber die Schießerei erreichte uns selbst da noch, weil Zapatas Leute uns weiterhin verfolgten. Erst nach sechs Monaten konnten wir nach Chilpancingo zurückkehren. In jener Schlacht damals hatten wir viele Verluste zu verzeichnen. Die, die mit dem Leben davonkamen, kamen davon, weil sie das Weite suchten, als sie merkten, wie massiv der Angriff war. Mich, mich schickte mein Vater voraus mit der Familie eines Oberleutnants, den ich hier in Mexiko City viele Jahre später wiedersah, als ich meinen Verkaufsstand gegenüber der Fabrik Tres Estrellas hatte.

Zapatas Leute kämpften gut, und überhaupt, warum sollten sie nicht gut sein, kletterten sie doch auf die Bäume, bedeckten sich mit Zweigen, und so getarnt, bewegten sie sich vorwärts wie ein wandernder Wald. Nicht zu erkennen waren sie! Nur durch das Geräusch, das sie beim Vorrücken verursachten! Sie versteckten sich zwischen den Bäumen, in Blätter gewickelt, mit Zweigen getarnt, und plötzlich hagelte es Kugeln und keiner wußte, woher sie kamen ... Und außerdem kannten sie sich in der Gegend aus, denn alle waren von dort, aus Guerrero. Die Carranza-Truppen mußten dort einfach unterliegen, denn diese Banditen waren sehr geschickt im Kämpfen. Sie bedeckten sich mit Pflanzen und ließen nur die Augen frei, um sehen zu können, von wo die Carranza-Truppen auftauchten, wo Villas Leute sich blicken ließen, und besetzten die strategischen Punkte. Als ob das noch nicht genug wäre, konstruierten sie Fallgruben, die sie mit Zweigen zudeckten, damit die Soldaten dann da hineinfielen. Mit Pferd und allem fiel man da hinein! Klar, sie mußten uns aufreiben. Sie mußten siegen! Daran gab es nichts zu rütteln, denn sie waren gerissen und mutig, ja, mutig waren sie, obwohl sie feige Indios waren, die nicht einmal eine Strohmatte besaßen, auf der sie sich zur letzten Ruhe betten konnten. Zapatas Soldaten waren alle armen Leute aus der Gegend dort, schmutzige Bauern ... Warum auch sollten sie mir zusagen, ich machte mir nicht einmal Gedanken darüber, ich war noch ein Kind; ich konnte gar nicht einschätzen, ob sie mir zusagten oder ob sie mir nicht zusagten.

Als ich General Zapata kennenlernte, war er schlank, mit schwarzen Augen, schwarz wie Kohle, mit seinem gezwirbelten Schnurrbart und seinem schwarzen *Charro-Hut**, der mit Silberfäden bestickt war. Er dürfte zwei Meter groß gewesen sein, wenigstens kam er mir so vor, großäugig und jung. Er war nicht beleibt. Er sah gut aus, Ehrenwort. So wie er uns behandelt hatte, konnte er kein schlechter Mensch sein. Ein anderer hätte der Truppe den Befehl erteilt, die Frauen zu verschleppen, er aber tat das nicht. Deshalb sage ich, daß er ein Mann von guter Gesinnung war. Zapata war nicht wie die anderen, er hatte nicht vor, Präsident zu werden. Er wollte, daß wir frei sind, aber wir werden nie frei sein, das kann ich Ihnen garantieren; unser ganzes Leben lang werden wir versklavt sein. Muß ich noch deutlicher werden? Jeder, der kommt, beißt uns ein Stück ab, läßt uns einhändig, zahnlos, hinkend, und mit den uns ausgerissenen Stücken baut er sich sein Haus. Ich, ich bin damit nicht einverstanden, vor allem jetzt nicht, da wir ruinierter sind als je zuvor.

Es begann dort in der Truppe, daß ich unausstehlich und widerspenstig wurde. Es war nicht so, daß ich eifersüchtig auf meinen Vater war, sondern ich liebte ihn nicht mehr. Ich hatte ihn sehr geliebt, und er liebte mich sehr, als ich klein war, aber dann, als ich größer war, interessierte er sich nur noch für die Frauen. Und wozu solche Mätzchen? Sie sagen, daß wir Frauen alle Huren sind, aber, sagen Sie selbst, sind die Männer nicht etwa alle Hurenjäger, mit ihrem Schwanz immer auf der Suche, wo sie ihn hineinstecken können?

So ungefähr acht Monate waren vergangen, als wir uns nach Chilpancingo de Bravo aufmachten und in Tierra Colorada Halt machten, um auszuruhen. Mein Vater war wütend, weil ich mich mit den jungen Männern der Truppe, die aus Tehuantepec kamen, in der Sprache der Zapoteken unterhielt. Sie sprachen mich in dieser Sprache an und ich antwortete ihnen, denn ich hatte

* Charro – Mexikanischer Reiter in einer bestimmten Tracht: Hose, Weste, Jackett in schwarz mit Silberstickerei, großer schwarzer Hut, auch mit Silberstickerei, Stiefel und große, klirrende Sporen.

sie ja als Kind in Tehuantepec von der Mutter meiner Stiefmutter gelernt. Mein Vater erwischte mich und schnauzte mich an. Ich antwortete ihm überhaupt nicht. Ich war bei der Vorhut und ging meiner Wege, und je weiter ich voranschritt, umso mehr stieg die Wut in mir hoch; und als wir in Tierra Colorada ankamen, sprühte ich vor Zorn; so wie diese brennenden Holzscheite, müssen Sie sich vorstellen. »Und, was kann es mir schon ausmachen, ob er kommt oder ob er nicht kommt! Ich kümmere mich diesmal nicht um sein Essen!«

Und ich blieb, wo ich war, kümmerte mich nicht darum, daß er zu essen bekam und nichts. Er kam und schnauzte mich wieder an, aber er war so in Rage, daß er eine Malvenpflanze, eine so große, ergriff, er riß sie mit der Wurzel und allem aus und schwang sie über seinen Kopf, um mich damit zu schlagen. Oje, wie eine wütende Hündin ging ich auf ihn los: »Weh dir, wenn du mich schlägst! Weh dir, deshalb hast du mich hierher geschleppt, um mich zu verprügeln ... Warum hast du mich nicht dort gelassen, wo ich war? Ich will, daß du mir auf der Stelle meinen Bruder wieder lebendig machst und mich nach Hause bringst.«

Er drehte sich auf dem Absatz um, hat mich nicht verprügelt; er sah nur zu, daß er fortkam. Ich schrie ihm noch hinterher: »Ich will, daß du mich sofort nach Hause schickst.«

Da stand ich wie eine knurrende Hündin. Ich rührte mich nicht von der Stelle. So um zwei oder drei Uhr zog der Treck weiter, aber ich blieb, wo ich war. Ich blieb dort ganz allein ... Später dann, als es begann, dunkel zu werden, schloß ich mich der Nachhut von General Genovevo Blanco an, fragte nach ihm, man brachte mich zu ihm, und ich sagte dem General: »Ich bin hier, weil meinen Vater die Wut gepackt hat und er mich verprügeln wollte. Jetzt bitte ich Sie, dafür zu sorgen, daß ich nach Acapulco zurückkomme und von da aus nach Salina Cruz und dann in meinen Heimatort.«

»Ist gut, aber ich muß General Pascual Morales y Molina Bericht erstatten.«

Um Mitternacht kam mein Vater mit einer Begleitmannschaft, um mich abzuholen, aber ich ließ mich nicht blicken, ich rührte mich nicht einmal. Sie suchten in allen Unterkünften nach mir, nur nicht in der des Generals; klar, daß sie mich nicht fanden. Ich hörte noch, wie mein Vater rief: »Jesusa, Jesusa!« Und ich, ich wollte ihm schon antworten, als sich mir die Kinnbacken verklemmten, und nur ein Krächzen kam aus meiner Kehle und ich blieb stumm.

VIII.

Alles ritt nach Acapulco zurück, aber ich konnte nicht reiten und ging deshalb zu Fuß, zusammen mit dem Volk. Die Tochter von General Genovevo Blanco ritt auf ihrem Pferd, sie war schon erwachsen, wird so 20 Jahre alt gewesen sein. Sie war nicht meine Freundin. Sie war die Tochter des Generals. Ich sprach nicht mit ihr. Nur, wenn wir irgendwo Halt machten, hielt auch ich mich da auf, wo sie ihr Lager aufschlug. Ich schlief nahe bei ihnen, irgendwo an die Wand gedrückt, auf dem Boden, naja, wie das eben so ist im Krieg! Ich war immer bei der Familie von General Genovevo Blanco, denn als er sah, daß ich noch ein Kind war, sagte er zu mir: »Gut, Kleine, tu dich mit meiner Tochter zusammen und folge ihr.«

Die Tochter des Generals, die Señorita Lucía, lebte und tat wie alle anderen. Wenn es hieß: »Auf den Boden«, schmiß sie sich auf den Boden wie alle anderen auch; wie die anderen robbte sie vor und gab Feuer. Sie blieb nie beim Troß hinter der Feuerlinie, nicht ein einziges Mal. Ich glaube, daß sie ein Mannweib war. Nachts stand sie mit ihrem Vater vor dem Kartentisch, um Pläne zu betrachten und zu kalkulieren: Strategie nannten sie das. Aber niemals hörte ich, daß sie zu ihm »Vater« sagte, sondern nur: »Mein General«. Sie kannte alle Wege in Guerrero, alle ohne Ausnahme, jede Anhöhe und jede Niederung. Nachts ging sie durch das Lager, und die Männer erkannten sie an ihrem Schritt: »Da kommt sie!«

Und sie versteckten schnell die Flasche. Aber sie, sie roch den Schnaps schon von weitem: »Dem da soll man einige Hiebe verabreichen!«

Sie ging zur Krankenstation: »Machen Sie ihm eine Aderpresse, Mann! Was denken Sie? Sehen Sie nicht, daß er schon fast verblutet ist?«

»Eben, da hilft nichts mehr!«

»Macht ihm eine Aderpresse und zurrt sie mit einem Riemen fest! Wenn nicht, geht ihr drei Tage in den Bau!«

»In Ordnung.«

Alle gehorchten ihr. Sie kontrollierte die Zielsicherheit der Männer, trainierte die Kavallerie, kannte die Kaliber der Kugeln, und zusammen mit ihrem Vater plante sie Angriffe und Verteidigung. »Striegelt die Pferde!«, »Überprüft die Fahrzeuge!«, »Packt mehr Stroh auf den Karren!«, »Rückt diesen Bremsklotz besser zurecht!«, »Scharwänzelt hier nicht so herum!«

Eins ja, sie war sehr fromm. Nachts kniete sie nieder, um ihren Rosenkranz zu beten, und unter ihrem Hemd trug sie nicht nur eins, sondern gleich drei geweihte Bänder.

Während ich so dahinmarschierte, sagte ein junger Mann zu mir, daß ich auf sein Pferd steigen sollte, damit ich nicht so müde würde. Ich fühlte mich beleidigt. »Und Sie, was geht Sie das an, ob ich ermüde oder nicht ermüde?« Ich beachtete ihn nicht weiter, und auch er sagte nichts mehr zu mir, aber von dem Moment an verfolgte er mich; wohin wir auch kamen und, was immer ich dort einkaufen wollte, wenn es ans Bezahlen ging, hieß es, es sei schon bezahlt. Oh, verdammt! Ich ließ das Bündel dort auf dem Thresen liegen. Wenn ich nicht dafür bezahlt habe, warum sollte ich es dann mitnehmen?

So ging es acht Monate lang weiter. In allen Geschäften sagte man mir, wenn ich meinen Geldbeutel zog: »Es ist schon bezahlt.«

»Wer hat das bezahlt?«

»Es ist schon bezahlt. Nehmen Sie das und alles, was Sie noch wollen, nehmen Sie nur.«

»Ich brauche überhaupt nichts.«

Ich habe niemals etwas mitgenommen. Da der junge Mann Offizier war, brauchten sie ihn nur zu sehen, und schon dachten sie, sie sähen Gott persönlich. Er sagte ihnen: »Wenn Jesusita zum Einkaufen kommt, geben Sie ihr alles, was sie haben will, ich bezahle es dann.« Deshalb, für sie war es leicht, mir zu verkaufen.

»Es ist schon bezahlt, Kleine, alles ist schon bezahlt.«

»Behalten Sie ihre dreckige Ware!«

Die Tochter des Generals fragte mich: »Hast du schon deine Einkäufe gemacht?«

»Ich ging einkaufen, aber man will mir nichts verkaufen ...«

»Warum?«

»Weil man mir sagt, daß es schon bezahlt ist, und da ich sie nicht bezahlt habe, laß ich ihnen die Sachen da.«

Darauf sagte sie zu mir: »Dann ißt du eben mit uns, Kameradin.«

Als wir in Acapulco ankamen, war mein Vater schon da. Er war aus Chilpancingo zurückgekommen, wo er Versammlung hatte, während wir durch Tres Palos und andere Gegenden zogen. Plötzlich tauchte der junge Offizier auf, der mich immer verfolgt hatte und sagte zu mir: »Señorita, Señorita, Ihr Vater ist hier. Gehen wir zu ihm?« Ich glaube nicht, daß er mir einen Streich spielen oder Schlechtes tun wollte, und ich antwortete ihm: »Ja, ja, aber lassen Sie mich der Señorita des Generals Bescheid sagen, damit sie mir die Erlaubnis gibt.«

Und ich ging los, die Señorita Lucía zu suchen: »Stellen Sie sich vor, dieser Herr sagt, daß Sie mir die Erlaubnis geben, zu meinem Vater zu gehen, der hier in der Nähe ist ...«

Die Señorita, da sie ihn schon kannte und wußte, daß er ein Offizier war, hatte nichts dagegen und ließ mich gehen. Wir kamen bei meinem Vater an, und der junge Mann sprach zu ihm: »Hier ist sie.« Ich sah gleich, daß mein Vater wütend war, und außerdem war er gealtert. Er sagte zu mir: »Aha, so ist das, Señora. Mit einem Ehemann kommst du hier an!«

»Wieso Ehemann?« sagte ich zu ihm.

Der junge Mann wurde ganz rot im Gesicht. »Nein, mein Herr, ich komme, um um sie anzuhalten, noch bin ich nicht ihr Mann ...«

Aber, aber, ich hatte doch überhaupt noch nicht mit ihm gesprochen, nicht mit ihm oder sonst irgendjemandem; er war noch nicht einmal mein Freund! Ich hätte niemals geglaubt, daß er bei meinem Vater um mich anhält, ohne vorher mein Einverständnis eingeholt zu haben.

Mein Vater schaute mich nicht einmal an. Der junge Mann richtete wieder das Wort an ihn: »Ich kam, um um sie anzuhalten, um sie zu heiraten, ja doch, aber sie gehört mir noch nicht an ... Sie wurde von General Blancos Familie aufgenommen und ist gut behütet.«

Herrje, wenn mein Vater sich was in den Kopf gesetzt hatte! Wenn er seinen Dickschädel hatte, war ihm nicht beizukommen, mit nichts und am wenigsten mit Worten!

»Papa!« sagte ich zu ihm ...

»Nein, Jesusa, nein, da du mit deinem Ehemann kommst, kann ich dich nicht mehr aufnehmen.«

»Ich wollte um sie anhalten«, wiederholte der junge Mann, »damit Sie sie mir geben und wir heiraten können. Ich habe vor, mich mit ihr zivil trauen zu lassen.«

Und darauf mein Vater: »Nein, standesamtlich nicht, denn ich bin kein Protestant. Wenn ihr heiratet, dann nur in der Kirche, und nicht standesamtlich ... Aber vor allem, kommt mir nicht mir euren Geschichten, Sie und Ihre Frau Gemahlin ...«

Was konnte ich tun? Und jener Mann, was konnte er tun? Nun, mich zu General Blanco zurückbringen und ihm sagen, daß wir mit meinem Vater gesprochen hätten, aber da mein Vater sein Einverständnis nicht geben wollte, ihn bitten, daß er es anstelle meines Vaters tat ...

Der General fragte mich: »Willst du denn heiraten?«

»Nein. Ich will hier weg. Hier ist Geld, damit Sie mich zurück in meinen Heimatort schicken.«

»Gut denn, ich werde alles für dich regeln.«

Der junge Mann stand da und schaute ihn nur an. Und der General erklärte: »Sie hat ihr Geld und will in ihren Heimatort. Sie hat kein Interesse daran zu heiraten, siehst du das nicht? Sie will dich nicht.«

»Gut, gut, wir werden sehen, ob sie geht. Wenn ja, gut, dann bin ich zufrieden, aber wenn nicht, will ich sie heiraten.«

Der General begab sich zur Zollstation. Er bat um eine Fahrkarte nach Salina Cruz, aber es war nur ein Frachtschiff da und kein Passagierschiff. Die Seeleute sagten ihm, wenn ich eine Frau wäre, würden sie mich mitnehmen, aber als der General ihnen dann sagte, daß ich ein Mädchen, ein Kind sei und nicht einmal 15 Jahre alt, wollten sie die Verantwortung nicht übernehmen, denn an Bord gab es nur Männer. Und der General sagte dann: »Sie der ganzen Mannschaft zu überlassen oder sie nur einem Mann zu überlassen, da ziehe ich es vor, sie nur einem zu geben.«

Da es mir nicht erlaubt war zu gehen, war es unumgänglich, daß der Offizier mich heiratete, aber es geschah gegen meinen Willen. All das passierte nur, weil der Kapitän des Schiffes mich nicht übernehmen wollte. Ob er mich liebte, der junge Offizier, oder ob er mich nicht liebte, ich weiß es nicht. Ich glaube aber, daß, wenn er mich nicht geliebt hätte, er mich einfach genommen und entführt hätte und fertig, denn er war ein Militär und es war Revolution. Was hätte er für ein Interesse daran gehabt, um mich anzuhalten? Was interessiert die Soldaten schon das Einverständnis einer Frau? Ob man wollte oder nicht: »Auf geht's, mach schon! Mach zu, mach, wozu ich dich hergebracht habe, Chencha!« Aber er, nichts von alledem; er wartete, bis er erfuhr, daß man mich auf dem Schiff nicht aufnahm. Er bat den General Genovevo Blanco, mit meinem Vater zu sprechen, und der General tat das auch: »Geben Sie Ihr Einverständnis, damit sie standesamtlich heiraten, wie es das Gesetz vorschreibt?«

Mein Vater antwortete nicht, nein.

»Gut, dann werden wir das eben auf andere Art und Weise regeln.«

Der General sprach erneut mit dem jungen Mann. Er gefiel ihm, dieser junge Mann, weil er sagte, wenn er mich nicht liebte, würde er nicht daran denken, mich zu heiraten, weil ich, wie man so sagt, niemanden hätte, der mich beschützte. Und dessen ungeachtet brachte er mich in das Haus zurück, aus dem er mich geholt hatte, aus Respekt vor dem General, der uns die Hochzeit ausrichtete und die Rolle des Vaters in der Kirche übernahm. Wir heirateten nur kirchlich, weil mein Vater das so gewünscht hatte, nicht aber ich. Als wir aus der Kirche kamen, sei es nun zu meinem Besten oder nicht, ging ich mit meinem Mann. Wir heirateten in Tres Palos im Staate Guerrero, und mein Vater hat sich nicht blicken lassen.

Mein Mann hieß Pedro Aguilar; er dürfte so 17 Jahre alt gewesen sein, zwei Jahre älter als ich. Es gab überhaupt keinen ersichtlichen Grund dafür, daß er meinen Weg gekreuzt hatte. Das war eine Dreistigkeit, eine Unverschämtheit von ihm, denn ich hatte weder ihn noch jemandem anderen Anlaß dazu gegeben. Auf seinem Pferd sitzend hatte er in aller Öffentlichkeit auf mich eingeredet. Mit welchem Recht? Wie hatte er erfahren, wer mein Vater ist, und wie hatte er dann alles weitere ganz allein geregelt? Mir, mir gefiel das überhaupt nicht. In der schwärzesten Hölle wird er schmoren, der Undankbare, denn er hatte kein Recht dazu, mir das Leben so schwer zu machen, wie er es tat.

Pedro Aguilar nahm mich mit zu sich nach Hause. Dort schloß er mich ein und ging, sich anderswo zu vergnügen: »Hier bleibst du, bis du dich eines Besseren besinnst und nicht mehr so hochnäsig bist.« Schluß mit der Höflichkeit und dem Sanftmut. Sein Bursche brachte mir das Frühstück, das Mittagessen und das Abendessen, und erst zwei Wochen nach unserer Hochzeit sah ich meinen Mann wieder. Und das nur deshalb, weil General Blanco ihm gesagt hatte, daß er mit seinem Truppenverband als Voraustrupp in die Berge ziehen müsse. Die ganzen 14 Tage lang hatte er mich im Zimmer eingeschlossen, ohne daß ich etwas tat, nur darauf wartend, daß der Bursche mir das Essen brachte. Und Pedro hielt sich, wer weiß wo, auf.

Als der General ihm befahl, in den Kampf zu ziehen, teilte er ihm mit: »Wegen Jesusa brauchst du dir keine Gedanken zu machen, sie kann bei meiner Tochter bleiben.« Aber Pedro antwortete ihm: »Es tut mir sehr leid, mein General, Sie können mir befehlen, weil ich zu Ihrer Truppe gehöre, aber meiner Frau nicht; meiner Frau befehle nur ich, und sie geht dahin, wohin ich sie schicke.« Wie ein wild gewordener Hund kam er zu Hause an und befahl seinem Burschen, die Sachen zu packen, und an jenem Tag setzte er mich dann auf die noch ungezähmte Stute, damit sie mich töte. »Jetzt wirst du für deine Hochnäsigkeit sterben.«

Ich mußte als zur Truppe gehörend ausrücken. Sie tragen alle Vorbereitungen, brachten die Pferde, und ich, ich konnte doch gar nicht reiten. Mein Mann setzte mich auf eine Bestie, genauso eine wie ich bin, die nur er reiten konnte. Wenn man in den Sattel stieg, mußten ihr die Augen verbunden werden, damit sie nichts sah. Da er wütend war, versetzte er dem Pferd noch einen Säbelhieb, und die Stute ging durch und schoß davon, als ob der Teufel hinter ihr her wäre. Ich ließ die Zügel frei. »Lauf los und töte mich ein für alle Mal!« sagte ich. Ich hielt mich am Sattel fest: »Nun, sie wird mich umbringen, aber ich werde sie nicht zurückhalten.« Und sie lief, bis sie nicht mehr konnte, sie kam an eine Schlucht und flog hinüber, von einer Kante zur anderen und stürmte weiter, bis sie von allein müde wurde und sich ergab. Einige Männer wollten sie umzingeln, konnten aber nicht bis zu ihr gelangen; erst vollkommen erschöpft beruhigte sie sich. Alle hatten geglaubt, daß wir uns umbrächten, wir zwei, die Stute und ich. Aber nein. Die Soldaten fragten mich, ob mir nichts passiert sei, als die Stute auch schon meinen Mann erblickte und anfing zu schnauben. Da ich das Tier weder berührte, noch es schlug, wußte es genau, daß jemand anders ihm den Säbelhieb verpaßt hatte ... Mögen die Tiere auch Bestien sein, sie verstehen viel und wissen Bescheid.

Ich stieg von dem Pferd herunter, sagen wir besser, von der verflixten Stute; ich nahm das Tier bei den Zügeln, und es bäumte sich nicht auf. Der Bursche sagte zu mir: »Lassen Sie es mich herumführen, armes Tier, es hat sich ganz verausgabt.« Und er führte es herum. Als es sich einigermaßen erholt hatte, fragte mich der Bursche: »Haben Sie den Mut, die Stute noch einmal zu reiten?«

»Sie hat mich zurückgebracht. Mal sehen, ob sie mich dann endlich tötet.«

Ich saß auf, aber sie verbanden ihr nicht die Augen. Von dem Moment an durfte sich ihr niemand mehr nähern. Nur ich konnte sie reiten, nur ich gab ihr Futter und brachte ihr Wasser. Weder von meinem Mann noch von dem Burschen ließ sie sich anfassen. Ich war es, die ihr die Sattelgurte festzog, die sie mit dem Strich und gegen den Strich bürstete. Pedro, den konnte sie nicht mehr sehen, sie biß ihn, trat nach ihm oder stellte sich auf die Vorderbeine und schlug nach hinten aus. Ich aber brauchte sie nur zu streicheln, und schon beruhigte sie sich. Kann sein, daß sie mich rächen wollte. Bei mir war das Tier ganz zahm. Und da mein Mann es niemals mehr hatte zähmen können, war es immer mit mir zusammen. Die Stute ist ein sehr gutes Tier geworden. Damit man sie satteln konnte, mußte ich sie festhalten, und dann saß ich auf. Ich gab ihr Zucker, ich gab ihr Tortilla, alles, was ich so in den Händen hatte. Ich nannte sie *La Muñeca.* Sie war eine Fuchsstute mit weißen Vorderfüßen. Ein sehr schönes Tier. Mein Mann hatte einen Fuchs, der genauso aussah wie *La Muñeca;* ich glaube, daß sie Geschwister waren.

Als Kind bin ich niemals geritten, nicht einmal auf einem Esel. Als mein Vater mich mit in die Revolution nahm, gingen wir zu Fuß. Ich bin viel gegangen. Ich ging und ich gehe zu Fuß, weil ich es liebe, zu Fuß zu gehen. Aber kaum hatte ich geheiratet, mußte ich, da mein Mann bei der Kavallerie war, reiten. Ich habe dann nie mehr Angst gehabt, denn, was ist denn auch schwierig dabei, sich auf einen Stuhl zu setzen? Und wenn das Pferd dann losgaloppiert, nun gut, dann hält man sich fest, und damit hat es sich.

Wenn Pedro im Feld war, denn da gab es keine Frauen, dann beehrte er mich, aber zurück im Hafen, existierte ich nicht mehr für ihn. Draußen im Buschwald bauten die Soldaten aus Steinen Höhlen für uns, wo wir hineinschlüpften. Er hat niemals zugelassen, daß ich mich auszog, nein, niemals; ich schlief vollkommen angezogen und mit den Schuhen an den Füßen, um immer und zu jeder Stunde bereit zu sein; das Pferd gesattelt, fertig zum Aufbruch. Er kam immer und sagte mir: »Leg dich hin!« Das war alles, was er mir sagte: »Leg dich hin!« Sah er irgendetwas sich bewegen oder so: »Steh schon auf! Mach dich fertig, weil wir fortziehen, dorthin wo uns Gutes erwartet.« Ich habe mir niemals meine Hosen ausgezogen, ich ließ sie nur herunter, wenn er kam und mich beehrte. Aber daß ich mich mit einer Decke zudeckte, das kam nicht in Frage; ich mußte die Hosen anbehalten für den Fall, daß sie zum Sammeln und Aufbruch bliesen ...

Mein Mann war nicht der Mann, der einen streichelte, nichts dergleichen. Er war ein sehr seriöser Mann. Heute, ja heute sieht man das, wie sie sich in den Hauseingängen abknutschen und streicheln. Für mich ist das ungewohnt, weil mein Mann so etwas nie getan hat. Er hatte, was er brauchte, bediente sich dessen, und fertig.

Dort in Chilpancingo hatte ich eine mit Stroh gedeckte Hütte aus Lehmziegeln. Mein Mann ließ mich darin allein, und ich beschäftigte mich mit dem Haushalt. Er überließ mich der Obhut des Burschen Palemón und seiner Frau, und ich leistete ihnen Gesellschaft. Im Haus gegenüber wohnte eine schlanke Frau mit ihrer Tochter. Sie war Witwe. Ich weiß nicht einmal mehr, wie sie hieß, aber sie verkaufte Atole und gebratene Agaven. Sie war sehr arm und mußte auch noch ihre vier Kinder durchbringen. Ihre älteste Tochter, sie war wohl 15 oder 16 Jahre alt, ging bei Leuten arbeiten, wenn diese sie brauchten, aber wenn sie nicht nach ihr fragten, ging sie auf's Land und las Guajaven auf, damit ihre Mutter sie verkaufen konnte. Eines Tages lud sie mich ein. Ihre drei Schwestern von sieben, acht und zehn Jahren begleiteten sie.

»Laß uns zu den Guajaven gehen. Was sollen Sie hier so verdrossen herumsitzen?«

Ich sagte dem Burschen, er möge mich gehen lassen.

»Ja, gehen Sie schon.«

Das Mädchen freute sich sehr: »Nun, kommen Sie, laßt uns gehen.«

Wir brachen sehr früh auf, und bei einem dieser Ausflüge gingen wir so weit, daß wir uns auf einem ziemlich hohen Berg wiederfanden, und da schrie uns plötzlich ein Mann zu, daß wir herunterkommen sollen. Wir erschraken natürlich sehr: »Der wird uns die Guajaven abnehmen, die wir gesammelt haben ...« Er fuhr fort, uns zuzurufen, von da unten, von einem kleinen Anwesen aus: »Kommt herunter, kommt heruuuuuuuunter!«

Uns blieb nichts anderes übrig, als hinunterzusteigen, immer noch glaubend, daß der Mann uns bestrafen werde, weil wir Guajaven gestohlen hatten.

»Ihr Mädchen, was tut ihr denn hier?«

»Wir sammeln Guajaven auf.«

»Habt ihr schon gefrühstückt? Schon gegessen?«

»Eh, nein, wir haben noch nicht gegessen.« (Es war so acht Uhr morgens. Wir waren um fünf Uhr aufgebrochen, um auf den Berg zu kommen.)

»Ja, dann kommt und trinkt heiße Milch mit Kürbis!«

»Gut, wenn man sie uns anbietet ...«

»Wartet, ihr Mädchen, wir werden sofort essen ...«

Gierig verschlangen wir die Kürbismilch. Er verschwand in der Küche, und an jenem Tag aßen wir solch köstliches gegrilltes Fleisch mit Soße, gekochten Eiern, Käse und Bohnen. Wir verbrachten den ganzen Tag mit ihm. Er lebte allein, ein Mann von 50 oder 60 Jahren.

»Geht noch nicht, Kinder. Helft mir, das Vieh einzutreiben!« Nachmittags trieben wir es dann zusammen und als die Sonne schon unterging, beluden wir uns mit unseren Guajaven und gingen nach Hause, jeder mit seiner Last.

Er sagte uns: »Morgen warte ich auf euch ... Kommt früh, um heiße Milch mit Kürbis und Agaven zu trinken.«

Ob nun die Guajaven ihm gehörten oder nicht, er forderte nie etwas von uns. Im Gegenteil, er lud uns ein, und am nächsten Tag gingen wir zum Essen zu ihm. Wir waren schon sehr früh da. An jenem Morgen gab er uns in brauem Zucker gebackenen Kürbis. Er grub ein Loch und legte die Kürbisfrüchte dort hinein, dann deckte er sie mit Blättern zu und schüttete Erde darüber. Er zündete das Feuer darüber an, und die ganze Nacht wurden sie darin gegart. Als wir am nächsten Tag kamen, machte er das Feuer aus, legte die Öffnung frei, nahm die Kürbisfrüchte heraus und gab sie uns mit Milch, und wir sind auf den Berg gestiegen, und als wir am Nachmittag wieder herunter- kamen, hatte er für uns schon einen Topf mit Bohnen zubereitet, so gut, wie ich sie nie wieder serviert bekommen habe. In reiner Milch gekocht, statt in Wasser; stellen Sie sich doch nur vor, was für Bohnen das waren!

Wir sahen es als eine Verpflichtung an, jeden Tag heiße Milch mit Kürbis oder Agave zu trinken. Das machten wir so einen Monat lang, wir gingen überhaupt nicht mehr woanders hin, sondern immer direkt zum Berg und dann zu dem Gehöft, bis der Truppenverband meines Mannes zurückkam und ich die Mädchen nicht mehr wiedertraf, denn mein Mann ließ mich mit niemandem sprechen. Ich vermißte ihn, diesen Berg. Da draußen ist das Land sehr schön, grüne Felder, die Guajaven-Bäume voller Früchte. Ich schüttelte die Guajaven von den Bäumen, und sie prasselten zu Hauf herunter. Es war während der Regenzeit, und wir spazierten zwischen den Bäumen herum, die ganz glänzende Blätter hatten.

Als ich bei meinem Vater lebte, ging ich in den Laden und kaufte mir irgendwelche Leckereien, auf die ich gerade Appetit hatte, so wie es die Kinder tun; als Kind ist man ein Schleckermaul; Brot, Zucker, Kaffee oder ähnliches zum Naschen, nur um auf die Straße gehen zu können. Aber ich habe nie gewußt, wie man Einkäufe für das ganze Haus macht. Und als ich dann verheiratet war, eingeschlossen – mein Mann ließ mich nicht ausgehen –, kaufte der Bursche für mich ein oder vielleicht auch seine Frau, auf jeden Fall lag an jedem dritten Tag der Sack mit Bohnen, Reis, Schweinefett, Salz, alles was man so braucht, vor meiner Zimmertür. Palemón kam, ordnete mir die Vorräte, schaute nach, ob Wasser fehlte, und wenn es fehlte, holte er welches; wenn es Abfall gab, brachte er ihn weg. Aber mich fragte er um nichts, fragte nicht: »Was brauchen Sie?«, »Soll ich dies oder jenes tun?«. Er sagte niemals etwas, er schaute nur, was im Haushalt fehlte und ging es besorgen.

Bei einem Unternehmen war mein Mann so um die acht Monate weg. Er war nur mit seinen Soldaten im Gebirge unterwegs. Wie es hieß, sollten sie sich mit der Truppe von General Juan Espinosa y Córdoba zusammentun. Während dieser Zeit überredete mich eine Frau aus Chilpancingo, die Witwe des Hauptmanns Manuel Arenas, dazu, mit ihr zusammen eine Schenke dort in Chilpancingo aufzumachen. Sie tat es aus Verzweiflung darüber, daß sie Witwe geworden war. – Sie dürfte noch in der Gegend wohnen. – Ihr Vater stellte alkoholische Getränke her und sie, sie besorgte die Getränke, die wir verkauften.

Da ich in der Kaserne nicht vorstellig geworden bin, um den Sold meines Mannes abzuholen, kam mir das Unternehmen gut zustatten. Palemón, stellte ich mir vor, fühlte Mitleid mit mir, die ich so ganz allein war, und da das schon viele Monate so ging, drückte er beide Augen zu.

Vielleicht glaubte er auch, daß mein Mann nicht zurückkäme. Die Frau aus Chilpancingo überzeugte mich – sie war älter als ich, 18 Jahre alt –, und ich fing an, Getränke zu verkaufen, und während ich verkaufte, habe ich mit den Betrunkenen gesungen. Ich verdiente nicht schlecht damit, daß ich um zehn Pesos wettete, daß niemand eine Flasche *Mescal** so wie ich hinunterkippen könnte. Ich trank *Mescal* wie Wasser und verdiente meine Centavos damit. Hinterher trank ich ein Glas Zitronensaft, und so wurde ich nie betrunken. Ich schaffte es, hintereinander vier oder fünf Flaschen Branntwein zu trinken, und man mußte mich dafür bezahlen, da es Wetten gewesen waren. Und das, obwohl die Leute in Guerrero keine schlechten Trinker sind; die vertra- gen ganz schön was. Von dem Wett-Geld kaufte mir die Witwe jenes Hauptmanns neue Kleider, da meine Sachen abgerissen waren. Niemals hatte ich solche schönen Kleider besessen, Spitzenleibchen, bauschige Röcke mit Rüschen und Volants. Sogar Kleider aus Seide, ich bitte Sie, und Blusen aus Satin! Und Haarspangen, um mir den Knoten hochzustecken, mit bunten Bändern! Ich trank, weil es für mich ein Geschäft war; sie nicht, sie trank aus Verzweiflung, weil ihr Mann so plötzlich und unerwartet gestorben war. Vor allem, weil sie gerade erst geheiratet hatten.

Ich liebte es, in der Schenke in Chilpancingo zu singen und zu spielen. Ich beobachtete genau, wie sie die Gitarre spielten, und ganz allein fing ich an,

* Mescal – Agavenschnaps

auch darauf zu spielen. Man sagte mir: »Greif sie hier, so, und setze die Finger dorthin.« Mit ein bißchen mehr Zeit hätte ich es gelernt. Ich war sehr fröhlich, wirklich sehr fröhlich, das kann ich sagen, und ich habe gern gesungen.

Unter zehn Pesos trank ich keine Flasche Tequilla, Cognac oder Vermouth. Ich tat es nur der Wette wegen, aber nicht weil ich Lust gehabt hätte zu trinken. Man mußte mir auf die Hand zahlen, wenn nicht, dann eben nicht.

»Geh zu, gib mir ein Glas Nichts.« Das war ein Glas, so groß ungefähr, mit von jedem etwas. Aus jeder Flasche einen Spritzer tat man da hinein: Muskateller, Cognac, Tequila, Whisky, Vermouth, alles kommt da rein, bis das Glas voll ist. Deshalb heißt es ein Glas Nichts. Ich trank es aus, und gleich hinterher saugte ich eine Zitrone aus. Aber, ich kann Ihnen sagen, es gab viele Frauen, die sich betranken, weil sie Gefallen daran fanden oder aus Verbitterung, in kleinen Schlucken oder ein Glas nach dem anderen. Ich aber, ich kann nicht ein Glas nach dem anderen trinken. Wenn man zu mir sagte: »Laß uns einen trinken ...« – »Gut, aber laß uns wetten, eine Flasche pro Kopf.« Ich trank drei, vier Leute unter den Tisch, und ich blieb frisch wie der junge Morgen, denn bevor ich die Flasche an den Hals setzte, saugte ich eine oder zwei Zitronen aus, und gleich darauf wettete ich wieder um eine Flasche, und wieder aß ich Zitronen, und ich wurde nicht betrunken. Niemals ist mir schlecht geworden ...

Als mein Mann aus den Bergen zurückkam, fand er mich nicht zu Hause vor. Die Jungens sagten ihm, daß ich eine Kneipe hätte, und sofort stürmte er los. Als er die Tür aufriß, fand er mich dort, wie ich mit den Betrunkenen herumstritt. Oje, er sah aus, als ob er mich auf der Stelle umbringen wollte! Er fragte mich, warum ich das getan hätte, und ich antwortete ihm, daß ich mir, während er fort war, mit dem Trinken meinen Lebensunterhalt verdiente, denn, wenn man mir kein Geld gibt, wovon soll ich leben?

»Warum bist du nicht zur Kaserne gegangen und hast meinen Sold abgeholt?«

»Weil das eine sehr delikate Angelegenheit ist. Ich, ich werde mir von keinem Vorgesetzten den Sold zahlen lassen. Wenn Sie doch nicht da waren, wieso sollte ich etwas in Empfang nehmen, was mir nicht zukam? Ich mußte mir das Leben so einrichten, wie Gott es mir eingab ...«

»Und so gab Gott es dir ein?«

Und schon haute er mir eine herunter. Er war wütend, und er war es auch nicht, weil es teilweise seine Schuld war.

»Gut denn, aber ab jetzt kommst du mit mir, wenn ich ausrücke. Und daß du mir nicht herumschäkerst, sonst bringe ich dich um!«

Vor dem Aufbruch zog ich mir meine Reithosen an, meine Weste, mein rotes Halstuch und meinen Texashut, und niemand konnte erkennen, ob ich ein Mann oder eine Frau war. All meine schönen Kleider verbrannte er, denn er sagte, daß der Teufel sie berührt hätte, und während sie brannten, bekreuzigte sich Pedro. Die Witwe des Hauptmanns Arenas verprügelte er, weil sie mir schlechte Gedanken eingeflößt hätte, aber den, den er am meisten bestrafte, war der Bursche Palemón: 30 Hiebe, ganz davon zu schweigen, daß er ihn nicht mehr ausstehen konnte. Wir gehörten nicht mehr zu General Blanco, dem, der uns verheiratet hatte, sondern wir wurden einem anderen Truppenteil zugeführt; wir kamen zu General Juan Espinosa y Córdoba. Wenn wir bei dem anderen geblieben wären, da doch General Blanco unser Trauzeuge war, hätte er sich seine Gedanken gemacht, und ich hätte mich zur Tochter des Generals, der Señorita, geflüchtet. Aber man hatte uns eben anders eingeteilt. So kam es, daß Pedro nicht mehr davon abzubringen war und sagte, daß er mich nie mehr zurücklassen würde.

Ich ritt hinter ihm her über Berge und durch Täler. Pedro sagte, wenn die Lage aussichtslos für ihn würde, wäre das erste, was er täte, mich zu töten, und von diesem Moment ab ließ er mich nicht mehr aus den Augen, und niemals mehr fühlte ich mich frei. Durch Pedro lernte ich, mich zwischen den Kugeln zu bewegen. Und so eine Schießerei ist eine harte Sache.

In Chilpancingo sagte uns General Juan Espinosa y Córdoba, daß er uns nach Mexiko City bringen werde und daß wir von dort aus in den Norden weiterziehen würden. In dem Moment, als sich der ganze Truppenverband sammelte, um zu erfahren, wer abmarschierte, traf ich die Männer meines Vaters. Die Soldaten der Infanterie erklärten mir, daß sie ihn am Wegesrand mit zwei Mulas zurückgelassen hätten. Da er verletzt war, setzten sie ihn unter einen Baum, lehnten ihn an, und dort, so glaubten sie, gab der Feind ihm den Gnadenschuß. Zapatas Leute töteten ihn. So also erfuhr ich, daß mein Vater in der Schlacht von Mochitlán im Staate Guerrero zwischen Acapulco und Chilpancingo gefallen war.

Mich machte das nicht traurig, weil ich ihn nicht gesehen habe. Da ich inzwischen verheiratet war und nicht mehr mit den Leuten meines Vaters zusammen war, berührte mich die Sache nicht weiter. Ich habe nie wieder etwas über ihn gehört, bis ich nach vielen Jahren in Mexiko City einen jungen Spiritisten traf, der ein Medium befähigte, seine Seele in dem wirren Gestrüpp aufzustöbern.

IX.

He, du da ...«
»Wer, ich?«
»Ja, du ... Mach schon, geh auf die andere Seite!«
In Mexiko City ließen sie die Leute antreten, um sie nach der Größe zu ordnen; waren sie groß, kamen sie zur Kavallerie, waren sie klein, dann kamen sie zur Infanterie. So teilten sie alle Truppen auf, und jeder General griff sich die Leute, die ihm zusagten.

»Mann, du hast ja nur große erwischt!«

»Nun gut, ich will ja nicht so sein, gib mir ein paar kleine, aber stark müssen sie sein.«

Früher hat man die Leute einfach haufenweise, ohne sie nach Größen einzuteilen, genommen und sie ins Feld geschickt, Junge, Alte, Einhändige, Hinkende, wie es gerade so kam. Es kam allein darauf an, daß sie alle zur Waffe griffen. Sie nahmen jeden, den sie kriegen konnten, und man schickte sie in die Schlacht wie eine Herde wilder Pferde. Praktisch rannten sie direkt in den Tod, denn während sie lernten, ihre Gewehre zu laden, hatte man sie schon erschossen. Die Kinder, die Jugendlichen, da sie sich nicht auskannten, rannten ganz nach vorne, und wie konnte es anders sein, dort streckten sie sich hin und fertig. Man trieb sie zusammen wie die Ferkel, und auf geht's zum Schlachthof!

Pedro, meinen Mann, schickten sie zur Kavallerie und mich auch, obwohl ich die Größe eines Hundes habe. Die, die zur Kavallerie kamen, hatten viel Arbeit, die bei der Infanterie nicht so viel, denn in dem Moment, wo sie Halt machten, stellten sie ihre Gewehre in Pyramiden auf, man sagte ihnen: »Rühren«, und auf geht's, jeder verschwindet, wohin er will! Bei der Kavallerie war das schon schwieriger, denn die Pferde mußten herumgeführt werden, sie mußten mit Futter und Wasser versorgt und gebürstet werden, der Schmutz von ihren Hufen mußte entfernt werden, da sie sonst Schnupfen bekamen, kurzum, man mußte sie versorgen ...

Nachdem er seine Leute ausgerichtet hatte, begann General Juan Espinosa y Córdoba, sie auszubilden. Es gab da einige, die kannten nichts weiter als die Machete der Bauern. Nun, diesen mußte man, bevor sie in die Schlacht zogen, wenigstens beibringen, ihre Waffe zu laden. Und wenn sie sie endlich geladen hatten, dann wußten sie nicht, wie man sie säubert, die Entfernungen abmißt, auf den zielt, den man treffen will, und nicht einfach schießt, um zu schießen. General Espinosa y Córdoba verzweifelte: »Glaubt ihr denn, wir hätten Munition im Überfluß?«

Morgens war er persönlich bei der Ausbildung anwesend. Marschieren, das Gewehr präsentieren, entschärfen und anlegen, so wie man das heute den Rekruten beibringt; die meisten kannten auch die Trompeten-Signale für »Aufsitzen« oder »Hinlegen« nicht.

»Nun denn, was ist das bloß für eine Miliz?«

Juan Espinosa y Córdoba war ein Indio, dunkelhäutig, alt und häßlich, sehr groß und beleibt. Er schien mit der stumpfen Seite der Axt geschnitzt worden zu sein. Eins muß man ihm lassen, er hatte eine schöne Frau, schön und blond, die er aus Chilpancingo mitgebracht hatte, sehr jung noch, die Kleine. Espinosa y Córdoba hatte einen spitz zulaufenden Mund, und wir nannten ihn deshalb auch »der Gerüsselte«. Er war ein arger Schreihals: »Bildet Trupps zu je fünf oder zehn Soldaten, mal sehen, ob ihr dann besser versteht!«

Jeden Morgen gab er seine Befehle während der Ausbildung: »Die ungeschicktesten Soldaten zu den Fünfertrupps, damit sie besser begreifen, und man muß achtgeben auf sie, denn sie wissen nicht, auf wen sie schießen ...«

Zur Ausbildung mußten alle, sogar mein Mann, der schon wer weiß wielange beim Militär war. Er war Hauptmann, und immer wurde er als Voraustrupp geschickt, immer ganz vorne, dort, wo die meisten Kugeln fliegen.

Mürrisch sagte er zu dem General: »Ich bin Hauptmann ...«

»Alle müssen zur Ausbildung gehen ... Sie auch, auch wenn Sie Hauptmann sind ... Selbst wenn Sie General wären! Sie müssen Ihre Befehle zu erteilen wissen, wie es sich gehört. Wenn Sie, der Sie Hauptmann sind, es nicht wissen, was wird man dann der Miliz beibringen? Hier gehen alle zur Ausbildung! Schluß jetzt mit dem Gezänke ...«

Er hatte Recht, denn schauen Sie, in der Revolution gab es ein Regiment, daß viele Verluste hatte, bevor es auf den Feind traf. Fast niemand war von der Division übrig, als die Feinde auftauchten. Sie töteten mehr Freunde als Gegner. Da es keine Uniformen gab, die uns unterschieden, machten wir einmal mit einer ganzen Division Schluß, die zu unserer Verstärkung kam ... Es kamen Verstärkungstruppen, und wir empfingen sie mit einem Kugelhagel ...

»Und die Uniformen, General?«

»Die gibt es nur für die Dienstgrade vom Gefreiten aufwärts ...«

Durch seine ständigen Bemühungen und weil er sich immer wie der Teufel in Person aufführte, gelang es dem Brigadegeneral Juan Espinosa y Córdoba, die 5. Division des Nordostens aufzustellen, seinen eigenen Truppenverband mit 1 500 Männern. Viele Leute, die sich gegenseitig wie die Wilden umbrachten. Ich glaube, daß es ein falsch verstandener Krieg war. Diese Geschichte, daß man sich gegenseitig umbringt, die Väter die Söhne, die Brüder die Brüder, Carranzas Truppen, Villas Leute, Zapatas Männer, war eine pure Dummheit, denn wir gehörten alle ein und derselben Klasse an, den Hungernden. Das sind Dinge, wie man so sagt, die hinreichend bekannt sind, über die man aber besser schweigt.

In Tehuantepec hatte ich den Personenzug gesehen, aber das ist nicht das gleiche wie der Militärzug. Der Militärzug ist ein Güterzug, und die Waggons sind geschlossen, schwarz, ohne Fenster, so daß man nicht hinaussehen kann. Da es ein kleiner Zug mit Waggons aus Holz war, fuhr er nur langsam; eine halbe Stunde, und schon stand er wieder für eine weitere halbe Stunde, wenn er nicht sogar gleich für mehrere Tage auf dem Bahnhof stehen blieb. Er fuhr langsam, denn es waren viele Waggons, eine Menge Pferde und all die Sachen, die eine Truppe so mit sich führt: die Indios oben auf den Dächern und die Pferde in den Waggons. Wie sollte ein Zug eine derartige Herde von Menschen und Tieren ziehen? Wir aßen, da oben auf dem Zug hockend; wir hatten ein Kohlebecken dabei, und die Kohle darin verglühte nicht, weil wir die Öffnung abdeckten, damit kein Luftzug von unten eindringen konnte und oben die Funken flogen. Andernfalls hätte es einen Brand gegeben!

Das Leben damals war sehr hart. Mit geölter Leinwand versuchte jeder, seine Sachen soweit abzudecken, wie es nur ging, damit durch den Regen nicht alles naß wurde. Irgendwie schaffte ich es, nicht durchnäßt zu werden. Ich trug einen Texashut, und ich arrangierte mich, so gut es ging. Wir mußten in der Hocke sitzend oben auf dem Zug fahren, denn die Hauptsache war, daß die Pferde gut geschützt waren und die ganze Zeit über Futter hatten. Wenn wir irgendwo anhielten und der Befehl zum Aussteigen gegeben wurde, verließen die Tiere die Waggons, um Wasser zu trinken; immer zuerst die Tiere. Im Zug starb uns kein einziges Pferd. Aber es war sinnlos, daß wir oben auf dem Zug hockten, uns anklammerten und Durst litten, denn *Villas** Leute haben uns vollkommen aufgerieben. Sie spezialisierten sich darauf, Züge entgleisen zu lassen. Das war ihre Art zu kämpfen. Aber wir waren schon daran gewöhnt, denn seitdem wir von Mexiko City aus gen Norden aufgebrochen waren, haben sie uns die Schienen gelockert, und durch die Last des Zuges kippte die Lokomotive um. Dadurch sprangen die Waggons auf, und viele Tiere kamen um und auch eine ganze Menge Leute. Jedesmal, wenn ein Zug entgleiste, dauerte es wer weiß wie lange, bis er repariert war oder eine neue Lokomotive und Waggons herbeigeschafft worden waren. Wir mußten die Pferde ausladen und die Indios begraben.

In Santa Rosalía erlebten wir eine jener Entgleisungen, die einem die Wirbelsäule ineinanderstauchen. Das war die schwerste, denn die Lokomotive

---

* Francisco »Pancho« Villa – Neben Zapata der bekannteste Anführer der Revolution. An der Spitze seiner Viehtreiber kam er von Norden und kämpfte gegen Carranza. Seine Angriffe auf die Eisenbahnzüge, die die Bundestruppen transportierten, haben Geschichte gemacht.

überschlug sich, und mit ihr sechs oder sieben Waggons. Die, die vorne im Zug waren, waren am schlimmsten dran. Wir mußten eine ziemlich lange Zeit im Freien kampieren, bis man uns die Ersatzteile brachte, die wir brauchten. Deshalb brauchten wir solange, um in den Norden zu kommen. Den Gleisschwellen passierte überhaupt nichts, denn die waren sehr solide, aus Kiefernholz. Jetzt dürften auch sie verfault sein, aber damals waren sie aus massivem Kiefernholz.

Ich erinnere mich noch, als wir in Chihuahua um vier Uhr morgens ankamen und die Soldaten anfingen: »Seht nur, seht nur, seht nur wieviele Apachen, wieviele barfüßige Indios!«

Alles Lüge. Die Leute sagten, daß es in Chihuahua keine Christen, sondern nur Apachen gäbe. Wir hatten Angst und gleichzeitig den Wunsch, sie zu sehen, aber alles leeres Geschwätz. Die Leute da sind nicht anders als wir. Es ist eben so, daß die Leute gerne klatschen, Lügen verbreiten und Verwir- rung stiften, aus lauter Boshaftigkeit. Ich habe niemals einen Apachen gesehen.

Und so im Schneckentempo kamen wir zwischen lauter Entgleisungen voran. Wir blieben als Truppenverband mal hier, mal dort, und niemals kamen wir rechtzeitig zu irgendeinem Bahnhof. Carranzas Truppen in dem Gebiet haben uns nie in Empfang nehmen können. Villa war ein Bandit, denn er kämpfte nicht wie ein Mann, sondern sprengte die Schienen in die Luft, wenn die Züge passierten. Das Dynamit explodierte, und die Waggons wurden in der Luft zerrissen, die Pferde und die Indios. Glauben Sie, daß so ein mutiger Mann kämpft? Wenn es ein Reisezug war, sprengte er ihn auch in die Luft und bemächtigte sich des Geldes und der Frauen, die noch jung genug waren. Die anderen band er am Sattelknauf fest und schleppte sie durch den ganzen Kaktushain hinter sich her. So etwas tut kein anständiger Mann. Und ich, wenn ich jemanden hasse wie die Pest, dann ist es Villa.

Ich habe ihn niemals aus der Nähe gesehen, niemals, und das war gut so, denn ich hätte ihm ins Gesicht gespuckt. Heute begnüge ich mich damit, das Radio anzuspucken. Ich habe gehört, daß man seinen Namen in goldenen Buchstaben auf ein Denkmal schreiben will. Nun, die das machen, sind genau solche Banditen wie er oder einfach Idioten. Das gleiche gilt für die, die über Radio sagten, daß er Frau und Töchter hätte. Alles Lüge! Und wieso überhaupt Familie?! Ich glaube ihnen kein einziges Wort, selbst wenn sie mir die Zunge ausreißen ...

Der, der hatte niemals eine Frau. Er bemächtigte sich der jüngsten, die er finden konnte, er schleppte sie überall mit hin, und wenn er ihrer überdrüssig war, jagte er sie fort und nahm sich eine andere. Jetzt auf einmal spricht man von einer sogenannten Ehefrau und angeblichen Söhnen und Töchtern. Alles Lügen! Das sind reine Aufwertungsversuche, um ihn als das gelten zu lassen, was er niemals war. Er war ein Bandit ohne Seele, der seinen Männern befahl, daß jeder sich eine Frau greife und sie mitschleppe. Von allen Guerrilleros ist es Villa, den ich am meisten hasse. Dieser Hundesohn! Dieser Villa war ein Lackaffe, der die Welt verlachte, und noch heute hört man ihn brüllen vor Lachen.

Da mein Mann nicht mit mir sprach, taten es auch die anderen nicht. Alle Offiziere waren Freunde meines Mannes, aber sie sprachen nicht mit mir. Wenn wir auf irgendeinem Bahnhof Aufenthalt hatten und die Pferde entladen wurden, konnte man in die Waggons gehen, und drei oder vier Offiziere verschwanden darin mit ihren Frauen; jeder suchte sich seinen Platz, aber Pedro gefiel diese Sache gar nicht, dies, daß alle bemerkten, was vorging, und deshalb hat er mich nie gerufen.

Als ich unter der Fuchtel meines Mannes stand, habe ich mich niemals gewaschen; auf wen schon sollte ich Eindruck machen? Ich durfte nicht den Kopf drehen, um wen auch immer anzuschauen, ich durfte mir weder die Kleidung wechseln, noch mich kämmen. Ich besaß nicht einmal einen Kamm, dabei hatte ich zwei Aufsteckkämme und sogar eine Bürste, als ich noch ledig war. Wenn ich als Kind schon schmutzig und verlaust herumlief, so hatte ich bei meinem Mann den Kopf voller Würmer. Er schlug mich, verletzte mich, und die Wunden mit dem verkrusteten Blut vernarbten, und das machte mein schönes, gelocktes Haar kaputt. Hier auf dem Kopf saß die Dreckschicht und dort blieb sie, da ich mich weder waschen durfte, noch meine Kleidung wechseln, so kam es, daß ich wie die Heilige Maria in der Wüste litt. Woher sollte ich den Willen nehmen, ihn zu lieben? Ich fühlte nur Abneigung und Haß für ihn. Mit einem Messer konnte ich mir den Dreck vom Kleid schaben, weil es fester Stoff war. Mit ein und demselben Kleid ging ich die ganze Zeit über, obwohl er viel Kleidung für mich mitnahm, aber ich durfte sie mir nicht anziehen. Er kaufte mir Kleider, wo immer wir anhielten, um vor den Soldaten und den Frauen zu glänzen: »Schaut nur, wie ich für sie sorge!«

Er war so; es war ihm angeboren. Was soll man da tun, wenn ein Mann so ist? Er war nicht dumm, sondern ein Freund der Bequemlichkeit, denn er sagte, daß so, wie ich stank, keiner Interesse an mir haben würde. Er, ja, er vergnügte sich ausgiebigst, aber woanders, nicht mit mir. Deshalb bat ich die himmlischen Heerscharen, daß er umkommen möge.

Wenn es zu einem Feldzug kam und er mit seinen Leuten als Voraustrupp geschickt wurde, rief ich: »Heiliger soundso und Heiliger soundso, befreit mich von dieser Plage eines Christen! Mögen sie ihn umbringen oder gefangen nehmen, aber gebe Gott, daß ich ihn nicht mehr zu Gesicht bekomme!« Und ich kniete nieder und faltete die Hände. Selbst wenn ich damit meine Seele ins Unglück stürzte, ich bat darum, daß er getötet würde.

Ich zog es vor, eine Ausgestoßene zu sein. Nicht einmal, wenn ich ganz allein war, durfte ich unbedeckt sein. Wenn er dann kam, sagte er: »Bedeck deinen Kopf!« Ich schlief, das Umschlagtuch über das Gesicht gezogen, ganz eingehüllt wie eine Mumie. Wirklich, ich war eine Märtyrerin. Jetzt und heute bin ich keine Märtyrerin mehr. Ich leide wie jeder andere auch, aber das ist gar nichts im Vergleich mit dem, was ich zu erleiden hatte, als ich einen Mann hatte.

Pedro hatte begonnen, mich zu verprügeln, von dem Tag an, als er mich aus der Schenke in Chilpancingo geholt hatte. Von dem Moment an, wo er mir zuschrie: »Das wird dir leid tun«, ließ er mich nicht mehr in Ruhe. »Jetzt zahlst du für das, was du mir angetan hast!« Er konnte das niemals vergessen, denn so war er, sehr eifersüchtig, sehr empfindlich. Und ich, ich habe nichts dazu gesagt. Was sollte ich ihm auch sagen, da ich ihn doch nie sah? Ich wußte kaum, wie er aussah. Ich hatte große Angst vor ihm, das ja. Immer saß ich geduckt vor meinem Herd in mein Umschlagtuch gehüllt. Wie wohl sollte ich mich unter diesen Voraussetzungen beschweren? Ich konnte keine Forderung an ihn stellen. Er wußte nicht einmal, ob ich tot oder lebendig war.

Jetzt, wo ich mich allein durchschlage, behaupte ich, daß er das alles mit der Absicht gemacht hat, mich zu verlieren, aber damals war ich sehr dumm, und wohin er mich schickte, dorthin ging ich, ohne eine Miene zu verziehen. Wegen jeder Kleinigkeit schlug Pedro mich, so wie die meisten Männer der Truppe, die ihre Frauen auch so behandelten; nur Hiebe: »Geh zu, Chencha, mach schon«, Hauptsache, man hatte sie auf Teufel komm heraus bei sich. Wenn es Pedro packte, zog er mir mit dem Pistolenknauf eins über den Kopf, und in mir stieg die blanke Wut hoch, aber ich sagte ihm nichts; ich zeigte nicht einmal eine Reaktion, damit er nicht merkte, daß es mir Schmerzen bereitet hatte.

Eines Tages, wir kampierten auf einem Bahnhof im Staate Chihuahua - ich erinnere mich nicht mehr, wie der hieß - und blieben dort einige Tage oder Wochen - ich weiß nicht mehr wie lange -, kam er und sagte zu mir: »Hör mal, *Vale«,* denn niemals habe ich ihn meinen Namen nennen hören; soll einer wissen, was das heißen sollte, dieses *Vale.*

»Hör mal, *Vale,* nimm deine Seife! Wir gehen, damit du mir meine Taschentücher wäschst.«

Ich wußte schon, daß er mich mitnahm, um mich zu schlagen, obwohl alle Leute sagten, daß er ein guter Mann wäre. Nach außen hin schien er so, aber er hatte den Teufel im Leib. Der Schein trog.

Ich sagte ihm: »Nun gut.«

Wir entfernten uns soweit von dem Bahnhof, bis er eine kleine, runde Lichtung fand, wo die Esel sich herumzuwälzen pflegten, um sich den Staub abzuschütteln. Sehr sauber war jener kleine Ort da, und er sagte zu mir: »Stell dich dort hin!«

Er hat mich nach Herzenslust verprügelt. Ich erinnere mich, daß ich bis zu 50 Hieben mit der flachen Seite der Machete zählte. Er schlug mich auf den Rücken, aber ich habe mich nicht niedergebeugt. Das einzige, was ich tat, war, mich mit gekreuzten Beinen auf den Boden zu setzen umd mit Armen und Händen meinen Kopf zu decken. Ich war von Kind auf an diese Behandlung, die auch meine Stiefmutter mir zuteil werden ließ, gewöhnt. Ich weiß nicht, wieso ich überhaupt noch lebe. Ich erinnere mich nicht mehr, ob es diese Hand hier war, die ich hob, aber diese ist gezeichnet, die Linke; der Hieb mit der Machete traf den Handrücken. Schauen Sie, er platzte ganz auf. Hier, hier sieht man die Narbe, denn der Schnitt ging bis auf den Knochen. Es blutete, aber ich fühlte nichts; soviele Schläge, die ich schon einstecken mußte, daß ich nichts mehr spürte. Kaum ließ der Schmerz nach, schon bekam ich den nächsten Schlag. Ich habe meine Wunden nie behandelt, ich habe nichts darauf getan, nicht einmal Wasser, ganz allein sind sie geheilt.

Als ich wieder zu mir kam, lag ich in dem Eisenbahnwaggon, in dem wir untergebracht waren, und mein ganzer Rücken war zerschunden. Die Mädchen fragten mich: »Was ist, geht es Ihnen nicht gut?«

»Nein.«

»Was fehlt Ihnen?«

»Ach, nichts.«

»Na, warum sagen Sie dann, daß es Ihnen schlecht geht?«

»Ja, doch, es geht mir schlecht, aber was geht euch das an?«

Was habe ich davon, wenn ich ihnen erzählt hätte, was passiert war. Nichts habe ich davon. Meine Leiden werden dadurch, daß ich ihnen mein Leben erzähle, nicht aufhören. Ich, ich erzählte nichts. Und die Tage vergingen, ohne daß ich ihnen etwas erzählt hätte. Und Pedro suchte auf's neue eine Gelegenheit, um mich zu verprügeln. Ich weiß nicht mehr, wie das war, jedenfalls befahl er mir, die Seife zu nehmen und ihm seine Taschentücher zu waschen. Ich habe gleich bei mir gedacht: »Er wird mich schlagen.« Jedesmal, wenn er mich verprügelte, tat er das nicht vor allen Leuten, und deshalb hat man ihn auch nie dabei erwischt.

»Wie gut Ihr Mann doch ist, Jesusa!«

Sie haben ihn niemals böse gesehen.

»Was sagen Sie?«

»Welches Glück haben Sie mit einem solchen Mann. Gelobt sei Gott!«

Ich habe die Leute nie aufgeklärt. Solche Sachen gehen nur einen selbst an, man behält sie für sich, wie die Erinnerungen. Die Erinnerungen gehören einem selbst, niemandem sonst, ebenso die Jahre, die nur einem selbst zu schaffen machen. Wem sollte man sein Bündel aufladen? »Geh her, trag Du es!« Nein, nein, das geht doch nicht, nicht wahr?

An jenem Tag, damals, ergriff ich die Pistole. Ich trug eine weite, lange Bluse mit zwei Taschen, und in die Taschen verstaute ich Kugeln und die Pistole. »Von wegen Seife, soll er mich ein für alle Mal töten oder ich töte ihn!« Ich war fest entschlossen. Ich folgte ihm. Wir kamen an einem vom Bahnhof weit genug entfernten Ort an, und dort sagte er mir: »Hier sagt es mir zu. Dieses Mal bringe ich dich um, oder du wirst wissen, wozu du geboren wurdest...«

Ich schaute ihn nur an, ich duckte mich nicht, und ich antwortete ihm: »Ach ja? Wir bringen uns um, denn wir sind zwei. Nicht nur ich werde sterben. Ziehen Sie, ich habe hier, was ich brauche.«

Ich weiß nicht, woher ich soviel Mut nahm, ich glaube aus der Verzweiflung, und schon zog ich die Pistole. Er erschrak sofort, ich sah es ganz genau, daß er erschrak. Ich dachte bei mir: »Er ist sehr mutig, soll er doch auch seine Pistole ziehen, und wir schießen hier aufeinander. Irgendeiner von uns beiden wird am Leben bleiben.« Aber er sagte dann: »Wer hat dir diesen Rat gegeben?«

»Wer? Sie sollten wissen, wer«, sagte ich ihm, »die gleiche Person, die Ihnen den Rat gegeben hat, mich zu verprügeln, eben diese Person.«

Alles Lügen. Mir, mir hatte niemand einen Rat erteilt, aber da er mich danach fragte, wollte ich ihm die Antwort nicht schuldig bleiben. Niemals zuvor hatte ich so zu ihm gesprochen.

»Wer hat dir gesagt, daß du mir antworten sollst?«

»Die gleiche Person, die Ihnen gesagt hat, daß Sie mir das Leben schwer machen sollen ...«

Daraufhin er: »Laß die Pistole ...«

»Nein, Sie haben mich hierher gebracht, um mich zu töten. Hier werden wir uns beide töten. Ziehen Sie die Ihre!«

Ich sah, daß er nicht zog ...

»Jedenfalls werde ich dir jetzt nichts tun. Laß schon die Pistole!«

»Nein, Sie werden mich hier nur tot wegbringen, aber ziehen Sie Ihre Pistole auch!«

»Nein, ich werde dir nichts tun ...«

»Und wozu haben Sie mich hierher gebracht? Zum Spazierengehen? Um in dem Buschwald herumzuspazieren? Sie haben mich hierher gebracht, um mich zu töten, nicht wahr? Also dann, töten Sie mich!«

Sehr freundlich sagte er dann zu mir: »Sei nicht dumm ... ich ... man erzählt mir Dinge, die du mir antust ...«

»Gut, und warum spionieren Sie mir nicht nach, wenn Sie einen Verdacht gegen mich haben?«

»Ich kann mich eben nicht um alles kümmern.«

»Warum denn glauben Sie, was man Ihnen erzählt? So nicht... Sofort wollen wir das klären, sofort. Lassen Sie uns gleich gehen, vorwärts. Gehen Sie vor...«

»Nein, geh du vor!«

»Nein, jetzt geht alles andersherum. Nicht Sie befehlen mir, sondern ab jetzt befehle ich Ihnen, und jetzt gehen Sie vor, gehen Sie schon, und wenn Ihnen das nicht gefällt, dann mache ich Sie hier gleich nieder!«

Da ich sah, daß er seine Pistole nicht zog, wurde ich noch mutiger. Ich dachte: »Nein, nein, er hat sie nicht dabei ... So kann ich ihn noch mehr anbrüllen.«

Ich nahm ihn mit, und er ging vor mir her. Ich sagte ihm: »Gehen Sie dorthin, zu dem Wagen des Zahlmeisters, gehen Sie schon!«

Man hatte meinem Mann gesagt, daß ich die Geliebte des Zahlmeisters wäre. Eine Frau sagte ihm das. Wie konnte es auch anders sein, die sind alle gleich: wenn sie nicht mir dem Hintern wackeln, dann wetzen sie die Mäuler, immer auf der Suche, wen sie mit ihren Intrigen ruinieren können.

»Rufen Sie die Frau. Man kann mich ins Gefängnis werfen, aber hier werden Sie mir erzählen, was los ist, oder wir sterben beide.«

Als mein Mann sah, daß die Sache aussichtslos war, mußte er sie rufen: »Hör mal, Schwester, komm her, denn du hast sie zusammen mit dem Zahlmeister gesehen. Ich will, daß du das jetzt hier, in ihrem Beisein, wiederholst.«

Die Frau protestierte: »O nein, Brüderchen, ich habe dir nichts gesagt.«

Ich schrie sie an: »Doch, doch, Sie haben es ihm gesagt, und er hat mich durch Ihre Schuld verprügelt. Er hat mich nicht umgebracht, da Gott es nicht so gewollt hat, aber mit der vollen Absicht das zu tun, hat er mich in den Wald gebracht, und jetzt müssen Sie und er mir das erklären ...«

»Nein, Brüderchen«, sagte sie, »ich habe dir doch überhaupt nichts erzählt. Das kannst du doch nicht behaupten; wie, wie kannst du so etwas glauben? Wer hat dir das gesagt? Denn ich, ich habe dir nichts dergleichen hinterbracht...«

»Sie waren es«, schrie ich sie an und schoß ihr eine Kugel in den Fuß.

»O weh, mein Freund ...«

Aber in diesem Moment tauchte ihr Mann hinter ihr auf, riß sie zu sich heran, und gleich dort begann er, sie zu verprügeln.

»Du hast sie ins Unglück gestürzt, diese Frau, und jetzt wirst du mir dafür bezahlen ... Du wirst erklären, was du da erzählt hast. Warum hast du zu Pedro gesagt, daß sie mit dem Zahlmeister herumzieht? Hast du ihnen als

Matratze gedient? Wenn du nicht dabei warst, kannst du auch nichts behaupten ...« Und während er sie so anschrie, schlug er auf sie ein.

Als sie so nah beim Wagen den Schuß hörten, erschienen der Zahlmeister, der Major und auch der Oberstleutnant. Alle erschienen sie und riefen nach dem General. Der General Espinosa y Córdoba nahm meinen Mann den Degen ab und verpaßte ihm 50 Hiebe mit der flachen Klinge.

»Damit du weißt, wie weh so etwas tut.«

Und weitere 50 gab er dem anderen Ehemann, weil er als Mitwisser sich auch schuldig gemacht hatte. Ihr gab er 25 Hiebe, um ihr die Klatschsucht auszutreiben. Den Zahlmeister kannte ich bis zu jenem Tag überhaupt nicht, und der Zahlmeister kannte mich nicht. Er kam aus seinem Wagen, weil er den Streit gehört hatte. »Der Gerüsselte« schrie die beiden an: »Dich verprügele ich, weil du den Klatsch, den man dir zuträgt, glaubst, und dich, weil du Bescheid wußtest, weil du zuläßt, daß deine Frau hier alles aufrührt.«

Die Intrigantin war eine Mestizin mit krausem Haar. Sie hieß Severina. Ihr sogenannter Ehemann hatte sie aus einem Bordell da unten in Morelia geholt. Mein Mann ging auch dorthin und lachte sich eine andere an, aber nur für eine kurze Zeit, denn er konnte sie ja schlecht mitbringen. Aber Severina versuchte eben auf schmutzige Art und Weise zu erreichen, daß Pedro mich verließ, damit sie mit ihrer Kollegin zusammenbleiben konnte, einer Jacinta – so hieß die andere –, weil die zwei Weibsbilder sehr gute Freundinnen waren, beide aus Morelia.

Wie ich erfuhr, hatte mein Mann den Fehler, daß er die Frauen verrückt machte, und wenn er sich genug mit ihnen amüsiert hatte, sagte er: »Liebt ihr mich sehr? Nun gut, dann liebt mich auch weiterhin, aber ich bin nicht ledig, ich bin verheiratet.«

Von dem Moment an, wo ich die Pistole auf Pedro gerichtet hatte, hatte er sich gebessert. Aber ich war es dann, die aufsässig wurde. Einfach so, denn ich war von Kindesbeinen an schlecht, ich bin so geboren, gräßlich, aber Pedro hatte mir bisher keine Gelegenheit gegeben. Die heilige Revolution half mir, mich zu entwickeln. Als Pedro das Maß zum Überlaufen brachte, war ich mir ganz klar darüber: »Entweder ich wehre mich, oder soll er mich doch ein für alle Male töten.« Wenn ich nicht schlecht wäre, hätte ich zugelassen, daß Pedro mich umbrächte. Aber es gab einen Moment, wo sicherlich Gott mir sagte: »Wehr dich.« Denn Gott sagte: »Hilf dir selbst, und ich werde dir helfen.« Und ich hörte, wie er mir sagte: »Wehr dich, du hast schon genug eingesteckt. Jetzt fang du an, auszuteilen.« Und in dem Moment zog ich die Pistole. Danach sagte ich, daß ich mir nichts mehr gefallen lassen würde, und ich hielt mein Wort. So wenig ließ ich mir gefallen, daß ich noch immer lebe. Aber wieviel habe ich erleiden müssen, als ich mir noch alles gefallen ließ! Ich glaube, daß es selbst in der Hölle einen gesonderten Platz für die Getretenen gibt. Nur glühende Holzscheite unter ihren Hintern!

Er liebäugelte weiter mit den Frauen, na sicher doch, er war ein Mann; er war ein Mann und nutzte die Zeit. Er hatte seine Frauen wie immer, aber zu mir war er anders, denn ich war furchtbar zänkisch geworden, ziemlich widerspenstig. Und mit den Jahren neigte ich immer mehr dazu zuzuschlagen, bevor man mich schlug. Wer mich schlägt, hat mindestens zwei Hiebe vorher von mir bekommen. So kam es, daß Pedro und ich uns immerzu verprügelten, aber mit gleichen Chancen. Sich zu ducken und den Hagel von Schlägen und Degenhieben hinzunehmen, diese Zeiten waren vorbei. Von dem Tag an, als ich die Pistole in meiner Bluse versteckte, wußte ich mich zu wehren. Ich danke Gott dafür.

X.

Mein Mann hatte ein Schweineglück bei den Frauen. Sie rannten ihm nach, und wenn er nicht auf sie einging, benutzten sie die Gerüchteküche, um mich schlecht zu machen.

Als er im 77. Regiment war, lachte er sich eine andere an. Ich wußte, daß sie seine Geliebte war, aber ich sagte nichts dazu, bis ihr Ehemann von Pedro eine Erklärung dafür verlangte, mit welchem Recht er mit seiner Frau herumzog. Klar, Pedro, der etwas angetrunken war, fühlte sich sehr stark und verprügelte den Mann. Der andere kam überhaupt nicht zum Zug, da Pedro ihm gegenüber im Vorteil war. Als er ihn schon fast vollkommen zusammengeschlagen hatte, erschien die Streife und nahm Pedro mit, und da er ein Militär war und sich in aller Öffentlichkeit produziert hatte, bekam er 15 Tage Gefängnis. Und dieses unverschämte Weibsbild, diese Angelita, ich bitte Sie, besuchte ihn in der Zelle. Sie war gerade hineingegangen, als ich mit dem Essenskorb ankam. Sie hatte sich an das Gitter gedrückt und er auf der anderen Seite auch, glücklich die beiden.

»Wie schön sie doch anzusehen sind, die zwei Turteltäubchen! Schade nur, daß der eine Vogel in einem anderen Käfig sitzt.«

»Nein«, sagte Pedro, »sie ist nur gekommen, mir eine Nachricht vom Oberst zu bringen.«

Und dann begann ich, sie herunterzuputzen: »Nein, ich kenne dieses Weibsbild schon, und außerdem ist der Oberst nicht so geschmacklos. Aber gleich werden wir uns allein sehen, auf der Straße ...«

Und schon drehte ich mich auf dem Absatz herum mit meinem Korb und allem, und raus war ich. Das Essen ließ ich ihm nicht da: »Soll sie es ihm doch bringen. Da sie ihm schon sein Geld aus der Tasche zieht, ist es ihre Pflicht und Schuldigkeit, ihm Essen zu bringen, und vielleicht mischt sie ihm auch noch etwas darunter.« Wutschnaubend verließ ich das Gefängnis. »Scheiße, verdammte, warum verlangt Pedro sein Essen von mir, wenn er doch schon jemanden hat, der es ihm bringt?« Ich ging durch eine Straße, und sie, Angelita, nahm eine andere. Als ich an der Ecke ankam, sah ich, daß sie abbog, und ich schnitt ihr den Weg ab. Da nahm die Mutige die Beine in die Hand und rannte los. Das machte mich noch wütender und ich folgte ihr, obwohl sie einen guten Vorsprung hatte. Ich dachte bei mir: »Soll mir diese Schlampe doch mal erklären, was hier eigentlich los ist!« Sie rannte und rannte und schlüpfte in die erste offene Tür, die sie fand. Ich blieb vor der geschlossenen Tür stehen und schlug mit dem Absatz dagegen. Die Hausbesitzerin kam heraus und fragte mich: »Was suchen Sie hier bei mir?«

»Die Frau, die eben in ihrem Haus verschwunden ist!«

»Welche Frau?«

Die Besitzerin drehte sich plötzlich um und sah sie hinter einem großen Blumentopf versteckt.

»Raus hier mit Ihnen! Ich erlaube keine Streitereien in meinem Haus.« Aber, da sie sah, daß ich ziemlich in Rage war, wollte die Besitzerin keine weiteren Diskussionen und versteckte Angelita in der Küche.

Ich blieb an der Ecke stehen und wartete auf Angelita, und da sie nicht herauskam, übersprang ich die Steinmauer, und gleich dort im Hof jenes Hauses warf ich mich auf sie. Da ich nichts weiter dabei hatte, zog ich eine Haarnadel aus meinem Knoten, und damit zerstach ich ihr das ganze Gesicht.

Sie war blutüberströmt, denn wenn ich jemanden verprügele, bin ich immer im Vorteil. Ich kämpfe immer mit einer Waffe, und Angelita wußte nicht, daß ich normalerweise immer ein Messer bei mir trage. Wir verkrallten uns ineinander, aber als sie sah, daß es für sie ausweglos war, ließ sie mich los und rannte, was das Zeug hielt, die ganze Straße entlang und verschanzte sich in ihrem Haus. Ihr Mann schrie sie nur an: »Jetzt hast du es, man zahlt dir mit gleicher Münze heim. Noch heute wirst du mein Haus verlassen!«

Das arme Mädchen, sie war ganz zerstochen, denn später sah sie eine der Soldatenfrauen in der Kaserne und erzählte mir: »Oje, du hast ihr das Gesicht zugerichtet wie ein Sieb!«

»Sicher doch, sie ist bedeckt mit den Narben der Haarnadelstiche. Und das wird ihr für immer als Andenken bleiben; Amen.«

Angelita war ein sehr junges Mädchen, von weißer Haut und sehr schön, ja doch, häßlich war sie nicht. Immer, wenn ich mit Pedro Streit hatte, sagte ich ihm: »Wenn Sie mich schon betrügen, dann suchen Sie sich wenigstens etwas Ordentliches, nicht so ein Indio-Mädchen, wie ich es bin ... Etwas Besseres ...« Er lachte nur darüber, aber mir taten die Knochen weh vor lauter Wut.

Pedro erfuhr natürlich, wie ich seine Geliebte zugerichtet hatte, aber er sagte mir nichts. Im Gegenteil, zwei Wochen später, als er frei hatte, kaufte er mir ein Paar Ohrringe mit kleinen Schmucksteinen. Später begriff ich dann, daß ihn keine Schuld traf; er erfüllte seine Pflicht als Mann, denn die Frauen liefen ihm nach und nicht er ihnen. Ich sah ja, wie sie ihm nachliefen, mit dem Hintern wackelnd, daß es nur so seine Art hatte; ehrlicherweise muß ich sagen, daß die Schuldigen die Frauen waren. Und überhaupt, die, die einen Ehemann hatten, was hatten die bei ihm zu suchen?

So gegen sechs Uhr nachmittags war Pedro in jenem Dorf angekommen und ich am nächsten Tag. Noch in derselben Nacht kam Angelita zu ihm; kaum daß er angekommen war und sie ihn erblickt hatte, schon schmiß sie sich ihm an den Hals. Deshalb sage ich, als Mann blieb ihm gar nichts anderes übrig, als es ihnen zu besorgen. Was sollte Pedro machen, wenn sie sich ihm anboten? Ihnen sagen: »Hau ab, ich will nichts von dir!«

»Gut, auch wenn du nichts von mir willst, komm nur her zu mir.«

Was sollte er da tun? Er hatte ein maßloses Glück, ein Schweineglück, wie ich schon sagte. Und sie folgten ihm wie läufige Hündinnen. Ich weiß nicht, was mit diesen Frauen los war, irgendetwas mußte ihnen bei ihren Ehemännern fehlen, daß Pedro ihnen gab. Und hinterher kamen sie dann mit der Leier: »Das ist die Liebe!« Welche Liebe? Alles Hirngespinste. Diese Frauen sind wie rollige Katzen, die vergessen, daß sie danach kleine Kätzchen haben werden, sie rutschen über den Boden dahin mit zur Seite gelegtem Schwanz.

Eines Nachts, als ich in der Kaserne schlief, hörte ich, wie ein Gefreiter, ein guter Freund von Pedro, mit seiner Frau ganz in der Nähe von mir sprach. Sie glaubten, daß ich schon eingeschlafen war. »Wenn man es richtig betrachtet, sagte der Gefreite, hat der Chef keine Schuld. Sie, die Frauen, kommen mit dem Ziel, ihn sich zu angeln, und was bleibt ihm anderes übrig, er stillt ihren Hunger.« Morgens dann, als wir die Strohmatten zusammenschnürten, stellte ich der Frau keine weiteren Fragen. Warum sollte ich sie darauf hinweisen, daß ich ihnen zugehört hatte? Sollen sie doch erzählen, was sie wollen... Und ich kümmerte mich nicht weiter um sie.

Für meine Begriffe war Pedro kein gutaussehender junger Mann, ich glaube eher, daß er einen Magneten an sich hatte, der die Frauen anzog, denn irgendetwas Besonderes konnte ich an ihm nicht feststellen. Er hatte krauses Haar, schön gelockt; hier, hier vorne formte es eine Tolle. Er hatte eine breite, plattgedrückte Nase, und sein Gesicht war blatternarbig. Seine zwei Goldzähne, ohne Zweifel, machten etwas her, aber schön, schön war er nicht, so wie ich das sehe.

»Geh zu, Pedrito, tu uns diese Kränkung nicht an, erteile uns keine Abfuhr...«

Er lachte nur, schließlich war er auch nur ein Mann: »Du, stoß mit uns an... Geh zu, Pedrito ...«

Da er sehr eingebildet war, wickelten ihn die alten Weiber schnell ein...

Einmal haben sie ihn sogar vergiftet. In Wirklichkeit war das Gift für mich bestimmt, aber da mein Blut schwarz und sauer ist und ich gekreuzte Venen habe, machte mir das nichts aus, aber ihn vergiftete schon das erste Glas, das man ihm gab, denn sein Blut ist süß. Er war wie tollwütig und rannte wild durch die Straßen, und der Wind drehte ihm den Kopf nach hinten. Dieses Weib da hatte ihn verhext, ihn verrückt gemacht, ihm das Genick umgedreht. Der Bursche Palemón und ich mußten ihn am Bettgestell festbinden, und dort blieb er mehrere Tage lang und redete nur wirres Zeug, unpassende Dinge, bis wir ihn dann zu einem Heilkundigen brachten, damit er an ihm eine Säuberung mit Kräutern vornehme. Ungefähr nach der Hälfte der Behandlung drehte er sich zu mir um und sagte: »Wir haben gewonnen, Señora.« Für mich war mein Mann in dem gleichen Zustand wie vorher, hingestreckt wie ein Toter, aber der Heilkundige schwitzte sehr; er kniete vor Pedro und strich mit dem Kräuterbüschel über seinen ganzen Körper hinweg, immerfort dabei betend, bis ihm die Gebete ausgingen. Danach wickelte er ihn ein und bettete ihn. Aus all den Sachen, die er ihm abnahm, einschließlich dem Schmutz, machte er ein kleines Bündel. Er verschwand und kam erst am nächsten Tag um sechs Uhr nachmittags mit einem anderen Kräuterstrauß, den er aus dem Buschwald geholt hatte, um Pedro zu säubern. Und als er geendet hatte, zeigte er mir eine Flasche mit einer gelben Flüssigkeit darin und sagte zu mir: »Schauen Sie, was ich hier habe. Fällt Ihnen daran nichts Besonderes auf?«

»Ja doch, ein kleines Männchen ...«

»Nun, das ist er.«

Es war Pedro, das aus Wachs geformte und in die Flasche gesetzte Porträt meines Mannes. Der Heilkundige holte es heraus. Er fragte mich: »Und was soll ich mit ihm machen, was wollen Sie?«

»Ich, ich weiß nicht.«

»Schauen Sie, Señora, wenn ich es wegwerfe, stirbt er, wenn ich es verbrenne, stirbt er, wenn ich es eingrabe, stirbt er auch, also entscheiden Sie . . .«

»Nein, nein, ich weiß es doch nicht, ich kenne mich damit nicht aus. Tun Sie das, was Gott Ihnen eingibt.«

»Schauen Sie, Señora, ich werde es in einen Ameisenhaufen werfen, denn da kann man es nicht herausholen.«

Er nahm die Flasche mit dem Abbild meines Mannes darin und den Kräuterstrauß aus dem Buschwald mit sich, und als die dritte Behandlung begann, war mein Mann bei vollem Bewußtsein. Der Heilkundige sagte: »Jetzt, da Sie wieder zu sich gekommen sind, kann ich Ihnen sagen, daß all Ihre Leiden von dem Gläschen herrührten, das sie tranken und das Ihnen, Gott weiß wer, angeboten hatte. Ich warne Sie. Ihr Blut ist sehr süß und besitzt keine Abwehrstoffe gegen Zauber. Ich stehe zu Ihren Diensten, aber ich glaube, daß Sie ein zweites Mal dorthin gehen werden, woher Gott sie geholt hat, oder daß Sie Ihr restliches Leben als Idiot herumlaufen, der nur Mitleid bei den Leuten erweckt.«

Nach seinem Unfall ging mein Mann sogar soweit, mich mit sich auf die Straße zu nehmen, und eines Tages, als wir einkaufen gingen, hörte ich, wie er zu dem Burschen Palemón sagte: »Dieses Weibsbild taucht hier auf . . .«

Daraufhin drehte ich mich um und sah sie. Pedro wendete sich erneut an Palemón: »Dieses Weibsbild streicht hier herum, aber ich gebe dir den Befehl, sie wieder in den Zug aus Ciudad Juárez zu setzen, mit oder ohne Gewalt. Besser noch wäre es, wenn du sie in einen Schweinekäfig steckst.«

»Ich kam, dich zu sehen«, sagte sie sehr zufrieden zu ihm, so als ob es mich überhaupt nicht gäbe.

»Du hast keinen Grund, hier aufzutauchen«, antwortete mein Mann und befahl dem Burschen auf's neue: »Setz sie in den Zug! Wenn ich sie bei meiner Rückkehr noch immer hier vorfinde, weißt du, daß ich auf sie schießen werde – und es wäre gut möglich, daß auch du etwas abbekommst.«

»Aber, warum?« fragte sie ganz unschuldig, »da ich dir nachgekommen bin, da ich durch alle Gefahren begleiten werde.«

»Du hast kein Recht, mich aufzusuchen, du weißt, daß ich verheiratet bin, und die hier, die dort steht, das ist meine Frau. Sie ist zwar klein, aber wenn du nicht machst, daß du fortkommst, dann wird sie dich mit einer Flut von Schimpfworten überhäufen, wie du es noch nicht erlebt hast.«

Ich hörte mir das alles nur an, denn meine Stunde war noch nicht gekommen.

»Mach schon, laß uns gehen«, sagte er zu mir, »bleibt nicht da stehen wie einer, dem man bei lebendigem Leibe das Fell über die Ohren gezogen hat.«

Und er ließ sie mit dem Burschen zurück. Ich hörte noch, wie Palemón zu der Frau sagte: »Wenn Sie nicht wollen, daß er auf Sie schießt, dann gehen Sie zurück in den Zug.«

Sehr aufmerksam beförderte der Bursche sie in den Zug, und das war das letzte Mal, daß ich sie sah. Man hörte nur die Hiebe mit dem Gewehrkolben. Sie war eine große Frau, die aus einem Freudenhaus in Morelia kam, mit ausladenden Hüften und überhaupt nicht hübsch. Aber die Geschmäcker sind verschieden. Pedro bändelte mit ihr an, um sich eine Zeitlang zu amüsieren, aber sie hing sich an ihn wie eine hartnäckige Filzlaus. Diese Frau, die unglückliche Jacinta, dürfte durch Pedro noch unglücklicher gewesen sein, als sie es schon in dem Bordell war. Nun, das jedenfalls glaube ich. Armes Mädchen, aber schließlich war er ja nicht der einzige Mann. Es gab noch viele. Und das wußte sie ja wohl aus eigener Erfahrung. Sie sollte sich nicht so anstellen, gab es vielleicht nur ihn auf dieser Welt? Und außerdem war er unter der Haube, und? Man muß sich eben einen Ledigen suchen, einen ohne Anhang, der nur für sich selbst verantwortlich ist. Das ist kein Geschäft, einen Mann zu lieben, der nicht mehr frei ist.

Ich war nicht eifersüchtig auf meinen Mann. Worauf sollte ich eifersüchtig sein, da ich mich doch niemals für sein Leben interessiert habe? Es machte mich nur wütend, daß die Leute redeten. Ich mußte ihn zur Rechenschaft ziehen, denn ich bin nicht aus Holz. Daß ich mich schließlich mit ihm anlegte, kam daher, daß ich all die Geliebten bis oben hin satt hatte und nicht die Geprellte sein wollte. Was wollten sie eigenlich, da doch Pedro schon jemanden hatte? Was suchten sie bloß, diese Luder?

Und die Männer, die überall ihren Schwanz reinstecken, ordinär gesagt, eine jede hat das gleiche, bei uns allen ist die Büchs' gleich. Ich bin nicht damit einverstanden, daß sie mit solcher Dreistigkeit mit der einen oder der anderen umherziehen. Wenigstens hatte er die Mittel, um jeder einzelnen die Pesete zu geben, denn man kann sagen, was man will, die, die es mit ihm trieben, machten das nicht umsonst; er kleidete sie ein, kaufte ihnen Schuhe, gab ihnen zu essen, und es fehlte ihnen an nichts. Mein Mann war nicht so einer, der es darauf anlegte, etwas umsonst zu erhalten, auch wenn man es ihm anbot. Er hatte ein Dutzend oder, Gott weiß, wieviel noch. Daß ich eine erwischte, Angelita, nun ja, ich erwischte sie, und ich setzte ihr zu, damit sie begriff. Aber das war nur eine, und Pedro hatte einen Stall voller Schlampen.

Pedro hatte mich nicht geheiratet, weil ich ihm gefiel, sondern weil ihn der Teufel ritt: »Diese entwischt mir nicht.« Denn Frauen hatte er im Überfluß. Warum wollte er gerade mich? Als ich ihn kennenlernte, gab es in jedem Haus da unten jemanden, der sich um ihn kümmerte, man wusch seine Wäsche, man bügelte sie ihm, er frühstückte mit einer, und dort gab man ihm auch frische Wäsche; die Sachen, die er sich bei mir angezogen hatte, ließ er in dem Haus, in dem er zu Abend aß. Er schlief bei einer, bei der anderen und bei noch einer anderen. Überall hatte er eine Schlafstelle und sein Essen. Ich, ich sah ihn nur ab und an. Er legte sich dorthin, wo auch ich lag, und das war alles. Er kam nie mit diesen Schmeicheleien, von wegen mein Leben, ich liebe dich, ich sterbe vor Glück, mein Schatz. O Gott, diese Albernheiten, die sie sich heute sagen! Er küßte mich auch nicht. Ich bin nicht gewöhnt an diese Abküsserei, nur Judas küßte unseren Herrn Jesus Christus, und was daraus wurde, wissen Sie selbst. Was ist das für eine Getue! Sollen sie doch tun, was sie so dringend tun müssen, aber ohne viel Drumherum!

Pedro hatte den Körper eines Mannes, er war sehr energisch, sehr bösartig. Das einzige, was ich sagen kann, ist, daß er an mir eine harte Nuß zu knacken hatte, denn er konnte mich nicht unterkriegen. Die anderen flogen ihm in die Arme, aber bei mir gab es kein Sich-Anbieten. Ich bin nie auf ihn zugegangen. Wir sprachen nicht miteinander. Deshalb weiß ich nicht, was Liebe ist und was nicht, ich habe nie Liebe gespürt, weder ich fühlte etwas noch Pedro. Das, was ihn interessierte, war, mich unglücklich zu machen, sonst nichts. Ich lebte glücklich, wenn er nicht kam. Kaum daß ich seine Stiefel sah, wenn er morgens nach Hause kam, fragte ich ihn: »Serviere ich Ihnen das Frühstück?« Hatte er gute Laune, sagte er ja, hatte er aber schlechte Laune, sagte er: »Ich bitte dich nicht darum.«

»Dann bitten Sie nicht.«

Ich ergriff den Topf oder den Tiegel oder was auch immer, und schon flog alles auf die Straße.

»Sie werden mich schon bitten, aber dann gibt es nichts mehr.«

Ich schleuderte das Essen raus mit Eßnapf und allem. So rächte ich mich, indem ich das Essen wegwarf. Pedro drehte sich auf dem Absatz rum. Aber ich, ich stand da ohne Essen, denn ich bereitete das Essen, und so wie ich es zubereitet hatte, stand es da. Ich war nicht eine von denen, die sagten: »Das Essen ist fertig, zu Tisch.« Was interessierte es mich, ob er aß oder nicht? Er hat es nicht einmal angerührt. Und daß ich sagen würde: »Ich sterbe vor Hunger«, nein.

Ich war stark. Von Natur aus bin ich widerstandsfähig. So bin ich schon immer gewesen. Der Körper paßt sich den Lebensumständen an. Ich hielt durch. Die Wut, ja, die hielt mich aufrecht. Mein ganzes Leben lang war ich launisch und jähzornig. Wenn ich nichts zu essen hatte, sagte ich mir: Gut, eigentlich habe ich gar keinen Hunger. Und mit den Anstrengungen, die ich machte, verging mir der Hunger. Zwei Hunde, die durch die Straßen streunten, waren die Nutznießer dessen, was ich gekocht hatte.

Eines muß ich anerkennen: obwohl Pedro nicht reich war, versorgte er mich mit allem. Da es ihm nicht gefiel, daß ich andere Leute besuchte, kam er nie mit solchen Sprüchen wie: »Geh und frag die kleine Sowieso, ob sie dir Pfefferschoten und Tomaten ausleiht.« Das gab es nicht. Mein Mann war nicht so. Er sorgte dafür, daß ich Pfefferschoten und Tomaten, Knoblauch, Zwiebeln, Mehl, Kaffee, Zucker, Reis und Kochzucker, alles, was man so braucht, hatte. Alles brachte er mir in Säcken, bis oben hin voll. Außer der »Muñeca« nahm ich noch ein anderes Pferd mit ins Feld, das mit all den Sachen beladen war, die man so brauchte. Wenn wir in die Schlacht zogen, brachte der Bursche Palemón oder der andere, Zeferino, mir das Wasser, und gleich an Ort und Stelle mußte ich Tortillas machen, Reis kochen oder Bohnen, was gerade zur Verfügung stand. Wir führten ein Zelt mit uns. Pedro befahl den beiden Burschen, ein Loch auszuheben; man rammte einige Stangen in die Erde, zwei große und vier kleine, damit das Zelt schön straff auf dem Boden festgespannt war und wir nicht naß werden konnten. Jeder machte sich seine Unterkunft. Der, der allein war, schlief in seinem eigenen Zelt mit noch zwei oder drei Soldaten. Die, die verheiratet waren, nur mit ihren Frauen und Kindern. Es gab viele Kinder von fünf, sechs, sieben Jahren, die mit ihren Müttern beim Troß blieben. Kaum eine Frau zog mit ins Feld; mich nahm Pedro ohne Befehl von General Espinosa y Córdoba mit; deshalb war ich wie ein Mann gekleidet, damit es nicht weiter auffiel. Den Kopf bedeckte ich mit einem großen Tuch und dem Hut. In der Regel gab es nur einige Frauen, die genauso mitgingen wie ich, sei es, weil ihre Männer sie dazu zwangen, sei es, weil sie es den Männern gleich tun wollten; aber die Mehrzahl der Frauen blieb beim Troß zurück.

Ich kann so manches erzählen, aber wenn ich auf dem Bahnhof geblieben wäre, hätte ich nichts gesehen und nichts gehört. Das ist schön. Wirklich, das ist schön, weil es nicht irgendwelche Märchen sind. Man hat es mit eigenen Augen gesehen. Später, als ich den Dreh heraus hatte, gefiel es mir, zu kämpfen, aber das hielt nicht lange an.

Ich habe die Pistole immer am Sattelgurt getragen, die Pistole und das Gewehr, denn die Kavallerie trägt das Gewehr an einer Flanke des Pferdes. Meine Aufgabe war es, Pedros Mauser zu laden, meine und seine; während er die leerschoß, die er in den Händen hielt, lud ich die andere und reichte sie ihm, wenn er mir die leere zurückgab.

Wir ritten im Galopp, und »La Muñeca« blieb an der Seite des anderen Pferdes, ganz nah ’dran, Seite an Seite. Verfluchtes Tier, es wußte Bescheid!

Wie gut es sich auf dem Schlachtfeld bewährte! Ich lud die Mauser mit großen Patronen, die man in der Patronentasche mit sich trug; sie waren in Fünfer-Packungen abgeteilt, und die schiebt man in die Mauser. Ich hatte niemals Angst. Ich weiß nicht, ob ich jemanden getötet habe, sicherlich, wenn er nah genug war, wenn nicht, nun, dann hatte ich ja auch keinen Grund zu schießen. Für mich existiert die Angst nicht. Angst wovor? Nur Gott fürchte ich. Er ist der einzige, der uns wieder zu Staub macht. Aber Angst vor der Welt, warum? Wenn Ihre Stunde gekommen ist, dann ist sie da. Nichts zu machen. So ist das eben.

In der Schlacht sieht man nur kleine, unförmige Häufchen, die herumrennen. Man sieht sie nicht groß, man sieht, daß sie auf einen zukommen, einige kommen, andere wieder gehen, und für jeden Schatten hebt man das Gewehr, um auf ihn zu zielen, und hat man keine Zielsicherheit, dann schwirren ihm die Kugeln neben den Ohren vorbei oder über seinen Kopf hinweg, wenn aber, ja, dann fällt der Schatten, und dort, wo er hinfiel, bleibt er liegen. Pedro, ja, der hatte Zielsicherheit! Eine zweite Patronentasche hatte ich zur Reserve über den Sattelknauf gehängt. Die Kugeln habe ich nicht einmal gehört. Ich sah nur Rauchwolken und hatte nicht einmal Zeit, mir die Augen zu reiben. Niemals habe ich das Gesicht einen Toten gesehen! Wer wäre auch vom Pferd gestiegen, um die Toten anzusehen! Tot oder lebendig, jeder auf seinem Platz. Wir mußten die, die vor uns waren, verfolgen. In der Regel war es so, daß nicht einmal die Familien von ihren Toten wußten. Die Geier waren ihr letztes Grab. Schließlich und endlich waren sie nichts als Schatten gewesen.

Wir kämpften auch nachts. Wir schossen auf die Umrisse, die wir sahen, hierhin und dorthin, man richtete sich nach den Mündungsfeuern, genauso wie die anderen, man schoß in Richtung auf die Umrisse des feindlichen Lagers. Am schlimmsten aber war es, nicht zu wissen, von wo der Feind kam, wo er sich befand.

»Dort durch die Schlucht kommt er.«

Aber das stimmte nicht. Und noch einmal: »Auf dem Bergrücken hat man ihn ausgemacht.«

Und wieder nichts. Die Wachtposten hielten einen nur auf Trapp mit ihrem falschen Alarm. Manchmal war der Nebel so dicht, daß man nicht die Hand vor Augen sah, viel weniger noch konnte man das gegnerische Lager ausmachen. Man mußte die Unbill des Wetters ertragen, und oft tasteten wir uns nur voran, und tastend legten wir uns nieder, ohne zu wissen wo. Einmal zwang uns ein Unwetter, uns bis zum Bahnhof zurückzuziehen, wo auch der Troß geblieben war. Wir schleppten uns heran, über und über voller Matsch, mit einer Ausrüstung, die am verfaulen war. Zu allem Unglück hatten wir auch noch viele Verluste. Wir verließen die Schützengräben, bis General Espinosa y Córdoba uns wütend befahl, auf unsere Posten zurückzukehren. Aber als er sah, daß der Regen nicht nachließ, gab er Gegenbefehl, und wir: nichts wie Schutz vor dem Regen suchen ... Am nächsten Tag sah ich, daß die Frauen unsere Sachen über einige Kabel zum Auslüften aufgehängt hatten. Und da alle in der Kaserne sich gerne die Sachen anderer aneigneten, wußte ich schon im voraus: »Diese Hemden und diese Hosen, mögen sie auch noch so zerrissen sein, werde ich wohl nicht mehr wiedersehen ...«

Dort oben im Norden lag der Schnee bis zu einem Meter hoch. Durch das ewige Schneien, Schneien und nochmals Schneien reichte einem der Schnee bis hier hin. Die Lokomotiven kamen nicht mehr durch, sie kamen keinen Schritt weiter. Von der Tür des Waggons aus sah ich diese Massen von Schnee, die zwischen Ciudad Juárez und Villa González niedergingen, und die Schneemassen, die von der Sierra auf der Seite von San Antonio Arenales herunterkamen, und mich überfiel Verzückung, und da ich nichts anderes zu tun hatte, lief ich in diese weiße Masse hinein. Mir gefielen diese kleinen, weißen Federn, die vom Himmel fielen, ich wickelte mich in meinen Schal, und ab ging es durch den Schnee. Nun, ich war noch ein Kind, ich war 15 Jahre alt, und alles war für mich Spiel. Heute: um nichts in der Welt würde ich vor die Tür gehen, wenn es anfinge zu schneien. Aber damals fühlte ich die Kälte nicht. Da ich niemals zuvor Schnee gesehen hatte, verzauberte er mich, und ich vergrub meine Beine in der weißen Masse, und den ganzen Vormittag wälzte ich mich im Schnee herum. Er fühlte sich warm an, bis zu dem Moment, wo ich bis auf die Knochen durchgefroren war, weil ich Stunden darin verbracht hatte. Ich stieg in den Waggon und hielt die Füße ans Feuer, damit sie wieder Gefühl bekämen. Nachdem ich das drei- oder viermal so gemacht hatte, war ich wie gelähmt. Ich bekam Krämpfe in den Füßen, und sie blieben ganz gekrümmt, so etwa. Und in der Nacht war der Schmerz kaum auszuhalten und ließ mich nicht schlafen, denn als ich mich ausstrecken wollte, konnte ich mich nicht mehr bewegen. Und in diesem Moment, so schrecklich er auch sonst zu mir war, sagte mein armer Mann zu Palemón: »Geh und hole mir etwas von dem Fett für meine Satteltaschen ... und bring auch ein Bündel Werg ...« Und gleich darauf brachte der Bursche die Sachen, und Pedro trug mit dem Werg, der im Zug zum Abdichten benutzt wurde, das Fett auf. Jede Nacht massierte er mir die Beine und wickelte sie hinterher vorsichtig ein. Ich konnte mich nicht aufrichten, auch die Hände waren ganz verkrümmt. Durch das Fett und die Massagen ließen die Schmerzen nach, bis ich dann wieder gehen konnte.

XI.

Es war eine schöne Zeit, aber die Sierra von San Antonio Arenales war furchterregend mit ihren Abgründen, ihren Steilhängen und ihrem Geröll. Nachts hörten wir nichts weiter wie das Herabrollen der Schottersteine, und mir kam es vor, als ob der ganze Berg auf uns herabdonnern würde. Wir kampierten am Fuß des Berges in einer riesigen Ebene, kahl und leer, nicht einen Baum gab es dort. Ich weiß nicht, ob das Dorf weit entfernt war oder in der Nähe lag, aber die Bauern aus der Gegend kamen auf Eseln geritten, um uns Lebensmittel zu verkaufen. Wir bezahlten sie mit roten Scheinen, so wie die heutigen Peso-Scheine sind. Dieses Geld druckte die Oberste Regierung hier in Mexiko City. Villas Leute hatten weiße Scheine aus Seidenpapier, hauchdünn wie Spinnweben. Wer machte wohl diese Lappen für Villa, die nichts wert waren und die seine Leute unter Zwang an den Mann brachten? Ich weiß es nicht, aber jeder hatte seine eigenen Scheine; einige waren aus orangefarbener Pappe, die waren 20 Centavos wert; die zu 10 Centavos waren blau, und die zu 5 waren rot. Alles wertloses Papier, aber das war das Wechselgeld, das man einem auf einen Peso herausgab. Es gab viel Gold und Silber, aber gut versteckt, denn während der Revolution versteckte ein jeder sein Geld; niemand weiß mehr, wo überall, und auf den Dörfern weiß man das noch viel weniger, denn die Bauern vergruben auch ihr Saatgut. Sie gru- ben große Löcher, und da hinein verstauten sie ihre Bohnen, ihren Mais, ihren Reis, nur um ihn nicht verkaufen zu müssen, weil die Scheine von einem Moment auf den anderen wertlos waren. Die Soldaten der Regierung bekamen 1 Peso 50 Centavos täglich, aber mein Mann händigte mir seinen Sold nie aus, so wie es mein Vater getan hatte. Erst als ich nach Mexiko City kam, sah ich zum ersten Mal eine Goldunze, das waren riesige Münzen, solche Dinger, jede 40 Pesos wert, aus massivem Gold. Schön waren sie, das ja. Die Silberpesos waren auch groß, lauter klingende Münzen. Aber in San Antonio Arenales zahlten wir alle mit roten Papierscheinen.

»Hier werden wir eine zeitlang bleiben!« informierte General Espinosa y Córdoba seine Offiziere. »Ich habe keine Befehle erhalten von der Obersten Regierung.«

»In Ordnung.«

»Also richten Sie sich ein, so gut Sie können …«

Alle vier oder fünf Tage, sobald er aus seinem Haus kam, wo er mit seiner kleinen Blondine lebte, fragten ihn die Offiziere: »Welche Neuigkeiten gibt es?«

»Nun, keine. Eine Saukälte ist das! Habt ihr genug Holz zusammengetragen?«

»Nein, mein General, nur für Sie ...«

»Seid keine Schwachköpfe, seid nicht solche Dummköpfe ... Tragt auch für euch Holz zusammen!«

»Aber wielange werden wir hier noch bleiben?«

»Haben Sie denn nicht gehört, es gibt keine Neuigkeiten ...« Und er ging zurück in sein Zelt, rieb sich die Hände und schlug den Kragen seiner Jacke hoch und war sehr bekümmert.

Auf den Hängen der Sierra San Antonio begannen die Soldaten Holz zusammenzutragen, um Feuer zu machen; Pedro war auch mit ihnen unterwegs und suchte Holz, um unser Zelt aufzubauen, als sie eines Tages in einer Wegbiegung ein kleines Kojote-Weibchen fanden. Das junge Tier sah Menschen, und voller Vertrauen näherte es sich ihnen, und sie brachten es mit.

»Oh«, sagte mein Mann, »welch ein schöner kleiner Hund!«

Ich begann, ihn mit Mehlbrei, den ich ihm mit einem Läppchen einträufelte, aufzuziehen, und das Tier hing sehr an mir. Es schlief auf meinen Beinen und ließ nicht zu, daß sich mir jemand näherte. Ich liebte es sehr, dieses kleine Kojote-Weibchen. Sie war ganz, ganz wollig, das war gut gegen die Kälte. Abends setzte sich mein Mann ans Feuer und las. Er las mir zwei Kapitel aus dem Buch »Nostradamus« vor. Danach die »Catalina de Médicis«, »Tausendundeine Nacht«, »Der Große Prevoste« und »Luisa de Motmorense«. Auch »Die Tochter des Kardinals« las er mir vor. Das Buch war sehr interessant, es handelte von der Tochter eines Kardinals und einer Königin. Er war der Beichtvater der Königin, und eines schönen Tages, als sie ihm wieder einmal beichtete, verliebte er sich in sie, aber er konnte sich ihr nicht offenbaren, da der König anwesend war. Als der König in eine Schlacht zog, kam die Königin nieder und gebar die Tochter des Beichtvaters. Die Kleine aber wurde von einer Amme aufgezogen, in einem Landhaus, wo der Kardinal sie versteckt hatte. Diesen Roman lernte ich ganz und gar auswendig. Mein Mann konnte sehr gut lesen, er erklärte alles ganz genau: man begriff, was er las. Später fragte er mich dann: »Sag, was hast du verstanden?«

»Nun, ich habe dies und das verstanden ... Aber die Königin erscheint nicht im rechten Licht ...«

Damals wußte ich eben noch nicht, daß auch Königinnen auf die schiefe Bahn geraten können.

»Mit dir kann man einfach nicht reden! Aber nein, nein doch, so ist es nicht, du hast nicht richtig aufgepaßt.«

Und er las noch einmal, ganz langsam.

»Und jetzt? Hast du verstanden oder nicht? Laß sehen, was hast du verstanden?«

»Gleich sage ich es Ihnen, warten Sie . . .« Und ich sagte ihm, was ich diesmal verstanden hatte.

»Nein, nein doch, ich habe dir doch gesagt, daß der Kardinal sie ausgenutzt hat. Er hätte sich dem König stellen müssen, von Mann zu Mann.«

Und wieder las er mir die Geschichte vor, und diesmal verstand ich ihn sehr gut, obwohl ich ihm Albernheiten gesagt habe, die mir so in den Sinn kamen; es ist ja auch so, daß er mir nie beigebracht hatte zu diskutieren, und plötzlich kommt es über ihn, und er stellt mir alle möglichen Fragen. Er hatte Lust zu lesen, nun gut, soll er. Aber dann fragte er mich aus. Sicherlich langweilte es ihn, zu reden und zu reden, mit sich selbst zu reden wie ein Idiot, und ich ihm gegenüber ganz verlegen, ihn nur anschauend und darauf wartend, daß er mich um seinen Kaffee bittet. Ich sagte mir: Nun gut, soll er doch weiterreden. Aber man kann sagen, was man will, er konnte sehr schön lesen, und ich verstand ihn oder vielleicht auch nicht, aber es gibt Dinge, die sich mir einprägten und die ich niemals vergessen werde. Außerdem las Pedro das gleiche Kapitel bis zu sechsmal. Sie können sich vorstellen, daß etwas bei mir hängenbleiben mußte, jeden Tag dasselbe Lied! Wenn wir in einem Dorf halt machten, in einem Feldlager, in den Bergen, wohin auch immer es uns verschlug, Pedro las, aber wenn er unterwegs war, dachte er nur an die bevorstehende Schießerei, er dachte überhaupt nicht mehr an sein Buch. Er hatte eben so seine Ideen und seine Grillen und sicherlich großes Verlangen, zu reden und zu diskutieren. Ich weiß nicht, wie er zurecht kam, er war sehr eigen, ein komisches Tier, wie man so sagt, ein Einzelgänger, obwohl er sich tagsüber die Zeit damit vertrieb, mit den Soldaten Witze zu reißen, und kaum kamen wir in die Städte, fiel er in seine schlechten Gewohnheiten zurück. Er hatte mehrere Bücher bei sich, der Bursche Zeferino verwahrte sie immer in einer Schachtel, und in der Sierra von San Antonio Arenales holte Pedro sie hervor und las jede Nacht darin. Weiß der Henker, wer ihm das Lesen beigebracht hatte! Ich weiß es nicht. Wenn ich ihn gefragt hätte, was ich nie getan habe, hätte er mir sicherlich geantwortet: »Ich erinnere mich nicht mehr.« So war er. Soll einer wissen, warum. Wenn er las, leuchteten seine Augen. Das Licht wurde schwächer, es begann, dunkel zu werden, und er las weiter, bis ihm die Stimme versagte, bis es endgültig Nacht war. Dann schloß er das Buch mit großer Sorgfalt und legte sich schlafen, ohne mich zu bitten, sein Abendessen aufzuwärmen.

Eines Morgens kam der Oberst, meinen Mann zu holen, damit er den Befehl gebe, zum Sammeln zu blasen, denn es gab Neuigkeiten. Da Pedro im Buschwald unterwegs war und zu diesem Zeitpunkt kein Hornbläser zur Verfügung stand, nahm ich das Horn und blies das Signal. Das Kojote-Weibchen war mir gefolgt, und dem Oberst fiel nichts besseres ein, als mich am Arm anzufassen, und da sprang ihn die Kojotin an und biß ihn. Er zog die Pistole und schoß sie nieder. Mich packte die Wut.

»Warum haben Sie sie getötet? Das Tier hat nichts weiter getan, als mich verteidigt ...«

»Ja«, sagte er zu mir, »aber es war sehr wild ... Siehst du nicht, wie es mich gebissen hat?«

»Das Tier hat mich verteidigt. Es hatte keine Schuld. Sie haben mich angefaßt. Wie sollte das Tier wissen, ob Sie das in guter oder böser Absicht taten?«

Aus der Pistole kam noch immer ein leichter Rauch. Ich fühlte noch mehr Wut in mir hochkommen.

»Hier gibt es niemanden, dem das in der Seele weh tut ... Alle hier wußten Bescheid ... Sie wußten, daß Sie mir nicht zu nahe kommen durften. Und Sie kommen und fassen mich an, und klar doch, daß das Tier rasend wurde. Ich, ich will mein Tier lebend wieder haben ... Warum haben Sie es erschossen?«

»Warum hat es mich gebissen?«

»Weil Sie ihm Veranlassung dazu gegeben haben ... Wenn Sie nur mit mir gesprochen hätten, aber nein, Sie kommen und fassen mich an, und das Tier wollte mich beschützen. Also, Sie sind der Schuldige und nicht die Kojotin.«

»Gut, gut, ich gebe dir 100 Pesos für dein Tier.«

»Ich will das Geld nicht, was ich will, ist meine Kojotin. Erwecken Sie sie wieder zum Leben ...«

»Du bist dumm, wie soll ich denn das Tier wieder zum Leben erwecken? Ich bin doch nicht der liebe Gott.«

»Nun, da Sie es mir genommen haben, müssen Sie es mir auch wiedergeben ...«

Er kümmerte sich nicht mehr um mich und entfernte sich. Als alle Soldaten sich gesammelt hatten und ihnen der Befehl erteilt worden war, nach Rancho del Guajolote auszurücken, fragte mich mein Mann: »Was war los?«

»Der Oberst hat die Kojotin getötet ...«

Später träumte ich von ihr. Ich vermißte sie sehr. Sie fehlte mir. Ich sagte zu Pedro: »Ich werde keine Tiere mehr aufziehen. Wofür? Damit man sie dann tötet? Nein ...«

»Diese Kojotin war schlimmer als ein Hund, *Vale,* sie war sehr wild; er tötete sie, aber er wollte dafür bezahlen ...«

»Ja, aber ich wollte das Geld nicht, ich wollte mein Tier wiederhaben.«

Kurze Zeit darauf zog ich zwei Ferkelchen auf, die man Pedro geschenkt hatte, und ich trug sie in meinen Jackentaschen mit mir herum, ein Ferkelchen auf jeder Seite; außerdem eine Sau und einen Hund, die man ihm auch geschenkt hatte. Alle waren ziemlich wild, aber mir fehlte die Kojotin, und ich habe nie die gleiche Zuneigung für sie empfunden. Auch sie zog ich mit Mehlbrei auf, den ich ihnen mit einem Läppchen einträufelte. So wuchsen die vier heran. Die Sau war auch sehr wild, niemand durfte mir zu nahe kommen, sonst biß sie ihn.

Die einzige in dem Truppenverband, die einen Hund hatte, war ich. Meinem Mann hatte man diesen Hund geschenkt, der so weiß war, daß ich ihm den Namen Jazmin gab. Wenn wir in den Waggon steigen mußten, nahm ich meinen Hund hoch, und er legte seine zwei Vorderpfoten um meinen Hals. Die Sau sperrten Palemón und ich in einen Karton und stellten diesen oben auf den Zug, und aus Stöcken konstruierten wir ihr eine Behausung, damit sie keinen Sonnenstich bekam. Jazmin schlief mit mir. Er war klein und dick, er hatte Ähnlichkeit mit einem Täuberich. Morgens bekam er Milch mit Mehlfladen, mittags Brühe mit Knochen darin, und abends fraß er nichts. Er hat mich fast immer begleitet.

Die Kojotin hat man erschossen, später starb Jazmin, und als ich merkte, daß die Sau auch sterben würde, sagte ich zu meinem Mann: »Jetzt reicht es, sehen Sie zu, wo Sie sie lassen, was Sie mir ihr machen, aber ich will sie nicht mehr haben. Ich habe Ihnen das von Anfang an gesagt. Schauen Sie, wem Sie sie verkaufen, aber ich belaste mich mit keinem Tier mehr ...«

Er verkaufte sie einem Händler, der immer aus Piedras Negras herüberkam. Und ich hatte nie wieder irgendwelche Tiere. Kurz darauf wurde Pedro getötet. Wozu hätte ich andere Tiere haben sollen?

Wir zogen kreuz und quer, und dort unten, in jenem Ort, der Ranche del Guajolote hieß, in der Nähe des Ortes, aus dem General Santurnino Cedillo stammte, blieben wir für eine längere Zeit. Jeder ging seiner Wege, und mein Mann betätigte sich als Schlachter. General Espinosa y Córdoba, bis über beide Ohren verknallt in seine kleine Blondine, kümmerte sich überhaupt nicht um uns. Solange von der Obersten Regierung keine Befehle kamen, hatte er die Freiheit, zu tun, was ihm in den Sinn kam.

Pedro tötete Schweine und machte *Chicharrón*.* Sofort umringten die Jungen des Dorfes ihn und seinen Tiegel, und er lud sie ein: »Los Jungs, greift zu, seid keine Dummköpfe, eßt *Chicharrón,* greift zu.«

Mir gaben sie für sechs Groschen Tortillas, und all die Leute, die ihre Tacos bei ihm füllen wollten, umringten den Tiegel mit *Chicharrón.* Sowie einige *Chicharrones* fertig gebraten waren, verschenkte er sie, und die Tortillas gleich dazu.

---

* Chicharrón – Schweineschwarte und Fleischstückchen im eigenen Fett geschmort; wird überall auf der Straße und den Märkten verkauft

»Hör mal, *Vale*«, sagte er zu mir, »daß ja die Tortillas nicht ausgehen, laß ganze Mengen anfertigen, damit die Jungens genug zu essen haben.«

Pedro war gut zu anderen Menschen; jedes Mal, wenn er ein Schwein schlachtete, sagte er ihnen Bescheid, damit sie ihm halfen; einige setzten den Kübel mit Wasser auf, andere holten Holz und machten Feuer. Wenn sie dann fertig waren, gab er jedem ein Stück Fleisch ... So war er immer, sehr großzügig. Wenn ich ihm sein Essen in die Kaserne brachte, mußte ich genug von allem bringen, denn zu denen, die in seiner Nähe waren, sagte er: »Kommt, wenn ihr Speck essen wollt.« Das war so seine Art. Er war sehr freigiebig.

Da es in jenem Ort kein Wasser gab, holte es ein Junge von ungefähr zwölf Jahren von einem weit entfernten Berg und verkaufte es an die Truppe und die Leute im Dorf. Damit trug er zum Lebensunterhalt seiner Familie bei, denn seine Mutter und seine Geschwister waren sehr arm. Alles, was auf dem Grund des Tiegels übrig blieb, gab Pedro ihnen, und die Frau bereitete daraus, zusammen mit Tortillas, das Essen. In einem Topf sammelte sie die kleinen *Chicharrón*-Stückchen und gab sie ihren Kindern an den restlichen Tagen der Woche.

Diese Familie besaß einiges Saatgut, und Pedro gab ihnen Fleisch im Austausch gegen Saatgut, aber später stellte er dann fest, daß sie so herzergreifend arm waren, und von da an schenkte er ihnen das Fleisch.

Er liebte es, mit dem kleinen Refugio Galván zu reden, und hin und wieder begleitete er ihn sogar bis zu dem Berg, wo er Wasser holte. Sie gingen bis zur Quelle des Baches, und weiß Gott, was Pedro ihm so alles erzählte, zum Beispiel wie die Kanonen gebaut waren, aber die wirklichen Kanonen, wie die Maschinengewehre funktionierten, wie die Kugeln waren, und daß niemand jemals siegen würde ...

»Warum werden sie nicht gewinnen?«

»Darum.«

»Warum aber nicht?«

»Weil all das schon so lange andauert und noch lange nicht zu Ende ist. Das ist eine endlose Geschichte.«

Der Junge hörte nicht auf zu fragen. Obwohl er schüchtern war, ich glaube aufgrund seines Hungers, war er ein sehr neugieriges Kind; alles verstand er, und alles wollte er wissen. Ganz dünn war er, aber er hielt es durch, das ständige Hin und Her mit dem Wasser, die schweren Wasser-Kanister, die er auf dem Rücken schleppte, obwohl er fast unter ihnen zusammenbrach. Und dann rannte er hinter Pedro her: »Hauptmann, Hauptmann, da bin ich ... !«

Eines Nachmittags kam die Mutter von Refugio Galván, um meinen Mann darum zu bitten, dem Jungen den Segen des Paten zu erteilen, aber da sie mir nichts erklärte, verstand ich nicht, worum es ging, ich dachte, der Junge sollte konfirmiert werden. »Nein«, sagte sie, »ich will, daß er ihn mir in meine Arme legt, denn er ist schwer krank.«

Wie es sich herausstellte, lag ihr Junge im Sterben. Pedro war nach Ciudad del Maíz gegangen, und deshalb kam die Frau zu mir. Vor langer Zeit war es üblich, daß die Taufpaten ihren Schützling, wenn er schwer krank war, segneten, und wenn es Gottes Wille war, dann wurde er wieder gesund, und wenn nicht, dann starb er. Da man die Taufpaten dieses Jungen nicht auffinden konnte, baten sie mich zu kommen. Ich bat um eine Schale mit Wasser, eine Kerze, einige Krümel Salz und etwas Watte. Ich segnete ihn mit dem Wasser, legte ihm Salzkrümel auf die Zunge und fragte ihn, ob er von uns ginge. Der kleine Refugio machte ein Zeichen, das bedeutete, daß er uns verlassen würde. Ich fragte ihn: »Was? Du wartest nicht auf den Hauptmann?« Er schüttelte den Kopf. Es blieb keine Zeit mehr, auf ihn zu warten. Zur Mutter sagte ich: »Gut denn, so sei es, hiermit übergebe ich Ihnen Ihren Sohn.« Und als ich ihn ihr in die Arme legte, starb der Kleine. Er war gestorben, und ich ging fort.

Bei mir zu Hause dachte ich bei mir: »Nun, der Kleine ist gestorben... Mal sehen, was Pedro dazu sagt, daß ich ihn ohne sein Einverständnis verabschiedet habe.«

Ein Gefreiter, der mich zu dem kleinen Refugio begleitet hatte, sagte zu mir: »Señora, wir werden den Chef verständigen, damit er alles für die Totenwache mitbringt.«

»Gut, tun Sie, was Sie für richtig halten, ich verstehe nichts von diesen Dingen.«

Der Gefreite verständigte Pedro in Ciudad del Maíz und bat ihn, das Gewand des Heiligen Josef, die Knallfrösche, den Schnaps, den braunen Zukker und auch sonst alles zu kaufen, was für die Trauerfeier notwendig war. Er teilte ihm auf einem Zettel mit: »Sie sind der Pate, aber die Señora Chucha gab dem Jungen den Abschiedssegen.«

Als mein Mann ankam, übergab er mir den Stoff, damit ich das Gewand des Heiligen Josef für den kleinen Engel mache, und er ging zu ihm, um ihn anzuschauen. Von dort aus ging er in den Laden, um Zucker, Kaffee, braunen Zucker, kleine Kuchen aus Rohrzucker, Mais zum Zermahlen und noch mehr Knallfrösche zu kaufen, denn er stellte fest, daß die, die er aus Ciudad del Maíz mitgebracht hatte, für all die Leute nicht ausreichten. Ich begab mich daran, das Gewand zu nähen, und als man kam, danach zu fragen, brachte man auch gleich den kleinen runden Korb mit, in den die Krone, die Sandalen, das grüne Gewand mit den aufgenähten Sternen und der gelbe Umhang gelegt wurden. Danach kamen viele Jungen und Mädchen, um ein Spalier zu bilden, das von meinem Haus bis zum Haus des kleinen Refugio führte, auf der einen Seite die Jungen, auf der anderen die Mädchen. Als ich dort ankam, empfing man mich mit Musik und Knallfröschen. Ich begann, ihn einzukleiden. Mein Mann streifte ihm die Sandalen über, und nachdem ich ihm den Umhang des Heiligen Josef umgelegt hatte, färbte ich ihm die kleinen Wangen mit rotem Papier. Als er fertig war, setzte Pedro ihm die Krone auf, nahm ein Seidentuch, daß er um seinen Hals trug, und bedeckte ihm damit das Gesicht, damit die Würmer es nicht zerfressen konnten, denn die Seide hält die Würmer ab; sie respektieren sie, denn es ist ja ein Stoff, der von ihnen stammt.

Während der Totenwache sprach man nur von Refugio, seinen Namen wiederholend wie eine Litanei. Man sagte, daß Gott wisse, was er tut, daß die göttliche Barmherzigkeit groß sei, daß alles geschrieben stehe, daß er sich beizeiten von den Ränken des Teufels befreit habe, daß er die ewige Ruhe genießen werde, daß er ein so junger, so guter, so arbeitsamer, so zuverlässiger kleiner Junge gewesen sei. Sie beteten für die Seelen im Fegefeuer: »Erinnere dich, o Herr, der Seele deines Knechtes Refugio Galván, den du gerade zu dir genommen hast«, und beteten, ich weiß nicht wieviele, freudenreiche Rosenkränze.

»Was ist denn mit dem kleinen Refugio passiert?«

»Er kletterte auf einen Baum und fiel herunter, und er bekam eine Art Lungenentzündung durch den Aufprall.«

»Aber, warum ist er auf den Baum geklettert?«

»Wegen des *Chicharróns.«*

Ich spitzte die Ohren, als die Mutter erzählte, wodurch Refugio krank geworden war.

»Ich gab ihm den Tiegel mit *Chicharrón,* woraufhin ihn die Kleinen umringten: 'Oh, gib mir, gib doch, sei nicht so!' Sie dachten wohl, es sei zuviel *Chicharrón* für einen einzigen. Refugio rannte mit seinem Tiegel los, um sich auf einen Baum zu flüchten, und ich fand ihn auf dem Boden liegend und ohne *Chicharrón,* sie hatten ihm alles weggenommen ... Er war 15 Tage lang krank. Er hatte nichts gebrochen, aber er hatte hohes Fieber ...«

»Und was taten Sie?«

»Nun, ich wartete. Was sollte ich tun ...? Darauf warten, wie Gott entscheidet ...«

Während ich zuhörte, dachte ich bei mir, daß, wenn sie mir Bescheid gesagt hätten, Refugio nicht gestorben wäre, ich hätte ihm einen Trunk gebraut, der das Blutgerinnsel aufgelöst hätte, und er wäre wieder gesund geworden. Die Blätter des Avocadobaums mit Bambus und Maiskolben sind sehr gut bei Prellungen und lösen die Blutgerinnsel, die die Adern verstopfen. Das ist so, als ob man Arnika nimmt. Wenn sie sich auflösen, schmerzt es, aber danach geht es einem besser. Nun liegt er unter der Erde, wer soll ihn da wieder lebendig machen? Er war zwölf Jahre alt, als er starb. Schon von weitem sah man der Frau an, daß sie dumm und einfältig war wie keine zweite. Ich setzte mich neben sie, und ich brauchte nur ihr nichtssagendes Gesicht der Hinterbliebenen zu sehen, um noch wütender zu werden. Ich sagte zu ihr: »Ach Señora, Sie sind selbst schuld, daß er gestorben ist, denn Sie haben überhaupt nicht um ihn gekämpft. Die Geschwulst in ihm ist geronnen, und mit dem hohen Fieber dann konnte er nicht überleben.«

»Es war eben Gottes Wille ...«

Mit Gottes Hilfe hätte ich sie gerne sonstwo hingeschickt, aber da saß sie mit verschränkten Armen, hingepflanzt auf ihrem Stuhl. Die ganze Nacht über explodierten die Knallfrösche und erklang die Musik. Die Männer leerten die zwei Karaffen mit Schnaps.

»Noch einen Kleinen?«

»Ja, auf das Wohl des kleinen Refugio.«

»Prösterchen.«

»Prösterchen.«

Dann näherte sich wieder jemand der Mutter, um sie zu fragen: »Woran ist der Kleine gestorben?« Ich hätte geantwortet: »Scheren Sie sich, verdammt nochmal, zum Teufel«, aber sie wischte sich die Augen und fing erneut an zu erzählen.

Am nächsten Tag brachten wir ihn mit Musik auf den Friedhof. Zu viert trugen sie den Sarg, aber unterwegs mußten sie sich abwechseln, da sie von der durchwachten Nacht und der Sauferei ziemlich schwach waren. Als sie ihn in die Erde senkten, ließ man erneut eine Menge Knallfrösche explodieren. Die Beerdigung war keine traurige Angelegenheit, denn wir weilen nur leihweise auf der Erde; es stimmt nicht, daß wir auf ihr leben. Wir sind nur vorübergehend hier, und viele Kinder erfüllen nur ihre Pflicht und werden geboren, aber da sie nicht die Erlaubnis haben, zu verweilen, gehen sie sofort wieder zurück. Sie verweilen zwei Stunden oder Tage oder Monate. Und hier unten, auf der Erde sagt man: »Ach, er ist an diesem oder jenem gestorben.« Aber die Stunde steht geschrieben, und wenn Gott sagt: »Es ist soweit«, dann nimmt er den Menschen hinweg. Die Menschen auf den Dörfern verstehen das besser und finden sich damit ab. Sie geben den Toten zurück, wie es sich gehört. Sie klammern sich nicht weinend an ihn und sagen: »Mein Gott, warum hast du ihn von mir genommen ...?«, »... Jesus Christus, welche Ungerechtigkeit!«, denn wirklich, die meisten Leute sagen: »Oh, Gott hat mich bestraft, weil er mir meinen Sohn genommen hat!« Aber nein, nein, *Er* war nicht ungerecht. Es ist vielmehr so, daß die Kleinen geschickt werden, damit man sie bis zu einem bestimmten Alter bei sich hat. Man ist verpflichtet, für sie zu sorgen, sie zu kurieren; gewiß, man muß das Seine tun, aber wenn man sich für die kleinen Wesen umbringt und sie keine Linderung spüren, bedeutet das, daß Gott sie uns nicht lassen will, und dann müssen wir uns damit zufrieden geben und sie gehen lassen.

Deshalb beerdigt man die Toten mit Knallfröschen und Musik, und die Menschen sind zufrieden. Wenn man weint, nimmt man ihnen die himmlische Glückseligkeit. Gott empfängt sie nicht mit Freuden, denn so wie er sie auf die Erde geschickt hat, muß man sie zurückgeben. Wenn die leiblichen Eltern auf der Erde ihn nicht gehen lassen wollen und sich an ihn klammern, indem sie jammern und Gott anflehen, schaden sie nur dem gerade Verstorbenen; sie fügen ihm einen Schaden zu, der ihn das ewige Leben kosten kann.

Nachdem wir vom Friedhof zurück waren, war Pedro eine Woche lang betrunken. Er kümmerte sich weder um die unter seinem Befehl stehende Truppe noch um sich selbst. Ob er nun litt oder nicht, auf jeden Fall versumpfte er. Acht Tage lang trank er. Dort, wo wir wohnten, gleich da begann er mit dem Schnaps, aber er blieb nicht zu Hause, sondern irrte betrunken durch das Dorf, umhertappend wie ein alter Mann, mit sich selbst redend, wenn er nicht gerade, Gott weiß was, vor sich hinträllerte, das niemand verstand. Nichts als das Trinken interessierte ihn. Das ging soweit, daß er vergaß, was der Heilkundige ihm gesagt hatte. Er brauchte eine Woche, um sich zu fangen. Das Geld war ihm ausgegangen, und er war verschuldet. Er versuchte, auf Kredit ein paar Schweine aufzutreiben und schlachtete sie, und mit dem Fleisch verdiente er sich seine Centavos. Das brachte ihn wieder auf die Beine. Aber er war viele Tage ohne Bewußtsein.

In jener Vollmondnacht, in der Pedro nicht zu Hause war, weil er weggegangen war, um Schweine aufzutreiben, sah ich den *Nagual*. Es war der Schatten eines Menschen, der auf meine Tür zukam. Da es dort, in der Nähe von Ciudad del Maíz, zwischen Río Verde und San Luis Potosí, sehr heiß ist, baut man die Häuser aus dünnen Stöcken, und der Wind kann durch die Ritzen streichen. Pedro hatte das Haus eingezäunt, und zwischen die Stöcke flocht er Akazienzweige und Zweige von Sträuchern so, daß die Dornen nach oben standen. Durch dieses Flechtwerk hindurch sah ich den Schatten, der auf mein Zimmer zukam. Gleich neben diesem Zimmer gab es einen kleinen Hof mit einer kleinen Laube, die Pedro gebaut hatte – eine Art Palmendach auf Stützen –, damit die geschlachteten Schweine nicht in der prallen Sonne lagen und das Fleisch schlecht wurde. Jene Nacht damals war eine solch klare Mondnacht, daß ich durch die Ritzen sehr gut sehen konnte, daß ein Dieb, der *Nagual,* auf das Haus zuschlich.

Ich schrie, so laut ich konnte: »Was wollen Sie? Was wollen Sie? Sowie Sie einen Fuß ins Haus setzen, schieße ich auf Sie ...«

Er duckte sich, und wie ein Hund lief er zu einem Baum, in dessen Schatten sonst die Hausierer von Ciudad Valles ihren Ramsch und Lebensmittel verkauften. Dort entschwand der Mann meinen Blicken, selbst den Schwanz hatte er eingezogen. Als mein Mann zurückkam, erzählte ich ihm die Geschichte.

Der *Nagual* ist ein Mensch, der sich als Tier verkleidet auf Raubzug begibt. Es ist ein Mensch mit einem Hundefell, der auch auf allen Vieren läuft, auf Händen und Füßen, aber wenn es ihm gelingt, in ein Haus einzubrechen, muß er sich notgedrungen aufrichten, um die Dinge, die er mitnehmen will, in seinen Beutel zu werfen. Aber in dem Moment, wo man ihn entdeckt, läuft er heulend davon, und alle Bewohner des Hauses bekreuzigen sich vor lauter Entsetzen. Er kommt in Vollmondnächten, um besser sehen zu können. Er ist eher ein Gelegenheitsdieb, der sich als Tier verkleidet, als Hund oder Kojote oder auch als Wolf. Die Einfältigen haben große Angst vor ihm, ich nicht, denn ich habe ihn schon wirklich gesehen. Ich sah ihn. Ich war allein zu Hause, und morgens sagte ich zu dem Jungen, der mir immer half: »Stell den Tiegel mit dem Schweinefett auf den Tisch.« Ich stand nur auf, um es abzuschöpfen, damit es schön weiß wird. Man muß das Schweinefett abschöpfen, weil es sonst schwarz wird, ganz unansehnlich. Nach dem letzten Abschöpfen ließen Pedro und ich das Fett immer draußen, damit es sich setzt.

Mehrmals schon hatte man uns bestohlen; eine Nacht fehlte eine Keule und dann zwei Lenden. An jenem Tag hatte ich auch mehrere Stücke Fleisch gesalzen, schönes Pökelfleisch, so große Streifen, einen Meter lang, zwei Meter lang; Vorderrippe und gut präparierte Stücke. An manchen Tagen fand ich das Fleisch vollkommen durcheinandergewühlt vor. Sie nahmen nur die besten Stücke, und das Fett nahmen sie meist ganz frisch mit, denn man konnte gut erkennen, wo sie ihren großen Tiegel eingetaucht hatten. Bis zu jenem Tag, wo ich mir sagte: »Diesmal bleibe ich auf, mal sehen, wer da kommt ...«

Ich ging nicht zu Bett. Ich löschte das Licht, ließ nur das Nachtlicht brennen – wo auch immer ich mich befinde, immer zünde ich das Nachtlicht an oder einen in Wachs getauchten Docht – und setzte mich direkt neben die Tür, um Ausschau zu halten. Die Pistole hielt ich in den Händen, und ich sah sehr gut, als der *Nagual* sich hinter dem Zaun anschlich und sich der Tür näherte, so, und in dem Moment, in dem er sie öffnen wollte, sagte ich zu ihm, vollkommen ruhig und besonnen, denn schließlich hatte ich ja meine Waffe: »Was gibt es?« Und ich hielt ihm das Licht unter die Nase. Und wissen Sie, wer das war? Ein Christ, ein Freund von Pedro, der immer zu uns zum Essen kam, und ich bot ihm *Chicharrón* und Schweinefleisch an; mein Mann machte einen Soldaten aus ihm und nahm ihn mit nach San Luis Potosí, nach Ciudad del Maíz. Er hatte sich eine Schweinshaut übergeworfen, aber die Augen dieses Saukerls leuchteten ziemlich häßlich, und als ich mit einem Stock auf ihn losging, um ihn zu verprügeln, was glauben Sie, wie der über den Zaun aus Dornengestrüpp sprang und wie er sich dabei zerstach! Ich sagte mir: Gut also, er ist weg. Das sind ja schöne Freunde, die Pedro da hat!

Als Pedro am nächsten Tag mit seinem Freund ankam, sagte ich zu ihm: »Ich weiß jetzt, wer sich als *Nagual* verkleidet und uns bestiehlt.« Eben diesem *Nagual* sagte ich das mitten ins Gesicht. Jetzt leuchteten seine Augen nicht mehr, ich weiß gar nicht mehr, wie dieser Mensch hieß, ich glaube Ciriaco, aber ich hatte ihn ganz sicher wiedererkannt. Aber von jenem Moment an war mir klar, daß der *Nagual* ein Mensch ist und nicht irgendein Tier. Wenn man sich dann auf dem Lande erzählte, daß der *Nagual* ein Mädchen entführt hat, dann war das sicher so, daß er sie entführen mußte, weil sie seine Braut war und sie das so verabredet hatten. Weil man sie ihm, als er in seiner menschlichen Gestalt erschien, nicht geben wollte, kam er als Tier verkleidet und nahm sie mit sich. Alles ein Vorspiegelung falscher Tatsachen, und alles nur eine Absprache zwischen Schamlosen, zwischen ihm und ihr gleichermaßen.

Wir blieben nicht mehr sehr lange in Rancho del Guajolote, denn mein Mann bat um ein paar Tage Urlaub, um in den Norden zur *Hacienda del Salado* im Staate Coahuila zu gehen und seine Großmutter zu besuchen. Wir ritten los, nur wir zwei. Pedro war dort geboren, und diesmal, sage ich Ihnen, stand sein Mundwerk nicht still, so freute er sich. Wir kamen so gegen drei Uhr nachmittags bei der Großmutter an, und während wir auf das Haus zugingen, näherte sich uns eine Ziege. Und kaum hatte sie an ihm gerochen, begann sie auch schon zu meckern.

»Da ist ja meine Mutter«, sagte er zu mir.

»Wo?«

Ich drehte mich um, sah aber nur die Ziege und sagte zu ihm: »Wie, wo ist sie denn?«

»Siehst du sie nicht kommen? Hier, das ist meine Mutter.«

»Wie soll ich glauben, daß dieses Tier Ihre Mutter ist? Sie haben aber wenig Achtung vor Ihrer Mutter.«

»Ob du nun willst oder nicht, dieses Tier ist meine Mutter. Ich kannte meine Mutter nicht. Sie, die Ziege ist es, die ich als Mutter erlebte. Sie war es, die mich aufzog.«

Die Ziege kam näher, stellte sich auf die Hinterbeine und begann, ihn abzulecken und ihn mit ihrem Bärtchen zu liebkosen. Pedro nahm sie dann hier beim Genick und tätschelte sie.

Gleich darauf kam die Großmutter aus dem Haus und sagte: »Da bist du ja, mein Sohn.«

Immer wenn die Großmutter früher zum Markt ging und Pedro zu schreien anfing, rannte die Ziege zu dem Kleinen, beugte sich herunter, öffne- te ihre Beine und stillte ihn. So kam es also, daß die Ziege Pedro an ihren Zitzen säugte und ihn aufzog. Und klar, er liebkoste sie, und Sie hätten sehen und hören müssen, wie sie um ihn herumlief und meckerte und an ihm roch. Wer weiß, vielleicht war seine Mutter gestorben, wer weiß, jedenfalls hat er mir nichts erzählt. Über seinen Vater weiß ich auch nichts. Er hat darüber mit mir nicht gesprochen. Warum sollte er auch? Ich wollte es nicht wissen. Sein Leben interessierte mich nicht. Eins aber weiß ich, einen Tag nach unserer Abreise starb die Ziege.

Eine halbe Stunde hatten die Großmutter und ich uns unterhalten, nicht einmal, wohl nur eine Viertelstunde, als Pedro aus dem Dorf zurückkehrte, wohin er gegangen war, um einen Rundgang zu machen. Er kam nicht einmal bis zum Dorfplatz! Sehr schnell verbreitete sich die Nachricht, und man begann, ihn einzukreisen, denn noch bevor er geheiratet hatte, als er in die Revolution zog, trieb er all die Pferde der reichen Besitzer der *Hacienda,* wo er aufgewachsen war, fort und übergab sie den Streitkräften. Dafür wurde er zum Hauptmann befördert. Und nicht daran zu denken, daß die *Hacienda*-Besitzer das vergessen hätten! Aber Pedro fiel nichts Besseres ein, als die Ziege und seine Großmutter zu besuchen und sogar ins Dorf zu gehen, durch die Straßen zu streifen und seine Freunde von damals aufzusuchen, und es fand sich auch schnell jemand, der die Nachricht verbreitete, daß Pedro Aguilar zurückgekommen sei. Selbst seine Freunde sagten ihm: »Man wird dich festnehmen.«

»Aber wie denn? Ich dachte, mit der Revolution hätte sich alles geändert.«

»Die Revolution hat nichts verändert, nur, daß wir noch mehr Kohldampf schieben.«

Gleich darauf kam er angerannt und sagte zu mir: »Komm schnell, laß uns abhauen.« Und der Großmutter rief er zu: »Wenn ich bleibe, bringt man mich um!« Und schon gab er seinem Pferd die Sporen.

Nicht einmal verabschieden konnten wir uns von der armen Großmutter, die dort zurückblieb und mit hängenden Armen da stand. An jenem Tag war Pedro sozusagen unbewaffnet, denn wir hatten die Mauser nicht mitgenommen. Er hatte eine Pistole und ich auch, aber das war nicht genug. Da er sich in der Gegend gut auskannte, preschten wir in Richtung auf einen Engpaß davon, und deshalb konnten sie uns nicht fassen. Aber wir hörten die Schüsse in den Wäldern. Wir waren nur zu zweit, und als wir zurück waren, machten wir unseren Vorgesetzten Meldung. Ich fand es schön, wieder bei unseren

Leuten zu sein. Nicht einmal einen Tag waren wir bei der Großmutter gewesen. Pedro hatte nicht einmal die Zeit gehabt, sie um ihren Segen zu bitten. Und das, obwohl er sie niemals wiedersehen würde.

XII.

Villa ist hier in der Nähe!«

»Ja... Sie sind durch Conchos gekommen und haben es wie einen Saustall zurückgelassen.«

»Woher weißt du das?«

»Ein Saustall ... Sie haben die Maisfelder verbrannt ... Plünderten die Kirche; mit Pferden und allem Drumherum sind sie in die Kirche gestürmt... Hauten den Heiligen die Köpfe ab ... Sie haben alles mitgehen lassen! Man sagt, daß die Straßen blutbefleckt sind.«

»Und Villa?«

»Mittendrin war er in dem Getümmel, dieses Schwein, mit seinem schallenden Gelächter! Er befahl, daß man alle Glocken der Kirche läutet, damit wir uns darüber klar würden, wer er ist!«

Die von der Truppe bekreuzigten sich nur, als ob das irgendetwas genützt hätte. Während Pedro und ich uns auf dem Weg zur *Hacienda del Salado* befanden, ordnete man an, daß die Leute des General Juan Espinosa y Córdoba die Toten einsammelten, denn Villas Leute hatten den Passagierzug von Conchos nach Chihuahua in die Luft gesprengt und die ganze Begleitmannschaft getötet. Sie machten Hackfleisch aus den Reisenden, fast ausschließlich Zivilisten, die von einigen Militärs begleitet wurden. Mit dem Ruf »Nieder mit den *Carranclanes**!« machten Villas Leute alles ohne Ausnahme nieder. Pedro war einer von denen, die die Toten einsammeln mußten. Frauen, Männer und Kinder, alle nackt bis auf die Haut, mit offenen Augen, damit die Geier sie schneller herauspicken konnten. Sie füllten drei Wagen bis oben hin voll mit Leichen. Und so kamen sie in Villa Ahumada oder Villa

* Carranclanes – Carranzas Anhänger

González, wie es heute heißt, an, und Espinosa y Córdoba hatte schon dafür gesorgt, daß drei große Gruben gegraben wurden, und dort hinein schmiß man die Leichen, eine über die andere, wie es gerade so kam, Männer und Frauen und die Kinder, alle durcheinander. So waren sie, die Männer der berühmten Division Nord, die heute in der Hölle schmoren dürften. Um ihnen alles abzunehmen, hatten sie den Reisenden befohlen, sich auszuziehen, denn alle im Zug trugen teure Kleidung. Wir konnten nicht erkennen, wer von der Truppe war und wer Zivilist; alle lagen sie so da, wie Gott sie geschaffen hatte, und wir beförderten sie schnell in die Gruben, weil sie schon stanken. Der ganze Schnee war von all dem vielen Blut rot gefärbt. Nachdem wir das Schlachtfeld geräumt hatten, so um zwei Uhr morgens, wurde zum Ausrücken geblasen, und wir machten uns an die Verfolgung Villas und all seiner Banditen. Espinosa y Córdoba raste vor Wut und schickte uns in Richtung auf Ojinaga. Nur der Troß blieb zurück. Ich bin auch aufgebrochen, zusammen mit Pedro.

Um den Weg abzukürzen, ritten wir mit der ganzen Truppe im gestreckten Galopp durch die Sierra. Plötzlich hörten wir eine Art vielstimmiges Geschrei, das der Wind zu uns hertrug; ein Schwall von Schreien: »Dort kommen sie, die *Carranclanes,* Söhne des Ziegenbarts; auf sie und knallt sie ab . . .!« Einige von uns blieben wie erstarrt stehen, aber Espinosa y Córdoba gab Befehl, weiterzustürmen.

Die Schlacht begann um drei Uhr morgens, als es noch dunkel war, und wir hatten viele Verluste. Wir schossen dorthin, wo wir die Mündungsfeuer sahen, aber diese Banditen hatten sich hinter Felsen verschanzt. General Espinoa y Córdoba befahl den Rückzug, aber da wir anderen den Befehl nicht gehört hatten, rückten wir weiter vor und feuerten auf die Hurensöhne. Es wurde Tag. Wir kämpften den ganzen Tag über; ich hielt mich dicht neben Pedro und lud ihm die Mauser. Die Truppe war auseinandergesprengt, aber wir preschten weiter, Banditen abknallend wie nichts. Ich hielt ihm wieder einmal die geladene Mauser hin, und da er sie mir nicht abnahm, drehte ich mich um und sah, daß Pedro nicht mehr auf seinem Pferd saß. So um vier Uhr nachmittags bekam Pedro eine Kugel in die Brust, und erst da stellte ich fest, daß wir ganz allein waren. Ich sah ihn am Boden liegen. Als ich abstieg, um ihn aufzuheben, war er schon tot und lag dort mit gekreuzten Armen. Er blutete nicht stark. Kurz darauf stießen zwei Burschen zu uns. Ich bat sie, mir zu helfen, und zu dritt banden wir ihn auf dem Pferd fest. Der Feind schoß erneut und traf Pedro noch einmal, als ob sie ihn vollends töten wollten. Aber er war ja schon tot.

In eine Staubwolke gehüllt, tauchte der Major mit einigen Soldaten auf. Ich rief ihm zu, daß wir allein wären und daß mein Mann Pech gehabt hätte.

»Was sollen wir tun?« fragte er mich.

»Nun, was wollen Sie, mein Major? Wir müssen Signal zum Rückzug geben.«

Er sah ganz verdattert aus und wiederholte seine Frage, als ob er nicht verstanden hätte: »Was sollen wir tun? Was sollen wir tun? Heilige Jungfrau von Guadalupe! Was tun?«

»Was wollen Sie tun, Major? Signal zum Rückzug ...«

»Dann übernehmen Sie die Führung, denn ich habe jetzt keinen Durchblick mehr.«

Und er stand da mit offenem Mund wie ein Einfaltspinsel. Ich sagte zu dem Burschen Palemón: »Mach du den Anfang und eröffne das Rückzugsfeuer, beweg dich in Richtung auf den Rio Grande zu, und daß mir keiner der Jungens zurückbleibt!«

Die Burschen Zeferino und Palemón halfen mir dabei, die Leute zusammenzutreiben, und um fünf Uhr nachmittags kamen wir zum Fluß. Da wir ihn überqueren mußten, ließen wir den Toten unter einem Felsvorsprung und schwammen mit den Pferden hinüber. Wenn wir über die Brücke gegangen wären, hätten wir als Zielscheibe gedient. Als wir auf der anderen Seite ankamen, nahm uns ein Gringo-Hauptmann fest. Durch einen Dolmetscher ließ er mir sagen, daß wir die Waffen übergeben sollten, weil wir Gefangene seien. Ich antwortete ihm, daß ich nichts übergeben würde.

»Sie müssen Ihre Truppe, Ihre Waffen und Ihre Ausrüstung übergeben, denn Ihr General hat sich um zwölf Uhr mittags ergeben und seine Waffen abgeliefert.«

»Wie denn, der General hat den Fluß schon um zwölf Uhr mittags überquert?«

»Yes.«

»Wie das?«

Ich drehte mich sprachlos nach allen Seiten. Scheißkerl, verdammter!

»Aber, was soll das heißen, er hätte die Waffen gestreckt?«

»Ja doch. Da er seine Waffen abliefert, müssen auch Sie die Ihren abliefern, aber wenn wir zu einer Einigung gelangen und Sie nach Mexiko zurückkehren, dann geben wir Ihnen alles so zurück, wie wir es erhalten haben.«

Sie machten mir eine Liste, und ich übergab die fünfundzwanzig Waffen und die siebenundzwanzig doppelten Patronentaschen, die ich bei mir hatte: zwei von meinem Mann, zwei von mir und zwei von jedem der fünfundzwanzig Soldaten, die durchgekommen waren.

General Espinosa y Córdoba fanden wir ruhig schlafend in einer der Unterkünfte des Feldlagers vor. Wir waren nicht aufgerieben worden, aber wenn sie uns aufgerieben hätten, dann wäre die Sorge um uns von ihm genommen gewesen, denn er hatte ja schließlich seine Haut gerettet.

»Mein General, der Hauptmann ist tot, und Sie müssen mir ein paar Soldaten geben, damit ich ihn holen kann.«

»Nein. Wir sind hier Gefangene. Ich kann dir keine Soldaten geben, weil wir alle Gefangene sind.«

»Sie müssen wissen, was Sie tun, aber mir geben Sie ein paar Soldaten, um den Toten hierher zu schaffen, denn er kann nicht auf der anderen Seite des Flusses bleiben.«

Schließlich taten mir die Gringos den Gefallen, mir einen kleinen Trupp zur Verfügung zu stellen. Vier mexikanische Soldaten und eine Begleitmannschaft von ihnen, um uns zu decken. Als ich dort ankam, war es schon Nacht, und die Kojoten waren schon dabei, Pedro zu zerreißen. Er hatte schon keine Hände mehr, keine Ohren, ein Stück Nase fehlte ihm und ein Teil seines Halses. Wir hoben ihn auf und brachten ihn nach Marfa im Staate Texas, in der Nähe von Presidio in den Vereinigten Staaten, um ihn dort zu begraben. Dort also blieb er.

Es machte mich rasend, daß unser General auf die Seite der Vereinigten Staaten übergewechselt war. Ich sagte ihm, daß er keinen Grund gehabt hätte, dem Norden den Rücken zu kehren, da wir Waffen und Munition genug hatten. Er hätte uns den Befehl geben müssen, den Feind bis zum geht nicht mehr zu verfolgen.

»Wenn Sie doch wenigstens den Gegenbefehl gegeben hätten, dann wären wir alle zusammen hergekommen. Statt dessen blieben wir allein, und mein Mann wurde zwischen Ojinaga und Cuchillo Parado getötet. Pedro könnte hier bei uns sein, wenn Sie nicht solch ein Feigling wären ... Zu Recht nennt man Sie den 'Wenn es viele sind, laßt uns fliehen, wenn es wenige sind, dann laßt uns vorsichtig sein, und wenn überhaupt niemand da ist: Vorwärts Jungs, wir sind zum Sterben geboren!' Welch schöne Kriegsführung, mein General!«

Er senkte den Kopf und sagte nur: »Nun, jetzt ist nichts mehr daran zu ändern.«

»Ja, für Sie ist es zu spät, General, und Ihretwegen sind wir hier als Gefangene, aber mein Platz ist auf jener Seite, nicht auf dieser. Und es ist nicht etwa so, daß ich Ihre Tapferkeit unterschätze.«

Wir blieben einen Monat in Marfa, bis General Joaquín Amaro darum bat, uns nach Mexiko zurückzuschicken. Ich sagte Pedro Lebewohl, wir überquerten den Fluß, und von dort aus ging es nach Villa González, wo der Troß zurückgeblieben war. General Espinosa y Córdoba versammelte seine Truppe und brach auf, ich blieb zurück und schloß mich dem Truppenverband meines Mannes an. Und da man mich getrennt registriert hatte, kam ich nicht wieder zu Espinosa y Córdoba, sondern laut Liste übergaben die Gringos mir die Truppe, die Pedro befehligt hatte, die Waffen und die Ausrüstung. Deshalb sagte ich in Villa González zu Juan Espinosa y Córdoba: »Dieses Mal komme ich, Ihnen die Truppe, die mir verblieb, mit der ich den Fluß überquerte, zu übergeben.« Das waren fünfundzwanzig Soldaten; Gefreite, Unteroffiziere, Leutnants, der Major, der noch immer wie benommen war, und ich eingeschlossen. Diese Übergabe war eigentlich Sache des Majors, aber da er den Rückzug nicht hatte befehligen wollen, weil er vor Schreck oder sonstwas die Nerven verloren hatte, sagte General Espinosa y Córdoba, als wir in Mexiko ankamen und er sah, daß ich das Kommando hatte, zu mir: »Übernimm die Führung der Truppe des verstorbenen Hauptmann Aguilar ... Die Soldaten haben mir darüber Meldung gemacht, wie du das Kommando übernommen hast, als dein Mann fiel, während der Major dazu nicht in der Lage war.«

Ich sah, daß Palemón mir Zeichen machte, nein zu sagen. Ich sagte also dem General: »Nein, mein Herr, ich bin kein Soldat, und deshalb kann man mich auch nicht zum Kommandanten ernennen.«

»So, du akzeptierst also nicht?«

»Nein.«

»Warum?«

»Eben nein, mein Herr.«

Dort oben im Norden verschleppten sie die Frauen und vergewaltigten sie. Aber weder Zapata noch General Morales y Molina waren so schlimm wie dieser Bandit und unverschämte Juan Espinosa y Córdoba, der sich als großer Held fühlte. Außerdem machte er mir das Angebot mit einem Hintergedanken, denn der General war sehr gehässig und sehr nachtragend und wollte, daß ich bei den Soldaten blieb, damit er mir für all das, was ich ihm an den Kopf geworfen hatte, heimzahlen könnte.

»Du hast dich also entschieden, Mädchen?«

»Schauen Sie, ich bin hier, aber nicht etwa, weil ich Soldat bin, sondern weil ich meinen Mann begleitete, obwohl das nicht mein Wille war.«

»Nun, dann zahle ich dir das Marschgeld nicht. Ich zahle dir weder die Prämie noch die drei Monate.«

»Dann zahlen Sie sie mir eben nicht ... Ich brauche das Geld, aber wie es scheint, steht Ihnen die Erbschaft meines Mannes zu ... Stecken Sie sich das Geld sonstwo hin, es ist sowieso nichts wert; Falschgeld.«

Das saß, denn Espinosa y Córdoba nannte man den Falschgeld-General, da er nichts wert war.

Die Burschen meines Mannes waren gute Soldaten. Sie waren verheiratete Männer, gesetzten Alters, sie hatten ihre Frauen und Kinder beim Troß. Als mein Mann noch lebte, war es ihre Pflicht, für mich zu sorgen: sie erledigten meine Einkäufe, holten Wasser und alles, was ich sonst noch brauchte. Die Regierung bezahlte sie dafür. Sie waren sehr gut zu mir, aber nach Pedros Tod konnten sie nicht bei mir bleiben, nicht für mich sorgen wie früher.

Die Burschen Zeferino und Palemón sprachen kaum mit mir. Pedro befahl ihnen: »Wascht die Pferde«, »Gebt ihnen Wasser«, »Kauft ein«, und sie bürsteten seine Kleidung aus, reinigten sein Sattelzeug und bedienten ihn in allem. Erst als Pedro tot war, kamen sie und sprachen mit mir: »Bleiben Sie nicht hier! Man soll Ihnen Ihren Sold geben, und dann gehen Sie zurück in Ihre Heimat ... Wir müssen warten, bis uns ein anderer Hauptmann oder Oberst als Burschen anfordert, so daß wir Sie nicht beschützen können. Sie müssen selbst sehen, wie Sie klar kommen.«

Nun, alle Witwen legten zusammen, um mir die Fahrkarte zu kaufen, und wir kamen nach Durango, um mit dem General Amaro zu sprechen; das war der, der dafür gesorgt hatte, daß man uns aus den Vereinigten Staaten wieder nach Mexiko zurückschickte. Da er der Kommandeur für den Staat Durango war, konnte man nicht einfach so mit ihm reden. Man mußte sich einen Tag vorher anmelden, und dann empfing er einen, falls er es überhaupt tat. Ich kam mit achtzehn Frauen, als man mich im Kasernenhof aufhielt. »Kein Durchgang«, sagten die Wachposten und kreuzten ihre Bajonette. Nun, ich sagte ihnen: »Warum nicht? Ich komme, General Amaro zu sehen.«

»Wenn Sie nicht um Audienz gebeten haben, müssen Sie bis morgen warten.«

»Nein, ich will jetzt zu ihm, und jetzt werde ich ihn sehen.«

In diesem Moment erkannte der General meine Stimme, denn ich sprach sehr laut, und er hörte mich bis da oben hin. Und er erschien am Fenster: »Was gibt es, Aguilar?« sagte er zu mir.

»Mein General«, antwortete ich ihm, »man läßt mich nicht durch, um mit Ihnen zu sprechen. Der Hauptmann ist in der Schlacht von Ojinaga y Cuchillo Parado gefallen, und uns verschlug es auf die andere Seite.«

»Komm herein, komm herein, und brüll nicht von da unten herauf!«

Da ließ man mich passieren. Und alle, die einen Termin hatten und nach Nummern dran kamen, mußten warten, denn der General öffnete die Tür und sagte zu mir, daß ich mit dem ganzen Gefolge von eingestaubten Frauen eintreten solle. Ich erzählte ihm, daß General Juan Espinosa y Córdoba mich nicht auszahlte, weil er wollte, daß ich das Kommando über die Leute meines Mannes übernähme, aber ich war nicht im aktiven Dienst. Ich war nicht registriert und befand mich in dem ganzen Trubel nur, weil ich meinen Mann begleitete, mehr unter Zwang als aus Vergnügen. Ich hatte keinen anderen Rang als den des Schätzchen des Hauptmanns.

»Espinosa y Córdoba steht unter meinem Befehl, Aguilar, und es steht ihm nicht zu, den Sold des Verstorbenen zurückzuhalten.«

»Aber Sie sehen ja, mein General ...«

Er wurde wütend. Er telegrafierte, daß man ihm nach Durango die drei Monate Sold und die Prämie sende. Und der andere, da er gehorchen mußte, schickte das Geld ohne viel Federlesen und umgehend. General Amaro sagte zu mir: »Nein, Kleine, du gehst zurück in deinen Heimatort.« Er selbst verfrachtete mich und die achtzehn Frauen von Durango aus, jede dorthin, wohin sie wollte, und alle zerstreuten sich. Mir stellte er einen Passierschein aus, damit man mir in Tehuantepec die Witwenrente zahlte.

Als Pedro mit durchbohrtem Herzen liegen blieb, war ich noch keine 18 Jahre alt. Er hatte immer gesagt, daß er mich töten würde, wenn er keinen Ausweg mehr wüßte. Er wollte mich vorausschicken, aber dazu kam er nicht mehr. Ich bin noch immer hier und stifte Unruhe.

In Mexiko City mußte ich den Zug wechseln, um nach Tehuantepec zu kommen. Auf dem Bahnhof reichte ich meine sieben Sachen durch ein kleines Fenster und übergab sie einem Träger, der auf dem Bahnsteig wartete. Alles, was ich bei mir hatte, die Kleidung meines Mannes und meine Sachen, die Hemden, die ich für ihn genäht hatte – denn damals nähte die Frau die Kleidung für den Mann –, den ganzen Sold, den ich aus Dummheit in einen der Beutel tat, das Geld, das ich in ein Tuch eingebunden hatte, die Reitstiefel aus Leder, vier volle Reisekoffer, alles habe ich verloren. Ich habe den Träger nie wieder gesehen.

Jede von uns ging in ihre Heimat zurück, aber da man mich auf dem Bahnhof von Buenavista bestohlen hatte, blieb ich allein zurück, allein gelassen in Mexiko City kratzte ich mir den Kopf. Ich sah aus wie eine Truthenne, die ihr Truthähnchen verloren hat und ihren Kopf nach rechts und links dreht, um Ausschau nach ihm zu halten. »Grrroo ... gro ... grrro.«

XIII.

Von den achtzehn Frauen war nur ich übrig geblieben und noch eine andere, die nach Chilpancingo auf dem Weg war. Wir kamen zu Fuß durch die Tacuba Chaussee von dem alten Bahnhof Buenavista her. Die eine ging ihrer Wege, und ich, dort in der Alameda, wußte nicht, wohin ich gehen sollte. Die Kälte ließ meine Hände aufreißen. Ich saß da ohne Geld, ohne Kleidung, hatte nichts, war abgebrannt. Was interessierte mich die Stadt! Für mich, die mir alle Illusionen genommen worden waren, war Mexiko City nur eine Stadt voller Banditen. Das Stehlen, das lernten sie während der Revolution, denn vorher erlaubte der Mörderhund von einem Porfirio Díaz keine Diebereien. Der, der stahl, wurde umgebracht, der, der mordete, wurde umgebracht, der, der ein Mädchen entehrte, wurde umgebracht. Es war also eine Töterei. Er hatte es nicht damit: »Gib mir soviel tausend Pesos und hau ab, los, mach schon!« Nein. Es herrschte ein bißchen mehr Angst. Man dachte bei sich: »Wenn ich einen Fehler begehe, tötet man mich, also besser nicht.« Ich hockte mich ganz dicht an die Häuserwand. Es war schon dunkel geworden, und dort las mich die Streife auf und fragte mich, wohin ich denn unterwegs sei. Ich antwortete ihnen, daß ich in die Parcialidad Nr. 15 wolle. An jeder Ecke stand ein Polizist mit einer Laterne. Heutzutage sind die Straßen leer, es gibt keine Sicherheit mehr, früher ja, da gab es die, und die Polizisten begleiteten mich, nahmen den kürzesten Weg. Sie gaben mich von Häuserblock zu Häuserblock weiter, von einem Polizisten zum anderen, bis ich bei der Straße Parcialidad Nr. 15 ankam. Von all diesen Straßen ist heute nichts mehr übrig geblieben.

Im Norden, als alle Frauen zusammenlegten, um eine Fahrkarte für mich zu kaufen, freundete ich mich mit Adelina Román der Frau des Generals Abacú, an und sie war es auch, die mir sagte, daß ich ihre Schwester Raquel, verheiratet mit dem General Juan Ponce, aufsuchen solle. Aber statt nach ihr zu fragen, setzte ich mich an den Rand des Bürgersteigs, und da saß ich immer noch, als es schon zehn Uhr abends war. Es fing an zu nieseln. Um zehn Uhr kam die Portiersfrau um abzuschließen, und da ich direkt im Hauseingang saß, sagte sie zu mir: »Willst du nicht hereinkommen, Mädchen?«

»Nein, denn ich warte auf Raquel.«

»Aber Raquel ist drinnen im Haus.«

Da ich mich nicht auskannte, war ich die Dumme. Mexiko City ist ganz anders als das Land; wendet man sich an jemanden, dann versucht alle Welt gleich, einen zur Schnecke zu machen. Die Portiersfrau trat ein und rief: »Señora Raquel! Señora Raquel! Hier sucht sie jemand«, und sofort schaute die Señora herunter. Ich sagte ihr, daß ich von ihrer Schwester Adelina käme, und sie antwortete mir, daß sie schon ein Plätzchen für mich finden würden.

Viele Tage verbrachte ich damit, auf dem Bürgersteig der Straße Parcialidad zu sitzen und darauf zu warten, daß sie ihre Mahlzeiten beendeten, damit ich ins Haus zurückkehren konnte. Da sie mir ja nur Unterschlupf gewährt hatten, ging ich jedesmal, wenn sie sich zu Tisch setzten, auf die Straße und setzte mich auf den Bürgersteig, denn ich schämte mich, daneben zu sitzen und ihnen beim Essen zuzuschauen. Wenn das Essen vorbei war, kehrte ich zurück und trank Wasser. Sie kümmerten sich nicht darum. Ich habe schwere Zeiten durchgemacht. Manchmal aß ich eine Tortilla.

Diese Señora Raquel war in keiner Weise dazu verpflichtet, mich mit Essen zu versorgen. Ich schlief eben nur in ihrem Haus, das war alles; es war nicht so, daß sie mich schlecht behandelte. Wieso auch, wenn doch alles von der allmächtigen Hand Gottes vorbestimmt ist? Man kann daran nichts ändern. Ich arbeitete nicht für sie. Ich war also niemand. Sie taten schon genug für mich, indem sie mich in einem Winkel des Korridors schlafen ließen. Ich schlief auf dem nackten Boden, ohne Strohmatte. Man muß sich mit dem zufrieden geben, was man hat. Ich besaß nicht einen Centavo, und Raquel war auch nicht reich. Sie war die Frau eines Generals, aber damals waren die Generäle nicht reich. Oh, die Banditen heute, ja, die sind reich, denn sie vergreifen sich am Staatsvermögen! Aber Raquels Mann war gefallen, so daß sie also nur noch die Staatspension bekam, und die reichte hinten und vorne nicht aus, es lohnte sich nicht einmal der Aufwand, um sie abzuholen. Sie lebte mit Verwandten zusammen, und alle aßen von dieser Pension. Das erste, was sie mich fragte, war: »Zahlt die Regierung dir schon eine Pension?«

»Ja, aber man schickt sie mir in meinen Heimatort, nach Tehuantepec.«

»Und, gehst du dorthin?«

»Womit?«

Wie sollte ich auch in meinen Heimatort gelangen, hatte ich doch nicht einen roten Heller, um die Fahrkarte zu kaufen. Ich besaß nichts weiter als das, was ich auf dem Leibe trug, denn man hatte mir ja auch die Papiere geraubt. Wie sollte ich mich ausweisen? Raquel sagte mir daraufhin, ich solle mir Zeit lassen; sie würde schon dafür sorgen, daß man die Zahlungsanweisung nach Mexiko City übertrüge.

In jenen Jahren regierte der »Ziegenbart«, Präsident Carranza, Don Venustiano. Raquel brachte mich zum Palast, der voll von Frauen war, eine Unmenge von Frauen, so daß man nicht wußte, wo man hineingehen sollte, alle Türen von Röcken verstopft; der ganze Palast wimmelte von Witwen, die ihre Pensionsansprüche regelten. Eine nach der anderen, immer der Reihe nach, betraten wir den Präsidenten-Saal, das war ein großer Salon, in dem er auf einem Stuhl saß. Ich kannte ihn schon. Ich hatte ihn ganz aus der Nähe bei der Einnahme von Celaya gesehen, wo Obregón seinen Arm verlor. Als die Schlacht dann sehr haarig wurde, bestieg eben dieser Carranza ein weißes Maultier und flüchtete. Er machte eine Kehrtwendung und sah nicht einmal, als der andere seinen Arm verlor. Er erinnerte sich nicht an mich, denn die Generäle sehen ja soviele Soldaten. Als ich eintrat, sagte er zu mir: »Wenn du älter wärst, würde die Regierung dir eine Rente zahlen, aber da du noch so jung bist, kann ich nicht anordnen, daß man dir weiterhin eine Rente auszahlt. Irgendwann wirst du wieder heiraten, und der Tote kann nicht den anderen Ehemann unterhalten.«

Daraufhin packte ich die Papiere, die Raquel mir besorgt hatte, zerriß sie und warf sie ihm ins Gesicht.

»Unhöfliches Frauenzimmer!«

»Sie sind noch unhöflicher, mehr als das, Sie sind ein Dieb, denn Sie nehmen den Toten, was ihnen zusteht. Und so, wie Sie es mit mir machen, werden Sie es auch mit jedem anderen, der Ihnen nicht paßt, machen.«

Nur der Sekretär befand sich noch mit mir im Präsidentensaal. Er sagte nichts. Er konnte ja auch nichts sagen, denn ich verlangte ja nur mein Recht. Selbst wenn er gewollt hätte, hätte er sich nicht einmischen können, weil ich mit dem Präsidenten verhandelte.

Ich wurde ordentlich wütend. Ich fühlte, wie die Wut in mir hochstieg, sogar der kalte Schweiß brach mir aus. Was hatte ihn das zu kümmern, ob ich jung oder alt war. Er mußte mich bezahlen, weil es nicht sein Sold war; es war das, was der Tote mir hinterlassen hatte, um mich weiterhin zu unterhalten. Aber Carranza behielt mein Geld, dieser Schurke. Ihn, ja ihn unterhielt mein Geld und unterhält weiterhin all die ehrenwerten Revolutionäre, die noch heute den Sold meines Mannes, meines Bruders, meines Vaters und aller anderen, die durch ihre Schuld starben, kassieren; sie verzapften soviel Blödsinn und beförderten alle, ohne viel darüber nachzudenken, in den Tod. Aber es wird ihnen heimgezahlt werden, in der Hölle werden sie enden.

Da ich keine Möglichkeit hatte, mich zu wehren, vereinnahmte der »Ziegenbart« die mir zustehenden Zuwendungen und die Prämie. Dieser Bandit war es, der mir alles vermasselte. Wenn ich höre, daß man über ihn im Radio spricht, schreie ich: »Verfluchter Bandit!« Sein Bruder, Jesús Carranza, ja, das war ein guter Mensch, aber Venustiano war mit das schlimmste, was man sich vorstellen kann. Ein Wolf im Schafspelz. Jede Regierung rühmt den, der am meisten von Nutzen für sie ist. Heute nennt man ihn den Held der Vier Sümpfe, und ich glaube deshalb, weil er eine schmutzige Seele hatte. Carranza hat man uns aufgezwungen, er war eigentlich nicht vorgesehen. Er brachte den größten Teil des Goldes, das Porfirio Díaz im Palast zurückgelassen hatte, in seinen Besitz. Er füllte eine Truhe nach der anderen mit Goldbarren und Silber und nahm sie mit. Gleich hinter Villa, in Santa Clara, sprengten Obregóns Leute seinen Zug in die Luft, sie nahmen ihm das Geld ab und verfolgten ihn, und er ging in die Falle, dort auf seinem Landsitz in Tlaxcala – was weiß ich, wie weiter ... Das, allerdings, sagt man im Radio nicht. Sie erzählen, was ihnen in den Kram paßt, aber sie bringen kein Licht in die Angelegenheiten. Sie erwähnen nicht, daß der »Ziegenbart« sich immer auf der Flucht befand, um sich in Sicherheit zu bringen.

All diese Revolutionäre sind für mich wie ein Tritt in die ..., nun gut, das ist so eine Redensart, denn ich bin ja kein Mann. Nichts anderes als Banditen, als Räuber großen Stils sind sie, noch dazu durch das Gesetz geschützt. Wenn ein Soldat fällt oder desertiert, führen sie ihn in den Listen, die sie nach Mexiko City schicken, weiterhin als anwesend, und bei der Truppenbesichtigung beauftragen sie den erstbesten Burschen, geben ihm eine Pesete, und dafür antwortet er: »Hier!« Sie unterschreiben die Sold-Listen und schicken sie ab: »Truppen komplett.« Und dabei verfügen sie manchmal nur noch über zwei halbe Trupps. Der Oberst oder General, der diese Trupps kommandiert, steckt das Geld in seine eigene Tasche. Und so machen es alle, alle, einer wie der andere, und genauso verfahren sie mit den Pferden. Die Unterhaltszahlungen für ein Pferd sind höher als für einen Soldaten, und die eignen sich die Generäle der Kavallerie an. Die Soldaten mußten zu Fuß durch die Gegend ziehen, denn die Pferde erschienen nur auf dem Papier: »Drei sind getötet worden und müssen ersetzt werden ...« Deshalb schlagen sich alle darum, General der Kavallerie zu werden, denn in ein, zwei Jahren sind sie reich. Warum unterlag Profirio Díaz? Weil er der Meinung war, er hätte viele Soldaten: er erhielt die Listen, aus denen er ersehen konnte, daß die Truppen komplett waren, und er schickte das Geld für die Sold-Zahlungen, aber der größte Teil war längst zum Feind übergelaufen. Und so geht es allen, denn alle sind gleichermaßen Banditen. Alle nur Scheißkerle, diese Revolutionäre!

Da ich also vollkommen auf mich allein gestellt war, begab ich mich auf Arbeitssuche, aber so wie ich die Straßen hinaufging, so kam ich auch wieder zurück. Ich glaubte, ich würde Arbeit finden, aber da ich weder mit jemandem sprach, noch herumfragte, weil das nicht meine Art war – noch heute bin ich so –, erreichte ich nichts. Ich sprach nur mit mir selbst, in meinen Gedanken sprach ich mit mir, und die Ideen sprangen in meinem Kopf herum wie kleine Bälle und verwirrten mich. Ich dachte an die Vergangenheit, an all die Widrigkeiten, die ich durchzustehen hatte, daran, was aus mir werden würde, an das Leben, das mich so in der Zange hatte, ganz schön in der Zange hatte, und ich zerbrach mir den Kopf, ohne einen Ausweg zu finden. Ich habe nie wieder soviel nachgedacht wie zu jener Zeit, soviel, da: mir der Kopf weh tat. Vielleicht war es aber auch der Hunger. Ich ging die Straßen hinauf und wieder hinunter, immer geradeaus, von Santa Ana bis dorthin, wo sich das Schmuckgeschäft *La Esmeralda*, an der Ecke Tacuba, befindet, und von da kam ich wieder zurück zur Straße Ana. Ich ging die gleiche Straße immer auf und ab. Ich überquerte nicht einmal die Straße, weil ich Angst hatte, mich zu verlaufen, und so ging ich Schritt für Schritt und dachte immer nur an traurige Dinge.

Eine ziemlich lange Zeit spazierte ich so durch die Straße, so etwa zehn Monate lang, glaube ich. Ich aß nie etwas. Ich weiß wirklich nicht, wie Gott es fertig gebracht hat, mich auf dieser Erde zu belassen. Seit ich allein bin, denke ich oft bei mir: »Gelobt sei Gott, daß ich soviel gelitten habe. Sicherlich ist das meine Bestimmung. Ich habe viel Bitteres schlucken müssen, wirklich, soviel, daß ich mich manchmal frage, wieso ich noch lebe.« Es war spät geworden. Ich war wieder in der Straße Parcialidad und setzte mich vor die Tür des Hauseingangs, bis es Nacht wurde. Wenn alle schlafen gingen, schlüpfte ich schnell in das Eckchen, wo Raquel mir erlaubt hatte, mich hinzulegen. Ich breitete einige Zeitungen auf dem Boden aus und deckte mich mit meinem Schal zu. So verbrachte ich einige Tage oder Monate, ich weiß nicht wieviele, denn ich kenne den Kalender nicht, ich hatte nur die Uhr gelernt. Aber ich war zufrieden: die Welt ist eben, wie sie ist, und morgen beginnt ein neuer Tag.

Am Tag darauf oder im Monat darauf, oder auch ein Jahr später, ich weiß es nicht mehr, und es interessiert mich auch nicht, nach dem ewigen Auf- und Abgehen in der Straße, hatte Gott die Güte, mir einen Schutzengel zu schikken. Jenes Mädchen hatte mich sicherlich schon gesehen, diese gütige Seele, die Gott mir schickte, denn eines schönen Tages fragte sie mich: »Wohin gehst du?«

»Ach, was weiß ich.«

»Wie das? Wenn ich dich doch jeden Tag sehe, wie du hier entlang gehst und genauso wieder zurückkommst...«

Ich blieb vor ihr stehen. Sie hatte so nachdrücklich gefragt, daß ich schließlich sagte: »Nun, ich suche Arbeit.«

»Mach keine Witze«, sagte sie, »überall, wo du einen solchen Zettel an der Tür siehst ... Sag mal, kannst du nicht lesen?«

»Nein, kann ich nicht.«

»Nun, überall, wo du diese Zettel an der Tür siehst, auf denen steht: 'Dienstmädchen gesucht', gibt es Arbeit.« Und sie zeigte mir die Balkontüren, an die man früher die Zettel hing: »Dienstmädchen gesucht«, aber da ich nicht lesen konnte, hingen die Zettel eben dort und blieben dort auch hängen. Dieses junge Mädchen zog mit mir durch die Straßen von Mexiko City und unter jedem Fenster oder vor jedem Hauseingang, wo sie einen Anschlag sah, blieb sie stehen: »Schau her, hier gibt es Arbeit ... Laß uns weitergehen und andere suchen.« Sie ging weiter, wir kamen zu einem anderen Fenster, und sie wiederholte denselben Spruch, damit ich ihn mir einpräge. Sie schleppte mich durch ganz Mexiko City, Straße für Straße; sie ging mit mir bis zum Hospital General, und durch die Ciudadela kamen wir zurück. Sie erklärte mir viele Dinge; alles, was sie wußte ... Und dann sagte sie: »Es ist spät geworden. Laß uns etwas essen.«

»Gut, gehen Sie. Ich warte hier auf Sie.«

»Nein, wir zwei werden essen gehen.«

»Nein doch, ich besitze nicht einen roten Heller, mit dem ich mir etwas zu essen kaufen könnte.«

»Hör mal, ich frage dich doch nicht, ob du dir etwas zu essen kaufen wirst. Laß uns essen gehen.«

Sie führte mich zum Markt Juan Carbonero, der sich in der Nähe der Straße 2 de Abril befindet, und gab mir zu essen. Ich bekam Magenschmerzen, denn wenn er solange nichts bekommen hat, weigert sich der Körper, Nahrung aufzunehmen. Ich aß sehr wenig. Hinterher sagte sie zu mir: »Jetzt gehen wir zu dir.«

»Ich, ich wohne hinter dem Teipan.«

Das Teipan war ein Waisenhaus, nahe dem Gefängnis Santiago gelegen, gegenüber von Tlatelolco. Dort entlang kamen wir, als ich ihr auch schon die Straße Parcialidad zeigte.

»Oh«, sagte sie, »ich habe eine Freundin, die hier wohnt!«

Sie ging mit mir in die Siedlung und ging direkt auf das Haus zu, in dem ich wohnte.

»Raquelito, Raquelito«, sagte ich, »ich komme mit einer Freundin.«

»Nun, und wer ist deine Freundin?«

Dieses junge Mädchen, das mich durch alle Straßen Mexiko Citys geführt hatte, hieß Isabel Chamorro. Da stand sie nun und erzählte Raquel, daß sie mir Arbeit besorgt hatte, dort in Santa Ana. Während sie redete, schaute ich sie mir näher an, denn vorher hatte ich nicht die Augen gehoben. Es war mir peinlich, daß sie den Hunger in meinen Augen sehen könnte. Sie war weder jung noch alt, weder groß noch klein, normal eben, weder dick noch dünn, gut proportioniert würde ich sagen. Sie hatte kurzes, gelocktes Haar, einen guten Charakter, sie war eben einfach gut zu mir. Ich glaube, sie war arm, denn ich habe nie erfahren, wo sie wohnte. Am nächsten Tag kam sie ganz früh, um mich zur Arbeit zu begleiten.

Die blonde Spanierin, bei der ich zuerst arbeitete, war Besitzerin einer Weinhandlung gegenüber dem Markt San Marcos. Wir lebten in zwei getrennten Gebäuden: hier das Haus und dort die Weinhandlung. Das Haus bildete so eine Art Ecke. Zur Straße hin lagen die Weinhandlung und die Keller, und alle anderen Räume lagen einer neben dem anderen gleich um die Ecke herum. Die Küche war größer als dieser Raum hier.

Ich kann nicht sagen, mit was sie die Flaschen füllten, aber es war wohl Wein. Ich habe niemals Weintrauben oder andere Früchte gesehen. Der Señor führte seine Geschäfte, wir hatten damit nichts zu tun. Er war bei seinen Fässern und die Señora im Haus.

Damals, zu Zeiten der Revolution, gab es in allen Häusern diese Tiere, die *Tlaconetes* genannt wurden, so eine Art Nacktschnecken, ziemlich lang, und von der Señora Pepita lernte ich, daß sie durch Salz kaputt gehen. Ich fand diese Tiere gräßlich, und da ich nichts hatte, womit ich mich zudecken konnte, breitete ich einige Zeitungen auf dem Boden aus und streute rundherum Salz aus, damit sie nicht über mich hinwegkrochen.

Die ganze Hausarbeit mußte ich für die Señora Pepita erledigen: waschen, bügeln, Fußboden putzen. Damals waren die Fußböden aus Holz, und man schrubbte sie alle acht Tage mit Bürste und Seifenlauge, und jeden Samstag färbte man sie goldgelb. Diese goldgelbe Färbung gefiel mir, denn das sah sehr schön aus, wie lauter Eidotter. Zuerst schrubbte ich die Böden kräftig, damit das Holz schön sauber wurde und kein Schmutz zurückblieb und somit die Farbe schön eindringen konnte, und dann trug ich mit einem Lappen die Farbe auf, was ich später nochmals wiederholte. Damit es gut eindringt, muß man die Farbe in Wasser, dem man etwas Zitrone beigemischt hat, auflösen. Mir kam es so vor, als ob ich mein Inneres mit Goldgelb färbte, und das gefiel mir, obwohl mir durch die Lauge die Haut in Fetzen von den Händen hing, wohl wegen des hohen Sodagehaltes.

Jedesmal, wenn ihr der Sinn danach stand, begab sich die Señora nach Tepito und kaufte mir aus den Haufen von Kleidungsstücken, die dort lagen, ein paar alte Klamotten, damit ich etwas zum Wechseln hatte, die reinsten Fetzen waren das, all dieses abgetragene Zeug, das man auf dem Markt dort verkauft. Aber wie auch immer, ich mußte sie anziehen, denn was hätte ich sonst anziehen sollen? Sie kosteten sechs, sieben und sogar fünfzehn Centavos, je nachdem, was sie für die Lumpen, die sie aussuchte, bezahlen konnte. Alles, was dort verkauft wird, ist gebraucht.

Jene Spanier boten mir drei Pesos pro Monat. Ich kannte mich mit dem Geld im Distrikt von Mexiko City nicht aus, zum Glück, denn schließlich und endlich bezahlten sie mir nicht einen Centavo. Das Gute an dieser blonden Señora war, daß sie nicht herumschrie. Sie hatte auch keine Veranlassung dazu, da sie ja allein im Hause war. Aber die Knauserigkeit, die hatte sie wohl aus ihrer Heimat mitgebracht. Damals bekam man drei Brötchen für fünf

Centavos, nicht wie heute, wo man eins für zehn Centavos bekommt. Sie kaufte für fünf Centavos Brötchen und gab mir eins davon morgens zusammen mit einer Tasse schwarzem Tee und dann abends noch einmal eins wieder mit schwarzem Tee. Seit der Zeit hasse ich schwarzen Tee. Ich mag gerne Zitronentee. Mittags schickte sie mich, für drei Centavos Teig zu kaufen; das Kilo kostete sechs Centavos, und sie selbst formte die kleine Bällchen, aus denen ich dann die Tortillas machte. Sie zählte die Bällchen, damit ja keine Tortilla abhanden kam. Später dann zählte sie die Tortillas, kam zu mir und gab mir drei davon, und die restlichen nahm sie mit sich. Manchmal gab sie mir Bohnen, manchmal aber auch nur den Sud. Selbst wenn es gute Gerichte gegeben hätte, hätte ich sie nicht angerührt. Sie verwertete immer alle Reste. Wenn sie ihre Paella zubereitete, tat sie da die Reste der ganzen Woche hinein. Niemals habe ich traurigere Paellas gesehen.

Wenn ich mich nicht irre, blieb ich so etwa ein halbes Jahr oder auch länger dort, bis ich Rheuma bekam, denn die Schuhe, die ich aus dem Norden mitgebracht hatte, trug ich tagsüber nicht, um sie zu schonen, und nur, wenn ich auf die Straße ging oder zum Einkaufen, zog ich sie mir an. Und außerdem waren sie auch schon ziemlich alt. Da ich jeden Tag den Hauseingang und den Hof wischen mußte, dauerte es nicht lange, bis diese ständige Wasserpanscherei mir zusetzte. Und die Spanierin Pepita befahl mir, mich zu packen, denn eine Kranke könne sie nicht bei sich behalten. Das machte mich wütend, und als sie mich heuchlerisch fragte, was ich zu tun gedächte, sagte ich zu ihr: »Ich werde *Pepitas** verkaufen.«

Ganz verdutzt schaute sie mich an.

»Mach, daß du fortkommst, bevor ich dir eine lange.«

Nur mit großer Anstrengung, denn meine Beine knickten unter mir weg, landete ich wieder einmal in der Straße Parcialidad. Als Raquelita mich sah, fragte sie: »Was ist mit dir, daß du dich so herschleppst?«

»Nun, man hat mich gerade auf die Straße gesetzt, weil ich mit der Hausarbeit nicht mehr fertig werde.«

»Aber was fehlt dir denn?«

»Ich habe mich in der Weinhandlung kaputt gemacht.«

Als Raquelita und ihre Angehörigen sahen, wie krank und abgerissen ich war, denn es war mir einfach nicht mehr möglich, meine Lumpen auszubessern, ging sie Isabel Chamorra Bescheid sagen; das ist die, die mich zu der blonden Spanierin gebracht hatte. Raquelita rechnete aus, wieviel mir für die Zeit, die ich dort gearbeitet hatte, zustand, und die zwei gingen, meinen Lohn bei der Señora Pepita einzutreiben.

---

* Pepitas – Kakaobohnen

»Wenn Sie der Jesusa die drei Pesos pro Monat nicht zahlen, werden wir andere Schritte unternehmen. Wir werden Sie verklagen.«

Daraufhin holte dann die Señora Pepita 18 Pesos aus ihrem Geldbeutel. Soll einer wissen, für wieviele Monate das war, ich weiß es nicht. Raquelita hatte das ausgerechnet; mir brachten sie das Geld, und damit hatte ich erst einmal mein Auskommen. Raquelita und Isabel Chamorro begannen damit, mir die Monate zu erklären; wieviele Tage sie hatten, wann ein Monat zu Ende war und wann der andere begann, denn ich war sehr dumm, ziemlich beschränkt.

Ich blieb bei Raquelita, solange die 18 Pesos ausreichten, aber zu den Essenszeiten verließ ich das Haus immer und kaufte mir selbst mein Essen. Aber da mich einige aus der Nachbarschaft schon grüßten, lebte ich mich dort ein, ich war nicht mehr so unsicher. Bis Raquelita mir eines Tages mitteilte, daß sie aus ihrem Haus ausziehen müsse, weil sie keine Miete mehr gezahlt hätte. Sie zog zu einer anderen Familie, und ich mußte zusehen, wo ich blieb, denn ich konnte ja schlecht mit ihr gehen ...

Ganz in der Nähe der Straße Parcialidad lernte ich die Frau eines Mannes kennen, der von der Küste stammte und Leutnant bei der Marine war; sie nahm mich mit zu sich nach Hause. Die Señora Coyame hatte keine Kinder. Sie lebte mit ihrem Mann allein, genau wie die Spanierin Pepita. Ich schlief auf dem Fußboden hinter einem Herd, schließlich war ich nur eine Zugelaufene und mußte mit dem Hund im Hausflur schlafen. Man sagt, daß die Toten und die Zugelaufenen nach vierundzwanzig Stunden anfangen zu stinken. Ich hatte kein Geld, womit hätte ich mir etwas zu essen kaufen sollen? Und warum sollten sie mir etwas schenken, wenn sie doch gar nicht dazu verpflichtet waren? Sie taten schon genug für mich, daß sie mir ein Fleckchen zuwiesen, obwohl sie selbst nicht viel Platz hatten. Ach was, Güte, das gibt es nicht, niemand besitzt sie, glauben Sie bloß nicht, daß es Gutherzigkeit gibt, nein. Warum sollten sie mich mitverpflegen? Ich aß eben nicht. Schauen Sie, das einzige, was ich zu mir nahm, war Wasser. Ich lebe, weil Gott es so will. Er ist es, der mir immer geholfen hat. Obwohl ich ein schlechter Mensch bin, hat Gott mir seine Hand nicht entzogen. Jetzt zum Beispiel, seit heute morgen habe ich nichts mehr gegessen, und ich habe keinen Hunger. So bin ich eben, von Geburt an bin ich so gewesen und, was wollen Sie, daß ich tue? Das sind eben Schulden, die man hat und die man begleichen muß. Um es kurz zu machen, ich habe mich ein für allemal daran gewöhnt.

Die Frau jenes Mannes, der von der Küste stammte, war so eifersüchtig, daß sie mich immer losschickte, ihm nachzuspionieren, damit er nicht mit einer anderen durchbrannte. Ich mußte dem Mann mit einem Häuserblock Abstand vom Teipan bis Luis Moya folgen, der Kaserne der Marine-Soldaten, neben der Kirche von San Miguel gelegen, wo er arbeitete. Sie wollte, daß ich ihr genau berichtete, mit wem er sprach und wohin er ging, und ich, wie ein Hund folgte ich seiner Spur. Der Arme, dabei ging er immer direkt nach Hause, ohne auch nur jemanden anzuschauen, und ich einen Häuserblock hinter ihm her wie ein Geheimpolizist. Bis ich es leid war: Nun gut, was habe ich hier herumzuspionieren? Was interessiert mich denn das Leben dieses Mannes?

Die Señora Coyame lebte nur für ihre Eifersucht, und jeden Tag wurde es schlimmer mit ihr. Sie hatte Angst, daß man ihr den Mann abspenstig macht, aber einen solch häßlichen Alten und zudem noch so dunkelhäutig, wer hätte den schon gewollt? Wer beachtete schon einen Dunkelhäutigen? Bis ich mir eines Tages sagte: Nein und nochmals nein, diese Frau bringt mich noch in Verruf. Soll sie zusehen, wo sie mit ihren Launen bleibt. Mir reicht's.

Diese Frau, die von der Küste kam, hatte eine jüngere Schwester, eine junge Dame, die im gleichen Gebäudekomplex wohnte, und sie war es, die bemerkte, daß ich die ganze Zeit im Hof herumsaß, und sie sagte zu mir: »Gräm dich nicht ... Wir werden Arbeit in der Kartonfabrik suchen.«

»Einverstanden, gehen wir, aber dann wird mich Ihre Schwester nicht mehr bei sich schlafen lassen.«

»Macht nichts, wenn sie dich nicht mehr dort schlafen läßt. Du bleibst eben hier bei uns in der Pförtnerwohnung.«

Ich hatte sowieso schon die Nase voll gehabt und hatte mir überlegt: Besser, ich gehe woanders hin, und so kam es, daß ich bei der Schwester blieb, die im gleichen Viertel wohnte, in der Straße Granada, aber da ihre Mutter die Portiersfrau war, hatte ich es dort viel besser.

Hinter dem Santiago-Gefängnis gab es einen Mann, der Mädchen beschäftigte, die sich mit der Arbeit der Kartonherstellung auskannten.

»Kennst du dich aus?« fragte der Mann mich.

»Ja.«

Leoncadia, die Tochter der Portiersfrau, und die anderen Mädchen hatten mir geraten, mit ja zu antworten. Sie hatten mich schon angepriesen, so daß ich dem Mann nur noch mit ja antworten konnte, aber ich sagte es nur ganz zaghaft. Ich begann als Anlernling zur Herstellung von Schuhkartons. Wie sollte ich mich denn auskennen, ich wußte ja nicht einmal, was Karton ist. Ich wußte nichts, nichts, nicht einmal, welche Farbe die Pappe hatte, ob sie Rück- und Vorderseite besaß, und die Pappe hat Rück- und Vorderseite, und das muß man herausfinden. Da lag die Schwierigkeit, denn für mich war alles gleich. Der Mann war so freundlich, mir zu erklären, welches die Vorder- und welches die Rückseite war; er zeichnete mir einen Karton, damit ich nach diesem Muster die Schachteln zeichnen und ausschneiden konnte. Nach zwei Monaten kam ich an die Schneidemaschine. Natürlich merkte der Chef, daß ich von der Arbeit nichts verstand, aber er hatte das eben zur Kenntnis genommen, und Gott half mir, so daß er mir nie etwas sagte. Ich hörte nie ein böses Wort von ihm. Im Gegenteil, er zahlte mir 50 Centavos pro Tag. Verglichen mit den drei Pesos pro Monat, die ich als Dienstmädchen bekommen hatte, Mann, da waren 50 Centavos pro Tag für mich ein Vermögen.

Don Panchito machte Pleite. Aber er setzte mich nicht auf die Straße. Er versuchte, mir seinen Beruf beizubringen, aber ich stellte mich sehr dumm an, und es ekelte mich davor. Don Panchito sagte mir: »Lerne Perücken zu knüpfen. Damit kannst du deinen Lebensunterhalt verdienen.«

»Für mich sind diese Haare ein Greuel. Es sind Haare von Verstorbenen. Man schneidet sie den Toten auf dem Friedhof ab.«

»Nein, Mädchen, nein...! Lern es ... Du willst nicht begreifen ...«

Erst jetzt, da ich erwachsen bin, begreife ich, aber damals war ich eben sehr bockig. Die Frauen steckten sich falsche Zöpfe an, frisierten sie sich sehr lang. Zum Beispiel ich heute mit meinen mickerigen Zöpfen: wenn ich sie länger haben wollte, müßte ich mir welche kaufen. Aber warum sollte ich mir falsche Haare anstecken, wenn ich doch eigenes Haar habe, auch wenn es nur noch sehr spärlich vorhanden ist? Raquelita benutzte falsche Zöpfe, weil ihr das Haar ausgefallen war, es blieb ihr nur sehr wenig, und sie kaufte sich zwei Stränge. Ich sah, wie sie sich die Haare mit diesen Perückennetzen ansteckte. Schöne dicke Zöpfe trug sie, aber es waren eben nicht ihre eigenen. Ein Witz das ganze! Worauf es ankommt, ist, mit dem zu glänzen, was man hat, und nicht, sich mit fremden Federn zu schmücken. Aber sie verteidigte sich: »Aber wenn ich mich doch ohne Zöpfe nicht wohlfühle.«

»Wie können Sie sich nur diese Haare anstecken? Gott allein weiß, von wem die stammen mögen.«

»Bah, sie sind doch desinfiziert.«

»Was kümmert's mich, daß sie desinfiziert sind, sie stammen eben von jemand anderem.«

Da ich jetzt einen halben Peso pro Tag verdiente, ging ich sonntags mit Leoncadia, der Tochter der Portiersfrau, ins Kino. Manchmal schlossen sich uns die anderen Arbeiterinnen aus der Fabrik an, und für zehn Centavos konnten wir bis elf Uhr nachts Filme anschauen. Nur alte Filme. Ich bevorzugte die amerikanischen, die von Lon Channey, und auch heute noch sind es die, die ich am ehesten verstehe, weil es vollständige Filme sind. Die mexikanischen sind einfach nur Revuen, und gerade wenn man beginnt, Gefallen daran zu finden, heißt es »Ende«, und man bleibt unbefriedigt auf der Strecke; einem erst einheizen, und dann, zack, ist alles vorbei. Das ist nichts.

Mir geht eine Geschichte ein, die anfängt und sich dann hinzieht. Damals zogen sie sich über drei Tage hin, und man ging, sie episodenweise anzuschauen. Heutzutage gibt es das nicht mehr. Alles nur kurze Stücke von einer Stunde und einer halben. Und das für drei Pesos! Die können lange auf mich warten. Es waren Liebes- oder Abenteurerfilme, immer vollständig, lang und ganz ausführlich. Ich bin kein Freund von diesem Saukram, den man hier in Mexiko produziert, denn das sind keine Filme, und noch schlimmer wird es, wenn sie Filme über die Revolution machen. Ich verstehe nicht, wie sie sich solcher Albernheiten noch rühmen können.

Wir waren insgesamt zehn, die wir bei Don Panchito arbeiteten, und wir verließen ihn, als er Pleite machte. Wir gingen dann, da die anderen die Straßen kannten, wo es Fabriken gab – und damals konnte man überall Arbeit bekommen, denn es gab noch nicht diese Bevormundung durch die Gewerkschaften –, zu einer Kartonfabrik irgendwo dort in Tepito. Wir stellten Schachteln für Reispuder her. Man schnitt so kleine runde Scheiben für die Deckel und die Böden aus und danach die Streifen für die Seitenteile. Die Arbeit gefiel mir nicht, denn das war so ein Fitzelkram, zeitraubend, und ich mag es, wenn alles griffig ist und schnell von der Hand geht. Außerdem, man zahlte uns zwar soviel wie Don Panchito: 50 Centavos pro Tag, aber dafür mußten wir Tausende von Schächtelchen herstellen, von der Größe von Streichholzschachteln, aber rund. Die Mädchen fragten mich, ob ich damit einverstanden wäre: »Natürlich nicht, es ist eine sehr lästige Arbeit, die sich nicht auszahlt. Dafür, daß sie uns mehr Geduld abverlangt, müßte man uns auch mehr bezahlen.«

Die Mädchen waren auch der Meinung, daß das eine Schinderei wäre, und eine jede ging ihrer Wege, und ich, ich bin in eine andere Fabrik arbeiten gegangen in der Gasse San Antonio Abad, wo man mir für das Zusammensetzen von Schuhkartons 75 Centavos pro Tag bot.

Die Fabrik in San Antonio Abad war groß. Sechzig Frauen und fünfzig Männer arbeiteten dort. Ein Spanier leitete sie. Er empfing die Leute nur, jeder ging an seinen Platz, und man hatte nichts mehr mit ihm zu tun bis zum nächsten Tag, wenn man wieder zur Arbeit kam. Die erste Schicht begann um fünf Uhr morgens und endete um ein Uhr nachmittags, und dann begann die zweite Schicht, die um neun Uhr abends endete. In jener Fabrik gab es Meisterinnen, die die Arbeiterinnen anlernten, und sie leiteten sie so lange an, bis sie allein zurechtkamen. Es gab Meisterinnen in der Herstellung von Schachteln, spezialisiert im Zusammensetzen, im Zuschneiden und im Ausstaffieren, Meisterinnen im Entwerfen, Meisterinnen im Füttern von Pappe, das heißt, sie ausbreiten und mit Papier bespannen, und Vorarbeiterinnen, die uns kontrollierten.

Da ich die Neue war, sagte die Meisterin im Füttern von Pappe zu mir, wenn ich keinen ausgäbe und mit ihnen trinken würde, würden sie auf mir herumreiten. Ich hatte Angst vor ihnen. Einer der jungen Männer warnte mich: »Gib auf dich acht, denn die werden alle über dich herfallen ... Sie sind viele. Sie setzen sich auf dich und machen dir den Rücken kaputt. Sei nicht dumm, geh und sag ihnen, daß du einen ausgibst.«

Jener junge Mann hieß Nicanor Servín, er war der Sohn von Madalenita. Er staffierte Schachteln aus, und ich fütterte Pappe. Auf einem kleinen Wagen brachte ich meine Pappe nach draußen, um sie in der Sonne auszubreiten, nachdem ich sie angefeuchtet hatte. Ich breitete sie auf dem Boden aus, und wenn sie dann trocken war, legte ich sie zusammen, lud sie mir auf den Kopf und ging, sie im Lager abzuliefern. Vom Lager bekam ich meine Pappe, und im Lager mußte ich sie gefüttert wieder abliefern. Nicanor Servín arbeitete in der Reihe der Ausstaffierer, und ich breitete die Pappe in der Reihe gegenüber aus. Dort unterhielten wir uns nicht miteinander, aber nach der Arbeit sprachen wir auf der Straße zusammen. Er war ein guter Junge, ohne besondere Vorzüge, er nutzte niemanden aus. Er tat einem einen Gefallen, ohne dafür eine Gegenleistung zu verlangen, na, Sie wissen schon was. Nicanor sah, wie sie alle die Tatsache, daß ich erst zwei Tage im Betrieb war, für sich nutzen wollten und mich eine Idiotin, die gerade erst von ihrem Berg heruntergestiegen war, einen Dorftrampel nannten, und als er merkte, daß ich niemanden hatte, der mich beschützen konnte, sagte er mir: »Du mußt diesen Frauen zu trinken spendieren ... Ich gebe dir, was du brauchst.«

Ich ging zu ihnen und sagte, daß sie aufhören sollten mit der Lästerei, daß ich ihnen einen ausgeben würde, und ich ließ eine Kanne *Pulque** herbeischaffen und begann auszuteilen. Zum Schluß lagen alle auf dem Boden. Sie lagen da einfach so in der Fabrik herum. Der Besitzer war sehr verärgert: »Was ist denn hier passiert?«

»Nun, das, was Sie hier sehen, Señor«, sagte Nicanor Servín zu ihm.

»Wer hat sie betrunken gemacht? Die Neue?«

»Es ist so, daß die Mädchen über sie herfallen wollten, deshalb gab sie ihnen zu trinken. Sie müssen sich überlegen, was Sie tun wollen, ob sie das Mädchen in Schutz nehmen oder ob sie uns alle gleichermaßen bestrafen.«

Der Señor fand die Meisterin betrunken unter dem Tisch liegen. Ich hatte nicht nur eine Kanne bringen lassen, sondern zwei und sorgte dann dafür, daß sie sie austranken. Wie sollten sie das überstehen? Das hat sie einfach umgehauen. Der Besitzer bestrafte sie, und von dem Moment an haben sie mir keine Unannehmlichkeiten mehr bereitet. Aber dann begann ich mit der

* Pulque – Agavenschnaps

Trinkerei. Nach der Arbeit war ich es, die zu ihnen sagte: »Kommt, gehen wir etwas trinken. Ihr spendiert mir soundsoviele Schalen *Pulque,* und ich bringe euch bei, wie man trinkt.«

In Chilpancingo habe ich das Trinken gelernt, nur hatte ich zu der Zeit kein Geld. Als ich dann einen halben Peso pro Tag zu verdienen begann, mußte ich mich mit meinem armseligen Leben weiterhin abfinden, denn von diesem halben Peso mußte ich mich kleiden und ernähren. Aber dann, mit 75 Centavos pro Tag konnte ich trinken, obwohl ich mir dann zum Essen nur das billigste kaufen konnte, was es gab. Für fünf *Cuartillas**bekam man sowohl Bohnen als auch Tortillas; sechs Tortillas für drei Centavos. Aber das waren von Hand gemachte Tortillas, und groß waren sie, nicht dieser Dreck, der heute verkauft wird. Es war also so, daß ich mir für fünf Cuartillas Tortillas kaufte und mir einen Löffel Reis und einen Löffel Bohnen darauf tat, und damit war ich dann gut bedient. Morgens trank ich einen Krug Atole, von denen, die einen Centavo kosteten, und drei *Tamales**, auch von denen zu einem Centavo, große *Tamales*, nicht solche, die heutzutage 20 oder 35 Centavos kosten und nicht einmal mit Fleisch gefüllt sind. Ich mietete ein Zimmer mit Zugang von innen, aber auch mit separatem Eingang, mit einem Herd und einer kleinen Terrasse. Das Zimmer lag in der Gasse San Antonio Abad Nr. 77, Ecke Jesús María. Das Haus ist abgerissen worden. Man baute dort einige Lagerhallen. Ich schlief weiterhin auf dem Boden, aber zumindest hatte ich eine eigene Unterkunft. Die Strohmatte kostete mich zehn Centavos, und ich deckte mich mit einer Decke zu, die ich für einen Peso 50 Centavos gekauft hatte. Ich konnte mir Kaffee kochen und Bohnen zubereiten; als Imbiß nahm ich Tortillas mit zur Arbeit, und hinterher auf zum Zug durch die Gemeinde! Es ging mir langsam besser; einmal habe ich sogar solch ein großes Beefsteak mitgenommen, denn für fünf Centavos bekam man fünf riesige Dinger.

So etwa zwei Jahre arbeitete ich in der Kartonfabrik. Von dort aus wechselten einige Kolleginnen und ich zu einer anderen Fabrik, die sich in Magdalena Mixhuca befand. Im Mexiko jener Zeit gab es viel Geld, und man bezahlte in Goldmünzen. Mit einer Münze bezahlten sie drei oder vier von uns, und wir machten unsere Einkäufe im fabrikeigenen Laden, der von der Witwe betrieben wurde, der auch die Fabrik gehörte. Ohne einen Centavo verließen wir den Laden, denn wir hatten dort alles ausgegeben. So kehrten die Münzen in die Taschen der Witwe zurück. Wir durften sie nur eine kleine Weile bei uns tragen. Das war so ein Laden wie zu Porfirio Díaz Zeiten. Jeder mußte seinen Teil dort ausgeben, damit wir die Münze gewechselt bekamen. Man besaß

---

* Cuartilla – damalige Währung

* Tamales – aus gemahlenem Mais gekochte Masse, gefüllt mit Fleisch und eingewickelt in Bananen-Blätter

nicht die Freiheit, sein Geld woanders auszugeben. So wie das Geld rausging, kam es wieder zurück! Ich verließ die Fabrik jener schlauen Witwe, und zusammen mit einigen Kolleginnen begab ich mich zu der eines anderen Spaniers. Und von da ab ging ich von einer Fabrik zur anderen, von einer Schenke zur nächsten Sauferei, zog ich durch *Pulquerías,* Kneipen und Tanzsäle und dann noch mehr Fabriken und Werkstätten und Wäschereien und lästige Señoras und harte Tortillas und nichts wie Saufereien mit *Pulque,* Tequila und in der Früh Kräuter gegen den Kater. Und Freundinnen und Freund, die nichts wert waren, und Hunde, die mich verließen, um ihren Hündinnen nachzulaufen. Und Männer, die schlimmer waren als räudige Hunde, und Polizisten, die klauten, und unverschämte Straßenjungen. Und ich immer allein, und der Junge, den ich ganz klein zu mir nahm und der mich verließ, der mich auf Nimmerwiedersehen verließ und mich noch einsamer zurückließ. Ich erzähle dies nicht etwa, um Mitleid zu heischen, aber ich bin hier wie eine Aussätzige eingesperrt in meine vier Wände und auf der Straße immer weniger wild und weniger streitsüchtig, denn ich bin alt geworden, und mein Blut gerät nicht mehr in Wallung, und die Kräfte haben nachgelassen, die Haare sind mir ausgefallen, und nur einige Stümpfe sind mir als Zähne geblieben; ich kratze mich mit meinen Fingernägeln, wenn man das auch nicht mehr Fingernägel nennen kann, was mir nach all den Nagelentzündungen durch die Waschlauge geblieben ist.

XIV.

Jeden Abend nach der Arbeit ging ich zum Tanzen und Trinken in die »Montañagrina«. Kam ich da heraus, ging ich direkt in das »Bosque«. Diese beiden Kneipen lagen sich in der Straße Pino Suárez gegenüber; Pino Suárez, das ist der, der zusammen mit Madero gefallen ist. Das »Montañagrina« war ein Haus, das einen ganzen Häuserblock umfaßte, mit seinem Holzfußboden, der besonders gut geeignet war, um die *Taconazos** zu tanzen, mit seinen Tischen, Stühlen und mit seiner Theke. Im Winter stellte man eine

* Taconazos – Absatzgeklapper und Fußstampfen bei einigen volkstümlichen Tänzen

große Kaffeekanne auf einen Benzinkocher, und sie brühten darin Zimt auf; man machte verschiedene Arten von Punsch und ich, ich trank davon, wenn der Punsch noch heiß und gut durchgezogen war. Wir betranken uns nur mit warmen Sachen im Bauch. So ein Punsch kostete zehn Centavos an der Theke und fünfzehn am Tisch, denn die Tischbedienung bekam fünf Centavos Kommission. In einem großen Spiegel, der über der Theke hing, konnte man die Frauen und Männer sehen, die die Kneipe betraten. Die Tür ging immerzu auf und zu.

Damals arbeitete ich in der Kartonfabrik. Außerdem schickte mich der Fabrikbesitzer, der Spanier Don Chicho, ihm seine Einkäufe zu tätigen. Einmal trug er mir auf, seine Mutter zu besuchen, dort in einer der Straßen, die alle auf ein Denkmal zulaufen, das zur Orientierung dient; ein Mann, eingehüllt in einen Mantel, der ihm bis auf die Füße reicht, ich glaube, es ist Morelos oder irgend so einer.

Auf dem Rückweg kannte ich mich aus und konnte Abkürzungen nehmen, so daß ich weniger Zeit brauchte. Ich hörte, wie jemand mir hinterher zischelte: »Pscht... psssst... pssssssssttttt...«, und da das nicht mein Name ist und ich auch kein Hund bin, was kümmert's mich? Und als der Bengel es leid war, immer nur »pschpschpsch« und »psssttt« zu machen, holte er mich ein und, zass, zog er mich an den Haaren: »Ich habe es satt, hinter dir her zu rennen und dich anzusprechen, ohne daß du mich beachtest!«

Und ich, ich haute ihm eine runter. Just in diesem Moment griff er in die Tasche und holte seine Trillerpfeife heraus und rief damit die Polizei herbei. Er zeigte seinen Zivilstreife-Ausweis und verlangte, daß die Polizisten ihm gehorchten. Sie brachten mich zur »Sechsten«, an der Ecke Vizcaínas und Niño Perdido.

Man machte seine Aussagen. Der Chef der Abteilung sagte zu mir: »Warum hast du ihn geschlagen, er ist doch von der Zivilstreife?«

»Und wieso erdreistet er sich? Dieser Herr kennt mich nicht, und ich kenne ihn nicht. Und daß er von der Zivilstreife ist, umso schlimmer. Warum und mit welchem Recht zieht er mich an den Haaren?«

»Nun, ich glaubte, daß du von der Gesundheitsbehörde kamst.«

»Wie, was, von der Gesundheitsbehörde?«

»Ja doch, von dort, wo die Mädchen so herkommen.«

»Und was habe ich damit zutun, daß die Mädchen dort herauskommen oder auch nicht? Das ist eine normale Straße, und ich mußte dort entlang.«

»Schau an, wie gewitzt, du spielst hier die Bedrängte, dabei bist du genau nur so eine.«

Und ich, ich fiel über ihn her, um ihm sein Maul zu stopfen. Aber der Chef der Abteilung hielt mich zurück. Er fragte diesen Typen von der Zivilstreife:

»Und Sie, von wo sahen Sie sie herauskommen?«

Er antwortete dem Chef nicht einmal, so, als ob er ihn überhaupt nicht gefragt hätte, wandte sich dafür aber an mich: »Du kamst durch diese Straße, und es war nicht das erste Mal, daß ich dich gesehen habe, spiel dich nicht so auf, sonst lasse ich dich untersuchen!«

Der Chef mischte sich ein: »Hör mal, du kannst nicht einfach so herumreden, nur um zu reden. Kannst du denn kein X von einem U unterscheiden? Daß du Zivilstreife bist, ist eine Sache, daß du dich wie ein Hund benimmst, eine andere ... Und wie du es auch drehst, diese Frau ist nicht das, wofür du sie hältst.«

Durch das dauernde Hin- und Hergerede war es zwölf Uhr mittags geworden. Ich bat den Richter, mich mit meinem Chef telefonieren zu lassen, damit er ihm sagen könnte, wer ich sei und daß ich bei ihm arbeite. Als mein Chef den Hörer abnahm, erzählte ich ihm, daß ich in der Nähe der Ciudadela einen Mann geschlagen hätte und daß man mich hier festhielte.

»Ich komme hin.«

Kaum, daß Don Chicho eintraf, sagte ich ihm, daß er ja keine Strafe zahlen solle, denn daß ich den Agenten geschlagen habe, sei allein dessen Schuld. Der Richter war ein gutmütiger Mensch. Ich war nicht einmal in eine Zelle eingesperrt; man ließ mich im Verhandlungsraum. So gegen drei Uhr nachmittags entließ man mich wieder. Auf dem Rückweg sagte der Chef zu mir: »Schau, du bist wirklich schlecht. Ich glaubte immer, du machst nur Sprüche, aber ich wußte nicht, daß du wirklich um dich schlägst.«

»Aber er hat mich doch an den Haaren gezogen. Sollte ich mir das vielleicht gefallen lassen? Wenn ich ihn doch überhaupt nicht kenne!«

Ich hatte den Mann nur mit dem Handrücken geohrfeigt, aber doch so, daß man es sehen konnte. Ich war gut im Ohrfeigen austeilen. Heute ist das vorbei, ich rühre niemanden mehr an. Ich bin nicht mehr so streitsüchtig, denn ich habe eingesehen, daß es nicht gut ist, sich zu schlagen; auch wenn man gewinnt, geht man als Verlierer hervor, aber früher, da kribbelte es mir immer in den Händen.

Früher gab es in der Lagunilla, gleich neben dem Markt, einen Park, den man später einebnete, um das Gelände zu bebauen. Auf den Bänken dieses Parkes trafen sich die Lastenträger zum Essen. Ich ging dort immer hin und setzte mich auf den Rasen. Fand ich eine freie Bank, gut, wenn nicht, dann nahm ich mit dem Rasen vorlieb. Da ich keine Arbeit hatte und in der Langunilla nur so herumstromerte, machte ich es mir unter einem Baum bequem. Kurz darauf kam eine Señora vorbei und fragte, wer von all denen, die wir da herumsaßen und nichts zu tun hatten, arbeiten wolle. Sie hatte schon zwei Mädchen unter Vertrag genommen und stellte mich auch noch ein.

Adelina de la Parra war die Besitzerin des Unternehmens »Netzahualcóyotl«, und ich war ihr Dienstmädchen. Ihr Haus war zum Teil Laden, zum Teil Restaurant, keiner wußte so recht, was es eigentlich war, auf jeden Fall wurde dort getanzt. Ich putzte und machte die Zimmer. Es war eine große Familie: acht Zimmer insgesamt. Es gab eine Menge Mädchen dort, denn das Geschäft bestand aus Saufen und Tanzen. Sie verkauften Tacos, Fladenbrot und Getränke, und oft mußten sie sich mit Betrunkenen und dreckigen Kerlen abgeben. Meine Aufgabe war es, zu fegen und Staub zu wischen, und wenn ich fertig war, sagte die Señora zu mir: »Geh tanzen und an den Tischen bedienen, damit du hier nicht so herumstehst und zuschaust ...« Und dadurch begann mir das Tanzen mehr Vergnügen zu bereiten als das Saubermachen.

Um zehn Uhr abends ging ich nach Hause oder wohin auch immer, bis zum nächsten Tag. Meisten begab ich mich in die »Montañagrina«. Ich verdiente gut im »Netzahualcóyotl«, aber ich mußte beim Trinken mit allen mithalten. Außerdem gab es viele Streitereien. Einmal war es geradezu umwerfend. Ich unterhielt mich gerade mit einem der Anwesenden, als ein andererer Mann eintrat, der hinter mir her war. Er, ja, er war verrückt nach mir, aber ich hatte nichts mit ihm im Sinn. Er war Gerber und roch stark nach Gerbsäure. Er hieß Carlos, ich weiß nicht, wie weiter. »Sobald ich auftauche, läßt du alles liegen und stehen und kümmerst dich nur um mich.« Ich war wohl schlecht gelaunt an jenem Tag, jedenfalls beachtete ich ihn nicht weiter. Ich sah, wie Carlos »Gerbsäure« eintrat, wie eine zudringliche Gerberei-Wanze.

»Was ist los? Siehst du nicht, daß ich da bin?«

»Und was soll das heißen? Ich bediene gerade diese Herren hier.«

Er drehte sich um und weg war er, wie ein geprügelter Hund.

Ich lachte, als ich ihn so in Wut sah, und sagte zum Pianisten: »Spiel mir 'Seufzer und Tränen!'«

Er begann zu spielen, und ich zog einen der Männer, mit denen ich getrunken hatte, auf die Tanzfläche. Wir tanzten gerade den herrlichen Walzer »Seufzer und Tränen«, als der andere zurückkam. Die Abfuhr, die ich ihm erteilt hatte, ließ ihm keine Ruhe. Aber, was soll's, die anderen zahlten genauso gut wie er, bar auf die Hand. Warum sollte ich sie fallenlassen? Sieh da, sieh da, er glaubte, ein Recht zu haben, mich herumzukommandieren.

»Ich bin hier zum Arbeiten, nicht um jeden Hergelaufenen zu verwöhnen.«

Carlos wollte mit meinem Verehrer eine fürchterliche Schlägerei anfangen, ich aber sagte zu ihm: »Mit ihm hast du nichts zu schaffen. Warum? Mit welchem Recht kommst du überhaupt hierher und suchst Streit?«

»Ich bin nicht einer von deinen impotenten Kerlen, der, der sich mit mir anlegt, bekommt mein Messer zu spüren.«

»Ah, was glaubst du denn, wer du hier bist? Der Herr des Hauses oder der, der die Miete bezahlt, oder hältst du dich vielleicht sogar für den, der hier die ganze Bude in Schwung hält?«

»Du weißt Bescheid, entweder kümmerst du dich um mich oder ich kümmere mich um dich, aber mit Keile!«

»Ich stehe dem Haus zur Verfügung, das mir schließlich mein Geld bezahlt, das ich verdiene; ich bediene gerade diesen Herrn und seine Freunde, die ihm Gesellschaft leisten. Du bist zu spät gekommen, mein Freund.«

Uuuuuuy! Im selben Moment zog er sein Gerber-Messer, ein solch großes Ding, und wollte sich auf die anderen stürzen.

»Ich werde sie abschlachten!«

»Laß die Jungens zufrieden. Leg dich mit mir an. Du bist doch ein ganzer Mann, los doch, stoß zu ... Du hast, was du brauchst, ich aber auch ... Haltet euch raus, Jungs, ich werde schon mit ihm fertig!«

Ich stieß ihn hinaus auf die Straße. Als sie das Messer sahen, rannten die Frauen, die dort arbeiteten, zusammen mit den Gästen nach draußen. Und da draußen gingen wir aufeinander los.

»Du hast überhaupt kein Recht, mich anzuschreien.«

»Ich, ich liebe dich und will, daß du das begreifst.«

»Und ich, was habe ich damit zu tun, daß du mich liebst? Ich liebe alle gleichermaßen, ohne Unterschied. Wenn du dich damit zufrieden gibst, gut, wenn nicht, dann auf Nimmerwiedersehen und gehab dich wohl.«

Er hatte eine Frau, denn zweimal brachte er mir seinen kleinen Sohn, ich bitte Sie, einen Kleinen von etwa zwei Jahren, wohl damit ich ihn aufziehe.

Wenn er an mir interessiert war, nun gut, das war sein Problem. Die verheirateten Männer liegen mir nicht, sie reden immer nur von ihren Sorgen und Nöten, immer jammern sie, daß das Essen nicht rechtzeitig auf dem Tisch steht. Schau, ich liebe nur dich, aber die andere hat mich eingewickelt ... Und überhaupt, ich schreie gerne, aber es gefällt mir gar nicht, wenn man mich anschreit.

»Mit mir kommst du nicht weiter. Geh deiner Wege und laß mich, in Gottes Namen, zufrieden. Bring deinen Sohn der Dummen, die ihn geboren hat!«

Nachdem ich ihm ein paar ordentliche Schläge verpaßt hatte, biß ich ihm in die Hand, er ließ das Messer fallen, und ich, nichts, wie es aufheben und zu ihm sagen: »Nun komm! Mach schon, Du bist doch ein starker Mann!«

Mit dem Messer in der Hand war ich ihm überlegen, und er machte, daß er fortkam.

Früher war ich allen überlegen, auch wenn sie stärker waren als ich. Ich besiegte sie, weil ich sehr geschickt im Kämpfen war. Ich fühlte, wie die Wut in mir hochstieg, und zielte, ohne daß ich mir dessen bewußt war: »Paß auf, hier kommt ein Fausthieb und dort ein Fußtritt...« Das ist eben die Jugend! Aus diesem Grunde bin ich allein, weil ich es nicht leiden kann, wenn mich irgendjemand herumkommandiert. Und, wenn Sie mir nicht glauben, dann fragen Sie Pedro...

Später fragten mich die Mädchen: »Aber was willst du eigentlich?«

»Was wohl, was sollte ich wollen, was sollte ich wollen? Schließlich und endlich habe ich nur ein Leben. Wenn ich an der Reihe bin, bin ich eben an der Reihe. Hinterher ist es zu spät. Aber daß man mir Szenen wegen irgendwelcher Eifersuchtsgeschichten liefert, soweit kommt es noch! Solange sie ihre Zeche bezahlen, behandele ich alle gleich. Sie müssen mit dem Geld rüberkommen! Für wie unwiderstehlich sie sich auch halten mögen, ich werde mich nicht in sie verknallen. Und schließlich ist es nun einmal so, daß mir die Kerle nicht gefallen. Fordert mich zum Tanzen und zum Trinken auf, ich ziehe mit, ladet mich meinetwegen zu einer Tour durch ganz Mexiko ein; gebt mir zu Essen, weil ich gerne esse und trinke, aber eines nicht, verlangt nicht, daß ich euch mit dem bezahle, was Gott mir gegeben hat. Das auf keinen Fall.«

»Nun, du hältst dich für sehr pfiffig, aber eines schönen Tages wird auch dir dein Herz-Bube über den Weg laufen«, weissagten mir die Serviererinnen.

»Das werden wir sehen! Ihr laßt euch einwickeln, ich nicht. Warum sollte ich das zulassen? Auch wenn es der Gott Huitzilopoztli persönlich wäre, bei mir läuft er auf.«

Mir hat keiner je gefallen; als Freund ja, echte und loyale Freunde, das ja, aber nichts von wegen Verbindungen eingehen. Daß wir zusammen einen heben, in Ordnung, aber bitte sehr, das ist auch alles. Ich hatte viele Freunde, und ich bereue es nicht, denn sie waren rechtschaffen. Und der, der versuchte, mir anders zu kommen, dem erteilte ich eine Abfuhr. Von wegen, ich will dich für mich allein, so nicht. Und wenn meine Freundschaft dir nicht paßt, dann Vorhang zu, und sei er auch nur aus Gaze.

»Ojeh, wie du dich aufführst! Draufgängerischer als der Gockel im Hühnerhof!«

Sie ja, sie überließen sich den Männern. Sie brauchten nur einen Ton zu sagen, diese Saukerle, und schon ließen sie sich einschüchtern. Ich nicht. Das waren derart dumme Puten, daß sie alles mit sich machen ließen, auch das, was nicht erlaubt ist.

»Komm schon, laß es uns tun, nur zu!«

Und wenn sie sie schon herumgekriegt hatten, nur von wegen: komm und ich besorge es dir, so oft sich die Gelegenheit bietet, wären sie ja schön blöd gewesen, noch mit Schmeicheleien um sich zu werfen. Und wenn ich das sage, dann deshalb, weil ich mich auch herumkriegen ließ. Aber das war damals. Seitdem ich in Mexiko City lebe, bin ich von solchem Unsinn geheilt. Ich sagte mir: »Je mehr du dir gefallen läßt, umso schneller geht es mit dir bergab.« Und die, die sich weiterhin alles gefallen lassen, die verdienen es nicht anders, als daß man sie wie Dummköpfe behandelt.

Schon von Kindesbeinen an wußten meine Freunde, woran sie mit mir waren, denn als mein Vater noch lebte, nachmittags, nach dem Truppen-Appell, verkleideten sie mich als Mann, damit ich mit den Soldaten einen Zug durch die Gemeinde machen konnte. Mein Vater trug ihnen nur auf: »Ihr wißt, daß ihr auf sie aufpassen müßt.«

»Ja, Señor, wir passen auf sie auf.«

Ich steckte mein wirres Haar hoch, setzte meinen Hut auf und zog meine Uniform an und zog mit ihnen Serenaden bringend durch die Gegend. Ich mimte den Mann, und wir brachten der ganzen Meute von läufigen Hündinnen ein Ständchen. Ich zog mit den Soldaten durch die Straßen des Hafens von Acapulco mit umgehängter Gitarre und beladen mit Flaschen, und niemals rührten sie mich an. So auch, als ich im »Netzahualcóyotl« arbeitete, ich watete im Dschungel, aber alle waren Freunde.

»Kommst du nicht mit uns, Jesusa?«

»Ja, ich komme sofort nach.«

»Ich gehe auch mit«, sagte Rosita, eine sehr gesittete Serviererin.

»Du nicht, nein!«

»Och, warum?«

»Allein amüsieren wir uns besser.«

»Wie ihr euch anstellt! Habt euch doch nicht so!«

»Verdammt! Das ist Männersache. Wir wollen kein Gejammer.«

Einer war Chauffeur, eine anderer Bankier, Polizist ein dritter.

Valentín Flores war ein Freund mit gewaltiger Stimme, ein erstklassiger Obsthändler. In einem dieser Holztröge aus Michoacán verkaufte er Obst, das er lauthals anpries. Hatte er keine Apfelsinen, dann hatte er Avocados, und wenn die nicht, dann Mus aus wildwachsenden Opuntien oder aus Ziegenmilch. Er machte auch ausgezeichnetes Zitroneneis. Und wenn er keine Zeit hatte, dann machte er nur geschabtes Eis, das man mit dem Kratzeisen abschabt und das schnell herzustellen ist. Man füllt es dann nur in verschiedenfarbige Glasflaschen und fertig. Er machte den Weg zum Markt so vier- oder fünfmal, und wenn wir ihn dann auf der Straße schreien hörten, sagten wir: »Dort kommt der Narr! Dort kommt der Narr!« Wir spielten dem Armen übel mit. Wir nahmen ihm seine Waren weg, denn meistens war er betrunken. Er war ein guter Mensch und wurde mein Freund, denn eines Tages, als sich alle Arbeiter über ihn hermachten, machte ich mich für ihn stark: »So geht es nicht, wir haben ihm alles weggegessen, jetzt müssen wir ihm helfen, den Schaden wieder gutmachen.« Und mit dem, was wir zusammengelegt hatten, begab er sich zufrieden zum Markt La Merced. Etwas ist besser als gar nichts. Der Mann dürfte so 40 oder 50 Jahre alt gewesen sein. Eines Tages, als er so richtig betrunken war, versteckte ich all seinen Ramsch. In seinem betrunkenen Zustand kniete er vor mir nieder: »Ach, meine gute Kleine, gib mir meine Sachen zurück! Siehst du nicht, daß ich sie verkaufen will?«

»Ich gebe dir überhaupt nichts, weil du alles verlieren wirst.«

Bei diesem Geplänkel beobachtete uns die Kneipenwirtin, und von da an wurde er »Don Tenorio« genannt und ich »Doña Inés«. Valentín hatte ein Tuch bei sich, in das er sein Anti-Schmerzmittel von Dr. Bell und seine Centavos einwickelte, aber er verstreute sie in alle Himmelsrichtungen, und später dann mußte er um Almosen betteln, um sich Ware beschaffen und weiterverkaufen zu können.

Valentín Flores war der beste Mann, den ich je kannte. Der Arme, er war ein sanfter Mensch, viel zu sanft für dieses harte Leben. »Wir müssen die Ruhe bewahren, dann geht es auch uns eines Tages besser, verdammt«, pflegte er zu sagen, »ich bin schon auf die Schnauze gefallen, aber ich rappelte mich wieder auf, so ergeht es uns eben, was können wir dagegen schon tun?« Obwohl er zu Porfirio Díaz Zeiten Soldat war und einen schlechten Ruf hatte, bleibe ich dabei, daß Valentín Flores eine Seele Gottes war. Man nannte ihn boshafterweise den »Verwachsenen«, und das kam daher, weil die Regierungstruppen ihm die Hände brachen, als er sich davonmachen wollte. Selbst so verkrüppelt war er noch schrecklich. Die Jungens fragten ihn später, warum er, so ramponiert, wie er war, noch weiterkämpfte, und er antwortete ihnen, es sei ihm unmöglich, jemals aufzugeben. Und er gab auch nicht auf. Und glauben Sie mir, er ließ sich nicht unterkriegen. Aber wenn er betrunken war und die Polizei ihn festnahm und verhörte, dann versuchte er Mitleid zu erregen: »Ich bin ein Invalide, ich kann nicht zurückschlagen.« Er begann die verkrüppelten Hände so zu bewegen, er schüttelte sie hin und her. Und dann ließen sie ihn laufen.

»Ich kann nicht zuschlagen«, sagte er vor sich hin, wenn er die Polizeiwache verließ, »ich kann nicht zuschlagen«, und er vergoß sogar ein paar Tränen. Ganz schön scheinheilig, denn der erstbeste, der seinen Weg kreuzte, bekam zu spüren, was ein Kinnhaken ist.

Dieser Mann hegte eine große Freundschaft zu mir, denn wir zwei waren gleichermaßen durchtrieben. Als ich einmal krank war, war er der einzige, der kam und mir Kamillentee braute. Er tränkte Handtücher damit und machte mir Umschläge. Und ich, während ich Schmerzen litt, dachte bei mir, was kümmert es mich, wer er ist und was er ist, Mann oder Frau, was kümmert es mich, ich brauchte jemanden, der nach mir sieht, selbst wenn er mich so sieht, wie Gott mich geschaffen hat. Und wenn Valentín sich dazu bereit fand, nun, dann mußte er auch zusehen, wo er blieb, wenn er irgendwelche Hintergedanken hatte. Aber ich merkte ihm derartiges nie an, wenn er kam und mir aus Barmherzigkeit die Umschläge machte.

Es gab da noch einen anderen, Raimundo, den wir den »Spindeldürren« nannten, weil er so mager war. Andere, wie die Kneipenwirtin, nannten ihn »langes Reck«, weil er so lang war und Ähnlichkeit mit einer Leiter hatte. Raimundo Patino, der »Spindeldürre«, war Lastenträger, aber auf dem Markt von San Lucas verkaufte er auch Brot, und nachmittags ging er zu den Jahrmarktsbuden, um Eis, Kuchen und Erfrischungsgetränke zu verkaufen. So gegen sieben Uhr abends kam er dann ins »Netzahualcóyotl« zum Tanzen. Wir waren sehr gute Freunde. Er sagte immer zu mir: »Wenn sie hier schließen, kommst du und wir gehen irgendwohin tanzen.«

»Klar, laß uns hierhin und dorthin zum Tanzen gehen, bis wir nicht mehr können.«

Er war ein treuer Freund. Hinterher dann begleitete ich ihn bei seinen Verkäufen, um seine Waren anzupreisen. Die Leute sagten, daß ich seine Frau wäre, aber nein, seine Frau war sehr schön, sehr jung und hatte ihm schon drei Kinder geboren, niedliche Kinder; man sah ihnen an, daß sie mit Liebe gemacht worden waren. Häufig brachte er seinen kleinen Sohn von fünf Jahren mit, und wir gingen zusammen spazieren. Der Kleine ging mit mir, aber wir bedeuteten uns nichts. Und die, die schlecht denken, sollen sich packen.

Alle, die wir im »Netzahualcóyotl« arbeiteten, mußten einmal die Woche zum Schönheitssalon gehen, damit man uns die Haare à la Marcel ondulierte. Sie verlangten einen Peso 50 Centavos dafür, und man war die ganze Woche über frisiert. Das war eine sehr schöne Frisur, und es hat nie wieder eine ähnlich schöne gegeben. Früher suchte man für jedes Gesicht die am besten passende Frisur aus, man klatschte einem nicht nur so irgendetwas auf den Kopf. Die Friseuse schaute sich das Gesicht jeder einzelnen genau an und heftete an die Wand die Fotos von verschiedenen Frisur-Modellen, und dann sagte sie: »Schauen Sie dieses Gesicht, das gleiche Profil, wie Sie es haben. Gefällt Ihnen diese Frisur?«

»Wirklich, Sie haben Recht.«

Und man frisierte jede, wie es sich gehörte; diese hohen Frisuren, mit dem Brenneisen zu Fransen onduliert, die einem so herunterhingen; gekräuselte oder runde Fransen, drei Fransen, die dem Gesicht einen sehr hübschen Rahmen gaben. Selbst wenn die Frau häßlich war, ziemlich häßlich, veränderten sie ihr Gesicht. Mir machte man immer fünf Wellen. Ich habe niemals einen Scheitel getragen, mein ganzes Leben lang kämmte ich mein Haar nach hinten. Bei mir zu Hause scheitelten sich die Indianerinnen das Haar in der Mitte. Warum sollte ich mir einen Scheitel machen, wenn ich doch nicht wie sie bin? Ich habe mein Haar immer nach hinten gekämmt. Erst heutzutage, da ich alt bin, trage ich zwei Zöpfe, und glauben Sie mir, das macht mich traurig.

Eines Nachts, als ich in der Kneipe »El Bosque« zusammen mit einigen Jungens einige Gläschen trank, erschien dort ein Hauptmann der Artillerie.

»Bist du Serviererin?«

»Nein, mein Herr, die Mädchen, die Sie dort hinten sehen, das sind die Serviererinnen.«

»Da ich dich mit den Jungens trinken sah, dachte ich, du arbeitest hier.«

»Nein, mein Herr, ich arbeite nicht hier.«

»Hör mal, würde es dir nicht gefallen, als Serviererin nach San Juan Teotihuacán zu gehen?«

»Ach, ich weiß nicht, mich reizt es nicht sehr, als Serviererin zu arbeiten, weil es mir nicht gefällt, den Betrunkenen zuzusetzen.«

»Nein, das ist keine Kneipe dort. Dort würdest du als Serviererin für's Essen arbeiten. Man serviert Getränke, *Pulque* und Bier, aber nicht, um sich damit zu betrinken, sondern nur um das Essen hinunterzuspülen. Du könntest sonntags dort arbeiten. Ich besorge dir die Stelle, aber ich bitte dich, dich nicht so zu haben.«

»Ich mich haben?«

Da es sich nur um die Sonntage handelte, erlaubte mir die Señora Adelina de la Parra, dort hinzugehen. Außerdem arbeitete ich bei ihr nur tagsüber; um zehn Uhr abends konnte ich machen, was ich wollte, zum Trinken in die Kneipen gehen, zum Tanzen oder was mir sonst so einfiel; die Nacht gehörte mir. Ich habe die Nacht immer gemocht. Die Nacht ist ein Segen.

Sonntags fuhr ich morgens nach San Juan Teotihuacán und kehrte am gleichen Abend zurück. Ich brauchte mit dem Zug eine Stunde hin und eine Stunde wieder zurück; das war ganz schön weit, aber man bezahlte mir die Fahrtkosten und drei Pesos Lohn außer meinen Trinkgeldern, und da es hauptsächlich Ausländer und alte Leute waren, die dorthin kamen, hatte ich mindestens 20 oder 25 Pesos neben meinem Lohn. Es war also so, daß ich auf meine Kosten kam. So ungefähr ein Jahr lang fuhr ich dort hinaus. Die Pyramiden beeindruckten jeden. Sie sahen schön aus, wie Hügel, schienen aus Erde zu sein. Einige Male stieg ich hinauf, aber niemals bis ganz oben hin. Wir hatten keine Zeit, sie zu erkunden, aber sie waren sehr schön und riesig. Ich weiß nicht, wie sie heute aussehen, aber sicherlich befinden sie sich in schlechtem Zustand, denn in Mexiko machen sie alles kaputt.

Das Restaurant war in die Grotte hineingebaut; stellen Sie sich eine große Grotte vor, oben der Hof und dann der Eingang, durch den man hinabsteigt. An jedem Tisch konnten zwölf Personen Platz nehmen, und es gab 25 Tische. Die Küche befand sich am Eingang, und die nordamerikanische Señora, Frau des Artillerie-Hauptmanns, häufte nur so die Mayonnaise und die Oliven auf ihre Sandwiches. Wenn sie unter der Woche ein Festessen hatten, ließ mich der Wirt benachrichtigen: »Wir haben ein Essen zu Ehren des Generals Sowieso. Komm früh genug!« Und schon machte ich mich auf den Weg.

Damals, immer noch in der Dritten Gasse von Netzahualcóyotl, tanzte und tanzte ich, trank und trank. Aber ich tanzte nicht so wie heute, wo man den ganzen Körper hin und her windet. Man pflegte nicht zu hopsen und die Beine zu spreizen. Früher war es noch richtiges Tanzen, nicht wie heute, wo sie ganz zerzaust aussehen vom vielen Schütteln. Alle tanzten auf die gleiche Art und Weise, und man stellte sich in Quadraten auf; die Fußböden waren in Quadrate aufgeteilt, und niemand durfte das seine verlassen. Ich tanzte die Rumba sehr verhalten und sittsam, mit viel Aufmerksamkeit. Ich bewegte nur die Hüfte, nicht so wie heute, wo sie Verrenkungen machen, daß es aussieht, als hätten sie einen Anfall. Und wenn ich an die Tangos, Walzer und Paso Dobles denke, die man über die ganze Länge des Salons im Takt der Musik tanzte. Heutzutage sind all die guten Tänze aus der Mode! Nur tölpelhaftes Gehopse.

Mit Antonio Pérez tanzte ich am liebsten, das war der Chauffeur. Wenn wir müde waren, nahm er mich in seinem Auto mit und brachte mich bis zu meinem Haus. Er wird so 19 Jahre alt gewesen sein. Wir liebten uns wie Geschwister oder so, mit viel Achtung, wir liebten uns sehr, und wir waren sehr artig und rücksichtsvoll in unserer Beziehung. Sein großer Bruder war beim Militär, Oberstleutnant, und manchmal fragte er ihn: »Nun gut, sag mir ganz ehrlich, was hat du vor mit Jesusa?«

»Nichts, sie ist eine Freundin.«

»Ist sie nicht deine Geliebte?«

»Nein.«

»Es kommt mir aber so vor, als ob ihr beide mich verschaukeln wollt! Warum bringst du sie nicht mit nach Hause?«

»Wozu denn? Damit ihr euch über Sachen auslassen könnt, die nicht existieren? Nein. Wir respektieren uns.«

»Das ist nicht lieben?«
»Doch, ich liebe sie, und weil ich sie liebe, werde ich wieder zu ihr gehen.«
»Verdammt, wer soll dich verstehen?«
»Jesusa, Bruder, Jesusa.«

XV.

Ich hielt mir den Bauch vor Lachen, wenn ich mich über alles und jeden lustig machte. Zu jener Zeit war ich sehr streitsüchtig, und irgendwie brachte ich es fertig, immer etwas anzustellen.
Als jener Geistliche Bruder erschien, um uns zu unterweisen, hielt ich ihn für verrückt. Er setzte die Mädchen auf die Stühle, und sie saßen dort mit angehaltenem Atem. Er stellte die erhabene Verbindung mit dem Licht des Allmächtigen her, des Vaters, des Sohnes, des Sendboten Elías, und schläferte sie alle ein. Er war ein junger Mann von etwa 18 Jahren, schlank. Er hielt sich ganz im Hintergrund, ich sah nicht einmal seine Augen.

Die Männer kamen zu Hauf, um mit den Mädchen zu tanzen. Und eines Tages kam auch dieser junge Mann, um mit ihnen zu sprechen, und er sagte den Serviererinnen, daß er über große spiritistische Kräfte verfüge.

Die Mädchen hatten sich an den Wänden des Salons entlang hingesetzt. Er legte ihnen die Hand auf, ohne sie jedoch zu berühren, und sagte: »Mal sehen, erhebt euch!« Sie unternahmen den Versuch, aber nichts passierte. Sie bewegten sich mit dem Stuhl und allem, aber sie bekamen ihre Hinterteile nicht los. Von der Tür aus beobachtete ich alles: ihre Gesten, ihre Bewegungen, ihr Getue. Ich war der Schiedsrichter.

Und auf einmal sagte er zu mir: »Ich werde dich auch festkleben.«

Er kämpfte mit mir und brachte es nicht fertig. Ich sah, daß er vor Anstrengung schwitzte. Daraufhin sagte ich zu ihm: »Sie sehen doch, daß Sie es nicht schaffen. Die Mädchen da sind genauso wenig festgeklebt wie ich, sie tun nur so.«

»Nein, wir können nicht loskommen von den Stühlen. Mal sehen, ob du uns los bekommst, mal sehen, ob du es schaffst!«

»Nein, nein, ich habe keine Veranlassung, euch loszulösen, das soll der machen, der euch angeklebt hat.«

Der junge Mann wendete sich erneut an mich: »Ich werde dich festkleben.«

»Nur zu, kleb mich fest, wenn du kannst.«

Erneut kämpfte er gegen mich und schaffte es nicht, obwohl er die Mächte anflehte. Er wurde daraufhin sehr bescheiden: »Überlaß mir deinen Willen!«

»Nun, ich überlasse dir meinen Willen.«

Er betete, verscheuchte die bösen Strömungen, die aufständischen Seelen, und wer weiß, was er sonst noch mit mir anstellte, aber er schaffte es nicht, mich zu beeinflussen.

»Nein, nein, du verstehst es nicht ... Du kannst dich nicht hingeben!«

Sogar Grobheiten sagte er mir. Ich wäre eine brutale Bestie, eine wilde Stute. Außerdem war er noch sehr jung, und ich glaubte ihm nicht; er besaß Macht über die anderen, aber nicht über mich, denn ich glaube, daß er nur einen Beschützer hatte, Madero, ich dagegen habe drei, und diese drei sind von hohem Rang, von sehr hohem Rang, aber damals wußte ich noch nichts von ihnen, ich glaubte noch nicht. Mein Beschützer ist höher gestellt als Madero. Madero war Spiritist. Die Wesen des Universums unterrichteten ihn, und deshalb hatte er Kenntnis von all den Dingen, die da passieren würden, ausgenommen die Geschichte mit *Huerta**. Jener junge Mann war die Stimme Maderos, und der verstorbene Präsident offenbarte sich durch seinen Mund.

Nur, um mir nichts entgehen zu lassen, beobachtete ich die Bewegungen, die jener Bruder machte, und was er betete und um was er bat, denn ich habe die Eigenschaft, daß alles, was ich höre, mir im Gedächtnis bleibt, alles, und mir prägte sich all das ein, aber da ich nicht glaubte, lachte ich darüber.

»Hör mal, Mädchen, spiel dich nicht so auf. Verlang von mir jeden Beweis, den du willst.«

»Ich brauche keine Beweise, überhaupt keine, denn alles, was du sagst, sind Lügen.«

»Ich werde dir einen Beweis liefern, auch wenn du nicht willst. Ich muß dich einschläfern. Ich muß dich unterkriegen.«

»Aber nein, das schaffst du nicht.«

»Gut, also bitte einen deiner Verstorbenen darum, dir eine Genugtuung zuteil werden zu lassen.«

»Nein, ich habe keine Verstorbenen.«

---

* Huerta Victoriano – ein Militär, der mit der Ermordung von Präsident Madero 1913 zu tun hatte; übernahm die Führung der Republik, wurde von den Revolutionären aus Mexiko vertrieben.

»Alle Welt hat Verstorbene. Das gibt es doch gar nicht! Ach, das gibt es nicht. Einen oder zwei wirst du schon haben.«

»Nein, ich habe keine Verstorbenen.«

»Sei nicht dumm! Mit wem aus der anderen Welt möchtest du sprechen?«

»Ich will mit niemandem sprechen, denn ich habe niemanden, mit dem ich sprechen könnte ... Ich habe keine Angehörigen.«

»Ach was, du mußt welche haben. Es gibt niemanden, der nicht irgendeinen Verwandten auf der Erde oder unter der Erde hat.«

Er bohrte solange weiter, bis ich bei mir dachte: Gut, ich werde ihm sagen, daß er Pedro ruft, mal sehen ...

»Nun hör schon auf! Ich habe niemanden, aber ich will, daß du Pedro rufst.«

»Pedro, und wie weiter?«

»Frag nur nach Pedro und sag ihm, daß ich dich schicke. Er weiß dann schon Bescheid.«

Er rief ihn mittels eines Mediums, das er aus dem Kreis unserer Kolleginnen ausgewählt hatte, ohne daß sie etwas davon bemerkten. Doña Adeline schloß alle Türen, die zur Straße hin gingen; sie schloß den ganzen Betrieb, damit er eine unserer Kolleginnen einschläfern konnte. Und sich einer solch einfachen Hülle wie der dieser Serviererin bedienend, offenbarten sich die übersinnlichen Geschöpfe. In dem großen Saal, wo die Tische und das Piano standen, vollbrachte er die Anstrengungen der Bewußtseinsspaltung, und da er ein Wesen von hohem Rang war, schläferte er das junge Medium zwischen dem Jenseits und der Erde ein. Und jene Kollegin, deren Gehirn offen bereitlag, wodurch sie in der Lage war, die Seelen zu empfangen, sprach: »Das Wesen aus der anderen Welt, das Sie zu rufen befohlen haben, sagt, daß es Sie nicht kennt.«

(Oh, Pedro war noch ein schlimmeres Biest als ich. Oder er wollte sich bitten lassen.)

»Tatsächlich«, sagte ich, »da sehen Sie, was Sie für ein Lügner sind. Wieso sollte er mich nicht kennen! Das fehlte gerade noch, daß er mich hier so geringschätzt, wenn ich ihm schon den Gefallen tue, mich an ihn zu erinnern!«

Der junge Mann sagte: »Nein, ruf irgend jemand anderes. Diese Person hat dir einen Strich durch die Rechnung gemacht.«

»Nein, dann rufe ich niemanden mehr. Ich habe keine Lust, mich als Armleuchter hinstellen zu lassen.«

»Ruf einen anderen deiner Verstorbenen!«

»Nein, ich will nicht!«

»Aber, aber, es ist erforderlich, daß du glaubst.«

»Ich glaube nur an Gott, und das vom Hörensagen, denn ich habe ihn noch nie gesehen. Nun gut, einmal, als ich mich stark konzentrierte, entdeckte ich ihn, wie er eine Anhöhe hinaufschritt, ganz in Violett gekleidet ...«

»Bitte, ruf jemanden anderes!«

Ich fühlte, wie mein Unterkiefer sich ohne mein Zutun bewegte: »Gut, gut, wenn Ihr mir unbedingt eine Seele herbringen wollt, dann bringt mir, welche immer Ihr wollt.«

Das Medium machte sich zwischen all den toten Seelen im Universum auf die Suche und kam zurück: »Ich kann niemanden finden.«

»Dann such ihn auf der Erde!«

Das Medium begann herumzuirren. Es sagte, daß es ihn gefunden habe, ihn aber nicht erreichen konnte.

»Es gibt so viele stachelige Diesteln ... Ich kann nicht zu ihm gelangen.«

Der Bruder befreite das Medium von allen bösen Strömungen, die Einflüsse der Geschöpfe des Universums sind, die man in seinem Körper trägt, und sagte zu ihm: »Du kannst durch die Dornen schreiten. Du wirst dich nicht stechen.«

Das Medium bewegte sich weiter.

»Jetzt habe ich ihn erreicht, er sitzt unter einem Baum, aber ich kann ihn nicht aufheben, dort sind zuviele Sträucher.«

Man gab ihr übersinnliche Kräfte, damit sie sich nicht verletzte: »Bring ihn her, bring ihn her!«

In diesem Moment nahm sie die Seele auf und beschrieb sie. Sie sagte, daß der Verstorbene gekreuzte Patronengürtel hätte, einen großen, mit Tressen besetzten Filzhut, Stiefel aus braunem, knarrenden Leder; daß er von normaler Statur wäre, weder groß noch klein, weder schwarz noch weiß, eher dunkelhäutig.

Daraufhin brachte man mich nach draußen. Sie schlossen die Tür, und der Bruder befahl: »Du wartest hier vor der Tür.« Ich lehnte mich an die Tür, um von draußen zuzuhören. Und als ich hörte, wie er sagte: »Guten Abend«, erkannte ich die Stimme meines Vaters. Es war nicht die Stimme der Frau, die sich in Trance befand, es war die Stimme meines Vaters, so wie sie zu seinen Lebzeiten gewesen war, herrisch. Ich erkannte die Stimme sofort: »Guten Abend«, wiederholte er. Und der junge Mann antwortete ihm: »Guten Abend, Bruder. Was wünschst du?«

»Ich, nichts. Man hat mich gerufen, und hier bin ich.«

»Ja, wir haben dich gerufen. Wen kennst du hier?«

»Von den Personen, die hier anwesend sind, kenne ich niemanden. Aber man hat gerade jemanden hinausgebracht, und das war meine Tochter.«

Ich hörte ihn. Sein Körper war schon zu Staub geworden ... Er starb 1913. Die Geier, die Kojoten, Gott weiß was sonst noch für Tiere, fraßen meinen Vater, denn er wurde nie beerdigt. Er starb unter einem Baum in Mochitlán. Wie mir die Soldaten später erzählten, wurde die Truppe meines Vaters dort geschlagen. Man sagt, daß er verletzt war und zwei Maultiere bei sich hatte. Die Auseinandersetzung war gerade vorüber, und er hatte nichts Besseres zu tun, als sich an einen Baum zu lehnen und auszuruhen. Und dort passierte es dann. Zapatas Leute überraschten ihn und töteten ihn. Seine Seele geisterte auf diesem Feld herum, das umgeben war von Gestrüpp und Dornen. Der Oberste Gebieter hatte ihn noch nicht in seiner Liste, er hatte ihn noch nicht aufgenommen.

»Bevor ich mit meiner Tochter spreche, möchte ich mit der Hausherrin sprechen, um ihr einiges aufzutragen.«

Und man rief nach der Doña Adelina. Auch die Señora trug das Haar à la Marcel onduliert. Alle, die wir im »Netzahualcóyotl« arbeiteten, pflegten uns so zu frisieren. Man trug das Haar in vier oder sechs Wellen, je nach Länge.

»Señora, Ihnen, die Sie dieses Etablissement führen, lege ich meine Tochter ans Herz, denn es gefällt mir nicht, was sie hier macht. Geben Sie ihr bitte eine andere Arbeit ... Halten Sie sie vom Trinken ab.«

Er sagte ihr, daß ich noch ein Kind sei und die Menschen weder kenne noch sie unterscheiden könne, daß ich ohne Schutz auf der Welt sei und daß es ihn sehr schmerze, nicht auf mich achten zu können.

Die Señora Adelina antwortete ihm, daß er sich nicht beunruhigen solle; sie würde auf mich aufpassen.

Und dann sagte der junge Mann zu mir: »Komm, er verlangt nach dir.«

Ich wollte mich nicht nähern. Ich dachte: Er wird mich ohrfeigen.

»Fürchte dich nicht, meine Tochter, komm näher«, sagte mein Vater. »Ich möchte mit dir reden und dir ein paar Ratschläge erteilen, weil ich sie dir nicht geben konnte, als ich noch lebte. Tu mir den Gefallen und laß uns nicht leiden. Beherrsche dich etwas, denn durch deine Schuld sind wir immer angekettet. Laß ab von diesen Worten, die du immer sagst. Streite dich nicht mit den Leuten auf der Straße herum, denn sobald du das tust, kettet man mich und meine Frau, die deine Mutter ist, an. Sei nicht dumm, benimm dich! Benimm dich anständig!«

Mehr sprach mein Vater nicht. Die Seelen haben kein Recht dazu, sich zu materialisieren, weltliche Dinge zu sagen. Sie sagen nur zwei oder drei Worte, damit man begreift, und Schluß, aus. Aufgrund dieses Beweises begann ich zu glauben.

XVI.

Eines Tages, um drei Uhr nachmittags, als ich mich in meinem Zimmer etwas ausgestreckt hatte, bemerkte ich, wie so eine Art Rauch vorbeizog, und ich schaute ihm nach. »Wer raucht denn hier?« Ich trat vor die Tür, sah aber niemanden. Ich schaute immer noch nach, als ich mich plötzlich an das Mädchen erinnerte, das der junge Spiritist in Trance versetzt hatte und das das Zimmer neben dem meinen bewohnte. Ich stand auf, ergriff einen Stuhl und stellte ihn in die Mitte des Zimmers, dann rief ich das Mädchen.

»Hör mal, Kleine, komm her ...«

»Warum, was willst du von mir, gute Frau?«

»Ich will, daß du dich auf diesen Stuhl setzt.«

Sie setzte sich in die Mitte des Zimmers.

»Nichts. Schau mich an!«

Mit der Kraft, die von mir Besitz ergriffen hatte, als der Rauch vorbeizog, befahl ich dem Mädchen: »Schau mich an!«

Ich wußte nicht, wie ich es anstellen sollte. Aber sicher war nicht ich es, die sprach, denn sie schaute mich weiterhin an, und ganz von selbst schloß sie ihre Augen. Da ich eine Ungläubige war, dachte ich: Die macht mir etwas vor, aber ich werde sie überführen. Ich zündete eine Kerze an, ergriff eine Hutnadel, solch eine, die man früher benutzte, um den Hut festzustecken, damit er nicht davonflog; ich hielt die Nadel in die Flamme, und als sie rotglühend war, stach ich ihr damit in den Arm. Sie rührte sich nicht. Sie war gefühllos. Ich stach ihr in den anderen Arm. Nichts. Da sie weggetreten war, dachte ich: Das ist gar nicht mehr sie; sie ist tot. Und so war es. Ihr Fleisch war tot, und nur ihr Gehirn lebte, ihre Seele. Ich sagte zu ihr: »Wirst du mir den Gefallen tun und mir alles beantworten, was ich dich frage?«

»Ja.«

Nur dummes Zeug kam mir in den Sinn, der reinste Unsinn, und ohne viel zu überlegen, bat ich sie: »Oh, ich will, daß du mein Aussehen annimmst und zum Portal de Cercaderes gehst, dich Antonio Pérez zeigst, dem Chauffeur, und ihn zu mir bringst.«

Antonio brachte mir immer Schokolade. Er war nicht mein Bräutigam, aber es machte ihm Spaß, mir Süßigkeiten oder gewachste Gardenien mit meinem Namen darin zu bringen. Ich schickte nach ihm, nur um ihm einen Streich zu spielen. Wie aufgezogen wiederholte ich dem Mädchen in einem fort: »Geh und suche mir Antonio! Geh Antonio suchen ... Such Antonio, such mir Antonio, such mir Antonio!«

Ich weiß nicht mehr, wie das Medium, das sie einschläferte, hieß. Ich nannte sie immer: meine Tochter. Sie war brünett und dick. Gleich nachdem sie weggetreten war, geriet sie in Zuckungen, und dann begann sie zu sprechen, zu sprechen und zu sprechen, ohne Unterlaß, obwohl man ihr ansehen konnte, daß sie das viel Anstrengung kostete.

Antonio war Chauffeur und stand mit seinem Auto in der Colmena, dort wo heute die Wagen zur 16 de Septiembre, in der Nähe der Kathedrale, abfahren. Es gab dort ein großes Geschäft, »La Colmena«, und auf dem Bürgersteig gegenüber parkten sie die Autos. Dort warteten sie darauf, daß man sie rief, oder sie holten die Leute an ihren Häusern ab, nicht so wie heute, wo man nur: »Taxi … Taxi …!« ruft.

Ihre Seele begab sich auf die Suche nach Antonio, aber sie sagte zu mir: »Er ist nicht an seinem Platz.«

Dann bewegte sie sich etwas auf ihrem Stuhl.

»Man hat mir gerade gesagt, daß er einen Fahrgast in die Nähe der Straßen De la Luna und Del Sol bringt.«

»Gut denn, such ihn, bis du ihn findest!«

»Es ist nur …«

»Ach, meine Tochter, mach dich auf den Weg dorthin!«

Ich unterhielt mich prächtig. Aber jene arme Seele eilte hinter Antonio her, denn es ist die Seele, die das Medium verläßt. Von dort, wo die Seele dann herumirrte, antwortete sie mittels der Stimme des Mediums.

»Ich habe ihn eingeholt! Er ist dort in den Straßen Luna y Sol!«

»Jetzt, wo du ihn gefunden hast, nimm Gestalt an und zeig dich ihm.«

Sie tat dort alles Erforderliche, und Antonio glaubte, mich zu sehen.

»Er folgt mir in seinem Auto, aber er kann mich nicht einholen!« sagte mir das Mädchen.

»Nur weiter so …! Komm hierher zurück und sorge dafür, daß auch er hier ankommt!«

»Er ist schon hier an der Ecke! Was soll ich jetzt tun?«

»Es ist gut, laß ihn jetzt.«

»Gleich wird er Ihnen zupfeifen.«

Und schon hörte ich auch seinen Pfiff. Ich öffnete die Balkontür, beugte mich hinaus, und Antonio sagte: »Warst du ausgegangen?«

»Nein, warum?«

»Weil ich dich auf dem Bürgersteig … gehen sah.«

»Du spinnst, ich war hier.«

»Es ist aber so, daß ich dir schon eine ganze Weile gefolgt bin, von den Straßen Luna y Sol her, wo ich einen Fahrgast ablieferte.«

Das Mädchen ließ ich schlafend in der Zimmermitte zurück und lief Gefahr, daß sie mir abkratzte. Kurz darauf verabschiedete er sich: »Gut denn, heute komme ich um zehn.«

»Ist in Ordnung.«

Nachdem Antonio gegangen war, machte ich mit dem Medium noch weiter, bis es acht Uhr schlug. Ich habe nicht gemerkt, wie die Zeit vergangen war. Von drei Uhr nachmittags bis acht Uhr abends ist eine ziemlich lange Zeit für ein Gehirn. Plötzlich um acht Uhr, drehte sie sich um und schaute mich an, dann senkte sie den Blick und sagte: »Ja, ja, ja, ja, ja, ja, ja, ja, ja ...«

Als sie mit ihrer Litanei begann, fühlte ich, daß mich etwas Kaltes, Kaltes, Kaltes durchrieselte; so als ob man mir etwas Kaltes über den Kopf schüttete, und mich durchfloß ein Schaudern von Kopf bis Fuß. Ich begann zu zittern, und im selben Moment dachte ich: Das Mädchen dreht mir durch! Sie drehte sich nach rechts und fuhr fort, ihren Mund zu bewegen: »Ja, ja, ja, ja«, und sie schaute dabei auf den Boden... Und jetzt, wie wecke ich sie auf? Was muß ich tun? Mein Gott, wie hole ich sie wieder zurück? Nachdem sie eine Ewigkeit immer »ja, ja, ja, ja« wiederholt hatte, drehte sie sich zu mir um und sagte: »Schwester, hier ist ein Bruder, der mit dir sprechen möchte.«

Ich spielte noch immer die Beherzte. Schnell, so als ob ich sonstwer wäre, fragte ich sie: »Ja? Und was will er? Wer ist er? Kennst du ihn? Beschreib ihn mir!«

»Es ist ein alter Mann mit Brille, ein Pater. Er sitzt auf einer Bank in einem Garten, hält ein Buch in der Hand, und neben ihm liegt noch ein Stapel von Büchern.«

Das bedeutete, daß er sich in den übersinnlichen Gärten befand und den anderen Wesen Lektionen erteilte.

»Er will mit mir sprechen? Er möge eintreten ... Laß ihn eintreten! Ich kenne ihn schon.«

Ich erinnerte mich an das Bild eines Mannes, das mir die Waschfrau Concha im »Netzahualcóyotl« geschenkt hatte. Concha gehörte wohl der *Geistlichen Gemeinschaft* an, denn als sie es mir gab, sagte sie zu mir: »Hör zu, wenn du dich irgendwann in einer Notlage befindest und Hilfe brauchst, dann bitte diesen Pater um was immer du auch willst, er wird es dir gewähren.«

Ich nahm das Bildchen so nebenbei an mich, ich verwahrte es, aber ich habe ihn niemals um etwas gebeten, obwohl sich mir sein Gesicht einprägte. Er sah aus wie ein Priester der Kirche.

Ja, und was passierte weiter. Ach, ich wollte raus aus dieser Falle! Ich glaubte, ich würde mit irgend jemandem sprechen, aber kaum war er eingetreten, da fühlte ich etwas Unangenehmes, etwas Kaltes, das mich von Kopf bis Fuß durchdrang. Ich stand wie erstarrt. Und als er, sich des Mediums bedie-

Liedermann Gaida!

nend, eintrat, erhob sich das Mädchen, hob die Hand und sagte zu mir: »Im erhabenen und mächtigen Namen des Ewigen und Göttlichen Meisters entbiete ich dir meinen geistlichen Gruß. Ich bin nur vorbeigekommen, dich zu fragen, wer dir die Erlaubnis dazu gegeben hat, diese Hülle in Trance zu versetzen und dich eines Körpers zu bedienen, der dir nicht gehört.«

Ich konnte nichts sagen, mein Kiefer war wie verklemmt. Ich wußte nicht, was ich ihm antworten sollte.

»Warum antwortest du mir nicht, wenn du doch behauptest, daß du mich kennst? Was tust du, wenn dieser Körper, durch den ich spreche, zerfällt und der Erde als Dünger dient?«

»Was heißt das, 'der Erde als Dünger dient'? Ich verstehe nicht, was Sie mir sagen.«

»Du mußt mich verstehen, und ich wiederhole dir noch einmal das gleiche: Was tust du, wenn diese menschliche Hülle zerfällt und der Erde als Dünger dient? Trotzdem werde ich über dich wachen. Viele Tage schon sind ins Land gegangen, seitdem du mich vom Bild her kennst.«

»Ja, man zeigte mir Ihr Bild, aber es ist mir abhanden gekommen.«

»Ich bin eine Seele des Universums. Ich wache über die ganze brüderliche Menschheit.«

»Ach, ich verstehe nicht, worum es geht.«

Das war alles, was ich ihm sagen konnte. »Ich verstehe nicht ... ich verstehe nichts ...«

»Du mußt verstehen! Ich kam mit der Erlaubnis unseres Ewigen Vaters, dir eine Mission zu erteilen. Du mußt jeden Tag von drei Uhr nachmittags bis acht Uhr abends studieren, aber studieren und nicht dir die Zeit vertreiben, wie du es den ganzen heutigen Nachmittag getan hast.«

Danach entschwand das übersinnliche Wesen, aber vorher verabschiedete es sich noch: »Der Friede des Herrn sei mit meinen Brüdern«. Ich wußte nicht, daß ich darauf antworten mußte: »Der Frieden des Göttlichen Herrn sei mit dir, und möge ein Lichtstrahl deinen Weg erleuchten«, und deshalb schwieg ich. Kurz darauf erwachte das Medium aus seiner Dumpfheit, und keine von uns sagte etwas. Sie erhob sich ganz einfach von dem Stuhl und ging mit schleppenden Beinen in ihr Zimmer.

Jeden Tag versetzte ich sie in Trance. Wir erledigten die Hausarbeit vormittags; wir beeilten uns damit, und um drei Uhr nachmittags, wenn die anderen wie faule Dickhäuter auf ihren Betten lagen, waren wir mitten im spiritistischen Studium.

Während der Sitzungen schwitzte ich Blut und Wasser, denn durch den Körper, den ich in Trance versetzte, erschienen dann Geschöpfe der Finsternis, die mir Schläge verabreichten, ohne daß ich sie daran hindern konnte, denn wenn man die sich in Trance befindliche Hülle mit den Händen berührt, bringt man sie um. Sobald die dunklen Geschöpfe auftauchten, schüttelte es mich: Ach, was soll ich jetzt tun? Aber der kleine Alte, mein Beschützer, half mir sehr. Er bemächtigte sich meines Gehirns und machte mich sprechen. Dergestalt lief also meine Ausbildung ab. Er ließ mich unterscheiden zwischen den Geschöpfen des Lichts und den Geschöpfen der Finsternis. Es gab einige Seelen, die bei Streitigkeiten ums Leben gekommen waren und die sich derart aufsässig gebärdeten, daß sie bei ihrer Ankunft Pistolen zogen oder mit dem Messer herumfuchtelten. Es kostete mich einiges, ihnen klar zu machen, daß sie Seelen waren und ihre Pistolen und ihre Messer keinen Pfifferling wert waren und daß sie sich nicht wie Clowns aufführen sollten. Die, die das alles auszubaden hatte, war das arme Medium, die sich hin und her wand, als ob sie persönlich in Streitigkeiten verwickelt wäre. Sie hätten sehen sollen, wie traurig sie waren, wenn sie merkten, daß sie nichts weiter als Seelen waren! Sie begannen zu weinen. Nun, es wurde einem ganz anders, wenn man sie hörte. Ich, ich mußte für sie beten, um sie aus ihrer Dumpfheit zu erwekken und sie dazu zu bringen, ihre Gebeine zu betrachten!

»Licht, das du den Himmelsthron meines Vaters erleuchtest, erleuchte du, o Herr, diese Geschöpfe, die durch die Finsternis schreiten und dieses Licht nicht sehen; göttliche Erleuchtung, huldvolle Erleuchtung, unendliche Güte, laß uns, o Herr, deine Hilfe zuteil werden, um das Böse auszulöschen.«

Während ihnen die Erleuchtung zuteil wurde, lernte ich für meinen Teil auch. Man nimmt von ihnen den Schleier der Finsternis, damit sie sehen können, und in eben diesem Moment stoßen sie einen langen Seufzer aus: »Was siehst du, Bruder?«

»Ein winziges Licht ... wie die Kerze auf einem Geburtstagskuchen.«

»Euch, Bruder, euch obliegt es, dafür zu sorgen, daß das Licht größer wird. Zu deiner Rechten, was siehst du da?«

»Ah! Dort sehe ich einen Mann, der von Würmern wimmelt.«

»Schau genau hin, wer das ist!«

In dem Moment der Erleuchtung blinzeln sie, als ob sie geblendet worden wären. Sie begreifen, daß das, was dort auf dem Boden liegt, ihr eigener Körper ist. Manchmal handelt es sich um gerade Verstorbene, dann erschrecken sie. Andere Male betrachteten sie ihre schon ziemlich zerfallenen Gebeine. Dann erwachen sie aus ihrer Dumpfheit und gehen ein in das Leben der Gnade. Aber die, die in der Finsternis wandeln, sind eine große Anzahl.

Am Anfang, da ich noch nicht Bescheid wußte, richtete ich ziemlichen Schaden an und ermüdete das Medium sehr, indem ich sie nur dummes Zeug fragte, zum Beispiel, ob zwei und zwei vier ist. Manchmal verwechselte ich die

Seelen, so daß ein unheimliches Durcheinander entstand. Es gab viele Seelen, die durch meine Schuld nie wieder miteinander geredet haben, obwohl sie Vater und Sohn oder Mann und Frau waren. Aber als mein Beschützer Besitz von mir ergriff, begann ich, verantwortungsvoller zu werden, und ich hörte auf, im höheren Universum Verwirrung zu stiften.

Später erfuhr ich, daß der kleine Alte, mein Beschützer, Manuel Antonio Mesmer hieß.

Die Mädchen aus dem »Netzahualcóyotl« begannen, große Achtung vor mir zu haben, weil mein Freund, der Bankier, mich jeden Samstag einlud: »Komm, laß uns losziehen!« Der Bankier bezahlte sie, damit sie uns begleiteten. »Ich werde jeder von euch zehn Pesos zahlen, damit ihr mit uns kommt.« Wir fuhren im Auto herum, und nach dem Essen brachte er jedes der Mädchen nach Hause, so daß wir, er und ich, allein übrig blieben. Er nannte mich »Mama«, und später fügte er hinzu: »Ich bin der Papa und du bist die Mama«. Die Mädchen gewöhnten sich so sehr an den Bankier, daß sie mich fortlaufend fragten: »Kommt der Gringo heute nicht?« Er begeisterte sie, weil er nicht nur mich allein ausführte. Sobald er ankam, sagte er zur Señora Adelina: »Ich zahle die Rechnung von allen! Schluß mit der Arbeit! Schließen Sie das Etablissement! Laßt uns tanzen gehen!« Und er, von sich aus, tanzte mit allen, und alle bestürmten sie ihn, damit er sie ausführe: »Arme Kinder!« sagte er, »nicht wahr, Mütterchen? Ich muß sie einfach ausführen. Laßt uns alle zusammen gehen! Ruft einen Wagen, zwei Wagen, soviel, wie nötig sind.« Wir gingen auch ins Theater, und er beriet sich mit mir: »Wieviele Mädchen nehmen wir heute mit, Mama?«

»Soviel Sie wollen.«

»Die, die du aussuchst, gehen mit uns ... Kinder, wollt ihr mit eurem Papa und eurer Mama ausgehen?«

»Klar kommen wir mit, schließlich haben Sie die Doña Adelina schon bezahlt.«

Und auf ging es! Er schleppte uns durch ganz Mexiko City, kreuz und quer, spendierte uns Eis und Kuchen. Die ganze Wagenkolonne, ein Auto nach dem anderen, machte sich auf den Weg zum Molina de Flores, nach Santa Anita, irgendwo nach Ixtapalapa oder nach Xochimilco, um im Freien zu essen. Es gefiel ihm, uns um sich zu haben, einziger Mann unter vielen Frauen. Er brachte uns nach Xochimilco, weil er dort in den schwimmenden Gärten einige Indios unter Vertrag hatte, die in ihm einen Gott sahen. Er bezahlte sie sehr gut. Wenn die Indios ihn nur schon von weitem sahen, rannten sie gleich los, um Maiskolben abzuschneiden. Zu diesem Zweck nahm er uns auch dorthin mit, zum Essen von zarten Maiskolben mit Butter. Den ganzen Maiskolben, bis hin zur äußersten Spitze, bestrich man mit Butter, und wir salzten sie mit einem Salzstreuer, den er immer in der Tasche bei sich trug. Aber sie mußten im Feuer geröstet sein mit Blättern und allem, und jeder schälte seinen Maiskolben selbst heraus. Oh, dieser Mann, für Maiskolben brachte er sich um! Nun gut, ein bißchen brachte er sich auch für mich um.

In Santa Anita bereitete man ihm gebratene Ente zu. Wir stiegen dort bei einem großen Haus aus – heute ist es schon längst abgerissen –, und die Leute da fragten den Gringo: »Was wünschen Sie zu essen?«

»Das, was Sie da haben.«

»Wir haben Ente in *pipián blanco.«*

»Oh, ja, das möchte ich ... Geh zu, Mama, schau wie sie das zubereiten, damit du es auch lernst.«

Ich bat die Köchinnen: »Gebt mir das Rezept«, und sie erklärten mir, daß man die Ente mit Zwiebellauch gut abwäscht und kräftig einreibt, damit der Saft eindringt, und gleich darauf wäscht man die Ente wieder ab, damit sie den Geruch nach Feuchtigkeit, den sie vom Teich her noch hat, verliert. Die Frauen rieben sie dann mit Salz, Pfeffer und Essig ein und brieten sie, und der Gringo aß sie, wenn sie schön goldgelb gebraten war.

El Pipián wird extra zubereitet, aus Kernen der Ajipfeffer-Schoten, Kürbiskernen, Erdnüssen, Sesam und Kräutern. Sobald all das gut zermahlen ist, tut man es in die Entenbrühe, und dann kocht man alles zusammen, bis es eingedickt ist. Dann legt man die Entenstücke in die Pfanne. Wenn es *Pipián* gab, dann servierte man ihm nur das Brustfleisch; wenn es gebratene Ente gab, kam die ganze Ente auf einen Servierteller und er zerlegte sie, daß die Knochen knackten.

Der Bankier war ein sympathischer Mann, blond, beleibt und groß. Er war nicht sehr alt, aber doch gesetzt. Er dürfte so um die 45 oder 50 gewesen sein. Er war sehr aufmerksam, grüßte die Leute mit ausgesuchter Höflichkeit. Mir küßte er sogar die Hand. Er verstand, mit Frauen umzugehen, und nie benahm er sich daneben, nicht ein einziges beleidigendes Wort. Glauben Sie, daß, wenn dieser Mann böse Absichten gehabt hätte, er sieben oder acht Mädchen auf einmal mitgenommen hätte? Nicht so wie heutzutage, wo man die Mädchen angeblich ohne böse Absicht einlädt und sie dann bei der erstbesten Gelegenheit umlegt. So etwas tut ein wohlerzogener Mann nicht.

Was mir persönlich am meisten an den Ausflügen gefiel, das war die frische Luft einatmen zu können, bevor es Tag wurde, die Natur zu betrachten, den jungen Mais aufbrechen zu sehen; das erinnerte mich an meine grüne und blaue Heimat. Dort liebte ich es, früh aufzustehen, selbst wenn ich mir die Füße schmutzig machte, weil früh morgens durch den Nebel die Erde ganz feucht ist und man selbst auch naß wird; man kehrt, ganz bespritzt mit dem

Dreck, der von den Bergen kommt, zurück. Ich säuberte mich mit den zarten Blättern der Bäume. Das war meine Art, morgens wach zu werden. Ich kannte alle Ecken und Enden meiner Heimat, und ich kam nur nach Hause zurück, wenn mir der Magen knurrte. Eines schönen Tages werde ich ganz alleine losgehen, um erneut den Regen zu spüren, den Regen der Berge, nicht den hiesigen Regen, der nicht einmal die Erde festigt, sondern sie nur zu Dreck macht.

Ich kannte zwei Gringos, die zu mir von Liebe sprachen: den Bankier und außerdem einen Hauptmann, den ich in den Vereinigten Staaten, in Marfa, kennenlernte, kurz nachdem man uns gefangen genommen hatte. Der Dolmetscher verständigte mich: »Der Gringo-Hauptmann liebt Sie ... Heiraten Sie ihn!«

»Warum sollte ich heiraten, wo ich doch gar nicht zum Heiraten hierher gekommen bin? Ich überquerte den Fluß mit meinen Soldaten, aber nicht, um einen Ehemann zu suchen. Ich komme als Gefangene, und als Gefangene muß ich in mein Land zurückkehren ... Ich müßte schön blöd oder verrückt sein, mich zu verheiraten.«

Der Bankier liebte mich so sehr, daß er mir die Ehe vorschlug. Ich sagte zu ihm: »Nein, ich heirate nicht. Ein schönes Bild gäben wir zwei ab, ich so schwarz und Sie so blond.«

Er gehörte einer anderen Kategorie von Menschen an, und zu jedem Topf paßt ein Deckel. Gewiß, er hätte ein Mexikanerin heiraten können, aber so schön sie auch gewesen wäre, ich schwöre Ihnen, eines Tages hätte er sie verachtet.

»Du willst mich nicht heiraten, Jesusita?«

»Es gibt hier soviele Mädchen, die mit uns ausgehen, soll eine davon Sie heiraten ... Aber ich nicht.«

Ich dachte bei mir: Eines schönen Tages werde ich auch heiraten! – Nicht doch! Besser ich bleibe, wie ich bin!

Ich wies ihn also ab, aber es ist besser, selbst abzuweisen, als abgewiesen zu werden. Es ist nicht etwa so, daß ich Angst hätte, die Weißen in den Vereinigten Staaten würden mir übel wollen, aber es war eben das zweite Mal, daß ich meinem Schicksal ein Schnippchen schlug, denn den großen, schlanken, 25jährigen Hauptmann, der die Gefangenen in Marfa bewachte, wies ich ja auch ab. Ich wußte ja nicht einmal, wie der hieß. Und ich verweigerte mich ihm. Ich sagte einfach nein. Aber der Dolmetscher muß ihm wohl irgendwelche Hoffnungen gemacht haben, denn der Hauptmann fuhr fort mit seinen Liebesbezeugungen. Aber eins ist sicher, er hat mich nicht angefaßt. Es boten sich mir wirklich gute Gelegenheiten, denn außer den Gringos, und sogar noch vor ihnen, bestürmte mich der Chinese Juan Lei. Es schien so, als ob meine Zukunft in den Händen von Fremden läge.

Ich war noch sehr jung und verstand das alles nicht. Wenn man noch sehr jung ist, versteht man überhaupt nichts. Man glaubt, daß der Mond ein Käse ist, daß der ganze Berg nur aus Oregano besteht. Man ist schon noch sehr dumm. Da ich mit Pedro soviel zu erleiden gehabt hatte, sagte ich mir: Besser, ich bleibe allein. Man sagt doch auch, daß der Ochse sich auch allein ganz gut leckt, und warum sollte das nicht auch die Kuh können? Wie sollte ich vorher wissen, ob es mir gut ergehen würde, verheiratet mit einem Ausländer? Ein schlechter Mann kann er immer sein, ob er nun Ausländer oder Mexikaner ist. Alle schlagen sie gleichermaßen. Alle verprügeln sie einen. Sie sind wie der Löwe und die Löwin. Der Löwe, wenn er die Löwin erobern will, leckt sie, schmeichelt ihr, ist hinter ihr her und so. Aber kaum hat er sie in seinen Krallen, schon verpaßt er ihr ganz gehörige Bisse. So sind die Männer eben. Kaum haben sie erreicht, was sie wollen, hört das Geplänkel auf. Solange man ihm nicht nachgibt und nicht ja sagt, hat er keine Handhabe. Solange das Sieb neu ist, weiß man nicht, wo man es aufhängen soll. Wenn es benutzt worden ist: Verfluchtes Sieb! Wohin mit dir? So durchlöchert wie du schon bist! Aus diesem Grunde hat mich die Heiraterei nie besonders gereizt. Es ist besser, Entbehrungen zu erleiden, als einen Ehemann zu ertragen. Alleine. Mir gehen die Männer weder ab, noch gefallen sie mir, es ist eher so, daß sie mir lästig sind, auch wenn sie nicht in meiner Nähe sind. Wenn sie doch bloß nicht geboren würden! Aber dieses Viertel ist voll von Kindern, sie schreien so sehr, daß ich einfach nur Lust habe, ihnen den Hals umzudrehen. Schlimm ist nur, daß ich mit ihnen nicht aufräumen kann, da es überall welche gibt. Lust dazu hätte ich aber.

Die Señora Adelina de la Parra stand schon mit einem Fuß in dem Steigbügel eines Soldaten von Obregons Truppen, um mit ihm auf und davon zu gehen, hatte aber niemanden, dem sie ihr Haus anvertrauen konnte. Keines der Mädchen wollte die Verantwortung übernehmen, denn das war ein schweres Unterfangen. Würden Sie sich dazu bereit finden, ein fremdes Geschäft zu übernehmen und es gut in Schuß zu halten, die Kunden zu empfangen, die Dienstboten zu bezahlen und dafür zu sorgen, daß immer freundliche Mädchen für die Herren bereit stehen? Doña Adelina konnte gut mit den Kunden umgehen und, um ehrlich zu sein, ich konnte das nicht. Sie war so eine, der die Anranzer der Männer gefielen. Sie verliebte sich in einen Major, die Arme. Ich, ich hatte meinen Willen und ließ mir von niemandem etwas gefallen. Das heißt, von dem Moment an, wo ich wußte, was das heißt, das war mir eine Lektion für's Leben. Die Señora Adelina hatte Vertrauen zu mir und übergab mir das Geschäft, das ganze Haus, damit ich es weiterführte, so als ob sie selbst es täte. Und ich saß also da mit dem »Netzahualcóyotl«.

»Ich gehe, aber es ist wichtig für mich, daß der Laden weiterhin läuft. Ich übergebe ihn Ihnen, nachdem wir Inventur gemacht haben, das auf jeden Fall: Tische, Stühle, Klavier, Bar, Mädchen. So wie ich Ihnen das Geschäft übergebe, müssen Sie es mir zurückgeben. Ich werde weder von Ihnen verlangen, daß sie es ausdehnen, noch daß sie es zurückgehen lassen. Unterschreiben Sie die Inventurliste, wenn Sie damit einverstanden sind.«

Als sie sahen, daß ich ganz gut verdiente, bereuten die Kolleginnen, daß sie der Doña Adelina abgesagt hatten. Ich mußte aus meiner Wohnung ausziehen und in die Fünfte Straße von Granada, in Tepito (wo die Großmutter von Ratón Macías wohnte) in das Haus von »Netzahualcóyotl« umsiedeln. Ich hielt die acht Zimmer und den Tanzsaal in Ordnung. Ich mußte die zehn Serviererinnen bezahlen und ihre unzufriedenen Mienen ertragen, ein Auge auf die Küche haben, die Vorratsräume auffüllen. Ich mußte all das kaufen, was für die Bedienung notwendig war, die Einkünfte und die Ausgaben der Mädchen in einem Buch notieren. Ich kann nicht schreiben, aber die Zahlen, die kann ich. Jeden Monat rechnete ich ab; einen Teil des Geldes für mich und der Gewinn für Doña Adelina: fünfundzwanzig Pesos täglich, die Miete abgerechnet. Als ich als Serviererin zu arbeiten begann, bekam ich einen Peso pro Tag, aber als ich das Geschäft übernahm, gab es Nächte, in denen ich 300 Pesos oder 400 Pesos und sogar 600 Pesos verdiente, gebe Gott, daß das so weiter geht! Im unteren Teil des Hauses gab es eine unbenutzte Küche, und die Frau eines Polizisten, Antonia, fragte mich, ob ich sie ihr vermieten würde. Sie machte dort eine *Tortillería** auf, und die Miete betrug acht Pesos im Monat. Da ich dort wohnte, war es leicht für mich, sie und ihren Polizisten, der immer kam und die Nacht neben dem Herd verbrachte, unter Kontrolle zu halten.

Als Obregons Truppen zurückkehrten, erschien auch Doña Adelina wieder und enthob mich meiner Verpflichtungen. Ich übergab ihr das Haus, sie überprüfte alles, und es fehlte nichts; ihre Möbel waren alle intakt. Ich sagte ihr, wieviel die Dienstmädchen jetzt verdienten, wieviel die Waschfrauen, die Mädchen und die Köchin, denn ich hatte allen den Lohn erhöht. Ich übergab ihr all die Wäsche, die sie mir überlassen hatte und auch die andere, die ich hatte erneuern lassen: Bettlaken, Decken, Tischdecken, all das, was verschlissen war. Alles andere übergab ich ihr so, wie sie es zurückgelassen hatte.

»Hier sind die Schlüssel, kontrollieren Sie Ihre Sachen, damit Sie später nicht kommen und behaupten, es hätte Ihnen eine Stecknadel gefehlt.«

»Was? Wollen Sie nicht bleiben?«

---

* Tortillería – Unternehmen, das Tortillas herstellt (etwas dickere Pfannkuchen aus Maismehl)

»Um die Wahrheit zu sagen, nein, denn ich brauche meine Freiheit. Ich blieb, weil Ihnen der Sinn danach stand, wegzugehen, aber da Sie jetzt zurück sind, kann ich ja gehen. Oder habe ich etwa kein Recht dazu? Seitdem Sie weggegangen waren, konnte ich nicht einmal mehr ins Kino gehen. Ich bin nirgendswo mehr hingegangen, weil ich die ganze Zeit damit beschäftigt war, das Haus zu versorgen, damit es nicht an Mädchen mangelte, nicht an Getränken, nicht an Betrieb ... Ach, Señora, bevor ich es vergesse, ich habe die Küche unten vermietet, da sie leer stand und eine Tortilla-Frau mich darum bat. Ich überließ sie ihr, weil sie mit einem Polizisten zusammenlebt und wir dadurch mehr Sicherheit haben.«

»Sehr gut.«

Ich ging zu der Tortilla-Frau und sagte zu ihr: »Also, die Señora Adelina ist wieder da, und sie ist damit einverstanden, daß Sie weiterhin hier leben; jetzt zahlen Sie die Miete an sie, denn ich werde hier weggehen.«

Und ich ging meiner Wege. Aber ich zog nicht so herum, wie ich es gesagt hatte. Ich wollte mich nur von dem ganzen Rummel, den ich mir aufgehalst hatte, erholen; all der Trubel und die ewige Sauferei standen mir bis hier oben. Arbeit gab es für mich genug, und so begann ich, in einer Keramik-Fabrik zu arbeiten.

XVII.

Meine Arbeit in der Fabrik, die in der Cuauhtemotzin/Ecke Daniel Ruiz lag, bestand darin, daß ich die brauchbaren von den unbrauchbaren Töpferwaren trennte. Zum Brennen tut man alle gleichermaßen in das Feuer, ob sie nun gut oder schlecht sind, aber nach dem Brennen sieht man dann, was damit passiert ist: die brauchbaren Stücke auf die eine Seite, die unbrauchbaren auf die andere.

Beim Verlassen der Fabrik kam ich immer an einer Werkstatt vorbei, und ich verweilte dort, um dem Schreiner bei der Arbeit zuzuschauen, bis er eines Tages zu mir sagte: »Willst du lernen?«

»Nun, wenn Sie mich anlernen, ja.«

So also lernte ich das Handwerk des Firnissens in den Zeiten, in denen ich nichts zu tun hatte. Der Firnis, den man mit dem Polierbausch aufträgt, ist Gummilack in Alkohol. Wenn sich der Gummilack im Alkohol aufgelöst hat, kauft man Leinöl und streicht das Holz mit einer Anilin-Farbe, die man in lauwarmem Wasser aufgelöst hat, nach seiner Wahl; Nußbaum oder Mahagoni benutzte man am häufigsten. Ich ergriff meinen Polierbausch - ein Ballen aus Stoff und mit Wolle gefüllt -, tränkte ihn mit Gummilack, und dann nichts wie einreiben, gleichmäßig, schön gleichmäßig, ohne anzuhalten, damit keine Flusen hängenblieben. Jeden Anstrich läßt man etwas trocknen, und dann reibt man das Ganze zum Schluß mit Leinöl ein, damit der Gummilack sich leicht auftragen läßt. Von diesem Señor, Don José Villa, der aus Guadalajara stammte, lernte ich, österreichische Möbel anzufertigen. Das sind die, die aus Peddigrohr geflochten werden. Man spannt das Peddigrohr zuerst gerade rüber auf den Rahmen und dann quer dazu. Man zurrt es mit vielen Stiften fest, die dann angezogen werden wie bei einer Gitarre. Das Peddigrohr wimmert sogar, es weint wie ein Mensch. Die dritte Schicht wird schräg geflochten; ich machte sogar immer noch eine mehr, damit es schön stabil war. Das ist eine schöne Fummelarbeit; deshalb ist eine Ausstattung mit geflochtenen Möbeln sehr teuer. Damals verlangte der Tischler 25 Pesos für jeden Sitz, aber er machte sehr gute Arbeit. Mir bezahlte er irgend etwas, aber ich hörte natürlich, wieviel er verlangte. Und er hatte Recht, man brauchte seine Zeit, um einen solchen Sessel zu flechten.

Zu jener Zeit war ich schrecklich. Wenn die Leute mich auf dem Gehsteig anrempelten, verprügelte ich sie. Sie drehten sich um, um nach dem Grund zu fragen, und ich antwortete ihnen mit allen erdenklichen Schimpfworten, all den Grobheiten, die mir in den Sinn kamen; wenn sie nicht genug Platz hätten, sollten sie in der Mitte der Straße gehen wie die Esel. Heute rempelt man mich auch manchmal an, aber da ich nicht mehr das wilde Tier von gestern bin, schubst man mich und tritt mir auf die Füße, und ich lasse es geschehen. Ich sage mir: Wir sitzen alle im gleichen Boot. Früher zog ich denen, die mir auf die Füße traten, mit dem erstbesten Ding, das mir in die Hände kam, eins über. Das war mein Leben, das Leben der Schlange.

Damals hatte man auch die Pferdewagen und die von Maultieren gezogenen Wagen mit Kutscher oben auf dem Kutschbock. Für 50 Centavos fuhr man mit dem Wagen. Wenn ich um ein Uhr oder zwei Uhr morgens aus den Kneipen kam, stieg ich in einen solchen Wagen, damit er mich bis zu meiner Haustür bringe.

»Höre, du wachender Wagenlenker«, sagte ich zu ihm, »verschlafener Kutscher, bring mich in die Stadt!« Und der arme Kutscher fuhr mich durch ganz

Mexiko City, bis er es müde war, mich herumzukutschieren, und mich zur Kneipe zurückbrachte. Meiner Ansicht nach war ich dort angekommen, wohin ich wollte, griff erneut zur Flasche und ging zu Fuß weiter, immer nach jedem Häuserblock einen Schluck Schnaps trinkend, denn, obwohl ich *Pulque* sehr gern mochte, gab es damals keine *Pulquerías*, die nachts geöffnet hatten. So trank ich also *Parras** oder *Catalán**, und wenn es das nicht gab, Bier bis zum Platzen. Ich kam immer in der Daniel Ruiz an, Gott allein weiß wie und über welche Wege, aber ich kam an.

Damals brachte man mich das erste Mal nach Belén. Ich war schon auf allen Kommissariaten und in allen kleineren Gefängnissen gewesen, aber in Mexiko City kam ich nur einmal ins Gefängnis.

An jenem Tag kam ich nicht vom Tanz, sondern aus dem Kino. Es war noch früh: elf Uhr nachts. Vom Tanzen kam ich immer so um drei, vier Uhr morgens, aber aus dem Kino »Rialto« – das früher »Politeama« hieß, gegenüber der Kirche des Salto del Agua – kam ich schon früh, ich ging mit Guadelupe Escobar. Wir näherten uns schon unserem Haus, als einem unverschämten Kerl, der uns schon im Kino belästigt hatte, nichts Besseres einfiel, als mich an den Haaren zu ziehen. Er glaubte, daß ich ihm das durchgehen ließe, ich aber drehte mich um und, baff, haute ich ihm eine runter. Ich trug das Haar offen, da ich gebadet hatte, und er verspürte Lust, daran zu ziehen. Früher hatte ich schönes, langes Haar und nicht diese armseligen Zöpfe hier. Jedenfalls, zack, gab ich ihm eine Ohrfeige. Unverschämte Kerle, sie brauchen nur eine Frau allein zu sehen und schon glauben sie, daß die jemanden sucht, der sie besteigt!

Die Männer benehmen sich immer ungebührlich. Als ob das den Mann ausmachen würde. Das ist eine Krankheit, die die Mexikaner haben: zu glauben, daß sie Mordskerle sind, nur weil sie uns besteigen. Aber sie irren sich, denn nicht alle sind wir ihre zahmen Stuten. Sicher, viele sind daran gewöhnt, daß die Frauen sich über jedes dumme Geschwätz von ihnen amüsieren, sich herumkriegen lassen und mit ihnen gehen. Ich sah den Betrunkenen in der Nähe meiner Haustür, und es machte mich so wütend, daß er mir immer noch folgte, daß ich die Querstange der Tür herausnahm und sie ihm über den Rükken haute. Das war schon fast ein Balken, und ich glaube, daß ich hier und dort traf, überall, einfach so, wo die Stange niederging. Er drehte sich um, um fortzulaufen, ich folgte ihm und schlug wieder zu, und der Schlag, wirklich, der saß. Was weiß ich, wie es passierte, daß er gegen die Mauer knallte und sich an dem Putz der Mauer, Sie wissen schon, diesem grobkörnigen, verletzte, was

* Parras, Catalán – Alkoholische Getränke, die hauptsächlich von der ärmeren Bevölkerung getrunken werden, da sie billig sind.

ihn ein Stück Gesichtshaut kostete. Und mit noch einem weiteren Schlag öffnete ich ihm den Schädel. Er war mit noch einem anderen Kerl zusammen, der jetzt zu ihm hinstürzte, und zusammen rannten sie in Richtung Niño Perdido davon. Und noch immer verfolgte ich sie mit der Stange in der Hand. Ich blieb dann stehen und dachte: Diese zwei werden die Polizei rufen.

Die Ordnungshüter kamen auch. Sie fragten nach mir. Und die Nachbarn sagten sofort: »Dort, in jenem Zimmer wohnt sie.«

Was den Betrunkenen verunsicherte, war, daß ich ein weißes Kleid und das Haar offen trug, als er mich im Kino sah. Aber in der Zeit, die er brauchte, um die Polizei zu verständigen, schaffte ich es, mich umzuziehen und mir die Haare hochzustecken. Als ich die Tür öffnete, erkannte der Betrunkene mich nicht. Er protestierte: »Nein, es war eine mit offenem Haar und mit einem weißen Kleid. Diese hier war es nicht ... Nein ... es war eine andere.«

Da die Nachbarn als Gaffer herumstanden und das Geplänkel mitkriegten, sagten sie: »Ja doch, sie war es, die ihn geschlagen hat.«

Sie verrieten mich, diese falsche Bande. Ich sagte: »Ich kenne den da nicht ... Diesen Mann habe ich noch nie gesehen.«

»Gut, aber Sie müssen mit uns kommen.«

»Ich gehe mit Ihnen, wohin auch immer, aber diesen Herrn, den kenne ich nicht.« Und von dem »ich kenne ihn nicht« konnten sie mich nicht abbringen.

Da sie Guadalupe Escobar in meinem Zimmer vorfanden, denn es war ihr nicht in den Sinn gekommen, nach Hause zu gehen, nahmen sie uns beide mit, zuerst zum Sechsten. Damals gab es noch keine grünen Minnas. Zu Fuß trieb man uns wie eine Herde durch alle möglichen Straßen, aber mich konnte niemand erkennen, da ich mein Gesicht mit dem Umschlagtuch verdeckte. Im Sechsten, das sich dort befand, wo das »Grüne Kreuz« war, an der Kreuzung Independencia und Revillagigedo, führte uns der Polizist dem Richter vor.

Guadalupe sagte das gleiche aus wie ich, aber der Betrunkene sagte in seiner ersten Aussage, daß es eine Frau war, die ihn geschlagen hatte, obwohl er nicht mehr wußte, ob ich es gewesen war; dann fragte man ihn, ob er die andere kenne, Guadalupe, und er antwortete nein. So um zwölf Uhr nachts dann holte man uns zur zweiten Aussage, und da sagte er, daß es drei Frauen und zwei Männer gewesen wären, die ihn geschlagen hätten. Und das brachte ihn zur Strecke; das war ja nicht dasselbe, was er vorher ausgesagt hatte. Um drei Uhr morgens dann holten sie uns wieder zur Vernehmung, und in der dritten Aussage gab er an, daß wir sechs Frauen und fünf Männer gewesen wären. Es fehlte nicht viel, und er hätte aus mir eine ganze Armee mit allem Drum und Dran gemacht. Sie überführten ihn der Lüge, weil er sich nicht an seine erste Aussage gehalten hatte; er hatte geglaubt, daß er, je mehr Leute er angab, umso mehr Chancen hätte zu gewinnen, aber er ritt sich selbst hinein. Man glaubte ihm nicht. Er hatte nur ein Durcheinander gestiftet. Ich weiß wirklich nicht, warum er immer weiter darauf bestand und sagte: »Nein, nein, man soll auch die Männer herbeischaffen.« Welche Männer denn, frage ich Sie, es gab doch gar keine.

Und wieder ging es in die Zellen, um die nächste Aussage abzuwarten! Der Betrunkene versteifte sich weiterhin auf die Geschichte mit den Männern! »Nun, wo sind denn die Männer?« fragte ich den Verhandlungsrichter.

In der letzten Anhörung begann ich zu diskutieren: »Glauben Sie wirklich, daß ich ihn geschlagen habe?« Da ich weiter leugnete, brachte man die Stange, einen zersplitterten Knüppel, den ich ihm nach Herzenslust übergezogen hatte. Sein ganzer Rücken war zermalmt. Sie glaubten einfach nicht, daß solche Schläge von einer Frau stammen könnten, deshalb schenkten sie dem Betrunkenen immer noch Glauben. Nach dem letzten Verhör dann brachte man mich nach Belén und ihn ins Juárez-Krankenhaus. Sein Freund begleitete ihn, aber während der Verhöre wollte er nicht reden. Er sagte dem Richter nur, daß er nicht bemerkt hatte, womit man seinen Kumpel schlug, so daß man ihn nicht einsperrte, man hielt ihn nur in Untersuchungshaft, in der Männerabteilung, aber ich hörte, wie er später zu dem Verwundeten sagte: »Da hast du es, Freundchen, was bist du doch für ein Dummkopf, du hast dich selbst hineingeritten.«

»Nein doch, wenn es doch aber viele Männer und Frauen waren, die mich geschlagen haben. Einer allein kann mich nicht fertig machen, und schon gar nicht eine Frau.«

»Aber nein, du hast dich selbst zu Fall gebracht. Du hast keine überzeugende Aussage gemacht, und deshalb sind wir jetzt im Kittchen. Es ist alles deine Schuld; du hast dir selbst einen Strick gedreht, Blödmann. Ich brauche jetzt überhaupt nichts mehr zu sagen, denn all dein Geschwätz haben sie ja schwarz auf weiß. Das kommt davon, weil du ein Hohlkopf bist oder weil du Gespenster siehst; besser wäre es gewesen zu sagen, 'diese alte Kruke hat mich geschlagen', und fertig, aber nein.«

»Dieser sinnige Mensch hat sich den Strang selbst um den Hals gelegt, Herr Richter.«

Das Belén-Gefängnis war ein enorm großer Block. Im hinteren Teil, ganz hinten, befindet sich die Frauen-Abteilung, ein paar große Schuppen mit Blechdächern. Das Gefängnis war von innen nicht gerade häßlich, auch nicht trist, nein, überhaupt nicht trist, wie sollte auch Traurigkeit aufkommen, wo das doch der reinste Hühnerhof war! Die Täubchen fühlten sich dort wie zu Hause, konnten singen, tanzen und alles ... Im Männer-Gefängnis dürfte es nicht anders gewesen sein. Auch sie hatten jeden Spaß. Was entbehrten sie denn schon? Sie hatten zu essen, konnten schlafen, spazierengehen und alles. Sie hatten ihre Frauen bei sich. Es gab einen Saal für Verheiratete. Bah, soll man das Gefängnis nennen, wenn sie doch alle und jede Abwechslung dort hatten! Dort, wo ich aufwuchs, dort ja, dort gab es richtige Gefängnisse, damit Sie es nur wissen! Der Gefangene hatte keinerlei Unterhaltung. Nicht einmal einen Streifen Himmel bekam er zu sehen. Im Belén, das muß auch mal gesagt werden, hatten auch die Frauen ihre Ehemänner zu Besuch, und es waren nicht immer nur die Ehemänner, die kamen. Mir soll man nichts erzählen! Man teilte uns auch keine Arbeit zu. Man spazierte dort im Hof herum oder legte sich hin oder ließ sich von der Sonne bescheinen, oder man machte irgend etwas, wozu man Lust hatte ... Die Aufseherinnen legten sich mit niemandem an, sie beobachteten uns von weitem. Sie registrierten einen nur, und damit hatte es sich. Das einzig Schlechte war, daß man jeden Neuankömmling erst einmal in die Badewanne steckte.

»Sie gehen ins Bad«, sagte die Aufseherin.

»Wir gehen nicht ins Bad«, antwortete ich. »Glauben Sie, daß ich so mit mir umspringen lasse?« Ich wurde aufsässig.

»Entweder baden Sie sich, oder wir baden Sie!«

»Und warum sollte ich mich baden? Sehe ich vielleicht so dreckig aus? Dort, die Betrunkenen, die vollgekotzt auf der Straße aufgelesen werden, in Ordnung. Aber Sie haben kein Recht dazu, mich in ihr dreckiges Bad zu schikken.«

»Machen Sie mir keine Vorschriften!«

»Kommandieren Sie mich hier nicht herum, nur weil es Ihnen Spaß macht.«

Wir waren kurz davor, aufeinander loszugehen.

»Nur zu«, sagte ich zu ihr, »wenn Sie sich für so mutig halten, kommen Sie schon, prügeln wir uns, mal sehen, wer gewinnt! Wir wollen sehen, ob wir zwei ins Bad gehen. Kommen Sie!«

Als sie sah, daß ich mich nicht einschüchtern ließ, sagte sie: »Gut denn, dann werde ich Ihnen Handschellen anlegen.«

»Sie haben keinen Grund dazu, sie mir anzulegen, denn ich habe Recht. Ich bin nicht schmutzig.« Und ich entfernte mich. Guadalupe Escobar sagte zu mir: »Du kannst ihr wenigstens für den Armreif danken.«

Guadalupe Escobar, ja, die hat man gebadet, weil sie eine dumme Gans ist. Sie gehorchte immer, sie war eben ein Schaf. Da waren zu diesem Zweck Brausen angebracht, und mit Gewalt stellte man die Mädchen darunter. Aber ich gebärdete mich wie ein wild gewordener Hund und ging da ums Verrecken nicht drunter. Und später dann sollte ich mich zum Essenfassen anstellen.

»Stellen Sie sich in die Reihe.«

»Nein, ich stelle mich nicht an«, sagte ich, »denn ich bin nicht hier, um euren Schweinefraß zu essen ... Mir wird man Essen bringen ...«

Doña Lola Palomares, die Frau, die mich verpflegte, so wie sie viele Mädchen aus der Fabrik verpflegte, brachte mir einen Korb an die Tür.

In den Gefängnissen gibt es immer einen Mann, der die Körbe für die Gefangenen, Männer und Frauen, auf einen kleinen Wagen läd und sie ihnen bringt. Man nennt ihn »Korbhändler«, und alle mögen ihn sehr. Die Señora Lola sah, wie man mich zum Kommissariat mitnahm, und daraufhin bereitete sie mir gleich einen Essenskorb. Zu jener Zeit, da ich eine vollkommen andere Arbeit machte als heute, wusch man für mich, bügelte man für mich, und man verpflegte mich; außer meiner Arbeit machte ich nichts. Ich ging in die Keramik-Fabrik, kam wieder nach Hause, und die Señora hatte das Essen für mich bereit. Sicherlich, das Geschirr und die Küchengerätschaften gehörten mir, denn es hat mir immer gefallen, all das zu besitzen, aber ich kochte mir eben nicht selbst.

»Seid doch nicht so, stellt euch in die Reihe und laßt euch euer Essen geben, denn wir hier, wir haben Kinder, und was man uns zuteilt, reicht nicht aus!«

Da die Gefangenen so sehr darum baten, stellte ich mich am nächsten Tag auch an, um meine Ration dann an die zu verteilen, denen ihre eigene nicht ausreichte. Man gab uns einen Schöpflöffel voll Suppe, einen anderen voll Kichererbsen, noch einen mit Bohnen, einen mit Fleischbrühe, zwei Brötchen von denen, die heute 20 Centavos kosten, früher aber fünf. Das war gar nicht mal so schlecht! Die Gefangenen kamen aus ärmlichen Verhältnissen, und einige waren weit davon entfernt, so zu essen, wenn sie in Freiheit lebten.

Wir schliefen zu zweit in einem Bett; ich mit Guadalupe, weil wir Freundinnen waren. Andernfalls hätte ich mit einer anderen schlafen müssen, Gott behüte! Wir waren immer zusammen. Sie arbeitete nicht so wie ich, weil sie einen Ehemann hatte, und sie war einfach nur eine Freundin. Ihr Mann war ein Soldat bei der Kavallerie. Er hatte ihr erlaubt, mit mir ins Kino zu gehen, und als wir aus dem Gefängnis kamen, war er sehr wütend auf sie. Er sagte zu ihr: »Als du sahst, daß sie Jesusa mitnahmen, warum fühltest du dich verpflichtet, ihr zu folgen?«

Wir waren für zweiundsiebzig Stunden festgenommen, das ist die gesetzlich festgesetzte Frist. Ich bin nicht mehr in die Keramik-Fabrik zurückgekehrt. Jeder dort wußte, daß ich im Kittchen gewesen war.

An meinen neuen Arbeitsplatz in einer Kartonfabrik nahm ich immer ein Kind mit. Seine Mutter wohnte im gleichen Viertel wie ich, aber sie konnte es nicht mitnehmen, weil sie Tortillas in einem Restaurant machte, aber in der

Fabrik, ja, da nahm man mich auch mit Kind. Ich hatte es in einem Karton angebunden unter dem großen Tisch stehen, auf dem ich die Bögen zuschnitt. Dort ließ ich den kleinen Jungen stehen. Ich vergaß ihn, während ich arbeitete. Er schrie nie. Die Mutter dieses Jungen war ein Mädchen vom Land. Sie war nicht meine Freundin. Ich habe keine Freundinnen, weder habe ich welche gehabt, noch will ich welche haben. Ich nahm den Kleinen zu mir und hatte ihn drei Jahre lang. Er hieß Angel und hatte Wolken in den Augen.

Eines Abends teilte mir seine Mutter mit: »Ich gehe in mein Dorf, um dort einige Tage Urlaub zu machen.«

»Ist gut.«

Dort unten wurden sie von einem Hagelschauer überrascht. Sie waren den ganzen Tag über an der Sonne gewesen, und dann auf einmal fing es an zu hageln, und es wurde kalt, und da sie bis zur Busstation weit zu laufen hatten, war der Junge, als sie zurückkamen, schon schwerkrank. Ich machte ihn nicht gesund, nein, denn wie hätte ich ihn gesund machen können, da ich noch nicht die Kräfte dazu besaß? Er starb uns an schnell voranschreitender Lungenentzündung. Und ich stand da ohne meinen Kleinen. Es machte mich nicht traurig, daß er gestorben war. Warum? Gott sei Dank waren seine Leiden vorüber! Ich fühlte mich weder allein, noch vermißte ich seine Unarten, denn niemand ist mir gegenüber unartig. Ich, ich bringe jedem bei, den Kindern, den Tieren, den Polizisten, den Hühnern und den Hähnchen, nicht herumzustänkern und mich zu verstehen ... Deshalb kann ich nicht begreifen, warum die Kinder ihren Eltern nicht gehorchen, aber sicherlich kommt das daher, weil sie weder zu führen wissen, noch sich damit befassen, ihnen Respekt einzuflößen.

Ich habe drei Hemdchen von dem kleinen Angel aufbewahrt. Ich habe sie heute noch.

Ich habe auch, als ich in der Karton-Fabrik arbeitete, in der Nähe der Doctor Lavista einen Hund aufgelesen, ein braves Tier. Er war ein streunender Köter, aber als ich begann, ihm jeden Tag ein Stück Brot zu geben, wurde er so zutraulich, daß er sogar mit zu mir hereinkam und sich auf einen Stuhl setzte, der neben meinem Bett stand, und dort schlief er auch ... Ich wußte keinen Namen für den Hund. Ich sprach immer nur so zu ihm: »Gelber, spring da hinauf, Gelber!« Er hörte auf mich und schlief dort auf dem Stuhl, und hinterher machte er die Runde durch's Haus, er paßte sehr auf mich auf. Er ließ nicht zu, daß sich mir jemand näherte. Aber er fraß kein Fleisch, nur Gebäck oder Brötchen. Ich sagte der Ladenbesitzerin Bescheid, daß sie, wenn mein Gelber bei ihr vorbeikäme, ihm sein Brot geben solle, und so waren wir uns alle drei einig. Wenn ich zur Arbeit ging, erinnerte ich sie im Vorbeigehen daran: »Geben Sie meinem Hund seine Brötchen!«

»Es ist gut, Señora Jesusa.«

Der Hund erschien jeden Tag. Wenn man ihm nicht seine komplette Ration gab, ging er nicht aus dem Laden. Für fünf Centavos bekam man zwei Brote; er fraß sechs Brötchen oder fünf Stücke Gebäck.

Wenn ich von der Arbeit kam, ging ich im Laden vorbei, und die Inhaberin sagte mir dann: »Ich habe Ihrem Hund schon sein Brot gegeben.«

Zu Hause lag der Gelbe vor meiner Tür und wartete auf mich. »Hast du schon gegessen?« Und er schüttelte seinen Kopf. »Hat man dir nichts zu essen gegeben? Wir werden das überprüfen.« Wenn er auf die Straße hinauslief, wußte ich, daß man ihm nicht seine komplette Ration gegeben hatte. Er lief hinaus, und ich hinter ihm her bis zum Laden.

»Dieser Hund hat seine Ration nicht bekommen.«

»Nun, vielleicht ... Es waren so viele Leute hier, so daß ich mich nicht mehr erinnern kann, aber der Hund wird es ja wissen.« Und sie fügte noch hinzu: »Was für ein schlauer Hund er doch ist ... Wie genau er doch merkt, daß ich ihm nicht seine ganze Ration gegeben habe!«

»Nun, er hat Hunger, sein Magen sagt es ihm.«

Die Tiere sind sehr schlau. Sie können nicht sprechen, aber sie machen sich verständlich. Der Gelbe war schon ein alter Hund, als ich ihn auflas. Mit den Hündinnen hatte er nie etwas im Sinn, und ich hatte ihn nur eine kurze Zeit.

Eines Tages, als ich aus der Fabrik nach Hause kam, fand ich ihn tot vor meiner Tür liegen und auf mich warten.

XVIII.

Neben der Kirche von Campo Florido stand ein Zirkuszelt, in dem ein Señor Manuel arbeitete, den man auch den *Robachicos,* den Kinderdieb, nannte. Er tanzte. Er verdiente gut, nur wurde er krank und zog daraufhin zu der Señora Lola. Eines Tages, als ich zu ihr ging, um mir den Bauch vollzuschlagen, sagte sie zu mir: »Der arme Manuel, der *Robachicos!* Er kann nicht mehr im Zelt arbeiten, weil er schlimme Füße hat.«

»Soll er doch zum Doktor gehen, damit der ihm seine Füße behandelt.«

»Aber, wie das, wenn er doch kein Geld für einen Doktor hat?«

Da die Ärzte damals nur wenig verlangten, sagte ich wie eine Samariterin: »Ich werde ihm welches geben, damit er sich seine Füße behandeln lassen kann.« Mir tat es leid, daß all seine Kollegen nichts mehr von ihm wissen wollten, weil er diesen Fehler hatte, kleine Jungens aufzulesen.

Ich ging jeden Tag zu dem Zirkuszelt und kannte Manuel den *Robachicos* ziemlich gut, später dann sagte er einmal zu mir: »Komm, hilf uns aus beim Tanzen, denn die Leichtfüßige ist nicht gekommen.«

»Aber ich kenne das Stück, das du aufführst, doch gar nicht.«

»Da du mit mir tanzt, brauchst du nur auf mich zu achten. So lernst du es dann.«

Jedesmal, wenn seine Partnerin nicht kam, stieg ich auf den Bretterboden, der als Bühne diente. Die Kuppel war aus Leinwand, genauso wie die Zelte der Zirkusleute, gehalten von einigen hohen Pfählen.

Wir führten den Apachen-Tanz auf, der, soviel ich weiß, woanders der Tanz eines Straßenmädchens ist, einer Dirne, so habe ich das jedenfalls verstanden, denn bevor ich die Bretter betrat, gab Manuel mir einen Geldbeutel. Der Mann will, daß die Frau ihm das Geld übergibt, und während sie tanzen und tanzen, zieht er sie an den Haaren, schlägt sie, bedrängt sie, erdrückt sie, traktiert sie mit Ohrfeigen, und man geht daraus vollkommen zerzaust und voller blauer Flecke hervor. Wenn er mich schließlich auf den Boden warf, war das wie eine Erholung. Ich blieb mit hochgerecktem Hintern liegen, und er hob meinen Rock hoch und zog mir die Centavos aus den Strümpfen. Ich weiß nicht, wer diesen Tanz erfunden hat, aber es muß ein Barbar gewesen sein. Manuel war mir ein guter Lehrmeister, er machte sich derart gut bei der schlechten Behandlung, daß die Leute wie wild applaudierten, wenn sie mich zerstört am Boden liegen sahen; sie wollten eine Zugabe, aber ich konnte nicht einmal mehr allein auf die Füße kommen, um den Applaus entgegenzunehmen.

Ich mußte mich in ein spezielles Gewand hüllen und mir das Gesicht einer *Femme fatale** schminken. Er trug eine weiße Hose, ein schwarzes Hemd, eine karierte Schirmmütze und ein rotes Tuch, so hier um den Hals gebunden. Mir gab man noch eine Art Schärpe, die ich mir, ungefähr so, umhängte, während ich tanzte und tanzte und die ich mir dann um den Arm wickelte. Manchmal tat er so, als ob er mich mit der Schärpe aufhängen wollte. Och, wie ich sie liebte, diese Bewegung! Mir gefiel sie so übermäßig, weil sie wirklich das Gefühl von Rummel und Skandal vermittelte und echter Tanz war. Manuel hatte viele Freunde, die Künstler waren, aber was den Tanz anbetraf, gab es keinen wie ihn. Er hatte so eine Art, ein Hinterteil und Hüften, die er wie sonst keiner bewegte. Damals waren die Zelte an der Tagesordnung, und viele große Künstler sind daraus hervorgegangen. Den Leuten gingen die Augen über vor soviel Goldpapier, violetten, roten und gelben Lichtern und einem derart glitzernden Vorhang. Das Publikum behandelte der Zeremonienmeister ausgenommen gut. Er begrüßte es zuvorkommend: »Verehrtes Publikum ...«, und gleich anschließend flötete er: »Ich habe das ganz spezielle Vergnügen, für Sie zu interpretieren ...« Nur das Knarren der Sitzbänke war zu hören ... Sein Haar glitzerte genauso wie der Vorhang, soviel Vaseline hatte er sich hineingeschmiert. »Meine Damen und Herren, ich widme Ihnen diese herzergreifende Melodie ...« Nach jeder Nummer ertönte ein Beckenschlag. Viele große Künstler zogen vorüber, erzählten gewagte Witze, tanzten sogar auf dem Kopf, wenn es sein mußte, und sangen Couplets, um berühmt zu werden. Nun gut, ich jedenfalls amüsierte mich köstlich ... Später dann tat er mir leid, als seine Freunde von ihm, dem *Robachicos*, der ohne Arbeit und ohne Geld war nichts mehr wissen wollten, und ich sagte: »Der Arme, er hat niemanden, der sich um ihn kümmert.«

Klar, er hatte noch seine Mutter und seine Geschwister, aber die liebten ihn nicht, weil er diese Laufbahn eingeschlagen hatte, weil er auf die schiefe Bahn geraten war, und da Manuel mit Enrique, dem Sohn von Doña Lola befreundet war, zog er zu ihnen. Doña Lola erzählte mir, daß sie ihn aufnähme, weil ihr Sohn eines Tages auch in eine schwierige Situation geraten könne, und dann wäre da jemand, der ihm beistehen könne. Und ich machte wieder einmal auf Martha die Barmherzige: »Hören Sie, Lola, geben Sie ihm zu essen, ich werde das Essen für Manuel bezahlen.«

Ich aß für einen Peso 50 Centavos, und mit dem Essen für den Tänzer machte das für mich drei Pesos am Tag aus. Manuel wurde nicht wieder gesund. Die Geschwüre an den Füßen wurden immer größer. Er befand sich

* Femme fatale – kapriziöse Frau von diabolischer Anziehungskraft, die ihre Verehrer betört und ins Unglück treibt.

im vierten Stadium der Syphilis, und er blieb dort im Haus und unterhielt sich mit Enrique, das ist der Sohn der Doña Lola, ein Junge, der so um die 18 Jahre alt gewesen sein dürfte.

»Sagen Sie, Lola, befürchten Sie nicht, daß Ihr Sohn bei diesem Umgang auch schwul wird?«

»Ach, Jesusita! Was wollen Sie, daß ich ihm sage? Wenn das nach seinem Geschmack ist? Die Frauen heutzutage sind so durchtrieben, daß ein junger Mann doch gar nicht mehr weiß, wem er sich zuwenden soll.«

Don José de la Luz, unser Vermieter, der war ein echter Schwuler. Er selbst erzählte uns: »Ich trage Hosen, aber mein Unglück ist es, daß ich eine Frau bin, genau wie Sie.«

Don Lucho war ein gutmütiger Mensch, denn die weibischen Männer sind besser als die knallharten *Machos*. So als ob ihr Unglück, daß sie halb Mann und halb Frau sind, sie besser macht. Er hatte ein gutes Herz und war sehr anständig. Zu Hause kleidete er sich als Frau, tanzte mit viel Getue. Nachmittags putzte er sich heraus, um seine Freunde zu empfangen. Er legte seine Ohrringe, seine Halskette, seine Strümpfe an, und als Frau zurecht gemacht war er sehr schön. Nein, es machte ihm nichts aus, daß wir ihn sahen; warum auch sollte ihm das etwas ausmachen, wenn er sich doch als Frau fühlte? Er kleidete sich als Mann, wenn er auf die Straße ging, aber abends kamen ihn viele Freunde besuchen, und dann sprach er so, als wäre er eine Frau: »Ach, es tut mir hier weh! Oh, warum kommst du so spät?«

Er schwärmte für all den Tand, genau wie wir. Perlenstickerei, Pailletten, Organdy, Taft, Gold- und Silberstickerei, und er handhabte das alles sehr geschickt, nicht ein einziges Mal verhedderte er sich. Puder, Lotion und überaus sorgfältig gelegte Schmalzlocken. Na und? Wenn ihm das so gefiel. Ich kleide mich manchmal wie ein Mann, mir gefällt das. Nur, ich kann keine Hosen tragen; erstens, weil ich alt bin, und zweitens schickt es sich für mich nicht mehr, Aufsehen zu erregen, aber ich für meinen Teil wäre lieber Mann als Frau. Für alle Frauen wäre es besser, wenn sie Männer wären, bestimmt, denn das ist viel unterhaltsamer, man hat mehr Freiheiten, und niemand macht sich über einen lustig. Als Frau dagegen wird man in keinem Alter respektiert, denn als junges Mädchen wird man verunsichert und als alte Frau wird man verlacht, man wird zum Gespött der Leute, weil man nicht mehr viel hermacht. Ist man aber ein Mann, kann man kommen und gehen, wann man will: er geht und kommt nicht zurück, aber da er der Mann ist, wird ihm niemand etwas sagen. Es ist tausendmal besser, ein Mann zu sein als eine Frau! Auch wenn ich, als ich jung war, alles tat, was ich wollte, weiß ich, daß beim Mann alles besser ist als bei einer Frau. Gesegnet sei die Frau, die ein Mann sein will!

Manuel der *Robachicos* war gar nicht weibisch, sondern er schlitterte da hinein. Vielleicht ekelten ihn die Frauen an, weil er Syphilis hatte oder weil er eine Enttäuschung erlebt hatte und sich deshalb den kleinen Jungens zuwandte. Er amüsierte sich köstlich mit ihnen und sagte immer, daß die Männer ihn billiger zu stehen kämen als die Frauen und daß sie viel einfallsreicher wären. Und da er sich abgewöhnt hatte, Geld zu geben, gewöhnte er sich sehr schnell daran, es denen abzunehmen, die es sich abnehmen ließen: »Och, du, Mädchen aus Tehuantepec, sei doch nicht so, gib mir für meine Zigaretten ...«

»Ja, Manuel ... ja ... Keine Sorge, ich gebe Ihnen schon etwas, womit Sie Ihren Lastern frönen können.«

Er bat mich immer um Geld für seine Zigaretten, aber er kam nie damit aus, und ich schenkte ihm immer zusätzlich noch etwas. Nicht etwa, daß ich ihn besonders mochte, noch gefiel mir das, was ihm gefiel, aber ich hatte Mitleid mit ihm. Später dann wurde er unverschämt und sehr anhänglich, es ging nicht mehr darum, daß ich ihm seine Centavos gab, wann und wie es mir möglich war, sondern es war zu einer Verpflichtung für mich geworden. Mit einer Überheblichkeit ließ er bei mir nachfragen, was denn mit seinem Unterhalt wäre! Der Sohn von Señora Lola kam in mein Zimmer: »*Tehuanita**, Manuel fragt nach seinem Unterhalt.«

»Schon gut, hier nimm.«

Und schon übergab ich dem Jungen einen Peso. So ging das eine ganze Zeitlang; einmal waren es die Zigaretten, einmal der Doktor, dann wieder die Arzneien oder auch ein Bündel von 25 Kerzen, die zu fünf Centavos. Jeden Tag zündete er eine Reihe von Kerzen an. Das war der Moment, wo er begann, mir auf die Nerven zu gehen. Eines Tages kam er und brachte mir ein kleines Brettchen und sagte zu mir: »Zeichnen Sie mir hier drauf den guten Freund!«

»Wer ist der gute Freund?«

»Na, der Soundso eben.«

»Aha«, antwortete ich ihm, »ich kann aber weder malen, noch bin ich ein Zeichner und habe auch nichts mit jenem Herrn zu tun, ich werde also nichts für dich zeichnen!«

»Ach, wie können Sie nur so sein! Sie wollen mir diesen Gefallen also nicht tun?«

»Nein!«

Ich merkte, daß er mit dem Teufel sprach, als er mich darum bat, jenes Gesicht zu zeichnen. Er selbst zeichnete sich damals sein Bild mit schwarzer Kreide auf ein Brett, er malte ihm die Hörner und die Glatze und dann den

* Tehuanita – Mädchen aus Tehuantepec

Schwanz unter die Hoden und krümmte ihn bis hin zur anderen Seite ... Und immer noch redete er auf mich ein: »Kommen Sie, zünden Sie eine Kerze für den guten Freund an.«

»Ich? Ich? Er ist weder mein Freund, noch kenne ich ihn überhaupt.«

Da ich mich auf diese Geschichte nicht einließ, begann er, in mir einen Gegner zu sehen. Ich wollte mich weder auf seine Seite schlagen, noch wollte ich ihm bei diesen schmutzigen Angelegenheiten helfen. Aber man weiß ja auch nicht, was denn nun eigentlich die reine Wahrheit ist. Er zeichnete sein Bild und zündete Kerzen davor an. Als ihm die Kerzen ausgegangen waren, machte er ein kleines Loch in das Brett und steckte eine Zigarette hinein, und er fuhr fort mit seiner Andacht und damit, ihn um alles mögliche dumme Zeug zu bitten.

Am Sonntag mußte ich ihm Geld geben, damit er in Begleitung seines kleinen Jungen zum Stierkampf gehen und essen konnte, wonach ihn gelüstete. Ich ging auch gerne zum Stierkampf, und ich hatte sogar einen Freund, der *Novillero** war. Er war ein Trödelhändler in Tepito, und davon lebte er, aber wenn man ihn aufforderte, trat er als Stierkämpfer an. Ich erinnere mich noch an seinen Namen: Jovito, und man nannte ihn *Bitoque*. Seinen Nachnamen weiß ich nicht. Unter den armen Leuten ist es nicht üblich, nach dem Nachnamen zu fragen, denn einige haben nicht einmal einen. Nun gut, da ich so gerne zum Stierkampf ging, konnte ich es gut verstehen, daß das auch dem *Robachicos* gefiel, und ich gab ihm das Eintrittsgeld, schlimm war nur, daß es ja immer zwei Karten sein mußten.

Es war nun so, daß ich eines Tages übermüdet vom Tanzen nach Hause kam, mit ziemlich geschundenen Füßen; am Samstag um fünf Uhr in der Früh ging ich schlafen, um erst am Sonntag wieder aufzustehen, und natürlich schlief ich um acht und neun Uhr morgens noch. An eben diesem Sonntag aber schickte der *Roba* Doña Lolas Sohn wegen seines Geldes zu mir. Ich träumte gerade, daß ich einen Torero heiratete, der eben aus der Arena kam ... Nein, warten Sie, ich glaube es war ein Picador**, der mit seinem Pferd und in voller Montur in mein Zimmer kam. Ich wollte mich nicht mit ihm einlassen, weil er ganz blutverschmiert war, und dann hatte er auch eine enorm lange Lanze bei sich, und in diesem Moment klopfte es dann: »Wer ist da?«

»Ich ... Manuel schickt mich wegen seines Geldes.«

»Sag Manuel, daß ich schlafe und daß er mich nicht stören soll.«

Ich dachte bei mir: Soll er doch warten, bis ich aufstehe. Ich wollte weiter von dem Picador träumen.

---

* Novillero – Stierkämpfer, der nur gegen junge Stiere (novillos) antreten darf, da er noch nicht zum Matador gekürt worden ist.

** Picador – Reiter, der mit einer Lanze beim Stierkampf das Tier reizen soll.

Nach ungefähr einer halben Stunde ist der kleine Scheißer wieder da: »Sie möchten das Geld für Manuel geben, weil es ihm sonst zu spät wird für die Matinee.«

»Verdammt, für wen hält er sich denn eigentlich? Wenn er nicht warten will, dann soll er sich eine andere suchen, die er belämmern kann ...!«

Was weiß ich, was er zu Manuel sagte, auf jeden Fall kam der Junge noch einmal zurück: »Manuel läßt ausrichten, wenn Sie ihm sein Geld nicht geben, werden Ihnen Hörner und Schwanz wachsen.«

»Er soll sich zum Teufel scheren! Er soll mich gefälligst schlafen lassen!«

Ich schlief zwar wieder ein, aber mit dem Träumen war es vorbei. Vor Wut bin ich nicht einmal zum Essen zu Doña Lola gegangen. Ich ging zu den Chinesen. Heutzutage bekommt man nicht einmal die Hälfte von dem, was sie früher auf die Teller taten.

Nachmittags erschien dann Enrique, naja, wir nannten ihn alle *Quique.*

»Manuel sagt, wenn Sie ihm das Geld für den Stierkampf nicht geben ...«

»Sag dem Manuel, daß ich keines habe, man wird mir erst morgen meinen Lohn zahlen; er soll also warten.«

»Aber der Stierkampf ist heute und nicht morgen.«

»Sein Pech.«

Ich hatte schon Geld, aber ich dachte mir: Für was hält er sich eigentlich? Nichts werde ich ihm geben. Und ich gab ihm nichts. Der Junge kam sogar noch einmal zurück: »Manuel ist verärgert und hat gesagt, daß Ihnen das noch leid tun wird.«

»Ach was, mir wird überhaupt nichts leid tun!«

»Ich habe Ihnen ausgerichtet, was er mir aufgetragen hat, Jesusita.«

Zu jener Zeit damals ließ ich keine Gelegenheit zum Tanzen aus. Jede Nacht war ich unterwegs. An den Tagen, an denen die Tanzsäle geöffnet hatten, war ich nicht zu halten: montags, donnerstags, samstags und sonntags war ich auf den großen Tanzvergnügen zu finden. Und auch an jenem besagten Montag ging ich tanzen, und wir kamen morgens so um drei Uhr erst nach Hause. Wir hatten die Angewohnheit, an dem Stehausschank an der Ecke *Toros Prietos** mit Schuß zu trinken, und bevor wir schlafen gingen, nahmen wir davon einige Tassen zu uns. Danach schläft man gut und träumt witzige Sachen. Wir setzten uns in den Hauseingang, und ich hielt Ausschau nach den Polizisten, damit sie uns nicht aufgriffen und mitnahmen. Damals konnte man als Frau nicht zu ungebührlicher Nachtzeit auf den Straßen herumlau-

---

* Toros Prietos – Getränk aus Branntwein und Sapotille (Breiapfel), einer exotischen Frucht, die außen grün und innen schwarz ist und sehr süß.

fen, denn ein Präsident, ich weiß nicht mehr welcher, ich glaube, es war Obregón, ordnete an, daß jede Frau, die nach neun Uhr abends auf der Straße angetroffen wird, ins Gefängnis wanderte. Selbst wenn sie mit ihrem eigenen Mann ginge, würde sie mitgenommen, falls sie keine Heiratsurkunde dabei hätten. Deshalb also versteckten wir uns. Wir fuhren mit einem Pferdewagen zum Tanz; die Kutscher kannten uns schon und kamen um drei Uhr morgens, um uns nach Hause zu bringen. Auch in jener besagten Nacht also gingen wir noch ein paar Tassen heben.

Wir rückten drei Stühle zurecht, so im Hausflur drin, gleich neben dem Ausschank, und ich setzte mich auf den Stuhl in der Mitte, als ich ein Gesicht auftauchen sah, das Gesicht eines jungen Mannes. Nur einen kurzen Augenblick war er zu sehen. Ich sah, daß er sein gekräuseltes Haar nach hinten gekämmt trug, er war noch sehr jung und ausgesprochen hübsch. Zu den anderen, die bei mir waren, sagte ich: »Und der da, was ist mit dem, spioniert er uns nach?«

Zu dritt waren wir zum Tanzen gegangen, Josefina, Pachita und ich, und wir wollten uns noch ein bißchen die Zeit vertreiben. Die zwei waren nicht mehr so ganz jung, sie waren schon etwas abgetakelt. Ich sagte noch einmal zu ihnen: »Was jetzt, spioniert er uns nun nach oder nicht?«

»Wer denn?«

»Dieser Grünschnabel da, der sich gerade hat blicken lassen.«

»Welcher denn?«

»Habt ihr ihn denn nicht gesehen, Mensch; er hat doch gerade um die Ecke geschaut.«

Und Pachita sagte: »Nein, ich habe nichts gesehen.«

Und Josefina: »Ich, ich habe auch nichts gesehen.«

Ich schaute weiterhin in die Richtung, als ich plötzlich sah, daß er den Kopf noch weiter vorstreckte, so ungefähr, so daß ich seine ordentlich geknotete Krawatte, sein weißes Hemd und seine schwarze Weste sehen konnte.

»Mag sein, daß ihr ihn nicht sehr, aber ich sehe ihn ganz genau.«

»Das sind Hirngespinste von dir!«

Während wir so herumplänkelten, zeigte er sich ganz mit Frack und allem Drumherum ... Er war sehr elegant gekleidet.

»Schaut doch, schaut ihn euch doch an! Jetzt zeigt er sich in voller Größe.«

In Windeseile sprang ich auf und rannte raus bis zur Mitte des Bürgersteiges, um ihn zu erreichen. Ich war sehr streitsüchtig und draufgängerisch zu der Zeit. Aber, was erreichte ich? Nichts. Ich sah nichts mehr. Er hatte sich in Luft aufgelöst. Zu meinen Freundinnen sagte ich: »Wohin ist er denn entwischt?«

Sie starrten mich nur an.

»Dreimal hat er sich gezeigt, aber dieses Mal sah ich seinen schwarzen Frack.«

Josefina hat gleich das Schlimmste angenommen: »Liebe Freundin, weiß du, wer das war? Das war der *Gute Freund.«*

»Wer?«

»Stell dich nicht so dumm, tu nicht so, es ist der *Gute Freund,* der, der seine Verabschiedungsrunde macht. Siehst du denn nicht, daß es schon vier Uhr morgens ist?«

»Soll er sich doch von denen verabschieden, bei denen er zu Besuch war, aber nicht von mir. Was hat er mit mir zu schaffen?«

»Verstehst du denn nicht? Heilige Madonna, der Teufel ist es!«

Und gleich schlug sie drei Kreuze.

»Was sagst du da?«

»Aber du siehst ihn doch, es ist der Teufel. Es ist vier Uhr morgens, und er ist dabei, sich zu verabschieden.«

»Und was habe ich damit zu tun? Soll er sich doch zum Teufel scheren! Wer von euch hat ihn denn gerufen? Ich jedenfalls nicht. Was hat er hierher zu kommen und sich von uns zu verabschieden?«

»Er kommt nicht, weil man ihn ruft oder auch nicht ruft. Er weiß, wer seine Freunde und seine Freundinnen sind, und du bist mit von der Partie, ob du willst oder nicht.«

Manuel war es, der ihn gerufen hatte, um mich zu bestrafen. Manuel schickte mir den Barrabas. Am nächsten Tag begannen die Schmerzen, aber das beunruhigte mich nicht sehr. Ich sagte mir: Was soll's, ich habe Schmerzen, nun, dann habe ich eben Schmerzen und fertig!

An dem Tag, an dem meine Krankheit begann, ging ich zum Bethaus, weil ich nach einigen *Compadres** fragen wollte, die sich außerhalb von Mexiko City aufhielten. In der Luis Moya gab es ein Haus, in dem spiritistische Sitzungen abgehalten wurden, wo auch mein Beschützer Manuel Antonio Mesmer arbeitete. Ich hatte dieses Haus durch eben diese *Compadres* aus der Fabrik, José und María Sánchez, kennengelernt, die mir die Adresse gegeben hatten.

Ich ging nur ab und zu hin, um irgendwelche Dinge herauszufinden, die mich interessierten. Manchmal nahm ich den Taxifahrer Antonio Pérez mit,

---

* Compadre – Genauso wie *Comadre*, sagt aus, daß man auf irgendeine Weise eine Verbindung eingegangen ist, eine Beziehung zueinander aufgenommen hat, die über den Terminus »Freundschaft« hinausgeht. *Comadre* und *Compadre* sind zum Beispiel für die Eltern die Taufpaten ihres Kindes; oder wenn man den gleichen Heiligen verehrt, wenn man jemandem seinen Schutz anträgt. Man kann aber nicht einfach »Gönner«, »Beschützer« oder gar »Gevatter« sagen, weil das nicht alles beinhaltet. Mit *Comadre* oder *Compadre* werden »Familienbande« geknüpft, was bedeutet, daß mehr Vertrauen eingebracht wird als bei einer Freundschaft.

der die *Geistliche Gemeinschaft* ebenfalls kannte. Ich bediente mich der magnetischen Strömung, um ihn zu rufen, und er erschien dann auch. Er sagte mir dann, daß er plötzlich den unbändigen Wunsch hatte, mich zu sehen. Ich sagte ihm daraufhin gleich, daß ich dabei wäre, ihn zu verhexen, aber er lachte nur, und ich sagte zu ihm: »Eines Tages werde ich dich in einen Esel verwandeln.«

»Na los, verwandele mich gleich jetzt!«

»Nicht jetzt ... Eines Tages, irgendwann, wenn du am wenigsten daran denkst.«

Aber ich sagte das nur, um ihn zu necken. Wie sollte ich das denn anstellen, ihn in einen Esel zu verwandeln? Das ist so eine Redensart, man sagt das nur so dahin. Er sagte nichts im Haus der *Geistlichen Gemeinschaft* und beteiligte sich auch sonst nicht, er kam nur als Zuschauer. Im Gegensatz zu mir, ich sprach, sobald ich in übersinnliche Kommunikation mit einem Beschützer trat. Ich stellte meine Fragen, wollte wissen, was mich interessierte, was die Brüder im Jenseits für Antworten darauf hätten. Kaum, daß ich eingetreten war, verlangte ich von der Frau, die Chips ausgab, schon meine Kommunikation; sie gab mir meine Marke, ich wartete, und als ich an der Reihe war, trat ich ein. Ich begrüßte meinen Beschützer und stellte meine Fragen: »Sind meine *Compadres* José und María Sánchez gut in Tampico angekommen? Seit ihrer Abreise haben sie mir nicht geschrieben ... Ich bin besorgt, geben Sie mir bitte eine Erklärung ...« Und das Medium, anstatt zu antworten, sagte zu mir: »Wen hast du gesehen? Wen hast du im Morgengrauen gesehen?«

»Ich, ich habe niemanden gesehen.«

»Warum sagst du nein, du hast doch jemanden gesehen.«

»Ich erinnere mich nicht daran, jemanden gesehen zu haben.«

Ich maß dieser Frage keine große Bedeutung bei.

»Doch, du hast jemanden gesehen ... Und sogar dreimal.«

Ich überlegte, dreimal sah ich was?

»Erinnere dich, denn du hast letzte Nacht etwas gesehen.«

Das Medium ließ nicht locker, und ich stritt alles ab, bis ich zum Schluß endlich fragte: »Nun ja, handelt es sich um das, was im Hausflur passierte?«

»Ja, genau danach frage ich.«

»Ach ja, da hast du Recht. Das Gesicht, das ich sah.«

»Und weißt du auch, wer das war?«

»Keine Ahnung. Ich sah zuerst nur seinen Oberkörper ... Dann sah ich ihn ganz, mit seinem Frack.«

»Das war Bruder Luzifer, der dir nachstellt, weil du jemanden einen Gefallen getan hast, den man aber nicht als solchen verstanden hat.«

Ich verstand nichts mehr. Ich erinnerte mich nicht mehr an den Künstler, den ich miternährt hatte, Manuel den *Robachicos.*

»Für ein gutes Werk, das du getan hat, will man dir übel.«

»Wie das?«

Daraufhin begann es mir zu erklären: »Du tust jemandem einen Gefallen, achtest aber nicht darauf, wem ... Du hast dir selbst einen Schaden zugefügt, denn das, was jener Bruder will, ist, dir deine Centavos aus der Tasche zu ziehen. Wenn du schon jemandem einen Gefallen tust, dann hilf einer Frau, die es nötig hat, einer deiner Kolleginnen, aber nicht diesem da, der nicht einmal ein Mann ist ... Er ist kein guter Mensch, sondern schlecht.«

Zu meinem Beschützer sagte ich: »Also, ich will, daß er diese Nacht wieder auftaucht, damit ich ein für allemal mit ihm sprechen kann; er soll mir erklären, was er gegen mich hat, deshalb will ich mit dem Bruder Luzifer sprechen.«

Ich wollte ihn sehen. Ein sehr schöner Mann ist er; jung, denn Barrabas ist nicht alt. Er ist ein junger Mann von ungefähr 25 Jahren. Man sagt, daß er als Tier herabsteigt, aber ich sah ihn als Menschen. Weil der junge Mann so schön ist, deshalb heißt er Luzifer.

Mein Beschützer warnte mich davor, ihn auf mich aufmerksam zu machen, denn der Teufel eignet sich so manche Seele an, im Guten oder im Bösen.

»Hab keine Angst, wir werden dem Teufel nur den Zutritt gewähren, damit er erkennt, daß er keine Macht über dich hat ... Er kann kein Unheil über dich bringen, er wird sich blamieren. Du wirst dich allerdings ziemlich mies fühlen, dem Tode nahe, aber hab keine Angst, ich werde bei dir sein!«

Aus diesem Grunde hatte ich dann die besagten Schmerzen, bekam ich die Bauchfellentzündung. Als mein Bruder starb, begannen die Krämpfe, und wegen der kleinsten Kleinigkeit begann ich, mich zu verkrampfen. Oftmals fiel ich zu Boden. Was mir am meisten zu schaffen machte, war, daß man über mich lachte, wenn ich einen Anfall bekam. Ich habe sogar einmal eine Frau geschlagen, die mich einmal so erlebt hatte und mich immer daran erinnerte: »Da kommt die, die Krämpfe bekommt vor lauter Herumschwänzelei!«

Sie liebte es, anderen Leuten Dinge an den Kopf zu werfen; sie war ein altes Ekel. Streitsüchtig wie ich, aber falsch war sie. An jenem Tag hatte sie es auf mich abgesehen und legte sich mit mir an. Sie lachte mich aus, als ich vorbeikam – sie war gerissen und ziemlich dreist –, so gab ein Wort das andere, ich überquerte die Straße und sagte zu ihr: »Dir werde ich es zeigen!« Und wir gerieten uns fürchterlich in die Haare. Nachdem ich ihr ein paar Ohrfeigen verpaßt hatte und ihr einige Grobheiten an den Kopf geworfen hatte, lachte sie immer noch, und ich fühlte mich übel, so als ob mir die Luft wegbliebe – deshalb behaupte ich, daß man spürt, wenn man einen Anfall bekommt – und ich dachte: Gleich bekomme ich einen Anfall, und alle werden über mich lachen, wenn ich hier auf der Straße hinfalle.

Ich rannte in einen Hof, es fehlte nicht viel, und ich hätte mir den Schädel am Waschtrog eingerannt. Eine Frau stand davor und füllte ihren Krug mit Wasser, ich riß ihn ihr aus den Händen, schüttete mir das Wasser über den Kopf, und dann hängte ich mich auch noch an den Wasserhahn und trank, soviel ich konnte. Wieso soviel Wasser in mich hineinging, ich weiß es nicht, aber ich trank mindestens eine ganze Kanne voll von diesen, die man früher auf einem Waschgestell hatte. Ich bekam dann den Anfall nicht, und heute weiß ich, daß das Wasser die Strömung des Toten vertrieb. Denn es war ein übersinnliches Wesen, das mich rüttelte.

Ich bekam Schmerzen, Schmerzen, unerträgliche Schmerzen. Es drehte mir schier die Eingeweide herum, ich schrie vor Schmerzen. Schon vier oder fünf Nächte ging es mir so schlecht, aber wirklich schlecht, ich lag da mit halb geschlossenen Augen, als ich ihn plötzlich kommen und sich an das Fußende meines Bettes stellen sah. Er sprach nicht zu mir, er stand nur da und schaute mich an. Zuerst dachte ich, daß eine der Nachbarinnen gekommen wäre, um mir irgendetwas zu bringen, aber nein, nein, es waren keine Nachbarn. Ich schaute ihn mir in aller Ruhe an; er stand zwischen dem silbernen Sparschwein und der großen Blumenvase. Ganz in schwarz gehüllt stand er da, und das machte mir Angst. Nur die Hände und das weiße Gesicht schauten heraus, so weiß wie Wachs. Plötzlich legte er so, so legte er die Hände zusammen, wie die *Jungfrau von Soledad.* Ich riß die Augen weit auf, aber da war nichts am Fußende meines Bettes, und ich sagte mir: Wer war das? Warum löst er sich in Luft auf? Und ich richtete mich auf und begann zu schreien, so daß alle Nachbarn es hören konnten: »Der Tod ist hier!« Nebenan wohnten drei Frauen; die hörten als erste mein Schreien. Ich trommelte alle Nachbarn zusammen. Da ich wegen der Krankheit meine Tür nicht verriegelt hatte, kamen alle herein.

»Was haben Sie, was ist passiert?«

Ich schrie und schrie: »Ich sterbe! Ich sterbe! Dort steht der Tod am Fußende meines Bettes!«

»Was sagen Sie da?«

»Ja doch, der Tod ... Ich sterbe, denn er war gerade hier bei mir.«

»Was heißt das, er war gerade hier? Schreien Sie doch nicht so!«

»Doch, doch, er war hier! Ich habe ihn gesehen ... Ich sterbe, dort steht er, am Fußende meines Bettes!«

Sie sahen nichts, aber ich sah ihn.

»Ich sterbe! Laßt mich nicht allein, bitte, denn der Tod steht neben meinem Bett!«

Sicherlich glaubten sie, daß ich durchdrehte vor Schmerzen... Und in dem Maße, wie ich meine Angst herausschrie, ließen die Schmerzen nach, und bei Tagesanbruch fühlte ich mich so, als ob ich nie etwas gehabt hätte. Nun gut, der Epilepsie-Anfall war vorbei, aber ich fühlte mich ganz schwach. Die *Jungfrau von Soledad* war gekommen, um mich zu heilen, aber ich, die das alles nicht verstand, obwohl ich schon an die *Geistliche Gemeinschaft* glaubte, erkannte sie nicht, sondern dachte, es wäre der Tod. Außerdem, die *Soledad* kleidet sich genau wie eine Tote. Am nächsten Tag erwachte ich und fühlte mich schon um einiges besser, war aber ziemlich verstört. Als die Leute sahen, daß ich nicht gestorben war, sind alle an ihre Arbeit zurückgekehrt. Ohne groß nachzudenken, sagte ich mir: Ich werde nicht noch eine Nacht hier verbringen, denn ich will nicht zwischen lauter guten und gesunden Leuten sterben.

Ich packte alles zusammen, und die Hausmeisterin, Doña Lola, fragte mich: »Was tun Sie da?«

»Nichts.«

»Was heißt hier nichts?«

»Nichts eben... Ich packe. Das Bett, der Schrank und der Waschtisch sind für Don José de la Luz für die drei Monate Miete, die ich ihm schulde, und die ganze Wäsche hier, die soll er verkaufen oder was auch sonst. Er kann den Nachttisch behalten, den Eßtisch, den Geschirrkorb, den Stuhl und die kleine Bank.«

Ich begann, alles zu verteilen. Den ganzen Krimskrams packte ich in eine Decke. Dem Hausbesitzer, Don José de la Luz, vermachte ich den ganzen Ramsch, die Gläser, den Eßtisch, auf dem das Sparschwein stand, und Doña Lola Palomares schenkte ich das Schwein mit allem, was darin war. Ich fühlte mich so am Ende, daß ich mir sagte: Was kümmert mich die ganze Welt noch.

Ich war den ganzen Tag damit beschäftigt, den Leuten Sachen zu vererben, und dann machte ich mich auf und davon. Ich übergab der Hausmeisterin den Schlüssel und ging, nur in meinen Schal gehüllt, von einem Krankenhaus zum anderen. Und Sie hätten mich sehen sollen, wie ich wie verrückt um ein Bett gebeten habe. In keinem Krankenhaus wollte man mich aufnehmen, sicherlich, weil ich aus eigenem Antrieb kam. Kein Kranker hat auf eigenen Füßen ins Krankenhaus zu kommen. Das zählt nicht. Sterbend muß man ins Krankenhaus eingeliefert werden, damit das Bett schnell wieder frei wird. Den ganzen Tag über rannte ich von Krankenhaus zu Krankenhaus. Ich klapperte alle ab, die es damals in Mexiko City gab.

Als ich, vollkommen enttäuscht schon, aus der Kirche Campo Florido kam, begab ich mich hinter das Zirkuszelt und setze mich auf den Bürgersteig, und dort fand mich dann *Quique,* der Sohn von Doña Lola. Er schrie mich an: »Rühren Sie sich nicht von der Stelle, ich laufe und sage Don Luchito Bescheid, der Sie schon überall sucht, um Sie nach Hause zu holen!«

Ich hatte nicht mehr die Kraft, mich davonzumachen; den ganzen Tag war ich herumgelaufen, ohne etwas im Magen zu haben. Der Junge rannte vom Campo Florido in die Daniel Ruiz und kam mit Doña Lola zurück. Und in diesem Moment erschien auch Don Lucho, vollkommen außer Atem vom Laufen und ganz verstört: »Was zum Teufel fällt Ihnen ein? Haben Sie etwa kein Zuhause?«

»Nicht mehr, und da ich nicht weiß, wo ich hin soll, bleibe ich hier auf diesem Bürgersteig, bis ich sterbe.«

»Soweit kommt es.«

Sie hakten mich unter und schleppten mich wie einen Krug mit sich, auf jeder Seite einer. Später erzählten sie mir, welche Anstrengungen sie gemacht hatten, um mich zu finden. Kamen sie an einem Krankenhaus an, sagte man ihnen: »Sie ist gerade wieder fort, denn hier hatten wir kein Bett für sie.« Durch ganz Mexiko City haben sie mich verfolgt... Ich hätte nicht geglaubt, wirklich, ich habe nicht angenommen, daß sie derart nach mir suchen würden...

Nachdem sie mich zu Bett gebracht hatten, sagte Don Lucho zu mir: »Wenn du also sterben mußt, dann stirb, aber verkriech dich nicht irgendwo! Dies ist das Haus, in dem du wohnst, und hier wirst du auch sterben und nicht wie ein Hund auf der Straße. Wir werden schon zusehen, daß wir dich beerdigen, und sei es in einer Abfallkiste... Du weißt, wie es Chabela ergangen ist, die auszog und bei María, der Chinesin Unterschlupf fand, und die glaubte, daß sie versorgt würde, erinnere dich daran, wie die gestorben ist. Wenn ich schon dafür sorgte, daß Chabela unter die Erde kam, die nicht einmal mehr hier wohnte, dann werde ich erst recht bei dir dafür sorgen, die du ja hier noch wohnst!«

Den ganzen Tag lang habe ich an Chabela gedacht. Chabela war eine mit mir befreundete Fabrikarbeiterin, die auch in der Daniel Ruiz wohnte. Als sie eben solche Schmerzen wie ich hatte, von der Bauchfellentzündung, bot ihr ihre Freundin María, die Chinesin, die eine wirkliche Chinesin aus China war, an, daß sie ihre Sachen packen und zu ihr ziehen solle, denn sie würde sich auch um sie kümmern. Alles Lügen! Nur ihre Sachen wollte sie haben. Chabela zog aus ihrem Zimmer aus, und die Freundin brachte sie praktisch um, denn sie ließ es ihr an allem fehlen. Weder behandelte sie sie, noch brachte sie sie zu irgendeinem Doktor, nichts tat sie für sie, nicht einmal um ihr Essen kümmerte sie sich. Chabela hatte schließlich solche Schmerzen, daß sie es nicht mehr aushalten konnte. Sie krümmte sich ganz zusammen. Als die Leichenträger sie abholen kamen, mußten sie sie erst strecken, um sie auf die Bahre legen zu können ...

Nicht einmal ein Kleid, um sie darin beerdigen zu können, ließ ihr diese Chinesin; nein und nein, denn sie bräuchte doch jetzt keine Kleider mehr. Alle, die wir Freundinnen der Verstorbenen waren, legten zusammen, um sie aus dem Seziersaal zu holen. Wir kauften den Sarg, denn man wollte sie uns nicht herausgeben, es sei denn, wir kämen mit einem Sarg. Aber sie war eben unbekleidet. Wir kleideten sie dort ein, so gut wir konnten. Eine gab ihr ein Unterkleid, eine andere ein Kleid, es fand sich auch jemand, der ihr eine Kette und ein paar Ohrringe umhängte ...

Wir wollten nicht, daß man eine Autopsie macht, denn dann zerschneidet man sie ganz und gar. Wohl aufgrund der Schmerzen war ihr Körper übersät mit blauen Flecken. Achtzig Pesos haben wir dem Doktor auf dem Kommissariat gegeben, damit er sie sich mit dem Chef der Abteilung teilte. Und danach ging es ans Spendensammeln für die Beerdigung.

Auf meinem Bett lag noch der Koffer mit der zusammengepackten Wäsche, denn Don Lucero hatte nichts aus dem Zimmer entfernt. Erst nachdem ich wieder gesund war, fragten mich die Kolleginnen aus der Fabrik: »Nun, und wo ist das Sparschwein? Wir wollen es füttern, können es aber nicht finden.«

»Ich habe es verschenkt.«

»Und hast du es vorher geleert?«

»Nein.«

Sie begannen nachzurechnen, denn sie hatten sich verpflichtet, es für mich zu füttern und zu schauen, wer mehr hineintut. Was sie an Kleingeld hatten, steckten sie hinein. Dreihundert Pesos waren in seinem Bauch. Es war eben ein richtiges Sparschwein, so groß ungefähr, solch ein weißes, mit silbernem Puder bestreutes. Der Hausbesitzer gab mir den Koffer mit Wäsche so zurück, wie ich ihn gepackt hatte: alle gaben mir zurück, was ich an sie verteilt hatte, aber das Schwein kam leer zurück. Ich fragte Doña Lola: »Und das, was es in seinem Bauch hatte?«

»Es hatte nichts drin, es war leer.«

»Ah, schau an, welche Neuigkeit, da bin ich Ihnen aber sehr dankbar für diese Information.«

Was sollte ich ihr auch sonst sagen? Ich hatte eben in meiner Kopflosigkeit alles verschenkt, und sie hatte das ausgenutzt. Ich denke so bei mir, daß eine verantwortungsvolle Person sich gesagt hätte: Schon gut, Sie brauchen die Pfennige jetzt nötiger, weil sie krank sind ... Aber sie rückte keinen Pfennig heraus. Ich sprach sie nicht mehr darauf an. Es ging mir so schlecht, daß ich eben glaubte, mein Ende sei gekommen. Wenn man jung ist und leidet, wird man sanftmütig und zahm. Wenn ich heutzutage krank werde, versperre ich meine Tür.

Manuel dem *Robachicos* habe ich kein Geld mehr gegeben, nicht einmal für seine brandigen Füße. Sein Einsatz hat seine Wirkung verfehlt, denn schließlich hatte er es nicht geschafft, mir einen Schaden zuzufügen. Mein Beschützer hatte es mir schon angekündigt: »Er wird sich dir wieder zuwenden, und er wird dein *Compadre* werden müssen, denn reumütig wird er dich um Verzeihung bitten. Trag ihm nichts nach ... Du mußt dich mit ihm versöhnen.«

Und so war es. Nach drei Monaten kam er zu mir und sagte: »Was treibst du so, kleines Mädchen aus Tehuantepec?«

»Nichts. Immer so für mich hin.«

»Ich kam, um 'Guten Tag' zu sagen und um Sie zu bitten, daß Sie die Unstimmigkeiten, die wir gehabt haben, vergessen.«

»Sie haben mir nichts getan und haben keinen Grund, mich um Verzeihung zu bitten. Wofür? Ich fühle mich nicht angegriffen.«

»Doch, kleines Mädchen, ich habe Sie gekränkt, und deshalb bitte ich Sie, mir zu verzeihen.«

»Es ist gut, machen Sie sich keine Gedanken mehr.«

Er schwieg, und nach einer Weile sagte er zu mir: »Ich wollte Sie auch um den großen Gefallen bitten, meinen *Heiligen Cyrus* segnen zu lassen.«

Das war ein schwarzer Heiliger.

»Aber ja, gerne. Bringen Sie ihn mir nur her.«

Ich wußte ja schon, daß er durch den *Heiligen Cyrus* zu meinem *Compadre* werden würde, er tat das, um sich von jeglicher Schuld reinzuwaschen. Ich brachte seinen Heiligen in die Kirche, um ihn segnen zu lassen, gab ihn ihm zurück, und dabei blieb es; wir waren *Compadres*. Aber, wie gesagt, das geschah auf Anordnung meines Beschützers. Ich für meinen Teil bin nachtragend bis über beide Ohren. Der, der mir etwas zufügt, bezahlt mir dafür, und zwar mit Zins und Zinseszins, denn was den Haß betrifft, da bin ich ein Wucherer.

Compadre werden = wie Gevatter?
Verwandtschaft eingehen
mit Sponsor = Freunden

XIX.

In einer Apotheke in Cuauhtemotzín lernte ich Doktor Rafael Moreno kennen. Er wohnte mit seiner Frau in San Antonio Abad, und die Apotheke war nur klein. Er verkaufte dort selbst, mußte aber noch ins Krankenhaus gehen, um sich etwas dazu zu verdienen. Einmal ging ich in die Apotheke, um nach meinem Anti-Schmerzmittel von Doktor Bell zu fragen, und wir wurden Freunde. Dieser Doktor Rafael Moreno war dunkelhäutig, schlank und trug einen weißen Kittel wie alle Ärzte. Um acht Uhr morgens ging er zum Krankenhaus, denn um 8.30 Uhr begann seine Arbeit, und nachmittags stellte er den Familien Rezepte aus. Er war sofort sehr zuvorkommend, jedenfalls sagte ich ihm zu, und er hatte Interesse daran, daß ich als Krankenschwester im Krankenhaus Morelos arbeitete:

»Würdest du nicht gerne arbeiten? Na ja, es wird dir nicht gerade gefallen, denn man muß manches sehen und auch anfassen. Aber wenn ich dich mitnehme und du lernst alles, dann sorge ich dafür, daß du eingestellt wirst... Ich bringe dir alles bei.«

»Aber sicher doch. Ich komme mit.«

»Gut, aber ich warne dich, es gibt dort nur heruntergekommene Frauen.«

»Was kümmert's mich! Was ich will, ist arbeiten. Was interessiert es mich, ob sie heruntergekommen oder wohlgesittet sind ... Ich komme mit.«

Und ich bin dorthin gegangen, dorthin zur Alameda. Der Eingang ist gleich neben der Kirche des San Antonio, jenes Heiligen, den die Frauen um Männer bitten. Man geht bis ans Ende des kleinen Gartens, und gleich da ist auch die Tür. Das Krankenhaus Morelos befindet sich auch heute noch dort, nur daß es heute Frauenkrankenhaus heißt, so sagt man jedenfalls, Frauen, die jeden Moment einen anderen Mann haben. Sie werden zwangsweise dorthin gebracht, denn die Polizisten greifen sie auf; in der Straße Tolsá, wo sich die Gesundheitsbehörde befindet, werden sie untersucht, und die, die krank sind, kommen ins Krankenhaus. Nachts macht die Polizei Razzien in den Straßen San Juan de Letrán, 5 de Mayo und in der 16 de Septiembre. Dort sind die Prostituierten, die Dirnen, die durch die Straßen streifen und die Männer aufgabeln, die abgetakelten, die in die Jahre gekommenen.

»Hör mal, Kleiner, willst du, daß ich dir deinen Griffel anspitze?«

Die Gesundheitsbehörde sammelt sie ein und nimmt sie mit. Und die anderen, nun, die müssen gezwungenermaßen alle acht Tage zur Untersuchung, denn das sind Registrierte, und dort in der Tolsá wird eine nach der anderen untersucht.

Die Straßenmädchen passen gut auf, sie verstecken sich in den Hauseingängen, aber man faßt sie doch und verfrachtet sie in den Wagen.

Ich begann als Putzfrau und bekam viele Dinge zu sehen; und der Doktor Moreno sagte mir immer wieder: »Schau, diese Krankheit ist das, und diese ist jenes ... Mach schon, halt die Röhre des Spülapparates!«

Er zeigte mir viele Krankheiten, die die Frauen haben; Krankheiten, die sie bekommen, weil sie sich dem Liebesgeschäft widmen und womit sie dann all die Hurenböcke anstecken: einfache Tripper und solche, die schlimm waren, jede Art von Schanker, harte und weiche, Syphilis vom ersten bis zum fünften Stadium, eiteriger Ausschlag, Weißfluß und Gummas. Gar nicht zu reden von den Tierchen, diesen platten Läusen, die man Filzläuse nennt und die sie alle haben und die so schwer aus den Achselhöhlen zu entfernen sind; es passiert eher, daß man einem ein Stück Haut herausreißt, als daß man diese flachen Dinger los bekommt. Zu jener Zeit benutzte man viel den Kalomel-Puder und die Soldatenpomade.

So an die zwei Monate lang bin ich hingegangen. Hinterher kam ich immer mit so umgedrehtem Magen nach Hause, daß mir gar nicht der Gedanke kam, etwas zu essen: Herrje, wenn die anderen Frauen sähen, was ich zu sehen bekam, ich schwöre Ihnen, sie würden sich nicht so schnell hingeben ... Soviel ich mir auch die Hände wusch und mir Lotion darüber schüttete, ich hatte das Gefühl, daß das nichts nützte ... Von einer Kranken, aus der eine Art grüner Eiter floß, sagte mir der Doktor, daß die gelben Ausfluß hat und deshalb kämen geronnene, mit Blut durchsetzte Klumpen heraus. Ich wusch sie mit Permanganat-Wasser, danach betupfte ich sie mit Jod und schob ihr einen Tampon ein: einen solch großen Wattebausch mit Glyzerin. Am Tag darauf entfernte ich den Tampon, und nach der Waschung und der Behandlung schob ich ihr wieder einen hinein, ganz tief. Und nur durch dieses ständige »Tampon rein«, »Tampon raus« wurde die Frau gesund und konnte wieder auf die Straße gehen.

Eine andere gab es, die war ganz mit Geschwüren bedeckt, deren Ränder gerötet und aufgeworfen waren. Viele hatten diese Infektion. Doktor Moreno heilte sie mit einem kleinen Stift. Zuerst wusch er sie gut, und dann behandelte er sie mit dem höllischen Stift. So nannten sie ihn, denn er war an die Lichtleitung angeschlossen. Dieser Frau, von der ich spreche, setzte er die Spitze des Stiftes rund um die Geschwüre an, um alles Verfaulte wegzubrennen. Sie schrie, denn der Stift brannte durch bis aufs Fleisch. Sie bäumte sich auf und krümmte sich zusammen, wand sich vor und zurück wie eine Welle. Dann tat er Jodoform darauf, um die Schmerzen zu lindern, entfernte den ganzen Schleim mit Seife und Permanganat, und nach dem Abtrocknen tat er Puder, der ganz fürchterlich stank, darauf oder auch Osterluzei-Puder.

»Das stinkt aber!«
»Ein bißchen. Mach schon!«
»Tun Sie mir aber nur wenig drauf.«
»Ein bißchen. Wie ich dir schon gesagt habe.«

Nachts bereitete ich für sie einen Liter Zitronenwasser vor, damit es gut durchziehen konnte. Und am nächsten Tag tranken sie auf nüchternen Magen ihr gut durchgezogenes Zitronenwasser. Manchmal führte sie die Krankheit auch in das Hinterzimmer der Apotheke, und der Doktor behandelte sie dort ganz vorsichtig mit dem Stift: es gab ein fürchterliches Geschrei, aber sie mußten es ertragen, denn andernfalls gab man ihnen ihre Gewerbescheine nicht zurück.

Ich sprach mit ihnen nur während der Behandlung. Ich kam herein und sagte: »Habt ihr euch schon gewaschen?« Ich gab ihnen lauwarmes Wasser, und sie begaben sich ins Bad, damit sie sich nicht so schmutzig auf den Tisch legten. Danach wusch ich sie noch einmal mit etwas wärmerem Wasser und Kochseife. Ich machte das Rasiermesser zurecht, um sie zu rasieren, und der Doktor ließ sie die Hintern hochrecken, und mich wunderte es, daß der Doktor noch Gefallen an Frauen fand, denn er war ganz schön hinter ihnen her.

»Oh, Doktorchen! Ach, Doktorchen! Nein, Doktorchen! So nicht, Doktorchen!« Und er tätschelte ihnen das Hinterteil.

»Gleich wird es dir besser gehen, gleich ist es vorbei!«

Wenn ich mit meiner Arbeit zu Ende war, zog ich von Kneipe zu Kneipe, um zu vergessen. Wirklich, arme Männer, wie ich sie bedaure. Tagsüber blieb ich in der Nähe des Doktors und er, da er sehr gutmütig war, sagte mir immer wieder: »Komm her und schau genau hin, damit du anständig bleibst und nicht auf schöne Worte hereinfällst ... Komm her und schau, was mit denen passiert, die es so toll treiben!«

Jeden Tag hatten wir alle Hände voll zu tun. Wir kamen gar nicht mehr nach, und es gab immer Frauen, die auf ein Bett warteten. Manchmal legten wir sie auf den Fußboden gleich neben dem Saal, in dem die etwas besser gestellten lagen und der auf die Alameda hinausging. Es gab einen Saal für die schwangeren Frauen. Aber kaum hatten sie das Kind geboren, schon waren sie nach vier Tagen wieder auf der Straße. Diese Frauen hatten keine Ehemänner. Deshalb boten sie sich auf der Straße an. Es waren alles arme Frauen; alles billige Straßenmädchen, die, die es für das machen, was man ihnen gibt. Die, die in dem Extra-Saal lagen, bekamen Besuch von ihren Freundinnen, von ihren Freunden. Die Freunde durften nicht hinein, aber jeder brachte Obst, Essen, und ein Junge nahm die Sachen an der Tür in Empfang und überbrachte sie: »Bett Nr. 12!«, »Bett Nr. 23!«, »Bett Nr. 41!«, und sie versteckten die Mitbringsel unter der Matratze, damit ihnen nichts gestohlen werden konnte. Die Freundinnen durften donnerstags und sonntags zu Besuch kommen. Damit sie schnell wieder gesund würden, bekamen sie im Krankenhaus Suppe, Fleisch, Bohnen, Kaffee mit Milch und Brot.

Eines Tages kreuzten ein paar Frauen auf, die, so wie sie sagten, Lehrerinnen waren und vom Erziehungsministerium kamen, ebenso wie ein paar junge Männer, auch Lehrer. Sie suchten sich eine bestimmte Anzahl von Putzfrauen heraus, und ich befand mich auch darunter. Sie trugen uns ohne Ausnahme in eine Liste ein, um uns zu unterrichten. Ich dachte, sie würden uns Buchstaben oder Zahlen oder so beibringen, aber sie fragten uns nur danach, wieviele Bäume auf der Alameda stehen und wie sich die Häute nennen, die die Enten zwischen ihren Zehen haben, lauter Albernheiten und nicht ein bißchen lesen.

Nachdem die Arbeit im Krankenhaus getan war, versammelte man uns im Eßraum. Dort, auf den Bänken sitzend, fragten sie uns ab, und viele antworteten nur schieren Blödsinn, denn wir wußten absolut nichts. Damit sie nicht über mich lachten, ging ich sofort auf sie los. Wenn ich heute jähzornig bin, dann war ich es damals um einiges mehr. Ich sagte zu der Lehrerin, solch einer älteren, dünnen, mit Haarknoten und in Schwarz gekleidet, mit einem Rock, der fast bis auf den Boden reichte: »Nein, ich spiele dieses Spielchen nicht mit! Das, was mich interessiert, ist, daß Sie mir die Buchstaben und die Zahlen beibringen. Wenn Sie das nicht können, dann stellen Sie uns hier nicht als Dummköpfe hin. Verbindlichsten Dank, aber da mache ich nicht mit, nicht mir mir!«

Die Lehrerin sagte mir, daß ich sehr rüpelhaft wäre.

»Ich bin rüpelhaft, gut, aber Sie sind ziemlich einfältig, denn Sie fragen uns hier den reinsten Unsinn, vollkommen unwichtiges Zeug. Bringen Sie mir bei, wie die einzelnen Buchstaben heißen, und wenn ich Ihnen dann keine Antwort geben kann, ja, dann haben Sie Grund dazu, mich zu beschimpfen, aber Sie erzählen mir nichts von Buchstaben, Sie fragen mich nach ... Enten ... Nein! Bringen Sie uns das Lesen bei, und wir werden es lernen. Wenn nicht, dann suchen Sie sich besser eine andere Anstellung; diese hier wird Ihnen nicht zusagen, denn mit mir ist schlecht Kirschen essen.«

»Hör mal, stell dich nicht so auf die Hinterbeine, streng dich ein bißchen an. Laß sehen, wieviele Bäume stehen auf der Alameda?«

»Also, wenn Sie sie gezählt haben, dann tun Sie mir den Gefallen und sagen Sie mir die Anzahl, denn ich, ich komme zwar laufend durch die Alameda, aber ich kann es Ihnen nicht sagen. Ich habe keine Zeit, um herumzulaufen und Bäume zu zählen. Wenn Sie es wissen wollen, dann zählen Sie sie doch selbst!«

Stellen Sie sich doch einmal vor, eine solche Frage ... Wenn das die Form ist, wie das Erziehungsministerium heute Bildung vermittelt, dann ist das die Schule der Dummheiten ...

Als sie merkten, daß ich ihnen einige Wahrheiten ins Gesicht sagte, haben sich mehrere Lehrerinnen und Lehrer zusammengetan. »Mir reicht es jetzt. Wenn Ihnen nichts daran liegt, mich zu unterrichten, nun gut, dann, zack, streichen Sie mich von Ihrer Liste. Mein Leben ist mir mehr wert, als daß ich es mit einem solchen Blödsinn vergeude, den Sie sich in überaus wohlwollender Weise für uns ausgedacht haben. Ohne mich.«

Diese Lehrer und Lehrerinnen wollten sich über uns lustig machen, weil wir schon erwachsen waren. Wer weiß, ob das nicht eine neue Art von Erziehung ist, aber ich jedenfalls habe das nicht mitgemacht! Von wegen, wie heißen die Vögel, die sieben Farben haben? Wie heißen die Fische, die im Wasser leben? Nun, Fische; oder? Und diese Blumen, die, wie sie sagten, weiblich oder männlich sind? Ich sagte mir: Nein, mit mir nicht, ich mag keine Zitzen bei der Schlange suchen. Schluß mit der Alphabetisierung! Und ich verließ das Krankenhaus der Verfaulten, weil man mir erstens sehr wenig bezahlte und zweitens diese Lehrer aufgetaucht waren, die uns auf den Arm nehmen wollten mit ihrem Abfragen in sogenannter vergleichender Biologie, und ich schickte sie allesamt zum Teufel. Seitdem bin ich nie wieder in eine Schule gegangen. Ich blieb zwar dumm, aber sehr glücklich. Lieber ungebildet, als den Mönch nachzuäffen.

Ich ging nach Netzahualcóyotl zurück, und da war es auch, daß ich Antonio Pérez wiedersah. Ungefähr zwei Jahre lang hatten wir uns nicht gesprochen. Er war krank, schwerkrank, und damit seine Mutter und seine Frau - denn er hatte inzwischen geheiratet - nichts von seiner Krankheit merkten, wollte er sich nicht ins Krankenhaus legen. Er selbst legte sich die Watte auf und nahm sie wieder ab. So wie mir seine Freunde erzählten, zerfiel sein Geschlechtsteil. Ich bemerkte es, weil ich ihn durchs Balkonfenster beobachtete. Jeden Tag kam er zum Essen, aber Gott allein weiß, wie dieser Unglückliche es schaffte, zu arbeiten, denn bevor er die Füße auf den Boden setzte, wenn er aus seinem Auto stieg, schwankte er hin und her. Schlimm für ihn! Aber diese Reinwaschung hatte er zu erleiden wegen des Ärgers, den er mir einhandelte. Das war so gewesen: Wir waren auf einer Tanzveranstaltung, und eine seiner Freundinnen kam und nahm ihn mir fort. Wir hatten gerade den Tanz beendet und wollten zur Theke gehen, als jene Dame erschien, sie pflanzte sich vor mir auf und sagte: »Es ist so, Antonio gefällt mir, und ich werde ihn dir wegnehmen.« Sie zog ihn mit sich und drehte sich gleich darauf zu mir um: »Wenn du kannst, hol ihn dir!«

Ich hatte keinen Grund, ihn zurückzuhalten. Ich sagte nur: »Das ist seine Sache!«

Sie ergriff seinen Arm und nahm ihn mit sich. Ich dachte: »Gut, also, möge es ihnen gut ergehen und sie sich gut unterhalten. Was habe ich damit zu tun?«

Ich wußte sehr wohl, daß Antonio eine Braut hatte, aber da wir uns immer geschätzt hatten, hatten wir großen Respekt voreinander und gingen zusammen durch dick und dünn:

»Gehen wir tanzen?«

»Laß uns gehen.«

»Gehen wir hier oder dort hin?«

»Gehen wir.«

Wir waren überall, aber ohne uns irgendwelche Dinge zu sagen, also nichts, was nicht unter Freunden gesagt werden könnte. Da sie sich ihm an den Hals geworfen hatte, konnte er nicht ablehnen. Denn, klar, es hindert ihn ja nichts, er war ein ganzer Mann, und außerdem sagte sie ihm das vor allen Leuten. Und wenn er heute krank ist, dann war es deshalb, weil er ganz Mann sein wollte. Maria war krank, und sie selbst hatte es mir erzählt, von Freundin zu Freundin. Sie war eine Dirne und ein Klatschmaul, alle wußten das. Wir nannten sie »Schweinchen« oder »Maria die Gerüsselte«, weil sie einen Mund hatte, der wie ein Rüssel vorstand. Zu jener Zeit hatte sie harten Schanker, das sind die schlimmsten.

»Stell dir vor, das, was ich habe, verursacht ein fürchterliches Jucken.«

Aber da sie davon lebte, daß sie sich auf der Straße die Männer anlachte und sie außerdem in den Jungen verknallt war, nahm sie ihn mit sich und blieb mit ihm zusammen. Ich glaube, aus Kummer und vor Scham, weil er mich da in der Kneipe hat sitzenlassen und ich die Zeche bezahlen mußte, hat er sich nicht mehr bei mir sehen lassen. Hinterher war ich wütend. Ich konnte ihm doch nicht sagen: »Laß dich nicht mit ihr ein.« Nicht einmal, um ihn vor dem Schanker zu bewahren. Wenn er mir irgendwie gehört hätte, dann, ja, dann hätte ich mich mit ihr anlegen können und sie verprügeln. Aber er war nur ein Freund von mir. Und wenn ich ihm gesagt hätte, sieh dich vor, sie wird dich anstecken, dann hätte er mich vielleicht für eifersüchtig gehalten. Ich weiß nicht, aber letzten Endes, irgendetwas blieb bei mir hängen.

Später sagten mir seine Freunde: »Es geht ihm sehr schlecht.«

»Nun gut, und was wollt ihr, daß ich tun soll? Er hat sich das eingebrockt.«

Wir sprachen nicht miteinander. Ich sah ihn, weil wir nah beieinander wohnten in der Straße Netzahualcóyotl, ich in der Nr. 16 und Antonio in der Nr. 11. Klar, ich schaute vom Balkon herunter. Ich wußte, um welche Uhrzeit er zum Essen nach Hause kam, und ich sah auch, wie schlecht es um ihn stand.

Ich schloß mich also in mein Zimmer ein, machte meine Konzentrationsübungen und bat meinen Beschützer, ihn zu heilen.

»Nein, lassen Sie ihn leiden«, sagte er mir.

»Aber seine Familie trifft keine Schuld. Die Armen! Sie wissen von nichts, und er leidet schon genug ... Ich sehe, wie er leidet.«

»Gut, ich setze mir eine Frist von drei Monaten, um ihn zu heilen.«

»Ach, nein, nein, in drei Monaten wird ihn die Krankheit umgebracht haben.«

»So, so. Du willst also, daß es schneller geht?«

»Wenn Sie mir diesen Gefallen tun könnten, so schnell wie eben möglich.«

»Gut denn, dann eben in einem Monat.«

»Nein, weniger, weniger, bitte!«

Weil ich so sehr auf ihn einredete, setzte er die Frist auf 15 Tage herunter. Und Sie hätten mich da finden können, wie ich die Tage zählte, ja, ich liebte Antonio Pérez sehr, warum es nicht eingestehen. Jeden Tag trat ich auf den Balkon hinaus, um ihn ankommen zu sehen: »Aber man heilt ihn ja gar nicht.« Ich war verzweifelt, wenn ich sah, wie er aus seinem Auto stieg, denn die Wärme des Benzins, das Geratter des Motors und alles andere ließ seine gewisse Stelle sich derart entzünden, daß er praktisch nicht mehr fahren konnte. Ich flehte die Brüder im Jenseits an: »Ach, erweist mir die Güte und heilt ihn, so schnell ihr könnt!«

Nach 15 Tagen, auf den Tag genau, sah ich ihn nicht aus seinem Haus kommen. Ich sagte mir: Man hat ihn nicht geheilt. Und dann wartete ich auf seine Freunde: »Sagen Sie mir, wo ist Antonio? Was ist ihm passiert? Wie geht es ihm?«

»Oje, es steht ziemlich schlimm um ihn. Man hat schon nach dem Priester geschickt.«

So schnell ich kann, laufe ich nach Hause, versetze das Medium in Trance und rufe sofort nach meinem Beschützer: »Man hat ihn mir nicht geheilt ... Sein Zustand hat sich verschlimmert!«

»Ja. Es muß ihm schlechter gehen ... Reg dich nicht auf! Morgen wird er gesund erwachen!«

Am 16. Tag sah ich, daß er zur Arbeit ging. Als er dieses Mal zurückkam, stieg er glücklich und zufrieden aus seinem Auto, er bewegte seine Beine ohne Schwierigkeiten. Er wußte nichts von all den Machenschaften. Erst als mein Beschützer sich ihm in Gestalt eines Priesters mit Soutane präsentierte und darauf bestand, daß er zu mir ginge und mich um Verzeihung bitte, weil er mich an der Bar des Tanz-Salons mit der Bier-Zeche hatte sitzenlassen, erfuhr er davon. Mein Beschützer sagte zu ihm: »Auf diese Art begleichst du deine

Schuld dieser Frau gegenüber, und dabei hat sie dir doch so geholfen ... Deshalb haben wir dich all diesen Läuterungen unterworfen.«

Antonio kam zur Nr. 16 und pfiff, denn es war so, daß wir uns durch Pfeifen verständigten. Ich ging hinaus, und er erzählte mir dann, daß er sich wieder der *Geistlichen Gemeinschaft* zuwenden würde, und vielleicht könnten wir zusammen hingehen. Antonio hatte mich nicht geheiratet, weil wir nicht der gleichen Klasse angehörten. Er war anständiger und wohlerzogener als ich. Wieso auch? Seine Familie, seine Brüder und seine Schwestern hatten schon eine Frau für ihn aus einer gehobeneren Klasse. Sie arbeitete nicht. Und von mir wußten sie, daß ich eine arme Fabrikarbeiterin war, die gern zum Tanzen ging und gerne herumzog, und das sagte ihnen nicht zu. Ich war, so wie ich war, und fertig. Ich tanzte gerne und er auch; ich zog gerne herum und er auch, seine Brüder wußten, daß ich zusammen mit Antonio viel trank. Sie wollten eine Señorita! Eine Señorita, was sagen Sie dazu! Sei's drum, tirili, tirili!

XX.

In die Kneipe von Netzahualcóyotl kamen auch mein *Compadre* José G. Sánchez und seine Frau María, um zu tanzen und zu trinken, und wir wurden sehr gute Freunde. Auch Guadalupe Escobar kam dorthin, das ist die, die mit mir in Belén saß, die mit dem Bruder von José G. Sánchez verheiratet war. Die vier waren von der berittenen Polizei. In Tampico reisten sie mit dem Zug umher, später in einem Kranwagen der Eisenbahn, hinten am Zug. Sie waren über viele Schienenstränge gerollt, kannten viele Gegenden, sehr viele. Sie erzählten vom Schnee und von der Meeresküste, von über die Ufer getretenen Flüssen, von Lagunen, den Agaven- und Opunzien-Feldern, von den Sümpfen und den *Tabachines** der gemäßigten Zonen. Sie erzählten, und ich merkte, daß sich meine Augen mit Staub gefüllt hatten, mit all dem Staub Mexiko Citys, und daß es Zeit wurde, aufzubrechen.

Da das Schießen mein größtes Vergnügen war, sprach man also über das Schießen. Der Schießerei gehört meine ganze Liebe, weil es sich so schön

* Tabachin – Baum mit roten Blüten

anhört. Die ersten Schüsse, die hört man noch gut, aber bei anhaltendem Feuer kann man nichts mehr unterscheiden. Man sieht nur die Rauchwölkchen, die Rauchschwaden, die hier und dort aufsteigen. Allein die Erinnerung daran rief bei mir den Wunsch wach, mich in die Revolution zu stürzen. Deshalb sagte ich ihnen, daß sie mir Bescheid geben sollten, wenn sie Mexiko City verließen, damit ich mit ihnen in die Schießerei ziehen konnte. Ich hatte Lust, außerhalb Mexiko Citys herumzuziehen.

Die Erste Schwadron der berittenen Polizei rückte aus der Kaserne in Peredo aus, und mit denen zogen wir, die Frauen, mit. Mein *Compadre* ging mit, seine Frau María, meine Freundin Guadalupe Escobar und, ach, auf geht's! Aber sicher doch, wenn es darum ging, zu feuern, dann waren wir dabei. Ich ging, und eines schönen Tages werde ich wieder dorthin gehen, wo etwas los ist, aber es muß geschossen, viel geschossen werden, dann mische ich mit.

Der Zusammenstoß mit den *Cristeros** war eine echte Schießerei. Ein kräftiges Feuer. Und die Aufgehängten baumelten nur so von den Bäumen. Priester sah man in der Stunde der Wahrheit nicht. Es waren die armen Indios, die den Kopf hinhielten, die, die zu den Waffen griffen, um die *Heilige Muttergottes von Guadalupe* zu verteidigen. Warum verteidigten diese Dummköpfe die Muttergottes, wenn sie doch schön geschützt in ihrer Vitrine stand? Sie schrien: »Es lebe Jesus Christus, der König!« Und peng, peng, peng. Kugel, die du abfeuerst, Kugel, die dich durchlöchert. Und die Priester tranken inzwischen ihre Schokolade und aßen Kekse dazu und stellten die Heiligen vor sich hin. Sie allein verursachten diesen ganzen Trubel. Deshalb schickte die Regierung sie ins Gefängnis. Und all die, die Unruhe stifteten und die Waffen trugen, wurden liquidiert. Es waren die Bauern, die Sandalenträger, die Halbverhungerten, die alles plünderten, ach ja, natürlich bekreuzigten sie sich dabei. »Gegrüßt seist du María«, »Ohne Sünde empfangen«, das war ihr Gruß, ihre Parole. Ich habe nie eine Soutane gesehen, nur Bauernlümmel, die nicht einmal richtig zielen konnten; ihre Hände waren noch voller Erde. Aber man erzählt, daß die Priester in der Gegend dort die Aufwiegler waren, während sie das Tabernakel, die Hostien und die Meßbecher in Sicherheit brachten, erteilten sie im Vorbeigehen den Segen. Später dann kamen wir nach Mexiko City als einfache Soldaten zurück. Die berittene Polizei war aufgerieben, und wie-

---

* Cristeros – Die antiklerikale Politik von Elías Calles, Nachfolger des 1928 gestürzten Alvaro Obregón, führte zu einem scharfen Streit und zu einem Aufstand der *Cristeros*, derjenigen, die mit dem Ruf »Im Namen Jesus Christus« in den Kampf zogen, um die Heiligen und die Kirchen vor dem Zugriff von Calles-Leuten zu beschützen. Die Zahl der Priester wurde begrenzt, die Soutane verboten. Calles gründete die Nationale Revolutionspartei, die später ihren Namen in PRI (Partido Revolucionario Institucional) änderte.

der einmal landete ich im »Netzahualcóyotl« bei Doña Adelina, die mich mit offenen Armen empfing: »Du bist zurück?«

»Ja, ich bin wieder da.«

Sie freute sich sehr, denn ich hatte ihr gefehlt. Sie war eine von denen, die nie etwas aufheben. Wenn ihr etwas hinfiel, sagte sie nur: »Laß nur, morgen hebe ich es auf.« Da war nichts zu machen bei ihr. So war sie eben. Ich ging immer hinter ihr her und sammelte die Scherben auf.

In Mexiko City schickte die Regierung Leute in die Häuser, um zu sehen, wer Heilige hatte und wer nicht. Diese Betbrüder, warum mußten sie auch soviel hermachen mit ihrer Frömmelei? Und je mehr man sie verfolgte, um so versessener waren sie darauf. Von da an begannen die Priester, sich wie normale Bürger zu kleiden. Sie trugen Hosen. Und deshalb glaube ich nicht mehr, daß sie wirkliche Priester sind, weil sie wohl eher die Leute für dumm verkaufen. Vorher wußte man, wer Priester und wer Mönch war. Aber zu jener Zeit damals verteilten sie sich auf die Privathäuser, damit sie nicht als ein Haufen geschnappt wurden. Die Leute, die zu ihnen hielten, waren es, die weitersagten, wo eine Messe gehalten wurde. Sie gingen durch die Straßen und schauten sich die Menschen an, und wenn einer ein katholisches Gesicht hatte, raunten sie ihm mit großer Vorsicht zu: »Im Hause Sowieso und in der Nummer Soundso wird eine Messe zelebriert. Auch die Kommunion wird erteilt werden.« Das war ein gewagtes Unternehmen für sie, aber da die Mehrheit der Mexikaner Katholiken sind, gingen eben viele hin.

Ich glaube nicht mehr an die Priester, denn ich habe sie aus nächster Nähe erlebt. Wenn sie eine Messe zelebrieren, nun gut, das geht noch an, denn dann erfüllen sie ihre Mission, aber wenn die Messe vorüber ist, sind sie für mich nur noch ganz gewöhnliche Sterbliche, wie alle anderen auch, mit all ihren Fehlern und was sonst noch, denn sie laufen ganz schön den Frauen nach. Wenn sie die Messe zelebrieren, vergessen sie die Welt um sich herum und auch die Frauen und andere Versuchungen, die vielleicht sogar noch schlimmer sind, weil sie ihre Zwiespältigkeit verursacht haben. Kaum aber ist das Hochamt vorbei, sind sie einfach Männer wie alle anderen auch, aber wären sie nur wie alle anderen, denn einige unter ihnen, herrje, was soll ich Ihnen da sagen. Und deshalb war das erste, was Benito Juárez tat, als er nach Oaxaca als Militär, als Regierender, als Mächtiger zurückkehrte, die Klöster zu räumen. Er kannte sehr wohl die Türchen, durch die die Priester ein- und ausschlüpften. Da der Priester, dessen Zögling er gewesen war, ihn immer ins Kloster mitnahm, kannte er auch die Erkennungszeichen. Er wartete, bis der letzte der Priester hineingeschlüpft war, und als sie dann alle so schön versammelt waren, klopfte er fünfmal mit einer Selbstverständlichkeit, mit der er auch die

Flüche schon seit Kindesbeinen an kannte. Der Priester, der ihm das Schreiben und das Fleischessen beigebracht hatte (denn vorher aß Benito nichts weiter als Grünzeug), hatte nicht damit gerechnet, daß jener kleine Indio schlauer war, als es den Anschein hatte, und daß er von all dem überhaupt etwas bemerkte. Nicht umsonst war er einer der größten »Priesterfresser«. Wenn er nicht gestorben wäre, gäbe es heute keine Soutanen mehr in Mexiko. Als es klopfte, schauten sich alle an, um festzustellen, wer noch fehlte, aber es fehlte niemand, aber auf jeden Fall sagten sie zu dem Jüngsten, dem Unbedeutendsten: »Geh öffnen, denn man klopft das Erkennungszeichen, wie es hier üblich ist...« Oder sollte es vielleicht ein Witzbold sein, der ihnen einen Schrecken einjagen wollte?

Der junge Mönch öffnete, und Benito Juárez kam mit seiner ganzen Begleitmannschaft herein und erwischte die Priester bei der Arbeit. Und nichts wie rein mit ihnen ins Gefängnis. Die Nonnen jagte er auf die Straße. Danach ordnete er an, daß die Innenhöfe der Klöster umgegraben werden sollten, denn, obwohl er noch ein Kind gewesen war damals, bemerkte er doch genau, daß die Nonnen ziemlich rundlich waren und dann, von einem Tag auf den anderen waren sie plötzlich wieder schlank. Und da er nicht auf den Kopf gefallen war, sagte er: »Nun, und wo sind all die Neugeborenen, ich kann sie nirgends sehen? Ausgeschlossen, daß alle hier schlechte Legehennen sind, alle Fehlgeburten hatten.« So fand man beim Graben viele kleine Skelette, viele kleine Knochen von gerade geborenen Kindern. Die Nonnen, was anderes waren sie als die Geliebten der Priester? Wie soll man auch glauben, daß sie während solch langer Zeit immer nur allein geschlafen haben? Es war so, daß Benito Juárez das erforderliche tat, um den Menschen die Augen zu öffnen. Und der, der sie sich nicht öffnen lassen wollte, dem öffnete er sie mit Gewalt. Er versammelte alle die Priester und Nonnen und sagte ihnen, daß er nicht damit einverstanden sei, wie sie das Volk belügen, sollen sie doch heiraten, und damit hätte der ganze Zirkus ein Ende. Da sie aber wie früher weitermachen wollten, verfolgte er sie und nahm ihnen alles weg, was sie besaßen, ihre Häuser und ihre Schätze. Wieviele Mädchen brachten sie in den Beichtstühlen ins Unglück! Und hier ein Beichtkind und dort ein kleiner Versuch, und schon geht das Befummeln los, und dann ab ins Schlafzimmer, als ob sie in einem Bordell wären, oder, wenn es noch schneller gehen sollte, dann gleich in die Sakristei. Deshalb mag ich sie nicht. Hier in der Stadt, in Mexiko City, sind ihre Taten sogar in die Zeitungen gekommen. Nur allein hier in Villa fanden sie bei Ausgrabungen vor etwa 30 Jahren einen ganzen Friedhof mit kleinen Kadavern, so klein, als ob es Totgeburten gewesen wären.

Die Nonnen stinken mir noch mehr, selbst wenn sie nicht schwanger sind. Ich kenne sie, und deshalb sage ich ihnen klar und deutlich: Heuchlerische

Töchter Evas, tut nicht so scheinheilig, spielt mit offenen Karten, seid ehrlich! Außerdem, Priester und Nonnen, wie geschmacklos! Die einen wie die anderen mit Röcken. Denn schauen Sie, es gibt Frauen, die schwarze Röcke und Priestergeruch lieben. Ich habe das selbst erlebt. Ich habe sie wimmern hören. Wenn nicht, würde ich nicht den Stab über sie brechen. Auch wenn ich dafür in der Hölle schmoren soll, das ist die reine Wahrheit. Alle Priester essen und haben ihre Frauen und sind vollgefressen wie die Ratten der Kornkammern. Früher waren die Nonnen ihre Geliebten. Heute läßt man das nicht mehr zu, daß Nonnen und Priester sich zusammentun, aber als man sie noch in ihren Klöstern eingeschlossen hielt, weil sie eben die Töchter Marias und die Söhne Josefs waren, gab das eine schöne Vermischung. Und das ist nicht richtig. Das Volk wird auf niederträchtige Art und Weise hintergangen. Ich glaube nicht, daß es unter ihnen auch Gute gibt. Ich glaube es einfach nicht. Der große Fehler, den ich habe, ist der: ich glaube nicht. Es gibt keine guten Menschen, bei beiden Geschlechtern nicht. Alle sind wir schlecht, die wir auf Erden leben. Im Menschen ist ein Keim des Bösen. Und Gott der Herr sagte: »Ich werde sie verbrennen wie den fluchbeladenen Feigenbaum.«

In Netzahualcóyotl traf ich die Mutter von Doña Adelina, Reginita, die mit ihren zwei Kindern Luisa und Tomás aus Guadalajara gekommen war. Reginita liebte es, sich zu unterhalten, und durch die ewige Schwätzerei begann sie, mich auszuhorchen; sie fand heraus, daß ich irgendwie mit ihr verwandt war, und es endete damit, daß ich angeblich ihre Enkelin war.

»Aber, wie das, Doña Reginita?«

»Ja doch, ja, ich bin aus Oaxaca, und du bist aus Oaxaca ... Sag Großmutter zu mir!«

»Aber!«

»Doch! Du bist Tochter der Palancares und Hernández.«

Ich weiß nicht, was sie an mir sah und wie sie wußte, daß ich eine Palancares war, denn ich bekam nie etwas aus ihr heraus, und vielleicht machte sie mich auch zu einer Familienangehörigen, nur weil ich aus Oaxaca war. Sie begann, mir eine verworrene Geschichte zu erzählen, und ich dachte bei mir: Gut, solange sie sich meiner nicht schämt, weil ich ein solch armes Wesen bin, danke ich dafür.

Ich wies sie daraufhin: »Aber ich bin sehr arm, Doña Reginita.«

»Ich war es auch, ich auch ... Glaubst du, etwa nur du? Mein erster Mann starb, und ich blieb mit einem vierjährigen Mädchen zurück: Adelina. Ich lebte in Guadalajara, weil mein Mann mich dorthin gebracht hatte, aber als er starb, stand ich allein da, arm, verlassen mit meinem Kindchen. Weißt du, wie ich mich über die Runden brachte? Ich rackerte mich ab, um Kohlen und Holz zu verkaufen und so zu überleben . . . Obwohl arm, war ich wohl doch nicht so ganz häßlich, denn der Doktor Sainz begann mir nachzusteigen.«

»Ein Doktor?«

»Ja, ein Doktor, stell dir vor, der Doktor Sainz. Doktor Sainz sagte zu seiner Mutter, daß er sich ins Verderben stürzen würde, wenn sie ihn nicht mit mir so zusammenleben ließe, wie es sich gehört. Seine Mutter aber antwortete ihm: 'Ich ziehe es vor, dich tot zu sehen, als an der Seite dieser Indianerin, dieser Kohlenverkäuferin.' Da begann der Doktor zu trinken. Wenn er mal einen klaren Kopf hatte, sagte er zu seiner Mutter, daß die einzige Frau, die ihn wieder aufrichten könne, ich sei. Aber zu allen Zeiten wurden Unterschiede gemacht, und es gab außerdem Großzügigkeit; selbst wenn sich arme Leute in besser gestellte verlieben, müssen sie sich beherrschen. Nur, wenn er auf die Dörfer in den Randgebieten von Jalisco ging, um Kranke zu heilen oder ihnen Medikamente zu verschreiben, nahm mich Doktor Sainz mit. Er sagte mir immer: 'Gehen wir! Dort können wir uns ungehinderter treffen als in Guadalajara.'

'Dann gehe ich schon voraus.'

'Ja, ich hole dich dann später ein.'

Wir liebten uns von dem Moment an, wo wir loszogen. Und dort angekommen, lebten wir während der Zeit, die das Rezeptschreiben in den Hütten und kleinen Dörfern dauerte, in irgendeinem Wirtshaus. Wir durchquerten die abgebrannten Maisfelder, wir gingen zu Fuß, ohne daß jemand Notiz von uns nahm. Wenn der Doktor Sainz mit mir zusammen war, dann war er ausgeglichen und vergaß sein Laster. Die Weise vom Halbtoten vor sich hersingend, betrat er die Häuser, und später dann brachte er mir bei, Rezepte zu verschreiben; aus Büchern erklärte er mir die Anwendung der Kräuter, und da ich auch lesen konnte und ich außerdem ein gutes Gedächtnis hatte, verstand ich viel von der Medizin.

Ich bekam zwei Kinder: Luisa und Tomás. Wenn er nach Guadalajara zurückkam, fing er wieder an zu trinken, enttäuscht darüber, daß seine Mutter es nicht zuließ, daß er heiratete und seine Kinder anerkannte. Nur die Enkelkinder gingen die Großmutter besuchen, ich niemals. Der Doktor brachte sein ganzes Geld durch, und als er im Hause seiner Eltern im Sterben lag, sagte ich zu Luisa: 'Geh und sag deiner Großmutter, sie möge deinem Vater dieses Glas Wein in den Bauchnabel schütten.' Der Doktor nahm den Wein durch den Bauchnabel zu sich und begann zu schwitzen. Sein Bauchnabel hat alles aufgesogen. Die Kleine kam zurück und sagte mir: 'Er hat schon alles zu sich genommen.'

‘Dann sag deiner Großmutter, daß sie ihm mehr Wein kaufen soll und daß sie ihm diesen weiterhin durch den Bauchnabel einflößen soll, denn dein Vater ist nicht tot, dein Vater lebt.

Aber da man mich nicht ins Haus ließ, konnte ich ihm kein weiteres Glas Wein in den Bauchnabel schütten und ihm dadurch ein Luftloch verschaffen. Wenn man sie rechtzeitig behandelt, indem man ihnen Wein durch den Bauchnabel einflößt oder sie in eine Wanne mit geschlagenen Eiern setzt, kommen sie wieder zu sich, so tot sie auch sein mögen, denn die Substanz steigt ihnen direkt in die Eingeweide. Das müßten alle Krankenhäuser wissen. Und auch all diese Verbände, die es gibt, um die Betrunkenen zu kurieren: das Mittel muß dort in sie eindringen, wo ich sage, denn wenn man es ihnen durch den Mund eingibt, stellen Sie sich doch vor, wielange das dauert, bis es da ist, wo es hinkommen muß. Die hoffnungslos Betrunkenen sind vollkommen blockiert, und ihr Schluckapparat funktioniert nicht mehr, aber wenn man ihnen nur ein Glas Wein in den Bauchnabel schüttet, schlürfen sie in kleinen Schlucken alles weg.«

Wenn Reginita so schon litt, dann mit noch mehr Grund, als der Doktor starb. Sie hatte niemanden, der für die Kinder und für sie sorgte. Kaum, daß Adelina vernünftig genug war, verließ sie sie und kam in die Hauptstadt, und Reginita ging es so schlecht in Guadalajara, daß sie dann zu Adelina zog.

Als Doña Adelina zurückkam von ihrem »Ausflug« mit dem Oberst, war ihre Mutter da, und es war unmöglich, ihr zu sagen: »Hauen Sie ab, hier stören Sie nur.« Die Mutter war ganz verschüchtert: »Ich helfe dir, Adelina, ich wasche dir die Wäsche, fege das Haus aus, ich reibe dich ab mit Arnikablüten-Tee, du wirst sehen ...«

Von dem Moment an sagte ich zu den zwei Schwestern: »Meine Tante Adelina und meine Tante Luisa ...« Ich dachte darüber nach und sagte mir: Das ist Schicksal; Gott will mich nicht so verlassen sehen, ohne irgendjemanden, der sich um mich kümmert, und mit geheimnisvoller Hand führte er mich, statt mich ins Jenseits zu holen, dorthin, wo es, wenn auch keine nahen, so doch weitläufige Verwandte von mir gab ...

Nur meine Großmutter Reginita wußte, daß ich im Gefängnis saß und kam umgehend dort hingelaufen, um mich zu sehen.

»Wann wirst du deine Dickköpfigkeit verlieren? Wann wirst du dich bessern? Benimm dich, Mädchen! Geht es dir nicht ein, daß ich eines Tages sterbe, und wer wird sich dann um dich kümmern? Wenn du Geld hast, wird man dir etwas bringen, aber wenn du keines hast, wird man dir nicht einmal ein Glas Wasser reichen. Niemand wird dich beachten! Ich bin schon alt, stehe schon mit einem Fuß im Grabe!«

Und wirklich, heute, da ich allein bin, wer kommt schon nach mir sehen? Nicht einer, der sich an mich erinnert! Ich habe niemanden, das einzige, was ich habe, sind Tote.

Doña Adelina mochte weder Luisa noch Tomás, weil sie dunkelhäutig waren, und niemals erkannte sie sie als Geschwister an, soviel ich ihr auch klarmachte, daß es Kinder ihrer Mutter waren.

»Oh, nein! Warum soll ich sie denn mögen? Sie sind Indios.«

Tomás und Luisa waren indianisch, weil der Doktor Sainz auch sehr indianisch war, aus Guadalupe, soviel ich weiß. Und Adelina, da sie die Tochter eines anderen war, hatte eine hellere Hautfarbe.

Luisa bemerkte die Verachtung sehr wohl: »Du hältst dich für etwas Besseres, nicht wahr? Ich, ich pfeife auf deine Kneipenwirtschaft.«

»Hier müssen wir alle arbeiten, damit wir etwas zu essen haben. Wenn du nicht zupacken willst, dann pack dich!«

Wie man so sagt, sie warf sie auf die Straße. Luisa fing dann in einem Café, das Chinesen gehörte, als Serviermädchen an zu arbeiten, und dort lernte sie einen Japaner kennen und zog mit ihm zusammen. Der Japaner war ein guter Mensch, aber Luisa paßte nicht zu ihm. Sie betrog ihn. Der Himmel weiß, was sie an sich hatte, das den Männern so gefiel. Sie war dünn und schwächlich, aber plötzlich wölbten sich ihre Lippen auf, als ob sie sich vollsaugten wie ein Schwamm, und die Männer drehten sich nach ihr um. Der Japaner bot ihr sogar einen gewissen Luxus, aber sie wandte sich dem lockeren Leben zu, und nicht zu knapp. Allerdings war sie auch die meiste Zeit allein, weil er in der ganzen Republik herumreiste. Er stellte Spieltische auf den Jahrmärkten auf: Roulette, Gänse-Spiele und Lotteriespiele. Er verdiente gutes Geld mit seinem »Wo ist die Kugel«. Er war in der Carranza-Revolution Militär gewesen, und sicherlich deshalb zog er so gerne herum, wurde habgierig. Immer war er unterwegs, und die Luisa ging währenddessen von Hand zu Hand. Sie hatte zwei Töchter mit Schlitzaugen. Sie beachtete die Kinder nicht einmal. Morgens sagte sie nur im Weggehen: »Ich überlasse sie euch, die zwei mit den Spardosen-Augen.« Später erfuhr ich, daß man sie *Sinfa** nannte, dann auch die *Sin familia*, denn sie hat nie eine Mutter gehabt. Sie war eine kränkliche Frau, ausgetrocknet wie ein Fisch. Mit einem kleinen Lächeln sagte sie immer: »Haben Sie Feuer?« Die Großmutter weinte sich dann bei mir aus: »Geh nicht mehr in die Kneipe, bedien nicht mehr an den Tischen. Du mußt mir helfen, dieses Haus in Ordnung zu halten ... Du siehst doch, daß diese Frauen sich nicht um mich kümmern und mich langsam vollends zugrunde

---

* Sinfa – Kurzform von *Sin familia*, ohne Familie, Waise.

richten. Die Kinder weinen vor Hunger, und ich komme nicht mit ihnen zurande.«

Ich ging Regina, der Großmutter, zur Hand. Diese Familie nutzte mich aus, so ist das im Leben. Adelina zog mit ihrem Militär herum und Luisa mit denen, die sie im Café anmachte. Die zwei waren läufige Hündinnen, nur Ausschau haltend, mit wem ... Den kleinen Mädchen gab ich zu essen und badete sie, indem ich ihnen mit Kalabasse-Gefäßen lauwarmes Wasser übergoß.

Adelina gab das Geschäft auf, weil sie sich nur noch dem Militär widmen wollte. Der Soldat hatte ihr gesagt, daß es ihm nicht gefiele, wenn sie weiterhin mit dem Café zu tun hätte, denn er wollte sie zu Hause haben, ohne irgendwelchen Trubel drum herum. So lebten sie alle zusammen: die Großmutter, mein Onkel Tomás, meine Tante Adelina, die Mädchen von Luisa und von Zeit zu Zeit auch der Militär, der viel Lärm mit seinen Stiefeln machte.

Ich zog die Mädchen von Luisa auf, aber mit Unterbrechungen, denn ich ließ es mir nicht nehmen, mit ins Feld zu ziehen, wenn man mir Bescheid sagte: »Wir ziehen nach Colima ... Die *Cristeros* lassen schon ihre Waffen segnen ... Man sagte, daß wir dieses Mal eine Kanone mitnehmen.« Und ich zog los. Aber ich war weder ununterbrochen bei den Soldaten noch ununterbrochen bei mir zu Hause. Als ich wieder einmal nach Hause zurückkehrte, sagte Adelina zu mir: »Hör zu, Jesusa, der Polizist schuldet seit Monaten die Miete und hat nicht bezahlen wollen. Seitdem du weggegangen bist, mißbraucht er unsere Güte.«

Die Frauen kamen zu mir, weil sie wußten, daß nur ich sie beschützen konnte; sie wußten sich nicht zu helfen. Ich war schlau, schon von Kindesbeinen an, mich können die Männer nicht einschüchtern. Ich gebe zu, daß es ein paar tapfere gibt, aber ich bin fast nur auf Memmen gestoßen. Selbst heute, wo ich alt bin, lasse ich mir von den Männern nichts gefallen.

Ich ging also hinunter und sagte der Tortilla-Frau: »Die Señora Adelina sagt mir, daß Sie ihr die Miete nicht haben zahlen wollen und schwer in ihrer Schuld stehen.«

»Aber, wir hatten kein Geld, deshalb haben wir nicht gezahlt.«

»Hören Sie, das, was Sie nicht hatten, war der Wille zu zahlen, denn ihr Mann bekommt sein Gehalt. Er ist Polizist, und Sie verkaufen Tortillas, und dann erzählen Sie mir hier, Sie kämen nicht hin.«

»Ehrlich, wir haben viele Verpflichtungen.«

»Ich glaube nicht, daß Ihr Mann bei der Bundesregierung umsonst arbeitet, und dann Sie, verdienen Sie nichts mit den Tortillas? Was machen Sie mit dem Geld, wenn Sie mir die Frage erlauben?«

»Ich lege es zur Seite, um jemanden zu bezahlen, der mir hilft, denn ich bin es müde, soviel zu arbeiten.«

»Ach, das ist gut! Dann werden wir Ihnen die Miete schenken, damit Sie die Hände in den Schoß legen können.«

»Also, wenn mein Mann kommt, dann regeln Sie das mit ihm. Mir hat er erzählt, daß er zahlt, wenn er kann, und daß ich das weglegen soll, was ich mit den Tortillas verdiene.«

Und sie spielte sich mir gegenüber ziemlich auf. Sie war so eine von den Menschen, die glauben, daß sie, nur weil sie Polizisten-Frauen sind, den Stock schwingen und das Kommando führen und sich alles herausnehmen können. Auch heute noch sind die Polizisten die großen Diebe. Sie sind unverschämter als die echten Diebe, denn sie riskieren nicht ihr Leben, und niemand kann sie ins Gefängnis bringen; sie werden sich nicht gegenseitig verhaften. Nur damit sie sie nicht festnehmen, geben die Leute den Polizisten alles, was sie verlangen. Banditen!

Die Tortilla-Frau sagte ihrem Großmaul Bescheid, daß ich bei ihr reklamiert hätte, und er kam sehr wütend, um sich mit meiner Familie anzulegen, mit der Großmutter, mit der Tante, denn er glaubte, daß sie allein wären. Uff! Und er glaubte, herumbrüllen zu können, weil er eine Uniform anhatte. Er ging auf uns los. Er spuckte Feuer und Flammen, und meine Großmutter sagte zu mir: »Da kommt der Polizist, um uns klar zu machen, warum seine Frau uns die Miete nicht zahlen sollte!«

»Nun gut, je eher, desto besser.«

Ich pflanzte mich vor der Tür auf. Er war ziemlich betrunken.

»Ihr verdammten Luder, ihr!« Und er ließ einen Wust von Schimpfwörtern auf uns niederprasseln.

»Nun, das verdammte Luder werden wohl Sie sein. Außerdem, ich kenne Sie gar nicht und habe deshalb auch keinen Grund, mit Ihnen zu reden. Ich habe nicht mit Ihnen verhandelt, sondern mit Ihrer Frau.«

Daraufhin schrie er mich an: »Ich werde Sie festnehmen.«

»Wenn Sie können, versuchen Sie es doch.«

Er wollte mich mitzerren, aber ich stellte ihm ein Bein, und er fiel die ganze Treppe runter. Auf dem Treppenabsatz blieb er liegen, und da stürzte ich mich auf ihn und verprügelte und biß ihn. Ich zog ihm die Hosen runter, bückte mich und zog ihn an seinem Gehänge hoch. Der hat geschrieen! Nachdem ich ihn so richtig herumgedreht hatte, schleuderte ich ihn von mir. Die Eule tat keinen Flügelschlag mehr; das einzige, was er erhoffte, war, daß ich endlich von ihm abließ. Er rannte davon und bedeckte seine Blöße mit den Resten seiner Jacke, und die Mütze mit der Nummer und allem Drum und Dran ließ er uns als Andenken zurück.

»Hauen Sie ab und verschwinden Sie! Verschwinden Sie, denn ich werde Ihnen das Haus nicht umsonst überlassen! Ich habe es Ihnen vermietet, aber nicht, damit Sie das Geld einstreichen. Los, machen Sie, daß Sie wegkommen, oder Sie werden sehen, wie wir uns in die Haare kriegen!«

Von der Straße schrie er zu mir rauf: »Du wirst schon gleich sehen, wie ich dich anzeige und dich abholen komme, dich und deine ganze Sippe!«

»Ja, holen Sie mich, wenn Sie können. Und bringen Sie viele Haftbefehle mit, denn ich brauche Papier, um mir den Hintern zu putzen!«

Die Großmutter erschrak: »Was hast du mit ihm gemacht? Schau doch nur, was du mit ihm gemacht hast! Jetzt wird er dich bestimmt ins Gefängnis bringen!«

»Was soll's. Jedenfalls habe ich es ihm gezeigt.«

Vorsichtshalber machte ich mich nach La Piedad auf den Weg, denn dort war eine Truppenabteilung, in der auch *Cristeros* waren, ich bitte Sie, nun gut, solche, die sich noch als *Cristeros* fühlten, aber nichts weiter als Banditen waren. Oder besser gesagt, es waren halbverhungerte Bauern, die mit Gewalt eingezogen worden waren. Sie wußten überhaupt nicht mehr, wo sie hin sollten. Das alles war ein einziges Durcheinander. Später dann wurden sie von der Regierung registriert und bildeten das 2. Artillerie-Regiment. Ich wußte schon, daß sie in dem Dorf La Piedad lagen, denn ich hatte nicht aufgehört, die Soldaten zu besuchen.

Ich besuchte sie des öfteren, und im Kriegsministerium stellte man mir Passierscheine aus, um mit ihnen zu ziehen oder sie einzuholen. Dieses Mal blieben wir ungefähr 20 Tage in einigen flachen Gebieten, die sich an der Seite der Straße nach Puebla hin erstrecken, und warteten darauf, daß man uns das Signal zum Aufbruch gab. Ich wollte nicht zu mir nach Hause zurückkehren, nicht aus Angst vor dem Polizisten, sondern weil ich mir dachte: Jeden Moment können sie zu nachtschlafender Zeit die Kaserne verlassen, und ich schlafe seelenruhig in meinem Zimmer ...! Von den Ebenen aus brachte man uns, das 2. Artillerie-Regiment, nach Oaxaca. Ich schloß mich der Frau an, die für die Verpflegung der Soldaten sorgte.

XXI.

Oaxaca, gerade herausgesagt, ist nichts anderes als ein paar verstreut liegende Hütten. Ich kann nicht sagen, daß es etwas Besonderes wäre. Es ist ein häßlicher Ort. Es hat seinen Dorfplatz, das ja; so wie die Kathedrale hier, so ist auch die Kathedrale dort. Mir sagt der Ort nichts, obwohl man sagt, daß es eine hübsche Stadt sei; die Leute, die nichts von Gott wissen, knien vor jedem Holzscheit nieder. Aber da ich schon viel herumgekommen bin, weiß ich zu unterscheiden, und für mich ist das nur ein Berg, und die Häuser stehen ganz oben drauf wie verwirrte Ziegen, die Angst haben, in den Abgrund zu stürzen. Vielleicht hat man die Hügel abgetragen und alles eingeebnet, aber dort, wo die Hauptstadt von Oaxaca gegründet wurde, war nichts weiter als ein mit Flaschenkürbis bewachsener Hügel. Wer weiß, wie es dort heute aussieht, denn nach 1926 habe ich das nie wieder gesehen, aber da die Städte in Mexiko immer schlimmer werden, dürfte es auch dort nicht besser sein. Die Hütten dort gleichen den Hütten hier bei uns. Was ist schon schön an diesem Vorstadtgebiet, in dem ich wohne? Die Wände abgeblättert, schmutzig, alt, und die Bäume schäbig, unbeweglich, nicht der geringste Wind, der sie wiegt. In Oaxaca gab es solche Bäume, die es überall gibt, aber sehr wenige, wegen der Trockenheit. Um ehrlich zu sein, ich wußte es nicht, denn da ich nicht gerne auf die Straße ging, sah ich auch sehr wenig. Was gab es denn da auch zu sehen? Zu den Ruinen bin ich nie gegangen, man sprach nicht einmal darüber. Außerdem, dort ist es nicht so wie hier in Mexiko City, wo man immerzu unterwegs ist. Zu der Zeit, als ich dort war, vergeudeten die Menschen ihre Zeit nicht, indem sie herumspazierten; spätestens um acht Uhr abends war jeder bei sich zu Hause. Also, wer schenkte diesem Örtchen schon Beachtung? Ich schloß mich in dem Zimmer, das ich gemietet hatte, ein. Ich wohnte in genauso einem Wohnhof wie diesem hier; hier ein Zimmer, dort ein Zimmer und weiter hinten noch ein Zimmer, alle in einer Reihe. Da ich also in Oaxaca nicht aufgewachsen bin, kann ich nicht viel Gutes berichten und auch keine Vorzüge nennen, denn ich bin eben nicht von dort.

Im 2. Artillerie-Regiment sorgte ich für die Soldaten, aber ich habe niemals in der Kaserne gewohnt. Ich wusch und bügelte für sie, ging der Köchin beim Tortillazubereiten zur Hand. Ich hatte viele Freunde unter den Soldaten und habe sie heute noch, nur ich sehe sie jetzt nicht mehr, erstens, weil ich schon alt bin, und was zum Teufel sollte ich mit ihnen anstellen, und zweitens, weil es heute keine Militärs mehr gibt. Vor wer weiß wievielen Jahren ist das 2. Artillerie-Regiment nach Huasteca Potosina ausgerückt, und ich weiß nicht, was mit ihm geschah! Aber, wenn es wieder eine Revolution gäbe und wenn es sich anböte, würde ich in den Krieg ziehen. Ich habe immer noch Lust auf Abenteuer.

Puerto de Cádiz war ein Laden, der einen ganzen Häuserblock einnahm, wo Kaffee, Zucker und Bohnen gelagert waren. Es gab dort alles, sogar Eisenwaren. Hier glaubt man, daß schäbige Warenlager schon richtige Läden sind: »Ich möchte soviel von dem hier und soviel von dem dort.«

»Haben wir nicht.«

Das ist kein Laden. Das sind Straßenbuden, angeblich gut sortiert. Früher nannte man so etwas Kiosk, aber heute sagt man Laden, obwohl sie nichts zu verkaufen haben. Einmal bin ich mit der Señora Santos, der Regimentsköchin, in den Laden gegangen, um ihr bei ihren Einkäufen zu helfen, und der Ladenbesitzer fragte mich direkt, woher ich käme:

»Woher ich komme? Na, raten Sie doch, wenn es Sie so sehr interessiert.«

»Nein, nehmen Sie es mir nicht übel, aber wir können nicht feststellen, woher Sie sind, denn Sie sprechen nicht wie die Leute von da oben.«

»Wo ist oben?«

»Nun dort, von wo die Señora Santos und all die anderen Fremden, die mit der Truppe kamen, sind ... Von da oben eben.«

»Und hier, was ist hier?«

»Hier ist unten.«

Ich hänselte ihn ein bißchen, nur so zum Zeitvertreib.

»Aha, nun gut, ich bin also, mit Ihrer Erlaubnis, von da oben.«

»Kommen Sie, stellen Sie sich nicht so an ... Sie sind von hier unten. Wirklich, sagen Sie schon, woher Sie kommen.«

»Also ehrlich, ich weiß nicht, woher ich komme.«

»Nein, ganz im Ernst, so wie Sie sprechen, scheinen Sie nicht von da oben zu sein, vielmehr von hier unten.«

Ich überlegte also, woran erkennt er, daß ich eine von ihnen bin? Ich lebe seit vielen Jahren nicht mehr in diesem Staat. Wie kann er das feststellen?

»Sie sind nah daran, aber ich bin von noch weiter her.«

Und ich lachte. Inzwischen war auch die Frau des Krämers hinzugekommen, sie lehnte sich auf den Tresen und sagte zu mir: »Nun gut, was kostet es Sie, uns zu sagen, daß Sie aus Oaxaca sind?«

»Nein, nein, ich bin nicht aus Oaxaca.«

Ich wußte nicht mehr weiter, ob ich mit Ja oder mit Nein antworten sollte. Ich bin sehr mißtrauisch, und außerdem war ich auf der Flucht wegen dieser Geschichte mit dem Polizisten, der mich ins Gefängnis bringen wollte. Da drehte sich Señora Santos zu mir um: »Warum sagst du es ihnen nicht?«

»Darum nicht. Warum interessieren sie sich für Dinge, die sie nichts angehen?«

Und wirklich, was hat es den Krämer zu interessieren, ob ich von da unten bin? Das brachte ihm nichts und mir auch nicht. Schließlich und endlich habe ich keine Heimat. Ich bin wie die Zigeuner: heimatlos. Weder fühle ich mich als Mexikanerin, noch erkenne ich die Mexikaner an. Hier zählen nur die Annehmlichkeiten und die Vorteile. Wenn ich Geld hätte und Reichtümer, wäre ich Mexikanerin, aber da ich der letzte Dreck bin, bin ich eben nichts. Ich bin ein Dreck, den der Hund anpinkelt und dann weiter seiner Wege geht. Ein Wind erhebt sich, bläst ihn weg, und keiner fragt mehr danach ... Ich bin ein Dreck, weil ich etwas anderes nicht sein kann. Ich war nie zu etwas gut. Mein ganzes Leben lang war ich dieses Nichts, daß Sie hier sehen ... Als ich allein dastand, hatte ich vor, dorthin zurückzugehen, woher ich gekommen war. Es wäre mir in Salina Cruz oder in Tehuantepec besser ergangen, und ich hätte meine Stiefmutter wiedergesehen, aber die Jahre vergingen, und niemals brachte ich das Fahrgeld zusammen. Heute erst recht nicht. Jetzt bin ich noch älter und habe weniger Möglichkeiten, aber das war immer mein Wunsch gewesen, denn ich war schon vielerorts gewesen, aber am meisten habe ich hier in der Hauptstadt gelitten. Das Leben hier war für mich sehr schwer. Aber ich bin nicht traurig, nein. Im Gegenteil, ich lebe glücklich und zufrieden. So ist das Leben, man muß es fröhlich leben und aus. Man lebt, solange es eben dauert. Man kann nicht einfach losstürmen. Gebe Gott, daß man losrennen könnte, damit der lange Weg schneller zu Ende wäre! Aber man muß den Schritt einhalten, den Gott vorschreibt, seinen Platz in der Prozession einhalten.

Der Krämer fing wieder an: »Wissen Sie, warum wir Sie fragen? Weil Sie Ähnlichkeit mit einer Familie von hier haben.«

»Moment, erklären Sie mir das näher.«

Ich wollte ihn anstacheln, um zu sehen, wohin er mich nun verfrachten würde, nach Norden oder wohin, aber die Santos mischte sich ein: »Ja, mein Herr, sie ist aus Oaxaca.«

Da mußte ich ihm natürlich sagen: »Also, hören Sie, nachdem Sie nicht locker lassen, ich bin aus einem kleinen Ort.«

»Und wie heißt der?«

»Miahuatlán.«

Und er darauf: »Das ist kein kleiner Ort, das ist der Bezirk hier, die Bezirkshauptstadt, und da kenne ich eine Familie, die Palancares heißt, der Vater war Marktaufseher ...«

»Sie kennen ihn?«

»Ja«, sagte der Krämer, »und Sie?«

»Nein.«

Und ob ich nun wollte oder nicht, ich mußte ihnen sagen: »Also, ich bin in Miahuatlán geboren, und meine Eltern sind Felipe Palancares und María Hernández.«

»Ich werde Herrn Palancares, Don Cleofas, der ein Freund von mir ist, Bescheid geben, daß Sie zu seiner Familie gehören.«

Er übernahm die Weiterleitung der Information, und am nächsten Tag, als ich in den Laden kam, sagte er zu mir: »Ja, das sind Familienangehörige von Ihnen. Sie wollen Sie kennenlernen. Hier habe ich die Adresse.«

Als ich das Haus von Onkel Palancares betrat, war niemand bei ihm, nicht einmal eine Frau, niemand. Es war ein großes Haus, alt, mit einem Korridor und einem mit Pflanzen umstandenen Innenhof. Dort auf dem Gang war es, wo er mich empfing: »Du bist also Jesusa Palancares?«

»Ja, mein Herr, die bin ich. Ich bin Jesusa Palancares, die Tochter von Felipe Palancares.«

Mein Onkel war ein brummiger Alter, genauso wie ich jetzt, von normaler Größe, nicht groß, nicht klein, weder dick noch schlank, aber eben schon alt, er war der ältere Bruder meines Vaters. Er hatte eine laute Stimme. Statt meinen Gruß zu beantworten, wissen Sie, was er mir sagte?

»Aha, wenn du also zu meiner Familie gehörst, kommst du allerdings zu einer schlechten Zeit, denn alles, was deinem Vater zustand, ist verschwunden! Die von der Regierung haben alles mitgenommen, als die Revolution begann!«

»Zur unrechten Zeit? Warum, mein Herr? Ich komme zu überhaupt keiner Zeit. Sie haben gesagt, daß Sie mich kennenlernen wollten, und deshalb bin ich gekommen, Sie kennenzulernen, und damit Sie mich kennenlernen ... Ich bin die Tochter von Felipe Palancares und María Hernández.«

Ich wurde wütend. Ich hatte geglaubt, daß er mich begrüßen würde: »Guten Tag« und ich ihm antworten würde: »Auch Ihnen entbiete ich einen guten Tag«, aber als er mir so schroff gegenübertrat, sagte ich ihm: »Ich bin nicht wegen irgendwelcher Besitztümer gekommen, ich komme, weil Sie behaupten, der Bruder meines Vaters zu sein, aber das kann ich fast nicht glauben, denn mein Vater hat nie von Ihnen gesprochen!«

Er wiegte sich weiterhin in seinem Schaukelstuhl. Ich wurde noch wütender und sagte zu ihm: »Mein Vater hat mich in Armut aufgezogen, und ich bin heute noch arm, und bis ich sterbe, werde ich arm bleiben. Wozu brauche ich eine Erbschaft? Ich habe niemanden, dem ich sie hinterlassen könnte.«

Er saß schweigend da. Danach beruhigte er sich und sagte, daß ich wieder zu Besuch kommen solle. Ich antwortete ihm aber, daß ich für Besuche keine Zeit hätte, daß ich arbeiten müsse und daß meine Arbeit das einzige wäre, was mich interessiere, denn damit verdiente ich meinen Lebensunterhalt: »Ich kam, weil Sie mich rufen ließen, aber ich sterbe nicht vor Hunger. Seitdem mein Vater uns verlassen hat, arbeite ich für meinen Lebensunterhalt. Hier und auch wo ich sonst war. Daß ich bei der Truppe bin? Ja doch, weil mein Vater bei der Truppe war, mag ich die Soldaten und ziehe mit ihnen. Aber glauben Sie nicht, daß ich als Soldaten-Liebchen mitziehe. Eine Sache ist, im Feld zu sein, und eine andere, beim Troß.«

Durch diese Unterhaltung erfuhr ich, daß meine Großeltern Besitztümer gehabt hatten. Der Onkel, wie man so sagt, hat mich darauf gebracht. Durch diese Bemerkung, daß ich zu schlechter Zeit kam, wurde ich darauf gestoßen, daß ich etwas zu erben hatte, denn wenn nicht, warum dann diese Angst? Für jede Art von Forderung braucht man einen Beweis. Ohne den erreicht man nichts. Und da ich Miahuatlán als Kleinkind verlassen habe, womit sollte ich da beweisen, daß ich von dort stammte? Obwohl alle an meinem Gesicht erkennen konnten, daß ich eine Palancares war, gab es weder eine Geburtsurkunde noch sonst irgend etwas. Aufgrund meines Gesichtes! Das zählt nicht... Das wäre genauso, als wenn ein Hund mir ähnlich wäre; er sieht mir ähnlich, und damit hat es sich. Der Hund und ich; wie komisch; zwei Hunde, die ohne Ziel herumstreunen, die sich beschnüffeln, als ob sie sagen wollten: du riechst nach Hündin. Aber unter Menschen, was da zählt, sind Papiere. Außerdem, wenn mein Vater, der ein Recht darauf hatte, nicht reklamierte, dann steht mir das überhaupt nicht an, ich, die nach Oaxaca zurückkehrte, als ich 24 Jahre alt war, und ich sagte niemals: »Dieser Brocken steht mir zu.« Ich war wütend, aber weshalb sich um etwas schlagen, das ich nie besessen habe, nicht einmal kannte? Und schließlich und endlich, wozu wollte ich Land haben? Gar nicht daran zu denken, daß ich mich dort als Bäuerin niederlassen würde.

Weder der Onkel hat mir ein Glas Wasser angeboten noch die anderen Familienmitglieder, die nach und nach auftauchten, als sie sahen, daß ich im Aufbruch war. Ich dachte bei mir: Was, zum Teufel, habe ich hier zu suchen?

»Mit Ihrer Erlaubnis, ich gehe. Ich kam, weil der Herr des Hauses sagte, daß er mich kennenlernen wollte. Er hat mich nun kennengelernt, ich ihn auch, und dabei wollen wir es belassen. Wenn Sie mein Onkel sind, gut, und wenn nicht, mir ist es gleich.«

Sie gafften mir nach, als ich ging.

Meine Großmutter war eine Indianerin, und mein Großvater war Franzose. Ich stelle mir vor, daß ein Palancares in Oaxaca blieb, als er als Soldat mit den Franzosen kam, und er wäre schön blöd gewesen, wenn er in seine Heimat zurückgekehrt wäre, wenn er doch hier alles fand, was er zum Leben brauchte. Ich denke mir, daß er desertiert ist, und ich glaube, daß er irgendwie so ein Knecht gewesen sein muß, dort in Frankreich, und sich dann sagte: »Hier gibt es genug, um sich gutes Land zu erwerben!« Und da er ein rechtschaffender Mann war, begann er, sein Stückchen Land zuerst zusammen mit einem anderen Bauern zu kultivieren; man verpachtete ihm das Land, und er bebaute es, und da er sich zu rühren wußte, kam er schneller voran, der andere kam nicht mehr mit. Vorsicht ist eben besser als Nachsicht. Als die Trockenzeit kam, arbeitete er wie ein Besessener, und seiner Frau brachte er bei, Ziegenkäse, Opuntienmus, Butter, Sauermilchkrem und was weiß ich noch alles zu machen, dieser pfiffige Alte. Morgens sagte er zu seiner Frau: »Ich gehe jetzt, Alte ... Wenn du heute abend mit deiner Arbeit nicht fertig geworden bist, kannst du was erleben!«

Ich hörte meinen Vater immer sagen, daß es damals viel Land gab, und da man es praktisch geschenkt bekam, wer hätte da nicht zugegriffen? Noch 1915 verkaufte man im Gebiet um Mexiko City das Ödland um Narvarte herum für zwei Centavos den Quadratmeter. Heutzutage kostet es einen Haufen Geld, aber früher war es spottbillig. Mein Vater erzählte, daß jedes Feld in Miahuatlán seine Ladung Mais verschlang; eine Ladung, das sind zwei gut gefüllte Säcke, einer an jeder Seite des Esels. Das heißt also, daß es große Felder waren, daß sie soviel Saatgut verschlangen. Und mein Großvater hütete viele gefleckte Rinder, diese schwarzweißen, viel Kühe und Ochsen ... Mein Großvater sagte immer: »Man muß Vorsorge treffen für den Winter.« Er speicherte das Korn. Baute eine Kornkammer ... Er trat vor das Haus und schaute zum Himmel auf: »Ich habe den Eindruck, daß es regnen wird.« Und er begann, die Löcher im Dach zu flicken. Er sah alles voraus, er brauchte nur den Blick nach oben zu richten und die Hand schützend darüberzulegen: »Gleich wird es regnen, und zwar stark.«

Aus dieser Verbindung eines Franzosen mit einer Indianerin von hier ging mein Vater hervor. Mein Vater war weiß und hatte einen dichten Bart, und auf seiner Brust hatte er ein Kreuz aus Haaren, und sein Bart war umfangreich und ganz schwarz und gekräuselt, und seine Haare auf dem Kopf waren gelockt und schön gewellt. Meine Mutter war klein, und mein Vater war sehr groß, so 1,60 Meter; abends erzählte mein Vater von den Ländereien, neben dem Feuer sitzend versank er in Erinnerungen, und ich hörte ihm zu, während ich die Tortillas herumdrehte.

Früher war es so, daß die Töchter bei den Schwiegereltern wohnten. Von seinen Brüdern hatte keiner geheiratet, nur mein Vater, und die einzige Frau, die es im Haus gab, war meine Mutter. Sie versorgte meinen Großvater, bereitete ihm zu gegebener Zeit sein Essen, richtete ihm seine Wäsche, und sie kümmerte sich sehr um ihn, so als ob er ihr Vater gewesen wäre. Und gleichzeitig zog sie die vier Kleinen auf: Petra und Efrén, die die älteren waren, und Emiliano und mich. Aber meine Mutter fand immer noch die Zeit, um meinem Großvater irgendeine Schleckerei, auf die er gerade Lust hatte, zuzubereiten. Und er hing nach und nach immer mehr an ihr. Bis er eines Tages dann zu seinen Söhnen sagte, daß alles, was es im Haus gab, das Land und das Saatgut, alles seiner Tochter gehörte, also meiner Mutter. Es war klar, daß die unverheirateten Brüder meinen Vater zu hassen begannen.

»Nein! Wieso denn das? Wir arbeiten auch. Wieso soll sie denn alles allein besitzen? Die Schwägerin? Nur weil sie ihn hinaus bringt in die Sonne, damit er sich wärmt? Nicht einmal die Sonne kann ihn noch wärmen! Sobald der Vater stirbt, werden wir sie davonjagen!«

Nach dem Tod meines Vaters hätte meine Mutter keinerlei Forderungen stellen können. Das, glaube ich, dachten meine Onkel, vor allem der, der mir einen solch netten Empfang bereitet hatte. Als sie dabei waren, die Ernte einzubringen, griffen sich all seine Brüder meinen Vater, schleppten ihn mit sich fort, weit genug weg, und fielen dort über ihn her. Mein Vater sagte dann zu ihnen: »Warum wollt ihr mich töten? Was habe ich euch getan? Ich weiß von nichts, Brüder!«

»Du hast alles an dich gerissen!«

»Ihr habt überhaupt kein Recht, mich zu töten, denn nichts von dem, was es hier gibt, gehört mir!«

»Du wirst alles bekommen! Deshalb werden wir dich umbringen!«

»Ihr braucht euch nicht mit mir herumzustreiten, ich werde von hier fortgehen. Ich arbeite, aber nicht, damit dieses ganze Land mir gehört ... Von dem Moment an, wo ich geheiratet habe, gehöre ich nicht mehr meinem Vater, aber wenn ihr neidisch seid, dann verspreche ich euch, den Tag zwar hier zu beenden, aber den neuen Tag nicht mehr zu erleben.«

»Deiner Frau wird man die Ländereien zusprechen!«

»Ihr habt gesehen, daß diese zwei Esel das einzige sind, was ich in den Jahren seit meiner Heirat erworben habe. Das ist mein ganzes Kapital: zwei Zucht-Esel. Und wieviel Arbeit mich das gekostet hat!«

»Maria ist die Besitzerin von all dem hier!«

»Was mein Vater sagt, geht mich nichts an. Laßt mich am Leben. Ich, ich werde von hier weggehen, und ihr seht zu, wie ihr zurechtkommt.«

Meine Mutter war gerade aus dem Wochenbett aufgestanden, sie hatte noch nicht die vierzig Tage voll und hatte auch noch nicht das Dampfbad genommen, als mein Vater nach Hause kam und zu ihr sagte: »Pack unsere Sachen zusammen und halte den Mund.« Er nahm seine Zucht-Esel, das sind solche, die die Stuten besteigen, und belud sie mit Körben. In den einen legte er meinen Bruder Emiliano, und in den anderen setzte er mich. Auf den anderen Esel verfrachtete er den Mahlstein, einige Töpfe, damit meine Mutter unterwegs etwas zum Essen bereiten konnte, und irgendwelchen anderen Kram, und das war alles, was er mitnahm. Meine zwei älteren Geschwister gingen zu Fuß und meine Mutter mit dem in ihr Umschlagtuch gewickelten Neugeborenen auch.

Mein Vater nahm den kürzeren Weg durch die Berge, und wir kamen an die Landenge von Tehuantepec, welcher der Ort ist, den ich als meine Heimat kenne. Meine Mutter trug das tote Baby, bis wir an die Landenge kamen, und dort beerdigten wir es. Es stank schon, das arme Kleine. Wir wissen nicht einmal, um welche Uhrzeit es starb. Durch Sonnenstich, durch die Eile des Aufbruchs, durch den Staub, nehme ich an, jedenfalls war es so klein noch, daß es langsam dahinstarb. Das war sein Leben, und dieser Tod geht auf das Konto meiner Onkel, denn das kleine Wesen war noch nicht einmal vierzig Tage alt.

Mein Vater arbeitete am Eisenbahndamm der Landenge, als ein Eilbote mit einem Brief von seinen Brüdern eintraf. Obwohl sie ihn haßten, wußten sie, daß er notgedrungen in Tehuantepec sein mußte, denn zur anderen Seite hin ist alles Gebirge. Sie bezahlten den Boten dafür, daß er in allen Dörfern nach ihm suchte. Er erzählte, daß er bis nach San Mateo del Mar, das ganz schön weit weg ist und aus nichts weiter als aus Sand besteht, gekommen war. Er übergab meinem Vater den Brief, und in der gleichen Nacht haben sie zu Pferd den Ort verlassen. Sie erreichten Miahuatlán und fanden meinen Großvater im Sterben liegend. Mein Vater hat mit keinem seiner Brüder gesprochen; gleich darauf verstarb der Alte. Am nächsten Tag beerdigten sie ihn, und im Morgengrauen verabschiedete sich mein Vater auf dem Friedhof von all denen, die dem Großvater das letzte Geleit gegeben hatten, und er kam zu uns zurück, ohne das Neuntageamt abzuwarten. Er beauftragte meine Mutter damit, ein anderes Amt für jenen Mann abzuhalten, der sie mehr geliebt hatte als seine eigenen Kinder.

Ich glaube, daß mein Großvater an Traurigkeit starb, weil meine Mutter ihn hatte verlassen müssen. Und den Brüdern fiel alles zu, genauso wie es mir der Marktaufseher, mein Onkel Cleofas, zu verstehen gegeben hatte. Deshalb will ich nichts mit den Palancares zu tun haben, auch wenn ich selbst so heiße, und ich will auch nicht, daß sie noch jemals etwas mit mir zu tun haben, bis wir von der Erde scheiden.

Alle diese Brüder Palancares waren in indianischer Tradition erzogen worden, alle auf einen Haufen und einer herzloser als der andere. Das sage ich, weil ich einen davon zu Gesicht bekommen habe. Ich war so fünf Jahre alt, als jener Onkel zu uns kam, ziemlich unansehnlich war er, sicher. Gut, für mich war er häßlich, weil er Sandalen trug und eine weiße Hose. Er trug einen

Strohhut. Für mich sah er seltsam aus; mit seiner über die Schulter gehängten Decke, und ziemlich abgerissen war er: »Ich bin dein Onkel Margarito.«

Sie legten ihm eine Strohmatte zurecht und betteten ihn darauf. Er war krank. Er war nach Mixtequilla zu Fuß gekommen, so gut es eben ging, denn er sagte, daß er gekommen sei, um in der Obhut meines Vaters zu sterben, daß wenigstens er ihm einen Schluck Wasser geben möge. Er war so drei oder vier Monate bei uns, und er starb einen häßlichen Tod. Jetzt, da ich alt bin, zermartere ich mir mein Hirn: was hat man meinem Onkel angetan, daß er gegen die Wände anrannte? Wenn er einen Anfall hatte, schmiß er sich auf den Boden, und da hingestreckt schlug er überall an, während er durch das ganze Haus rollte. Nur Gott weiß, was das für eine Krankheit war, daß er sich im Liegen fortbewegte, mit dem Gesicht nach oben, immer mit dem Rücken auf den Boden knallend, wie eine umgedrehte Schlange! Und niemand konnte ihn daran hindern, denn er wollte nicht, daß man ihn berührte, bevor er ganz ruhig und ohne Atem dort lag. Mein Vater und meine Mutter hoben ihn dann auf und legten ihn auf seine Matte. Mein Vater hatte uns Betten aus Stangen gebaut, aber der Onkel hatte nur seine Matte. Und er war vollkommen verausgabt. Ich, jetzt da ich alt bin und schlecht denke, sage mir, daß man diesem armen Mann irgend etwas angetan hatte; irgend etwas haben seine Brüder ihm gegeben, damit er stirbt; irgend etwas Schädliches, irgend etwas, das ihn zum Idioten werden ließ, *Toloache* oder *Veintiuna**, wer weiß. Er war von Haus aus schon kränklich, er glich nicht soviel meinem Vater, der gesund und stattlich war. Nur Gott weiß es, aber ich persönlich glaube nicht, daß mein Onkel sich den Kopf aus lauter Vergnügen so oft anschlug! Meine Mutter bereitete ihm Kräuter zu, solche, die die Indios benutzen, aber soviel Kräuter er auch trank, er konnte die bösen Geister nicht vertreiben. Sein Zustand verschlechterte sich mehr und mehr, bis er starb. Meine Mutter verbrannte all seine Sachen, die *Sarape***, die Strohmatte, denn sie sagte, man wüßte ja nicht, welche Krankheit darin steckte, und damit wir sie nicht auch bekämen. All das erzählte mir mein Vater an den Abenden, wenn die Sonne schon unterging. Er zündete sich langsam eine Zigarre an und sagte zu mir: »Hör zu, damit du es niemals vergißt.«

In Oaxaca wusch und bügelte ich die Wäsche für einen älteren Herrn, den Hauptmann García von der Artillerie, und eines Tages sagte er zu mir: »Ich habe heute Wachdienst, und man hat mir zwei Eintrittskarten für den Stier-

---

* Toloache, Veintiuna – Toxische Pflanzen, die Alkaloide enthalten und das zentrale Nerven-, das Muskel- und Drüsensystem angreifen.

** Sarape – Eine Decke, die in der Mitte einen Schlitz hat, um sie über den Kopf zu ziehen; sie dient also als Umhang und als Zudecke.

kampf gegeben. Hier haben Sie eine, und die andere ist für den Jungen, der Sie begleitet, und daß Sie nicht so verrückt sind und allein gehen.«

Da er die Aufsicht über die Begleitmannschaft hatte, schickte mir Hauptmann García einen kleinen Jungen, Sohn eines der Flittchen, die mit der Truppe zogen. Als der Stierkampf zu Ende war, ging ich voran und unterhielt mich mit dem Jungen, und als wir den Park durchquerten, holte mich ein Militär ein, der mich am Arm herumriß und mir die Pistole in den Magen rammte, so mit der Öffnung auf mich gerichtet, ohne mich irgend etwas zu fragen. Durch den Schwung verhedderte sich die Pistole in den Fransen meines Umschlagtuches. Nur Gott allein weiß, wieso sich dieses verwirrte, denn er zog und zog, und während er damit beschäftigt war, die Pistole freizubekommen, starrte er mich an: »Entschuldigen Sie, Señora, ich dachte, Sie wären meine Frau!«

»Wie? Was glauben Sie, wer ich bin, Hurensohn?«

Als ich den Schuß hörte, denn die Pistole ging in eben diesem Moment los, fühlte ich mich größer werden, so als ob man mich nach oben ziehen würde. Ich packte ihn bei der Taille, am Hosenbund, und ich hatte eine solche Kraft, daß ich ihn einen halben Häuserblock weit schleppte, bis zur Ecke, und dort umklammerte er einen Pfosten: »Töten Sie mich, Señora, töten Sie mich hier, aber ich gehe nicht weiter!« Und er ließ den Kopf hängen. »Ich gehe nicht weiter, Señora, töten Sie mich hier! Ich lasse nicht los!«

Womit sollte ich ihn denn töten, ich trug nichts bei mir. Er zog an dem Umschlagtuch, um die Pistole freizubekommen, um noch eine Kugel auf mich abzufeuern, aber ich griff seine Jacke und schlug weiter auf ihn ein.

Irgend etwas an mir muß ihm Angst gemacht haben, denn ich glaube nicht, daß ich, soviel Kraft ich auch gehabt haben mag, ihn so einfach hätte wegschleppen und ihn ohrfeigen können, wie ich es tat. Er wehrte sich nicht; er hatte überhaupt keine Kraft mehr, so als ob ihm alle Energie abhanden gekommen wäre, er ließ die Arme hängen, und ich schlug noch mehr auf ihn ein: »Ich werde Ihnen beibringen, ein Mann zu sein!«

Ich versuchte, ihn aus der bewohnten Gegend wegzuschaffen, und wenn es mir gelungen wäre, ihn dorthin zu bringen, wo es keine Zeugen mehr gab, hätte ich ihn aufgehängt. Nun gut, das waren meine Überlegungen ...

Die Leute begannen, mich zu umringen, ein wahrer Menschenauflauf: »Lassen Sie ihn, mein Gott, lassen Sie ihn doch! Sie sehen doch, daß er sich nicht wehrt, schlagen Sie ihn doch nicht mehr!«

»Was heißt hier, ihn lassen! Mischen Sie sich nicht ein, weil ich sonst keine Verantwortung übernehme ... Er hätte mich auch einfach so umgebracht, aber ich werde es ihm heimzahlen!«

Der Junge bekam Angst, rannte los und sagte dem Hauptmann García Bescheid. Ich war noch über dem Mann, als der Trupp erschien.

»Bitte«, sagte der Mann, »befreien Sie mich von ihr, denn ich kann mich nicht wehren!«

»Lassen Sie ihn, Señora! Lassen Sie ihn! Sehen Sie nicht, daß er hinüber ist?«

Der Hauptmann García nahm ihn mir mit Gewalt weg, und er sagte zu ihm: »Nur weil Sie eifersüchtig sind, können Sie nicht auf jede Frau schießen. Schauen Sie zuerst genau hin.«

»Nein doch, Hauptmann, entschuldigen Sie. Ich habe sie wegen des Jungen verwechselt, der mit ihr ging ... So geht auch meine Frau, mit einem Jungen im gleichen Alter wie der ihre.«

Der Hauptmann García drehte sich zu mir um: »Mach, daß du nach Hause kommst, mach schon!«

Die Kugel, die mich streifte, ging in die Lehmziegel der Kasernenmauer. Da mir nichts weh tat und ich auch nichts fühlte, achtete ich nicht weiter darauf. Erst am nächsten Tag, als ich mich anziehen wollte, sah ich, daß das letzte Unterkleid, das bis auf die Füße reicht und direkt auf der Haut sitzt, verbrannt war. Ich befühlte das Loch, suchte mich überall ab, um zu sehen, ob ich irgend etwas hätte und dachte: Wie seltsam ... Nur das Unterkleid, das Leibchen, das früher getragen wurde, um nicht unanständig zu sein, war das einzige Zeichen, das Gott mich erblicken ließ. Gleich darauf dachte ich: Niemand sonst als mein Beschützer hat mich gerettet. Das zeigte mir, daß ich nicht allein war, sondern daß die geistliche Welt mit mir war und im richtigen Moment dafür sorgte, daß die Pistole sich in den Fransen meines Umschlagtuches verhedderte. Und jetzt weiß ich nicht, wo es hier einen Ort gibt, um mich mit ihm in Verbindung zu setzen ... Ich fragte die Nachbarn, und eine Frau sagte mir: »Ein Bethaus? Oje, das ist sehr schwierig! In der Straße Soundso gibt es eine Stätte, wo man derartige Praktiken betreibt.«

Ich ging zum Markt, kaufte ein paar Blumen und eine Flasche Öl. Die Nachbarin begleitete mich bis zum Eingang des Bethauses. »Klopfen Sie an, und dann gehen Sie da hinein ... Fragen Sie nach dem Bruder Loreto, das ist der Leiter des Bethauses.«

Jene Frau war eine Spiritualistin, aber sie hat mich nur hingebracht. Ich klopfte, und sofort empfingen mich die von der Bruderschaft. Als ich grüßte, antworteten mir alle, und auf sehr korrekte Weise, denn alle benehmen sich gemäß der Erziehung, die die Tempelleiter ihnen gegeben haben. Und sofort sagte einer der Brüder zur mir: »Glauben Sie?«

»Ja. Ich möchte mit Bruder Loretito sprechen.«

»Gut, nur im Moment hat er eine spezielle Verbindung.«

Vom ersten Moment an, als ich hereinkam, hatte mir der Tempel gefallen. Und zur gleichen Zeit fühlte ich und erkannte ich dieses Bethaus. Es gab nur einen Kerzenhalter mit drei angezündeten Kerzen, und als ich das Lichterdreieck sah, gefiel mir diese Stätte. Ich dachte bei mir: Ja, das ist wirklich. Es war so um zehn Uhr vormittags, und sie waren schon am arbeiten. Ein junger Mann schaute mich an und sagte zu mir: »Was wünschen Sie?«

»Ich möchte mit Pater Manuel Antonio Mesmer sprechen.«

»Einen Moment, gleich, wenn die Heilung vorbei ist, spreche ich mit Bruder Loreto, daß er die Güte hat, ihn zu rufen.«

Ich war eine der letzten, denn die Schlange der Wartenden war sehr lang. In der *Geistlichen Gemeinschaft* heißt das nicht »Schlange«, sondern »Kette«. Wir stellten uns rechterhand in einem kleinen, quadratischen Zimmer auf und gingen linkerhand hinaus. In der menschlichen Hülle von Bruder Loreto arbeitete der Doktor Charcot. Er war ein ausländischer Arzt, ich weiß nicht mehr, aus welchem Land er kam, ob aus Deutschland oder aus Frankreich; ich glaube aber, eher aus Frankreich. Er sprach in seiner Sprache. Ich habe den Doktor Charcot gesehen, wenn er herabstieg, um in dieser indianischen Hülle wie der meinen, zu arbeiten, und er arbeitet großartig. Er ist einmalig, ein übersinnliches Wesen von hohem Rang. Er bedient sich einer ganz bescheidenen Hülle wie der meinen, bearbeitet sie, und er spricht, so wie er zu Lebzeiten gesprochen hat. In indianischer Hülle spricht er Französisch, und ich verstehe ihn, wirklich, ich verstehe ihn ... Er ist ein Doktor; wenn er auftritt, untersucht er seine Kranken und verschreibt ihnen etwas, genauso wie zu Lebzeiten. Er ist nicht gestorben und wird niemals sterben; sein Körper ist gestorben, aber er lebt weiter im Universum wie all die anderen Seelen. Also, man ruft ihn, und er braucht niemals lang, um sich zu präsentieren.

Nach einer ziemlich langen Zeit richtete Bruder Loreto das Wort an mich: »Schwester, die du dich das erste Mal an dieser Stätte zeigst, sei willkommen an der Quelle der Gnade ... Schwester, die wir dich heute in diesem heiligen und geweihten Bethaus sehen, im Namen des Allmächtigen grüße ich dich.«

Ich antwortete ihm: »Bruder, in eben diesem Namen erwidere ich deinen Gruß.«

Er fragte mich: »Kommst du zu einer speziellen Konsultation?«

»Bruder, ich möchte mit dem Wesen, das mich beschützt, sprechen.«

»Und wie ist der Name deines Beschützers, damit ich ihn rufe?«

»Ich bitte dich, hab die Güte und erlaube mir, Manuel Antonio Mesmer zu sehen.«

Er sagte zu mir: »Ich werde ihn suchen lassen ... Hab Geduld und warte auf ihn.«

Die übersinnlichen Wesen sind überall; an jedem Ort haben sie eine menschliche Hülle, bereit, Sie zu empfangen, um Güte zu verbreiten. Sie heilen zur gleichen Zeit in China, in London und hier in Mexiko ... Da Doktor Charcot durch den Bruder Loreto arbeitete, tat er selbst mir den Gefallen, Manuel Antonio Mesmer zu rufen. Da die beiden Landsleute waren, sagte mir Doktor Charcot, der Doktor für die Kranken, daß mein Pater Mesmer ein sehr verehrenswürdiges Wesen ist und daß er gerade auf einem anderen Kontinent arbeitete, aber man würde einen Boten aussenden, um ihn zu suchen: »Sorge dich nicht, Schwester, in wenigen Minuten wird mein Bruder hier sein.«

Danach zog er sich zurück: »Schwester, ich verabschiede mich, denn von diesem Moment an wird dein Beschützer für dich da sein, und ich beglückwünsche dich, denn du bist in sehr guten Händen.« Damit ging Doktor Charcot, verließ die menschliche Hülle, und, ach, mein verehrter Mesmer traf ein; in dem Moment, wo er sich meines Körpers bemächtigte, fühlte ich einen Schüttelfrost zwischen dem Herz und dem Rücken. Als mein Beschützer vorbeikam, in dem Moment des Eindringens erkannte ich ihn sofort. Er hat eine ganz bestimmte Art. Ich fühle ihn, weil er mir die Hand auf die Lungen legt, wenn er ankommt. Uih, ich erkenne ihn sehr gut! Er sagt mir dann, in seiner Art zu reden, denn jedes Wesen hat so seine bestimmte Redeweise: »Im Namen des Allmächtigen Gottes grüße ich dich, Schwester.«

»In eben diesem Namen antworte ich dir, mein Vater. Ich kam nur, um dir meinen unsagbaren Dank auszusprechen, weil du mir die große Güte zuteil werden ließest, mir gestern zu helfen.«

»Meine Tochter, kein Blatt auf dem Baum bewegt sich jemals ohne Gottes Willen. Du sahst dich in dieser verzwickten Lage, aber da es nicht der Wille des Ewigen Vaters war, konnte dir nichts geschehen. Deshalb gingst du gesund und gerettet daraus hervor, denn das war die Gnade unseres Gottes und Herrn ... Ängstige dich nicht, denn ich wache über dich, weil es eine große Verantwortung ist, die mein Gott und Herr mir mit dir anvertraut hat. Du bist nicht allein, obwohl du dich oftmals so fühlst.«

»Es ist gut, Vater ... Es ist gut, mein Vater ...«

Ich war ganz erstaunt, denn wie konnte jener Bruder Loreto wissen, daß man versucht hatte, mich zu töten? Wie konnte diese Hülle, durch die Manuel Antonio Mesmer sprach, das wissen, da sie mich überhaupt nicht kannte? Weil das Wesen durch seinen Mund sprach ... Außerdem machte er mir klar, daß das Feuerzeichen auf meinem Leibchen der Beweis für einen unsichtbaren Schutz war. Ich war also nicht ausgeliefert. Und da begriff ich auch, daß das nicht das erste Mal gewesen war, das *Er* über mich gewacht hatte, denn Pedro hatte ja mehrmals versucht, mich zu töten, und niemals gelang es ihm.

Deshalb begann ich daran zu glauben, daß mein Beschützer schon seit meiner Geburt über mich wacht ...

Da ich mich also nun bedankt hatte, hielt ich es für besser, mich zurückzuziehen. Aber ich, da ich schon immer dumm gewesen bin, wagte es nicht, zu diesem Tempel in Oaxaca zurückzukehren.

Wenige Tage später ging ich zum Markt und mir passierte wieder so eine Geschichte. Ich legte mich mit einer Marktfrau an. Ich wollte einen weißen Teller kaufen, so einen ganz normalen, und fragte sie, wieviel er kostete. Sie wollte mir, ich weiß nicht, ob einen Peso oder 1,50 Pesos dafür abnehmen, und dabei kosteten solche Teller damals 25, wenn es hoch kam 30 Centavos ...

»Nein«, sagte ich zu der Frau, »das sind die Teller nicht wert ... Ist das vielleicht chinesisches Porzellan?« Ich weiß nicht, wieso sie dazu kam, mich eine bettelnde Soldatendirne zu nennen, daran gewöhnt, von Lehmgeschirr und aus Blechtöpfen zu essen. Ich antwortete ihr noch vollkommen ruhig: »Überlegen Sie sich gut, was Sie da zu mir sagen, denn vielleicht sind Sie eher ein Weibstück als ich, da Sie von Markt zu Markt ziehen und die berauben, die sich berauben lassen, während für mich die Regierung sorgt mit einem Hauptmannsgehalt. Deshalb stehen Sie stramm und schlagen Sie die Hacken zusammen!«

»Selbst wenn Sie eine Generalin wären, glauben Sie etwa, ich würde Ihnen mein Geschirr schenken, billige Hure!«

»Diebin! Halten Sie ihren Mund, bevor ich Ihnen die Fresse poliere.«

»Arme Regierung, die soviel Geld ausgibt für Huren wie Sie, Bataillons-Liebchen ...!«

Da die Beleidigung mich sehr traf, bemächtigte ich mich eines Stapels von Tellern und begann, ihr einen nach dem anderen über den Kopf zu hauen. Dann stieg ich auf ihre ausgebreitete Ware und tanzte da oben einen Apachen-Tanz, wobei das ganze Geschirr zu Bruch ging. Und dann fielen wir übereinander her. Fast unbekleidet ließ ich sie auf einem Scherbenhaufen zurück, wie ein Gekreuzigter lag sie da.

Der Marktaufseher erschien und sammelte uns alle zwei ein. Im Gefängnis dann forderte sie lauthals den Preis für die zerschlagenen Teller. Und ich ganz unzugänglich: »Ich zahle nicht, und ich zahle nicht, und ich zahle nicht.«

»Dann bleiben Sie im Gefängnis!«

Und ich blieb solange im Gefängnis, bis sie es satt hatten, mich kostenlos durchzufüttern.

XXII.

Zur gleichen Zeit, als man mich ins Gefängnis sperrte, kam das 2. Artillerie-Regiment nach Mexiko City, denn dort sollten die Wahlen von Plutarco Elías Calles stattfinden, und die Truppe mußte bei der Machtübernahme anwesend sein, um denen eine Abreibung zu verpassen, die nicht damit einverstanden waren. Die Soldaten holten mich aus dem Gefängnis, aber während ich meine Sachen zusammenpackte, fuhr der Zug schon ab. Als ich am Bahnhof ankam, sagte mir der Weichensteller: »Der Lokomotivführer hat auf Sie gewartet, aber länger ging es nicht.« So ging ich zurück ins Büro, wo man mir einen Gutschein für einen Güterzug gab, der länger als die Fastenzeit war. Gott allein weiß, wann wir damit angekommen wären.

Einer der Männer, die auch in dem Saal warteten, um ihre Fahrkarten zu regeln, giftete mich an: »Ach, wegen solcher Leute wie Ihnen stehe ich hier herum! Aber wenn es nach mir ginge, ich würde zu Fuß gehen.«

»Wenn Sie zu Fuß gehen, folge ich Ihnen, mal sehen, wer zuerst klein beigibt.«

»Nur geben Sie nicht nach der Hälfte des Weges auf! Stehen Sie zu Ihrem Wort, und gleich morgen machen wir uns auf den Weg. Wir brechen um fünf Uhr auf, wenn es Ihnen recht ist.«

Sechs waren wir, die wir den Zug verpaßt hatten; zwei Frauen, der Junge von zwölf Jahren, der mich am Tag der Schießerei zum Stierkampf begleitet hatte, der Mann, der mich herausgefordert hatte, und ein kleiner Fatzke, geschniegelt und gebügelt mit seiner Krawatte, der uns nicht seinen Namen sagen wollte, der Gedichte machte und auf Vasconcelos* Seite stand. Wir waren alle aus der gleichen Kaserne, nur der Grünschnabel nicht, und wir mußten nach Mexiko City, denn die Soldatenvorhut war schon in Oaxaca angekommen. Wir brachen um fünf Uhr morgens auf, und nach zwei Tagen konnte dieser Sprücheklopfer schon nicht mehr. Das viele Gehen bekam ihm nicht. Er überquerte die Schienen, um dort auf den Güterzug zu warten. Er begann, mich madig zu machen, denn ich hatte die Papiere von allen und war sozusagen die Chefin. Er fuhr dann auf einem Karren mit, der unterwegs kaputt ging, und kam schließlich mit einigen Eselstreibern an, die ihn aus Mitleid mitgenommen hatten.

Eine Strecke des Weges gingen wir an den Schienen entlang, dann wieder gingen wir über die Berge, um uns die Kurven zu ersparen. Station machten

* José Vasconcelos – Von 1921–24 Universitätsrektor; von der Opposition 1929 aufgestellter Präsidentschaftskandidat, der aber geschlagen wurde.

wir immer in irgendwelchen Dörfern auf den Bahnhöfen. In Puebla begannen sich alle zu beschweren: »Wir sterben vor Hunger...« Ich sagte zu den Frauen und zu dem Fatzke, die schon nicht mehr konnten: »Warum jetzt aufgeben? Wir haben mehr als die Hälfte des Weges hinter uns gebracht. Wir gehen jetzt direkt auf Mexiko City zu.«

Als wir im Bundes-Distrikt ankamen, war das 2. Regiment schon nach Tuyahualco aufgebrochen, und die Frauen und der Junge folgten ihm. Der Grünschnabel machte sich auf, Vasconcelos zu treffen. Ich sagte mir: Ich gehe nicht mit ihnen... Ich wußte, daß meine Großmutter krank war, weil man mir in der Truppe immer die Briefe vorlas, und der Hauptmann García tat mir dann den Gefallen, sie zu beantworten. Man schrieb mir, daß der Polizist ausgezogen war, aber ohne die Miete zu bezahlen. Ich wußte, daß die Familie von der dritten Gasse in Netzahualcóyotl nach Pino Suárez 84 umgezogen war, da wo heute ein großes Kino ist: das Kino Estrella. Obwohl ich weit weg war, schickte ich ihnen die Miete für das Haus und bat sie, mir Bescheid zu geben, wie es um die Großmutter Reginita stand. Ich dachte: Statt als Vagabund herumzuziehen, bleibe ich besser hier im Distrikt von Mexiko City. Deshalb also blieb ich nicht bei der Truppe. Ich kam in Mexiko City an, und das erste, was ich sah, war der besagte Polizist, der das Zimmer in Netzahualcóyotl gemietet hatte und der der Grund für meine Flucht gewesen war. Ich traf ihn auf der Straße Pino Suárez. Hier kommt dieser Verfluchte und ich, ich stelle mich ihm in den Weg.

«Hören Sie, mein Herr, entschuldigen Sie die Frage, könnten Sie mir freundlicherweise sagen, wo die Straße José María Pino Suárez ist?«

»Ja, hier wo wir uns befinden. Diese Straße hier ist die, die Sie suchen.«

Ich stellte mich dumm: »Wie?«

»Ich sage, daß Sie schon auf der Straße Pino Suárez entlanggehen.«

Ich wußte das natürlich, ich wollte nur sehen, ob er mich erkennt. Ich frage mich das heute noch. Ich sagte mir: Nun, hier hab ich dich, Polizist. Ich habe gewonnen! Es ist nämlich so, daß in dem Jahr, in dem ich in Oaxaca lebte, ein Zahnarzt mir einen Goldzahn gemacht hatte. Er setzte ihn mir hier in der Mitte ein. Als ich sah, daß der Polizist mich nicht erkannte, nahm ich die kleine Krone ab und warf sie weg. Sie war nicht festgemacht. Und dann ging ich in unser Wohnviertel zur Großmutter Reginita, zu den Kleinen und zur Tante Luisa.

»Wie gut, daß du gekommen bist, denn ich ertrage diese Leute nicht mehr! Luisa ist die Unverschämtheit in Person und bringt Männer mit hierher!«

Gleich, nachdem die Großmutter mich begrüßt hatte, begann sie, mir alles haargenau zu erzählen, alles bis ins kleinste Detail. Wenn Luisa ihre Arbeit in der Kneipe beendet hatte, nahm sie die Betrunkenen mit, um weiter zu trinken, und sie brachte sie mit nach Hause, und die Großmutter, ans Bett gefesselt, konnte nichts dagegen sagen.

»Gut denn, soll sie jetzt mit ihren Kerlen hier auftauchen, sie wird schon sehen, was passiert«, sagte ich zu ihr.

Und so war es, nachts erschien sie mit einer Handvoll Betrunkener, leichtlebige Männer und Frauen. Ich gebot ihr Einhalt: »Nein! Dieses Haus mag sehr arm sein, aber Sie werden hier die versoffene Meute nicht reinbringen. Haben Sie keinen Respekt vor Ihrer Mutter?«

»Ach! Schau nur einer her, wie rücksichtsvoll du doch bei der Truppe geworden bist.«

»Ja, ich bin rücksichtsvoll, und sogar sehr, wenn Sie erlauben. Ich mag der Teufel in Person sein, aber ich respektiere die Häuser und die Personen, die darin wohnen. Ich tanze gern, trinke gern und ziehe gern herum, mit wem es mir gerade in den Sinn kommt, aber ich mag es überhaupt nicht, eine Herde von Betrunkenen dort hinzubringen, wo es mir nicht zusteht. Wann haben Sie erlebt, daß ich hier mit meinen Freunden erschien? Und ich habe viele, kann ich Ihnen sagen! Mehr als genug. Geschenkt! Und außerdem wissen Sie sehr genau, daß das Haus auf meine Rechnung geht, das heißt, ich betrachte es als das meine, und deshalb macht ihr alle, daß ihr fortkommt, aber schnell!«

Wer weiß, wo sie dann ihren Rummel veranstalteten, vielleicht am Río del Consulado. Aber ins Haus kamen sie nie wieder. Die Großmutter war mir sehr dankbar: »Du bist die einzige, die an mich denkt, denn diese Frauen sind nicht einmal in der Lage, mir ein Glas Wasser zu reichen.«

Ihr Sohn Tomás, jetzt mein Onkel Tomás, der war ein bißchen verrückt. Wenn er sich betrank, machte er nichts als Dummheiten. Und die arme Alte da ganz allein! Sie kam mir so alt und so verlassen vor, daß ich mich entschloß zu bleiben, was immer da auch auf mich zukommen würde. Und wir haben ganz schön gelitten, Gott steh mir bei.

»Arme Frau, sie ist so alt, und die, die ihre wirklichen Familienangehörigen sind, kümmern sich nicht um sie ...! Denn ich, ich gehöre zwar auch zur Familie, aber schließlich und endlich bin ich nur ein Anhängsel.«

Ich nannte sie immer nur Großmutter und Großmutter, aber schließlich sagte ich Mutter zur ihr. Das war, als sie mir sagte: »Also, du wirst mich beerdigen, wenn ich einmal sterbe, denn diese Weibsbilder hier lassen mich verhungern und werden mich dann nicht einmal auf den Friedhof schaffen.«

Sie lebte nicht einmal mehr sechs Monate. Als ich ankam, konnte sie noch gehen, aber kurz darauf konnte sie keinen Schritt mehr tun. Sie fing dann auch an, sich mit mir herumzustreiten, denn die Alten sind so; an allem mekkern sie herum. Als ihre Kinder sahen, wie krank sie war, ekelten sie sich vor ihr und wollten nicht mehr in ihre Nähe kommen. Sie sind alle nur gut für ein liederliches Leben. Die zwei Töchter Adelina und María Luisa trieben sich herum und machten für jeden, der daherkam, die Beine breit, und Tomás war ein Säufer und erging sich im Nichtstun. Deshalb mußte ich sie Häppchen für Häppchen füttern, denn niemand sonst wollte das machen.

»Ach, nein, nur du hast die Geduld dazu!«

So waren die zwei. Heute sind alle Menschen so. Ich meine, wenn diese Leute nicht einmal ihren eigenen Familienangehörigen gegenüber Achtung haben, dann noch viel weniger anderen gegenüber. So schnürte ich dann auch, als die Großmutter gestorben war, mein Bündel: »Hört mal«, sagte ich zu Luisa und Adelina, es gibt jetzt niemanden mehr hier, der mich hält... Deshalb mag jeder seiner Wege gehen. Ich, ich komme überall unter. Ich gehe weg.«

Irgendwann ging ich dann zu der Schreinerei, um José Villa Medrano wiederzusehen, das ist der Mann aus Guadalajara, der mir beibrachte, österreichische Möbel zu bauen. Er war ein alter Mann von etwa 60 Jahren. Er sah aus wie ein Ausländer mit seinen schlohweißen Haaren und seinen blauen Augen. Ihm gehörte auch ein Haarschneide-Salon, und er erzählte mir, daß er sich in Guadalajara niederlassen wollte, und wenn ich wollte, würde er mir den Salon überlassen mit der Bedingung, daß ich ihm die Einnahmen nach Guadalajara überweise. So vereinbarten wir das.

»Hintenheraus gibt es ein Zimmer«, sagte er mir, »wenn Sie wollen, können Sie dort schlafen.«

Es war ein ziemlich großer Haarschneide-Salon mit acht Sesseln. Es gab fünf festangestellte Frisöre und drei, die nur kamen, um sich an den Samstagen und Sonntagen etwas dazu zu verdienen, weil da die meisten Kunden kamen. Da der Salon in einer zentral gelegenen Straße lag, 5 de Febrero Nr. 13, und das Haus einen Hausflur hatte, der zur Straße hin ging, hatten wir viel Laufkundschaft, reiche ebenso wie arme. Es gab alles dort. Wenn es ihnen gefiel, wie der Frisör die Haare schnitt, kamen sie wieder. Um acht Uhr abends, wenn wir schlossen, rechneten die Jungens mit mir ab. Eigentlich waren es ja sie, die das Geschäft in Gang hielten. Von dem, was sie eingenommen hatten, gaben sie mir die Hälfte; sie machten so um die 20 Pesos, und davon bekam ich zehn Pesos, von jedem. Damals war das Haareschneiden so billig, daß die doppelte Leistung, also Haare und Bart, 50 Centavos kosteten. Heute kostet das so an die sechs Pesos, und das nur in den Frisör-Salons zweiter Klasse; in die der ersten Klasse geht man besser gar nicht erst rein. Die Frisöre heute verdienen deshalb auch sehr gut. Als erstes erhöhten wir die doppelte Leistung um zehn Centavos: 30 Centavos die Rasur und 30 das Haarschneiden. Aber dann stieg der Preis immer mehr, so weit, daß das Haarschneiden heute soviel kostet, daß es einem Kopfschmerzen bereitet. Und die

Schuld daran trage ich, weil ich zehn Centavos aufgeschlagen habe, um den Jungens ein bißchen zu helfen. Ich tat nichts; da ich die Besitzerin war, kassierte ich nur.

Die Frisöre bekamen einen Zettel für jede Arbeit, die sie erledigten; Haareschneiden oder Rasieren; das waren Zettel unterschiedlicher Farben. Wenn sie mit einem Kunden fertig waren, sagten sie zu mir: »Beides.« Und ich gab ihnen dann zwei Zettel. Und die Anzahl der Zettel, die sie zusammenbekamen, zeigten dann auch an, wieviel sie eingenommen hatten, genauso wie bei den Bedienungen im Nachtlokal. Ich gab nur Anweisungen: »Wie läuft es?«

»Es läuft.«

»Mal sehen, Jungens, wer bedient diesen Herrn, der es sehr eilig hat?«

Abends räumte ich die Instrumente weg, die Scheren, Haarschneidemaschinen, die Cremes, die Rasiermesser, die Rasierpinsel und alles andere. Ich kaufte Alkohol, Lotion, Rasierseife, aber vor allen Dingen jenen speziellen Puder, den man den Kunden nach der Rasur auf die Wangen tat. Dem, der Spezialpuder verlangte, dem gab man Puder, und dem, der Talkum verlangte, eben Talkum. Dem, der Schuppen hatte und eine Entschuppungskur machen wollte, auch das, aber all das war dummes Zeug. Ich langweilte mich, denn ich war, wie man so sagt, versklavt. Den ganzen Tag mußte ich den Kunden zur Verfügung stehen. Von dem, was die Frisöre mir gaben, mußte ich natürlich meine Unkosten abziehen und die Gewerbesteuern bezahlen, die Miete, den Strom und die Überweisung nach Guadalajara an Don José Villa Medrano machen.

Als ich in die 5 de Febrero zog, besuchten mich die Kleinen mit den Schlitzaugen, Margarita und Eugenia, dort. Und bei einer solchen Gelegenheit sagte mir die ältere von beiden: »Meine Mutter sagt, daß sie uns die Haare abschneiden wird.«

»Also, geschoren will ich dich hier nicht sehen ... Kann denn deine Mama die Haare nicht kämmen?«

»Sie sagte, daß sie es leid ist, uns zu kämmen, und deshalb wird sie uns die Haare abschneiden, damit wir keine Läuse bekommen.«

Tante Luisa schnitt ihnen die Haare ab, und sie kamen mich nicht mehr besuchen. Keine von beiden ist mehr aufgetaucht, sicherlich haben sie sich geschämt. Später erfuhr ich, daß man sie verschenkt hatte. Es fanden sich auch gleich ein paar Nachbarn, die uns kannten und mich auf dem San Lucas Markt trafen: »Die Señora Concha hat die Mädchen. Wollen Sie sie nicht zu sich nehmen?«

»Ich habe kein Recht dazu. Wenn sie zu mir kommen wollen, dann sollen sie in den Frisör-Salon kommen, und ich werde es so einzurichten wissen, daß ich für sie sorge. Aber gehen und mich in andere Leute Häuser schleichen, um sie herauszuholen, das auf keinen Fall.«

Luisa schenkte die kleinen Japanerinnen der Waschfrau Concha, die lange Zeit hindurch die Wäsche für uns im Hause von »Netzahualcóyotl« gewaschen hat, denn da das Unternehmen groß war, hatten wir Hausangestellte. Mir erzählte man, daß die Kleinen viel zu leiden hatten bei der Frau, aber ich habe sie nicht zu mir genommen. Heute tut mir das leid. Nachdem Luisa sie wie Billard-Kugeln herumgestoßen hatte, verschenkte sie sie, als ob sie kleine Hunde wären. Der Japaner fragte nicht nach ihnen, da er sich viel außerhalb Mexiko Citys aufhielt. Später verließ Luisa ihn und machte sich mit einem Militär nach Tampico davon. Ich sah sie nicht sterben, aber ich erfuhr, daß sie dort unten beigesetzt wurde. Die Kleinen dürften jetzt schon groß sein. Gebe Gott, daß es ihnen gut geht.

Ich gab den Frisör-Salon auf. Ich sagte zu den Jungens: »Ich will mit dem Haar-Geschäft nichts mehr zu tun haben.« Ich verkaufte. Aus der Traum. Außerdem war ich die ständigen Reibereien mit den Gewerkschaften leid. Früher gehörte ich verschiedenen Gewerkschaften an, aber als ich feststellte, daß alle nur auf ihren Vorteil bedacht waren, sagte ich ihnen: »Macht euren Kram alleine! Ich spiele nicht mehr mit.«

Ich war in der Gewerkschaft der Schreiner, in der der Frisöre, der der Kartonfabrik-Arbeiter, in jeder, zu der die Fabriken gehörten, wo ich gearbeitet habe. Damals war alles noch so unorganisiert oder was weiß ich, denn beim 1. Mai-Umzug ging ich meistens bei den Schreinern und Kunsttischlern mit, aber dann wollten mich die Frisöre bei sich haben, damit sie mehr Leute hatten, und all das war ein großes Durcheinander. Man holte mich aus der einen Gruppe, um mich in eine andere zu stecken. Außerdem begannen sie, Geld von uns zu verlangen, und von dem Moment an gefiel mir die Sache nicht mehr, denn wir verdienten ganz schön wenig, und dann noch an die Gewerkschaft zahlen, nun das nicht. »Nein«, sagte ich zu ihnen, »ich brauche jemanden, der mich unterhält, und nicht jemanden, den ich unterhalte.«

Damals war das Leben für eine Fabrikarbeiterin recht schön; damals ging man zum Essen nach Hause, wenn es ein Uhr schlug; man aß seine Suppe, seinen Reis, sein Fleisch, so wie man es sich leisten konnte. Heute ist das alles vorbei, nicht mehr üblich; mit diesen verdammten Gewerkschaften hat man uns alles kaputt gemacht. Sollten die Angestellten überhaupt noch weggehen dürfen, dann laufen sie und schlingen schnell einen Taco voller Mikroben runter, dort mitten auf der Straße im Staub, wo dreckige Taco-Verkaufsstände zu Hauf aufgemacht haben. Mit den Gewerkschaften waren alle angeschmiert, die Großen ebenso wie die Kleinen. Das ist kein Witz! Nicht einmal helfen tun sie einem! Im Gegenteil, sie ruinieren einen! Und nicht nur einen oder zwei, alle, die es sich gefallen lassen, ruinieren sie, all die armen Teufel, denen nichts anderes übrig bleibt, als sich zu fügen. Der, der nicht in einer Gewerkschaft organisiert ist, bekommt keine Arbeit, ich bitte Sie! Folglich unterdrückt er seinen Hunger, und wenn er sich organisiert hat, zieht man ihm das Geld aus der Tasche: einen Beitrag hierzu und einen Beitrag dazu. Kurzum: ein Saustall! Und dann die Reden: »Kollege, in dem Abkommen, das während der im Oktober stattgefundenen Versammlung...«, kurzum, eine andere Sauerei. Mir, mir sollen sie nicht damit kommen von wegen Kollegin.

Früher begann man um acht Uhr morgens mit der Arbeit und hatte um Punkt vier Uhr nachmittags Schluß. Dann begann die andere Schicht, sie dauerte bis elf Uhr nachts. Und um elf Uhr nachts hatte diese Schicht Schluß, und die nächste begann. Und man konnte zwei Schichten arbeiten, um mehr zu verdienen. Heute ist das vorbei, es gibt nur noch die Frühschicht. Beide sind zur gleichen Zeit am Ende, die Arbeit und die Arbeiter. Ich wollte die Faulenzer nicht länger mitunterhalten, und ich sagte den Gewerkschafts-Bossen: »Bis hier hin und nicht weiter, meine Herren Sekretäre für innere Angelegenheiten und Abkommen. Und Sie, Herr Schatzmeister, verabschieden Sie sich von meinem Mitgliedsbeitrag und suchen Sie sich Mitglieder, die dümmer sind als ich.« Und ich präsentierte ihnen meinen Austritt.

Eines Tages traf ich auf der Straße Madalenita Servín: »Sie sind schon zurück?« sagte sie zu mir.

»Ja, schon seit einiger Zeit.«

»Dann haben Sie die Truppe verlassen?«

»Im Moment ja, aber eigentlich zieht es mich schon wieder fort... Ich habe einen Frisör-Salon aufgemacht.«

»Gott behüte mich!«

»Und jetzt suche ich ein Zimmer.«

»Und warum ziehen Sie nicht in die Gasse, in der ich wohne?«

Madalenita war eine Freundin von mir, eine gute Freundin aus der Zeit, als ich in den verschiedensten Fabriken gearbeitet habe, aber erst, als ich in die Callejón de los Reyes zog, lernte ich sie richtig kennen. Sie hatte zwei Söhne, einer war zwölf Jahre alt und der andere sechzehn. Sie hatte mit mir in der gleichen Karton-Fabrik gearbeitet. Viele Jahre lang hatte ich sie nicht gesehen: »Es ist so, daß ich nach Cuernavaca gezogen bin, deshalb. Mit der Schuhherstellung war es nichts mehr, da das Leder knapp wurde, und deshalb ging ich in meinen Heimatort zurück. Ich verkaufte alles.«

Madalenita fertigte Schuhe an. Man brachte ihr die fertig zugeschnittenen Stücke ins Haus, und sie fertigte daraus die Schuhe. Sie nähte die Stücke dann mit ihrer Spezialnähmaschine mit starken Nadeln zusammen. Sie arbeitete bei sich zu Hause, damit sie die Kinder versorgen konnte. Manchmal schaffte sie bis zu drei Dutzend Schuhe am Tag. Außerdem faßte sie sie ein, nähte das Futter – denn früher war es üblich, die Schuhe zu füttern, nicht so wie heute, wo alles Schund ist –, und dann nähte sie sie hinten an der Ferse zusammen, und danach konnte der Schuster sie dann besohlen. Das waren ziemlich robuste Schuhe mit kräftigen Nähten.

»Nicanor fragt viel nach Ihnen.«

Nicanor war ihr Sohn, Arbeitskollege in der Fabrik, wo ich gearbeitet hatte.

»Was?«

»Nicanor fragt nach Ihnen.«

»Er hat keinen Grund, nach mir zu fragen. Was fragt er denn?«

»Er fragt nur, wann Sie uns besuchen kommen ... Er sagt mir: ‘Wenn du Jesusa siehst, sag ihr, daß sie mal vorbeischaut ...’«

Man sollte es nicht für möglich halten.

Ich mietete ein Zimmer in der San Antonio Abad, besser gesagt, in der Callejón de los Reyes, Ecke San Antonio Abad. Ich brachte meine sieben Sachen dorthin, und dann lernte ich einige Freundinnen von Madalenita kennen, Sara Camacho, meine *Comadre* Victoria und ihre Tochter, die kleine Sara (sie nannte sie Sara nach Sara Camacho), die später auch meine *Comadre* wurde. Ich hatte ein großes Zimmer mit Küche und allem, und am Anfang kam Nicanor immer, lehnte sich an den Türpfosten und sprach mit mir, aber später, als ich erfuhr, daß die Truppe sich zum Aufbruch fertig machte, sagte ich ihm, daß ich in die Kolonie Garza übersiedeln würde, um näher bei den Soldaten zu sein und alle Bewegungen beobachten zu können.

»Wenn ich hier wohnen bleibe, merke ich nicht, wann sie aufbrechen, und dann ziehen sie ohne mich los. Das ist mir schon einmal passiert! Sie liegen in der Kaserne Chivatito, dort in Chepultepec, und die Kolonie Garza ist gleich nebendran!«

Dieser Junge Nicanor wurde daraufhin ganz bleich und sagte zu mir: »Machen Sie, daß Sie wegkommen, Jesusa, und kommen Sie niemals mehr wieder.«

Ich ließ meine Sachen bei Madalenita Servín ...

In der Kolonie Garza lebte ich so etwa drei Monate, nur darauf wartend, daß es endlich losging, bis man mir schließlich mitteilte, daß sie in Richtung Tampico aufbrachen und dann als Truppenteil nach San Luis Potosí, San Ciro und Ciudad del Maíz. Schade, daß man heutzutage solche Truppenabteilungen nicht mehr zusammenstellt, weder Regimenter noch Verbände rücken aus. Wenn es so wäre, würde ich heute wieder bei der Truppe arbeiten! Früher waren das noch richtige Soldaten, heute sind es nur noch Hanswürste, sie fahren nur im Auto spazieren. Sie gehen und kommen in Autos sitzend, das ist keine Truppe mehr! Sie sind nur als Soldaten verkleidet. Früher, die Kavallerie, Tag und Nacht auf dem Pferderücken, und erst die Infanterie, die Füße haben sie sich abgelaufen mit all ihren Sachen auf dem Rücken! Heute gibt es das nicht mehr. Heute ziehen nicht einmal mehr Frauen mit. Man erlaubt keine Frauen mehr in den Kasernen. Da gehen sie zur Schule, und sie haben ihre Männlichkeit verloren, indem sie da an der Tafel studieren, ob sie angreifen oder sich zurückziehen sollen ... Sie sind da in ihre übereinander gestapelten Zementblöcke gepfercht, die man ihnen in eine Ebene hinbaute, und dort haben sie auch ein Krankenhaus, da sie fast immer krank sind, weil ihnen die Übungen fehlen ... Obwohl sie ein Zuhause haben, kommen sie nur an dem Tag der Woche zu ihren Familien, an dem sie Ausgang haben, genauso wie die Dienstmädchen. Haben Sie nicht gesehen, daß selbst der Präsident seinen Regimentsstab nicht mehr mitnimmt, wenn er irgendwo hingeht? Früher hatte er seine Leibwache, die ihn eskortierte, und heute nicht einmal mehr das, höchstens am 16. September treten sie kurz in Erscheinung. Wenn es heute einen Krieg gäbe, würde man sie einlegen und zum Abend, Mittag oder Nachmittag verspeisen, und zwar mit Haut und Konchen, denn die mexikanischen Soldaten taugen nichts mehr, seit die großen Auseinandersetzungen vorbei sind. Alles nur Scheingefechte! Nichts wie Schüsse in die Luft! Nur noch Fallschirmspringerei! Nichts wie Schlägereien untereinander, weil sie sonst nichts zu tun haben!

Ich übergab Madalenita Servín meine Sachen, ließ ihr die Miete für drei Monate, zwölf Pesos pro Monat, und weg war ich. Da ich niemandem Rechenschaft ablegen muß, mache ich mich einfach auf den Weg und »Gehabt euch wohl«. Ich streife durch die Gegend oder nehme einen Weg, den ich mir selbst aussuche. So bin ich gewöhnt an ein freies Leben, dorthin zu gehen, wo es mir beliebt, und irgendwo meine Zelte aufzuschlagen.

In Ciudad del Maíz, die heute Ciudad Valles heißt, machte ich eine Schweineschlächterei auf. Ich kaufte die Schweine und stellte zwei Jungens ein, die mir beim Schlachten, beim Wasserholen, beim Wasserkochen und all dem halfen. Ich schlachtete, zerlegte und säuberte. Ich bin alles angegangen, was sich mir darbot. Ich verkaufte Fleisch an die Truppe und an die Bevölkerung; ich tauschte es ein gegen Mais und Bohnen, dicke Bohnen und Kichererbsen. Wenn man Schweine tötet, muß man ihnen den Messerstich direkt ins Herz versetzen. Man knickt ihnen das Vorderbein ein, und dort, wo dann der Huf hinzeigt, genau dort befindet sich das Herz, und da sticht man das Messer hinein. Wenn man das Töten gut beherrscht, hat das Schwein nicht einmal die Zeit zum Schreien. Aber wenn nicht, was soll ich Ihnen erzählen, zerreißt es einem das Trommelfell. Pedro hatte mir das Töten beigebracht, als wir im Norden stationiert waren. Als ich als Schweineschlächterin begann, mußte ich alle Utensilien kaufen, Waage, Tiegel, Messer, Gewichte. Ich verkaufte das Frischfleisch kiloweise und *Chicharrón* briet ich in den Tiegeln: schön golden geröstete kleine *Chicharrones.*

Auf dem Weg von San Luis Potosí nach Ciudad Valles las ich einen kleinen Jungen auf, der so zehn Jahre alt gewesen sein mag, solch ein kleiner Nichtsnutz, wie sie sich auf den Straßen herumtreiben. Er fragte mich, ob ich ihm fünf Centavos geben könnte.

»Wofür brauchst du das Geld?«

»Na, für's Essen ... Ich habe schon einige Tage nichts mehr gegessen.«

»Hast du denn keine Mutter?«

»Nein.«

»Wenn du niemanden hast, der sich um dich kümmert, nehme ich dich zu mir.«

Er sagte nichts.

»Willst du bei mir wohnen? Ich nehme dich auf wie einen Sohn, ich kleide dich, ich kaufe dir, was du so brauchst, nur müssen wir in der Schlächterei arbeiten.«

»In der Schlächterei? Also gut, ich gehe mit Ihnen.«

»Gut, aber unter meiner Obhut wirst du nicht mehr herumstreichen.«

»Ist gut.«

»Dann, auf geht's, laß uns anfangen!«

Auf diese Art nahm ich ihn zu mir. Dieser Junge hieß Rufino. Er war schon fast erwachsen. Er war wie alle Jungen. Was haben sie schon an sich? Sie sind das wandelnde Elend. Also diesen Jungen beschäftigte ich in der Schlächterei. Als ich ihn auflas, ging er barfuß; ich gab ihm zu essen, ich kleidete ihn, und ich kaufte ihm Schuhe, so als wäre er mein Sohn. Es stimmt, ich habe ihm keinen Extrapfennig gegeben, denn alles, was er brauchte, bekam er. Obwohl es ihm an nichts fehlte, wurde er zum Dieb. Da er ein Herumtreiber gewesen war, der drei Tage dort und drei Tage hier war, wurde er unruhig. Rufino war von Geburt an ein Herumtreiber. Und wer sollte ihm das austreiben? Ich am wenigsten, die ich mich, obwohl arbeitsam, auch immer herumtrieb. Rufino also war ein Junge, der mal hier, mal da war. Das war alles, was er konnte, wie diese herrenlosen Hunde, die durch die Straßen streunen. Und selbst wenn einige davon auch Eltern haben, sind sie als Herumtreiber geboren worden, da ist nichts dran zu ändern. In der Schlächterei verkaufte ein älterer Mann das Fleisch und faßte bei den schweren Sachen mit zu. Der Junge Rufino holte Wasser, kümmerte sich um Holz und setzte die Tiegel auf's Feuer.

Man schickte einen Truppenverband nach Guajolote, und obwohl der Großteil der Truppe in Ciudad Valles blieb, ging ich mit dorthin, weil in dieser Abteilung all die Jungens waren, denen ich Fleisch verkaufte, und da ich für sie anschrieb, mußte ich mit ihnen gehen, wohin man sie auch schickte, um von ihnen zu kassieren. Deshalb landeten wir in Guajolote, und ich kaufte Rinder; Jungtiere von acht oder neun Monaten, um sie zu schlachten. Ich verkaufte also Fleisch, aber das Geschäft ging schlecht, weil, wenn der Sold für die Soldaten nicht ankam, hatten sie auch nichts, womit sie mich bezahlten konnten. Ich kaufte die Rinder auf Kredit, mit einem Aufpreis. So wie ich das Fleisch verkaufte, bezahlte ich die Tiere. Aber ich bekam kein Bein auf die Erde. Ich gab das Geschäft auf und sagte mir: Schluß mit den Schulden und all dem Blödsinn.

Dort in Guajolote hatte ich *Krönungs-Compadres,* denn Pedro und ich krönten vor langer Zeit ein totes Kind, Refugio Galván. Als ich in den Ort kam, baten mich eben diese *Compadres,* in Erinnerung des Toten einen gerade geborenen Sohn zu taufen. Aber zur gleichen Zeit bekam der Truppenverband den Abzugsbefehl, und ich sagte ihnen, daß, wenn sie einverstanden damit wären, sie den Kleinen nach Ciudad del Maíz bringen sollten, denn in Guajolote hatten wir keine Zeit mehr, die Taufe vorzunehmen. Sie waren damit einverstanden, und so verdoppelten wir die Patenschaft. Aber dort hatten sie keine Verwandten, niemanden, der hätte teilnehmen können, und ich sagte mir: Das ist ungerecht, man muß ihm ein lärmendes Fest bereiten, dem armen Kind. Und ganz klar, ich bereitete ihm ein Fest mit allem Drumherum. Der Oberstleutnant war gekommen, der General und sein Regimentsstab, alle, alle waren sie zum Fest gekommen. Und mittendrin auf einmal fragte mich Rufinito: »Wo haben Sie die Messer aufbewahrt?«

»Ach, du weißt doch wo«, antwortete ich ihm, schon ein bißchen angesäuselt, »zisch, zasch, schwingt die Kuh ihren Schwanz.«

Wir feierten fröhlich weiter, und am nächsten Tag, so um zehn Uhr morgens, als ich noch tief und fest schlief, kam ein Soldat und sagte zu mir: »Stellen Sie sich vor, eine gewisser Sowieso ist desertiert!«

»Wer ist desertiert?«

»Einer der Soldaten ist desertiert, und man sah ihn zusammen mit ihrem Jungen.«

»Aber wie kann er mit meinem Jungen zusammen sein, wenn ich den doch nach Holz geschickt habe?«

»Eben, er ist nicht nach Holz gegangen, denn bei Tagesanbruch hat man ihn mit dem Soldaten gesehen.«

»Aber wenn ich doch gesehen habe, wie er sich im Zimmer auf ein paar Säcken ausstreckte, hier, gleich mir gegenüber habe ich ihn schlafen sehen.«

»Nun, er wird sich hingelegt haben, aber die Nachbarn sahen ihn, als er mit den Messern und ein paar Seilen verschwand.«

Er hatte die Waage hinter der Einzäunung hervorgeholt, und der Soldat hatte sie von der anderen Seite her entgegengenommen und darauf gewartet, daß er mit allen den anderen Sachen herauskam, aber die Nachbarinnen, da es Menschen sind, die sehr früh aufstehen, sahen ihn, und da konnte er nicht mehr zurück, um die fehlenden Sachen noch zu holen.

Wenn er gekonnt hätte, hätte er mein Bündel mit Geld und all meinen Sachen mitgenommen. Rufino war zwei Jahre bei mir gewesen, und dann machte er sich aus dem Staub. Deshalb beschloß ich, daß ich niemanden mehr aufziehen würde.

Da es mir in Ciudad del Maíz schlecht erging, ging ich nach San Luis Potosí. Ich zog durch die Dörfer San Ciro, Río Verde und Cerritos, um die Gegend kennenzulernen, und kam dann zurück nach San Luis Potosí, wo die Truppe einquartiert war. Aber immer blieb mir dieses Gefühl, daß ich versagt hatte. Ich wollte Rufino finden, um mit ihm abzurechnen. Bis ich mir eines Tages sagte: Ich bin hier fertig! Und ich beschloß, nach Mexiko City zu gehen. Und in dem Moment, wo ich sage: »Ich gehe«, gehe ich auch, bin schon weg. Und wie auch immer, ich mache mich auf den Weg.

An einem Karsamstag brach ich um zehn Uhr morgens auf. Mit den wenigen Pfennigen, die ich besaß, verschickte ich meinen Koffer per Expreß, diesen Koffer, der oben auf dem Kleiderschrank liegt und in dem ich meine Habseligkeiten aufbewahre und den ich aufhebe für den Tag, an dem ich aufbrechen möchte. In einen Weidenkorb verpackte ich ein paar Gerätschaften: Tassen, Becher, Messer, einen Mahlstein, eine leere Milchkanne, und hob ihn mir auf den Kopf. Mein Reisebegleiter war ein weißer Hund, den man Jazmin nannte. Dieser Jazmin gehörte zur Truppe, aber auch in der Kaserne lief er mir schon immer nach. Auf halbem Wege blieb er zurück, weil er ein totes Tier gefunden hatte; er zog es vor, sich an den gemachten Tisch zu setzen. Ich glaube, daß er später dann nach San Luis Potosí zurückgekehrt ist, weil er, wenn er es gewollt hätte, mir sonst gefolgt wäre. Ich marschierte und marschierte, bis ich an einen Bahnhof kam. Wenn ich glaubte, daß ich den nächsten noch erreichen konnte, dann setzte ich meinen Marsch fort. Ich trank nur Wasser, aß irgendeinen Taco, den mir die Leute unterwegs schenkten, und weiter ging's. Auf den Bahnhöfen verkaufte ich die Sachen, die ich bei mir trug; zuerst den Mahlstein, weil er so schwer war, die Töpfe, Messer, Tassen, Pfannen, und mit dem, was ich dafür bekam, setzte ich die Reise fort. Nachts versuchte ich immer, irgendeine Zug-Haltestelle zu erreichen, um dort zu schlafen. Bei meinem ersten Halt sah mich eine Familie und fragte mich: »Wohin gehen Sie?«

»Nun, ich gehe nach Mexiko City.«

»Aber, so ganz allein?«

»Ja, so ganz allein.«

»Und warum haben Sie nicht den Zug genommen?«

»Weil ich kein Geld habe.«

»Kommen Sie etwas essen!«

Und sie gaben mir zu essen. Die Leute auf dem Land sind gute Menschen.

Und ich marschierte den ganzen Tag über ohne auszuruhen weiter. Eine schlechte Angewohnheit, die ich mir zulegte, als mein Vater als Händler herumzog: Er ging von einem Dorf ins andere und trieb seine Zuchtesel und mich vor sich her. Mein Vater verkaufte Zuckerrohr, Bananen, Rohrzucker, Ananas; er kaufte in den verstreut liegenden Hütten und tauschte seine Ware in den Dörfern gegen Fett, Talg und andere Dinge ein, die die Leute in den Hütten brauchten. Und weil er mich immer mitschleppte, obwohl ich ein Kind war, lernte ich dabei, meine Beine zu bewegen.

Meine einzige Decke war ein rotes Tuch, daß ich auf dem Kopf trug. Ich ging an den Bahngleisen entlang und startete um drei oder vier Uhr morgens, damit ich nicht in die starke Mittagssonne geriet. Wenn sie schon heiß vom Himmel brannte, setze ich mich zum Ausruhen irgendwo in einen Schatten, aber ich kalkulierte immer so, daß ich mich um fünf oder sechs Uhr nachmittags einem Bahnhof näherte; zu späterer Stunde ging ich nicht mehr weiter. Ich habe mich nie einer Gefahr ausgesetzt, so ganz allein auf den Straßen. Ich näherte mich den Häusern in der Nähe des Bahnhofs und fragte dort an: »Ich komme von da und da her ... Würden Sie mir erlauben, diese Nacht hierzubleiben, und morgen in aller Frühe ziehe ich dann weiter? Ich bin da und dahin unterwegs.« Und man erlaubte mir, mich in der Küche, in der Nähe des Feuers niederzulassen. Wenn ich kein Geld hatte, um mir Kaffee oder Zucker kaufen zu können, bat ich um einen Topf, um mir irgendetwas darin zu wärmen, wenn nicht, sagten sie von sich aus zu mir: »Bemühen Sie sich nicht, wir werden Ihnen etwas zu essen geben.« So sind die Bauern, sehr großzügig. Ich schlief auf dem Fußboden in der Küche. Manchmal lieh man mir auch eine Strohmatte.

Da die Leute außerhalb von Mexiko City sehr früh aufstehen, war ich auch immer bemüht, zur selben Zeit aufzubrechen, so um drei Uhr morgens. Ich trank ein bißchen Kaffee, und dann setzte ich meinen Weg fort, bis ich in eine bewohnte Gegend kam. Selbst heute noch denke ich, eines Tages, wenn ich nicht mehr weiter weiß, wenn ich nicht mehr werde arbeiten können, löse ich diesen Saustall, den ich habe, auf, verschachere all dieses Gerümpel und gehe wieder auf die Walz, ohne Ziel, und mal sehen, wo Gott beschlossen hat, mich sterben zu lassen.

XXIII.

Kurz bevor ich den Distrikt von Mexiko City erreichte, nahm mich ein Lastwagen »Roter Pfeil« mit, und dann begann sich mir alles zu drehen. An seinem Bestimmungsort angekommen, fragte mich der Fahrer: »Wo werden Sie sich einquartieren?«

»Ich habe Familienangehörige in San Antonio Abad.«

»Nun, hier sind Sie in La Merced.«

Da wir um zehn Uhr abends angekommen waren, dachte ich bei mir: Wie finde ich dahin, wo es doch schon so dunkel ist? Und ich sagte zu dem Fahrer: »Wie muß ich gehen? Wie komme ich nach San Antonio Abad?«

»Es ist schon ziemlich spät. Besser, Sie bleiben hier im Hotel.«

»Aber, das ist teuer.«

»Nein, ich werde mit denen reden, damit man Ihnen ein Bett zu einem Peso gibt.«

Man gab mir ein Zimmerchen oben unter dem Dach. Für einen Peso. Der Fahrer ging nicht fort.

»Das ist so, Kleine, es ist ein Gemeinschaftsbett.«

»Wie?«

»Ja, wir werden vereint darin träumen.«

Ich sagte ihm ein paar kräftige Worte. Den Peso hatte ich bezahlt. Der Mensch vom Hotel kam nach oben und schrie, wir sollten uns nicht auf der Treppe herumstreiten, wir sollten uns zum Teufel scheren, bis der Fahrer die Arme hängen ließ. Ich glaube, daß der Hotel-Mensch ihn kannte, denn als er ihm sagte: »Scher dich zum Teufel«, gehorchte der Fahrer.

Als ich am nächsten Morgen erwachte, öffnete ich das Fenster und, weh mir, mir war immer noch schwindelig. Vielleicht kam das von der Schwäche oder Gott weiß von was, denn da ich ganz schön gehungert hatte und irgendein *Taco*, den man mir schenkte oder das, was ich mir so kaufen konnte, meine einzige Ernährung gewesen war, drehte sich mir morgens beim Aufstehen immer der Kopf.

Ich ging runter und begann, die Leute vor dem Hotel zu fragen, wie ich nach San Antonio Abad käme. Während ich frische Luft einatmete und durch die Straßen wanderte, erkannte ich einzelne Orte wieder, aber derart weggetreten, das war mir noch nicht passiert.

»Wieso haben Sie uns nie geschrieben? Warum haben Sie keine Nachricht gegeben? Man hat uns schon den Bescheid über die Expreß-Sendung zugeschickt, und wir waren schon beunruhigt, weil wohl der Koffer angekommen ist, aber Sie nicht.«

»Und Madalenita Servín?«

»Sie ist fortgezogen.«

»Wohin?«

»Hat sie nicht gesagt.«

»Und meine Sachen?«

»Die hat sie verkauft.«

»Meine Möbel aus Weidengeflecht, meine österreichischen Möbel?«

»Ja, die und zwei Tische und Ihr Messing-Bett. Alles hat sie verkauft. Aber, Sie haben ja auch überhaupt nicht geschrieben.«

»Und jetzt?«

»Nun, Sie sind jetzt ohne Bett.«

Meine *Comadre* Victoria, Sara Camacho und Klein-Sara starrten mich an. Bis schließlich Klein-Sara sagte: »Dann soll sie doch bei uns schlafen, nicht wahr, Mama? Sie werden doch nicht ganz allein bleiben wie eine verlassene Seele?«

Drei Tage, nachdem ich in San Antonio Abad angekommen war, suchte ich mir Arbeit, ich ergriff die erste Gelegenheit, die sich mir bot und fing als Dienstmädchen in der Nähe der Abraham González an. Sonntags hatte ich Ausgang von ein Uhr nachmittags an und mußte montags um fünf Uhr in der Früh wieder zurück sein. Ich kam vom Tanzen und ging direkt zu meiner Arbeitsstelle und gleich in die Küche, um Feuer zu machen und das Feuer zu schüren und zu schüren und hierhin zu rennen und dorthin zu rennen wie eine verschreckte Ratte. Man zahlte mir 15 Pesos im Monat, und ich begann zu sparen, um mir Möbel anzuschaffen.

»Was das doch für eine ist, diese Madalenita!« sagte ich zu meiner *Comadre* Victoria.

Sie sperrte nur die Augen auf.

»Wie, Sie wissen also nicht, was mit Nicanor passiert ist?«
»Was ist mit Nicanor?«
»Deshalb hat sie ja Ihre Möbel verkauft, um seine Medikamente zu bezahlen.«
»Aha?«
»Ja, Nicanor ist vor Kummer fast gestorben.«
»So sehr also hat er mich geliebt?«
»Ach, Jesusa, warum machen Sie sich lustig darüber?«
»Und wie geht es Nicanor jetzt?«
»Es geht so, der Arme. Er ist nach Cuernavaca gezogen.«
Ich besuchte Madalenita.
»Sie sind zurück?« sagte sie zu mir. Sie wiederholte immer dasselbe. Und zu alledem schüttelte sie den Kopf: »Die Welt ist eben, wie sie ist.«

Eine Señora aus Ribera de San Cosme setzte mir sehr zu, weil sie so anspruchsvoll war. Immer war sie hinter mir her, und ständig sagte sie zu mir: »Lassen Sie das, und machen Sie jenes ...« Ich konnte nicht zu Ende bügeln, weil sie mir schon wieder befahl, daß ich Kartoffeln schälen oder daß ich die Toilette säubern sollte. Dann ging ich zum Einkaufen und, da sie eine schlechte Hausfrau war, ließ sie mich doppelte Arbeit machen. »He du, ich habe die Zwiebeln vergessen. Geh sie kaufen!« Sie konnte keinen Haushalt führen, und es war zu spät, als daß sie es noch hätte lernen können. Im Gegenteil, sie machte meine ganze Arbeit zunichte. Und so war auch ihr Haus, nichts an seinem Platz. Deshalb, wenn ich Arbeit suchte, sagte ich immer: »Wenn es Mexikaner sind, geben Sie mir gar nicht erst die Adresse, denn da gehe ich nicht hin.«

Sicher, sie sind meine Landsleute, aber ehrlich gesagt, ich komme nicht mit ihnen zurecht. Das soll nicht heißen, daß die Ausländer nicht auch herumkommandieren, aber sie machen es auf eine andere Art und Weise; sie sind nicht solche Tyrannen, und sie mischen sich nicht in anderer Leute Angelegenheiten: »Warst du schon in der Messe? Geh zum Hochamt! Wann bist du gestern abend nach Hause gekommen? Daß du mir mit keinem Mann redest, verstehst du, denn wir übernehmen für nichts die Verantwortung, verstanden?« Zu jener Zeit gab es noch keine Vermittlungsbüros. Ich ging und klopfte an die Türen: »Mich schickt das Hemdengeschäft Soundso oder die Bäckerei oder das Milchgeschäft oder die Apotheke Dingsda, wo Sie Bescheid gesagt hatten.«

Sofort fragte mich die Hausfrau: »Haben Sie Empfehlungsschreiben?«
»Ja.«

Ich zeigte ihr den Brief, und sie traf ihre Entscheidung. Und so fand ich immer eine Arbeit. Aber es gab ein Haus, hier in der Roma, wo ich morgens anfing und um fünf Uhr nachmittags das Feld räumte, weil ich es nicht aushielt. Während mir damals, 1917, als ich das erste Mal arbeitete, die blonde Spanierin Tee gab, sagte diese Mexikanerin zu mir: »Dort ist der Kaffeesatz. Kochen Sie den aus, damit Sie Kaffee trinken können.« Ich dachte bei mir: Nein, ich bin zwar sehr arm, aber Kaffeesatz trinke ich nicht. Entschuldigen Sie. Sie soll ihren Kaffeesatz behalten, soll sie sich reinsetzen, und möge ihr das gut tun.

Mittags bereitete sie das Essen zu. Die Schlachterei schickte ihr Filet. Sie spießte es auf und tat es in den Ofen. Als sie mit Essen fertig waren, kratzte sie alle Reste auf den Suppentellern zusammen, warf sie in den Suppentopf und sagte zu mir, daß ich sie mit dem Bratensaft verrühren sollte. Ich sagte ihr, das ginge in Ordnung. Wenn sie will, daß ich das verrühre, dann verrühre ich das. Das ist ihre Sache. Dann holte sie aus dem Kühlschrank ein zähes Stück Fleisch, grünlich angegammelt und vertrocknet. Sie schnitt zwei dünne Scheiben davon ab, eine für das Stubenmädchen und eine für mich, und legte noch ein paar Salatblätter dazu. Ich dachte: Das soll sie selbst essen, wenn sie will, ich halte lieber den Hunger aus. Und ich beeilte mich, machte die Küche, wischte auf, und dann sagte sie mir: »Sie können Ihre Sachen holen.«

»Ja, Señora. Sie können lange auf mich warten.«

»Was sagen Sie da?«

»Das, was Sie gehört haben, Señora. Ich schenke Ihnen diesen Arbeitstag.«

Und weg bin ich. Ich ging zu Madalenita, denn immer, wenn ich sie besuchte, sagte sie zu mir: »Nur zu, essen Sie ein Bohnensüppchen.«

»Ach nein, so arm bin ich doch nicht, warum sollte ich Bohnen essen?«

Ich pflegte keine Bohnen zu essen. Ich kann sie zubereiten, aber das ist kein Essen für meinen Magen; ich bin nicht daran gewöhnt. Aber an jenem besagten Tag war es schon sechs Uhr nachmittags, und als ich diese herrlichen Bohnen da so im Topf vor sich hinkochen sah, sagte ich zu ihr: »Ach, Madalenita, geben Sie mir ein bißchen von der Bohnensuppe, ich sterbe vor Hunger. Ich habe noch nicht gefrühstückt.«

»Gott steh mir bei! Wieso haben Sie noch nicht gefrühstückt?«

»Hinterher erzähle ich Ihnen alles.«

Sie gab mir dann die Bohnensuppe, sie schnitt mir eine Zwiebel klein, den Koriander, drückte eine Zitrone aus, und ich begann vor Hunger zu schwitzen. Nachdem ich fertig war, erzählte ich ihr, was geschehen war, und sie sagte zu mir: »Die Reichen sind ganz schöne Geizhammel.«

»Ja, und es ist ein ziemlich elegantes Haus, Madalenita, ziemlich elegant, aber die Leute mit Geld sind so, gieriger als alle anderen. Und sie sind schlecht. Weil sie schon Geld haben, wollen sie immer noch mehr, und sie geben dem Dienstpersonal, was übrig bleibt, aufgewärmtes Essen, das Angebrannte aus den Töpfen ... Da ziehe ich es vor, nicht zu arbeiten. So nicht. Unter solchen Bedingungen begebe ich mich lieber in die ärmste Armut, in die Spelunken von La Merced, selbst wenn ich kein Fleisch mehr esse.«

Gleich darauf bin ich in der Straße Lucerna gelandet. Die Señora eine Schinderin, auch sie Mexikanerin, und die Küche war größer als dieses Zimmer hier, mit einem Herd aus weißen Fliesen und auch alle Wände mit weißen Fliesen. Man mußte sie mit Bürste und Seife abwaschen, damit sie nicht ihren Glanz verloren, und wenn ich sie mit dem Schlauch abspritzte, wurde ich von Kopf bis Fuß naß. Ich begann um fünf Uhr morgens. Von der Feuchtigkeit schwollen meine Füße an, so sehr, daß ich mir Schuhe in der Größe 22 kaufen mußte, und dabei habe ich Größe 20, und das war noch zu groß. Die Beine schwollen mir auch an. Ich lief herum, obwohl mir alles weh tat, aber wenn ich mich setzen wollte, schrie ich vor Schmerzen, weil ich mich weder bücken, noch zusammenkauern konnte. Ach, meine Beine! Ich aß im Stehen. Alles machte ich im Stehen. Und das Auftreten, wenn ich herumging! Wenn ich mich hinsetzte, konnte ich nicht mehr aufstehen. Gegen drei Uhr nachmittags waren meine Füße nicht mehr zu gebrauchen.

Nur mit großer Anstrengung schaffte ich es, auf die Dachterrasse zu steigen, um dort zu fegen und die Wäsche zum Trocknen in der Sonne auszulegen, und eines Tages hörte ich den Drehorgelspieler, der »Der Heilige von Chalma« spielte. In meiner Beschränktheit sagte ich mir in meinem Innern: Wenn es wirklich einen Heiligen von Chalma gibt, dann will ich, daß er mir meine Beine wieder gesund macht. Und meine Beine schwollen jeden Tag mehr an, und der Drehorgelspieler, der leierte und leierte: »Heiliger von Chalma, ich stehe hier vor dir ... Ich bringe dir deine Kerze, die meine Frau dir schickt.« Nachts, wenn ich schlafen ging, rief ich ihm zu: »O Herr, erweise mir die Güte und heile meine Beine, denn was soll aus mir werden mit diesen Füßen, die nicht auftreten können?«

Ich kannte weder diesen Heiligen noch den Ort, wo sie ihn verehrten. Ich wußte absolut nichts von einem Heiligen aus Chalma. Ich rief ihn nur an. Um vier Uhr morgens wachte ich auf und fragte mich: Unter welchen Mühen werde ich mich erheben müssen? Ich brauchte, ich weiß nicht wie lange, um mich in Bewegung zu setzen. Mein Knochen waren wie aus Eisen ... Und eines Nachts träumte ich von einem Doktor, der kam und zu mir sagte: »Sorge dich nicht, die Schmerzen werden von dir genommen werden.« Ich dachte: Diese großen Wände machen mich fertig; ich bin krank, weil ich mich jeden Morgen ganz naß mache. Und ich sagte der Señora: »Es tut mir leid, Señora, aber ich werde Sie verlassen, denn ich kann die Schmerzen in meinen Beinen nicht mehr aushalten.«

»Was ist Ihnen?«

»Ihre Fliesenwände, Señora, besser Sie rufen die Feuerwehr, damit sie sie Ihnen wäscht.«

»Gut, dann werde ich Ihnen das zahlen, was Ihnen für diesen Monat zusteht.«

»Wenn Sie mir den Gefallen tun könnten.«

Sie gab mir die 15 Pesos. Ich habe nie das Glück gehabt, daß man mich als Dienstmädchen gut bezahlte. In keinem Haus bekam ich mehr als 15 Pesos für die ganze Arbeit: waschen, bügeln, kochen, einkaufen, den Fußboden putzen. Die Dienstmädchen heutzutage verdienen viele hundert Pesos, und sie machen nur eine einzige Sache, aber damals gab es das nicht, von wegen zuständig für die Schlafzimmer, für das Erdgeschoß, für die Küche ... Man war für alles gleichermaßen zuständig.

Um Buße zu tun, ging ich zu Fuß nach San Antonio Abad. Fast auf allen Vieren kriechend kam ich dort an. Und dann mußte ich diese 15 Pesos verdammt strecken, um einen Stand anzuschaffen, an dem ich Zigaretten, Süßigkeiten, Schokolade, Kaugummi, *Pinole** verkaufen konnte. Also gut, ich werde eine Straßenverkäuferin, wie sonst soll ich meinen Lebensunterhalt verdienen? Und ich eröffnete meinen Stand hinter der Fabrik Tres Estrellas. Da ich mir kein Zimmer mieten konnte, ging ich nachts zu meiner *Comadre* Victoria, die schon einen kleinen Laden hatte. Meine *Comadre* Klein-Sara fand einen Witwer, mit dem sie sich einließ, damit er ihr und ihrer Mutter etwas unter die Arme greife.

»Hören Sie, Jesusa«, sagte mir meine *Comadre* Victoria, »meine Tochter Sara wird wahrscheinlich einen sehr anständigen Witwer heiraten.«

»Und wann?«

»Also, er hat einen Sohn und wohnt bei seiner Schwester, und da er für sie sorgt, kann er meine Tochter Sara im Moment noch nicht heiraten.«

Außerdem hatte Klein-Sara eine Tochter, Carmela, von fünf Jahren, die Tochter eines gewissen Kerls, der ihr diese Freundlichkeit antat, als sie gerade zwölf Jahre alt war. Sie konnte es sich nicht leisten, hochnäsig zu reagieren, da sie sich schon vorher eben mit einem anderen eingelassen hatte. Im Gegenteil, sie war dem anständigen Witwer dankbar, der sie mit allem Nötigen versorgte: Brot, Kaffee, Zucker, Reis, Bohnen, Schweinefett, kurzum mit allem, was ein Kramladen so verkauft, und als Gegenleistung verlangte er nichts wei-

---

* Pinole – Getränk aus mit Wasser vermischtem, geröstetem Maismehl, Vanillepulver und anderen Gewürzen.

ter, als das sie für ihn da war, wenn sich die Gelegenheit bot. Er sagte ihr, nur wenn Gott seine Schwester zu sich nähme, hätte er die Freiheit, selbst über sich zu entscheiden, aber solange seine Schwester lebte, könnte er sie nicht verlassen. Und da warteten wir nun alle darauf, daß Gott sich an die Schwester erinnerte!

Ich lebte bei ihnen. Ich schlief auf dem Fußboden im Kramladen. Sie hatten mir ein paar Kartons gegeben; Sara Camacho schlief auch dort. Früh schon ging ich mit meinem Zigaretten-Kasten los, um meinen Stand aufzubauen. Nachts, im Traum, besuchte mich weiterhin der Doktor: Ich sah ihn, und er näherte seinen Mund meinem Ohr: »Ich bin hier bei dir, fühlst du meine Anwesenheit? Erkennst du mich nicht?« Er kam mit seinem weiß gekleideten Assistenten, denn alle Geistheiler haben einen Assistenten mit weißer Drillichjacke. »Hast du keine Augen, um mich zu sehen? Fühlst du nicht, daß ich dich heile?«

Ich verlor bestimmt das Bewußtsein, denn ich merkte nicht mehr, ob ich im Bett lag oder nicht. Ich erinnere mich nur daran, daß ich mich unter großen Anstrengungen hinkniete und betete, und wenn ich um vier Uhr morgens aufwachte, fand ich mich im Bett liegend. Ich glaube deshalb, daß mein Beschützer es war, der mich wieder unter meine Decke legte, auf die Kartons.

Ich weiß nicht, wie er mich gesund machte, aber den ganzen Körper rieb er mir mit einem göttlichen Balsam ein. Es fühlte sich alles so geschmeidig an, vor allem an den Gelenken. Nur hielt das nicht den ganzen Tag über an. Einen Moment nur verspürte ich Linderung, im nächsten Moment schon war ich wieder verkrampft. Durch die Straße Lorenzo Boturini kam immer eine gewisse Señora María, die auf dem Markt Jamaica Wäsche verkaufte. Wir wohnten im gleichen Viertel, und obwohl sie keine Freundin von mir war, machte es ihr nichts aus, mich zu fragen: »Was ist mit Ihnen? Sie scheinen mir sehr einsam zu sein.«

»Ach, was wollen Sie, mir geht es schlecht, sehr schlecht.«

Ich war von Natur aus unwirsch, und dazu noch diese Schmerzen ... Aber sie ließ nicht locker, sehr freundlich, sehr höflich: »Wer schaut nach Ihnen, Kind? Werden Sie denn nicht behandelt?«

»Was heißt hier 'behandelt'? Ich weiß nicht mehr, was ich machen soll, ich habe solche Schmerzen.«

Und dann fragte sie mich: »Und wieso gehen Sie nicht in den himmlischen Tempel?«

»Ich kenne die *Geistliche Gemeinschaft*, nur weiß ich nicht, wo es einen Tempel gibt. Deshalb gehe ich nirgendwo hin.«

»Ich bringe sie dorthin, wo man sie heilt, am Dienstag, das ist der Tag für Heilungen.«

»Gut«, sagte ich ihr.

Als der Dienstag gekommen war, holte sie mich ab, und wir gingen in die Straße Chimalpopoca Nr. 5. Das war solch ein Viertel wie dieses hier, wo viele Menschen wohnten. Es gab dort eine Unmenge von Kranken, Männer, Frauen und Kinder, ein Haufen Volk. Einer nach dem anderen kam an die Reihe. Die Medien oder die Priesterinnen, sozusagen die Sockel und ihre Helfer, die Säulen, standen in einer Reihe gleich neben der Treppe, an deren Ende eine brennende Lampe stand. Zuerst versetzen die Medien sich in Trance, und wenn sie schlafen, in sich selbst versunken, nimmt jedes einzelne seinen Kranken, legt ihm die Hände auf und beginnt, ihn durch die Kraft seines Geistes und mit Hilfe des *Höchsten Wesens* zu heilen.

An diesem Tag lernte ich die kennen, die später meine Patin sein würde, Trinidad Pérez de Soto, die Leiterin des Tempels. Sie versetzte sich in Trance, und durch sie erschien das *Heilende Wesen,* das damit begann, die bösen Einflüsse, die ich aufgenommen hatte, von mir zu nehmen. Es reinigte mich von Kopf bis Fuß mit einem Büschel, einem aus sieben Kräutern zusammengesetzten Strauß: Marienkraut, Lavendel, Raute, Bisamblume, Kirsche, Fenchel und Nelken. Ganz langsam hat es mich gereinigt, ganz behutsam, mich von oben bis unten abwedelnd, wobei es durch den Mund schnaubte, damit die Körpersäfte heraustraten. Danach rieb das Medium mir auf Kopf und Stirn die Lotion *Siete Machos* und sagte mir, daß ich mich nicht unterkühlen sollte.

22 Tage lang dauerte die Reinwaschung; zuerst sieben Strauß-Reinigungen, dann sieben Feuer-Reinigungen und dann sieben mit Schleierkraut. Für die Feuer-Reinigung zündet man einen mit Alkohol übergossenen Kirschzweig an. Die letzte Reinwaschung ist die Austreibung. Nach 22 Reinwaschungen konnte ich wieder gehen. Danach ließ mir die Señora Trinidad Pérez de Soto eine Auszeichnung zuteil werden. Eines Nachmittags, um sechs Uhr, bevor die Heilungen begannen, befahl sie mir, ihr zu helfen.

»Heute, Montag, beginnen Sie mit mir zusammenzuarbeiten. Sie setzen sich zu meiner Rechten.«

»Wie das?« protestierten die anderen. »Wir stehen seit vier oder fünf Jahren in der Schlange und arbeiten. Sie ist neu.«

»Ihr Beschützer ist sehr hochstehend. Was das Geistige anbetrifft, da hat er sie schon zur Genüge bearbeitet, und da ist sie schon lange an dem Punkt angekommen.«

»Wir auch, wir versetzen uns auch in geistige Trance ... Unser Beschützer schläfert uns ein.«

»Ja, ich habe euch schon bemerkt, Schwestern. Ihr schlaft wie erschlagen und schnarcht wie Holzfäller. Ihr schlaft den natürlichen Schlaf, nicht den des

Trancezustandes. Ihr kommt hier in die *Geistliche Gemeinschaft,* um euren versäumten Schlaf nachzuholen, und das ist untragbar. Eins von beiden, entweder ihr kommt auf den rechten Weg, oder ihr schlagt weiterhin über die Stränge.«

Sie senkten die Köpfe und begannen, mich zu beneiden. Wenn ich den Vorsaal durchquerte, um in den Tempel zu gehen, sahen sie mich schief an. Ich mußte jeden Tag um halb sechs im Bethaus sein. Um sechs Uhr begannen die Arbeiten und endeten um neun Uhr. Ich brachte mein Schleierkraut mit. Ich kaufte zwölf Dutzend Stengel, und wenn ich dann zum Tempel kam, machte ich daraus zwei Sträuße für die Reinwaschungen. In der Hülle von Trinidad Pérez de Soto, in ihrer menschlichen Gestalt, erschien die Seele des Kindes Tomás Ramírez, und dieses Kind heilt mit weißen Blumen, und wenn es keine weißen Blumen gibt, dann mit einem Bund Klee. Es kostete mich Mühe, aber jedenfalls brauchte ich niemals einen Bund Klee zu kaufen.

Das Kind Tomás Ramírez führte mit den Sträußen in seiner übersinnlichen Hand die Reinwaschung durch, und ich mußte sie ihm schnell reichen, wenn nicht, dann nahm er sie sich selbst. Wie alle Kinder war es ungeduldig. »Wo sind denn meine Sträuße geblieben?« fragte ich. Das Kind hatte sie schon an sich genommen. Es war ein übersinnliches Wesen, aber wer Augen hatte, konnte Tomasito erkennen, und der, der keine hatte, der sah eben nichts. Es war ein Junge aus Santa Anita in der Nähe von Xochimilco, der schon ganz jung gestorben war, er wird so ungefähr drei Jahre alt gewesen sein, als er seine irdische Hülle verlassen hat, denn in seiner zweiten oder in seiner dritten Reinkarnation – wer weiß, wieviele er schon gehabt hat – kam er in Gestalt eines Mädchens, und da ihm das nicht gefiel, erstickte er sich mit Bohnen. Er erzählte, daß er in anderen Reinkarnationen eine andere Art Junge gewesen war, und jetzt, da ihm sehr arme Eltern zugeteilt waren, litt er, weil sie ihm nur Bohnen zu essen gaben. Da es ihm weder zusagte, arm noch eine Frau zu sein, stopfte er sich den Mund voller Bohnen, und da konnte er nicht mehr atmen, und so kam er wieder ins Jenseits. Von Tomás Ramírez gibt es keine Bilder oder so. Er war ein kleiner Indio. Glauben Sie, daß man da ein Bild von ihm macht? Dienstags und freitags kam die Seele des Jungen auf die Erde, und da Trinidad Pérez de Soto mit geschlossenen Augen arbeitete, mußte ich ihr die kleinen Blumen-Büschel anreichen, und ich hielt mich immer an ihrer rechten Seite.

Ich brauchte die Anleitungen, und wie ein kleiner Affe hockte ich mich neben sie, um all die Zeremonien zu erlernen, schließlich entflammte das die Gemüter der anderen Schwestern und Medien. Da es ihnen nicht gelang, sich von der Erde abzuheben – sie waren eben unabänderlich erdverbunden –, wurden sie noch neidischer. Vielleicht hatten sie keine guten Beschützer oder beachteten diese nicht. In dem Moment, wo der Körper die Seele aufnimmt, ist es, als ob einen Kälteschauer überlaufen, weil der Körper erbebt. Und sie haben sich nicht im geringsten bewegt. Für sie blieb nur der Wunsch danach übrig.

Ich hatte ganz schön zu leiden und hatte nicht schlecht Lust, ihnen ein paar herunterzuhauen, um ihnen ihre Verbitterung zu nehmen, bis daß der Herr mich eines Tages zurechtwies und mir sagte, daß ich die Ruhe bewahren müßte, denn nur mit dieser Ruhe würde ich den Schritt von der Dunkelheit in das göttliche Licht tun können, diesen Schritt, den keine von diesen Mißgünstigen bisher getan hatte. Aber ich war aus Fleisch und Blut und bin noch heute aus Fleisch und Blut, und ich mag nicht, wenn man mich schief ansieht. Ich fühle noch materiell und verteidige mich.

XXIV.

Um mir die ewige Seligkeit zu ermöglichen, haben die *Geistlichen Brüder* mir meinen Verkaufsstand ruiniert. Sie schickten die Arbeiter von Tres Estrellas, damit ich ihnen alles gäbe, und ich gab ihnen alles. Ich sage, daß ich ihnen alles gegeben habe, weil sie anschreiben ließen und mir nie meine Centavos bezahlten. Wenn der Samstag kam, kassierten sie ihren Lohn und machten, daß sie nach Hause kamen, und an mich dachte keiner mehr. Das ging solange so, bis ich nichts mehr zum Verkaufen hatte. All meine Waren hatte ich verteilt: Geben Sie mir Zigaretten, ach, geben Sie mir ein paar Bonbons, geben Sie mir ein paar Erdnüsse, ein paar »Faritos«, ein paar *Muéganos**, und alles auf Pump, nur auf Pump. Das ist ein gutes Geschäft, Süßigkeiten zu verkaufen, aber nur bei Barzahlung. Am Anfang deckte ich meinen Bedarf bei den Bonbonherstellern in La Merced, und ich verdiente gut, weil ich en gros einkaufte. Aber bald schon gingen mir die Centavos aus, und mit den Kleinhändlern, die einen immer über's Ohr hauten, kam ich nicht zurecht. Von einem Tag auf den anderen dann machte ich bankrott. So ist es mir im Laufe meines ganzen Lebens immer gegangen, denn

* Muéganos – Frittierte Keksmasse mit Karamel überzogen.

später, als ich einen großen Kleiderstand in San Juan und einen anderen in San Lucas hatte, war es genauso. Damit alles schnell vom Tisch kam, gab ich die Sachen auf Treu und Glauben. Man sagte mir: »Ich zahle dann und dann.«

»Nehmen Sie nur.«

Ich tauge wohl nicht zum Verkaufen, weil ich niemandem etwas abschlagen kann. Ich bat die *Geistlichen Brüder,* daß sie mir helfen, denn ich wollte nicht wieder als Dienstmädchen arbeiten, um nicht wieder mit den Füßen im Wasser herumwaten zu müssen. Sie sagten mir, ich solle eine andere Arbeit suchen, aber auf keinen Fall etwas auf der Straße.

»Und warum nicht auf der Straße?«

»Weil man auf der Straße viele Gemeinheiten hört.«

»Aber, die habe ich doch immer gehört.«

»Selbst wenn. Das sind Dinge, die für deine spiritistische Laufbahn nicht geeignet sind.«

»Ich soll also wie eine Mumie leben; ich darf nichts hören?«

»Da kann man nichts machen!«

Für eine gewisse Zeit fand ich Arbeit in der Apotheke Castillo, Ecke Calzada de San Antonio Abad, bei der Señora Ester. Ich säuberte Arzneiflaschen und die Mörser, genauso wie damals in Tehuantepec, und ich liebte es, den Kranken Medikamente zu verschreiben; denen, die da litten an Augenentzündungen, Epilepsie, Traurigkeit, Schrecken, Galle, Schwindsucht, Verdauungsstörungen, Blähungen, Erkältung oder an den Folgen eines Schreckens. Ich sagte ihnen, daß sie ein Glas Wasser trinken sollten, aber ein abgestandenes, oder jungfräulichen Honig nehmen sollten, *Toloache**, *Cobernadora** auf nüchternen Magen, Basilikum, Brennessel, Weide, Stockbaum oder Wildkirschen oder *Candelilla** oder *Hierba de la cachucha** oder Peyote, Marihuana, Pfefferminze, Turnera, Lindenblüten oder Sankt-Nikolaus-Blüten. Den Herrn Castillo, einen alten, abgetakelten Greis, wurmte das sehr, daß ich Medikamente verschrieb: »Hören Sie mal, Sie halten sich wohl für eine Ärztin? Sie sind zum Verkaufen hier, nicht um herumzuschwätzen.« Und jedesmal, wenn viele Leute da waren, um sich untersuchen zu lassen, regte er sich fürchterlich auf: »Hören Sie, ich werde Sie sonstwo hinschicken mit Ihrem Geschwätz.«

Die Arbeit war ohne Logie, und die Señora Ester behandelte mich gut. Es kam ja auch mehr Kundschaft. Sie gab mir gut zu essen, und um acht Uhr abends, wenn ich fertig war, ging ich zu meiner *Comadre* Victoria. Immer gab es jemanden, der sich mir auf der Straße näherte: »Guten Abend, Frieden für die Seelen im Fegefeuer!«

---

* Toloache, Cobernadora, Candelilla, Hierba de la cachucha – Heilkräuter.

»Guten Abend.«

»Hören Sie, Doña Jesusa, erlauben Sie mir ein paar Worte?«

Man redete voller Respekt mit mir.

»Worum handelt es sich denn, ich bin schon spät dran.«

»Was kann ich gegen die Stiche tun, die ich hier in der Seite spüre? Es wird doch nicht Gelbsucht sein?«

»Schauen Sie, ich werde Ihnen die Anschrift des Tempels des Südens geben.«

»Wo ist der?«

»Unter der Brücke von Nonoalco, in der Nähe von Neptuno ... Sie brauchen nur über die Bahnschienen zu gehen ... Da wird man Ihnen etwas verschreiben.«

»Gut.«

»Dann, gute Nacht.«

»Gute Nacht, Frieden für die Seelen im Fegefeuer!«

Wenn ich dann zu Hause ankam, setzte ich Kaffee auf's Feuer. Wir schliefen in dem Kramladen und im Hinterzimmer, wie die Hühner ohne Stange, Sara Camacho, Klein-Sara, ihre Tochter Carmela und meine *Comadre* Victoria. Wenn der Witwer kam, mokierte er sich über die Unordnung: »Man glaubt, in einem Schweinestall zu sein.« Bis ich eines Tages zu Sara Camacho sagte: »Sie und ich, wir sind hier zuviel. Wir nehmen den anderen die Luft zum Atmen.«

Damals suchten Sara Camacho und ich uns ein Zimmer, daß uns drei Pesos Miete kostete, dort in der Gasse Magueyitos. Ich nahm meine gerade gekaufte Matratze und legte sie auf den Boden. Sara gab mir einen Peso 50 Centavos. Aber da sie gerne mit ihren Freunden, die wie sie tranken, zusammen war, brachte sie jeden, den sie traf, mit nach Hause. Ich wurde wütend.

»Wir sind sehr arm, ja, aber das Zimmer muß man respektieren. Ich will hier kein Kommen und Gehen haben. Wenn Sie wollen, daß man Ihnen einen ausgibt, dann schauen Sie auch, wo Sie schlafen. Wir zahlen beide die Miete, aber Besucher sind nicht erlaubt.«

Ich wollte nicht für ihre Sauferei aufkommen, denn das Theater hatte ich ja schon mit Manuel dem *Robachicos*, seitdem unterstütze ich niemanden in seinen Lastern. Ich sagte mir: ich nicht, nicht mit mir und Schluß. Ich trank schon seit ewigen Zeiten nicht mehr. Erst einmal dachte ich, daß ein Versuch ja nichts kostet, und das hat mir genützt. Mein Willen festigte sich. Und später dann, als ich mir sagte: Ich trinke nicht mehr, trank ich nichts mehr. Ich habe einen starken Willen, das kann man wirklich sagen! Wenn ich einmal entschieden habe, irgendetwas nicht mehr zu tun, tue ich es nicht mehr. Schon als Kind war ich so halsstarrig. Ich höre die Männer, die sich nicht beherrschen können, sagen: Verfluchtes Laster, von dem ich nicht loskomme! Das macht mich rasend. Sie können das Saufen nicht lassen, und das ist eine Schande, das ist die Willensschwäche der Schwächlinge. Es kostet Anstrengung, gewiß, das kostet es. Wie die *Geistliche Gemeinschaft,* die sehr schön ist, aber auch sehr streng. Ich kann mich nicht beherrschen, aber ich beherrsche mich. Es war schwer für mich, mich nicht mehr herumzuschlagen, nicht mehr zu trinken, aber wenn man einen starken Willen hat, gibt es auch keine Laster.

Eines Tages kam ich in der Nähe von La Merced an einer *Pulquería* vorbei – heute ist dort ein großes Geschäft – und in dem Eingang von »El Atorón«, so hieß die Kneipe, hockte ein noch junges Mädchen mit hochrotem Kopf, die ihr kleines Kind in den Armen hielt und von Fliegen übersät war, erbärmlich anzusehen und von oben bis unten vollgekotzt. Sie wiegte ihr Kind in den Armen, war aber so voll, daß sie vornüber fiel, und im Fallen erbrach sie ihren Mageninhalt über das Kind. Rein zufällig kam ich dort vorbei und konnte das beobachten. Das machte mir Angst. Ich sagte zu mir: Soweit soll es auch mit mir kommen? Nein, mein Gott, nein! Sei mir gnädig und nimm das Saufen von mir!

Später trafen mich die Jungens aus der Fabrik: »Mach schon, komm, laß uns einen heben.«

»Nein, ich will nicht.«

»Aber, warum?«

»Weil ich keine Lust habe.«

Ich brauchte nur an das kleine, von Fliegen übersäte Kind zu denken und gleich drehte sich mir der Magen um. Und das, obwohl ich schon viel gesehen hatte. Deshalb machen mich die Leute wütend, die sich praktisch entschuldigen: »Ach, aber wenn ich doch dieses Laster habe.«

Sara brachte weiterhin Männer mit in unser Zimmer, nichts als Betrunkene, bis ich ihr Einhalt gebot.

»Ich kann dieses Gesindel hier nicht mehr ertragen... Nicht einmal schlafen kann ich bei diesem Gekreische.«

Da ich keinen Erfolg hatte, sagte ich mir: Kurz und gut, was kümmert's mich. Ich werde nicht mehr hier sein, um mir das anzusehen. Und nahm meine Matratze, die sie mir natürlich mit ihren Pomaden auch schon eingesaut hatten, und ich bin zu meiner *Comadre* Victoria gegangen. Kurz darauf kam auch Sara, denn allein konnte sie die Miete von drei Pesos nicht aufbringen.

Als ich sie in der Gasse de los Reyes kennenlernte, war Sara Camacho eine arme Frau, die nichts konnte. Sie schrieb Briefe, und man gab ihr dafür 15, 20 Centavos, und damit brachte sie sich über die Runden; sie schrieb mit der

Hand, an irgendeinem Tisch, sehr sorgfältig und mit schönen Buchstaben. Damit brachte sie sich durch, denn irgendeine andere Arbeit verrichten konnte sie nicht. Sie hatte eine gutgestellte Schwester und war Tochter eines Oberst aus Porfirios Zeiten, aber da sie auf die schiefe Bahn gekommen war, wollten ihre Familienangehörigen nichts von ihr wissen. Sie konnte lesen und schreiben, aber daß sie irgendeinen Beruf erlernt hätte, irgendetwas, was von Vorteil hätte sein können, nein, denn das war damals nicht üblich.

Das war eine andere Art Leben. Zu jener Zeit arbeiteten die Frauen nur in ihrem Haus oder als Dienstmädchen. Heute überflügelt die Frau den Mann, was das Außer-Haus-Sein betrifft. Sie hockt nicht mehr zu Hause herum: Also ich gehe meiner Wege, und du gehst deiner Wege, mal sehen, was du erreichst.

Sara Camacho trank *Pulque* wie Wasser, und das jeden Tag. Sie war niemals stockbesoffen, aber sie trank schon ein paar Gläser zuviel, das ja. Ich beschloß, die drei zu verlassen, und suchte mir eine Arbeit mit Kost und Logis bei einer Kubanerin, Señora Belén Caridad, in der Siedlung Roma.

Ich war noch keine sechs Monate bei der *Geistlichen Gemeinschaft,* als mir die Schwester Trinidad Pérez de Soto sagte: »Können Sie das Fahrgeld nach Pachuca aufbringen?«

»Genau genommen nein. Ich arbeite, aber man bezahlt mich nicht vor dem Letzten ... Ich habe also kein Geld für die Fahrkarte.«

»Es ist nur so, daß in Pachuca das *Erste Siegel* ist.«

»Da ich noch nicht einmal zwei Wochen voll habe, kann ich nicht um Ausgang bitten.«

»Nun, dann kann man nichts machen, aber wenn Gott es will, wird es weder an Geld noch an Ausgeherlaubnis fehlen.«

Ich schwieg. Aber die ganze Sache hatte in mir den Wunsch geweckt, hinzureisen, und jede Nacht, wenn ich mich schlafen legte, dachte ich an Pachuca. Ich schloß die Augen und sagte zu mir: Gott wird mir schon helfen ... Und eines Morgens sagte die Kubanerin zu mir: »Hören Sie, wir werden die Karwoche nicht hier sein. Wir kommen erst Sonntagnacht zurück. Ich gebe Ihnen drei Tage Ausgang.«

Stellen Sie sich das vor! Ich erinnere mich nicht mehr, ob sie mir drei oder fünf Pesos für meine Verpflegung gab, und ich gab sie weiter an meine Patin. Wie man so sagt, waren es die übersinnlichen Wesen innerhalb der *Geistlichen Gemeinschaft,* die für mich Fürbitte leisteten. Die anderen Schwestern waren neidisch. Warum fiel mir alles in den Schoß, obwohl ich so neu war, und nicht ihnen, die sie schon lange dabei waren?

Vor vielen Jahren vollzog der Padre Elías, das heißt Roque Rojas, seine ersten Taufen in dem Örtchen San José. Man erzählt sich, daß es früher einen

Tempel gab, nur haben die Aufständischen ihn in den Zeiten der Revolution zerstört. Als ich hinkam, gab es dort nichts weiter als den Brunnen in der Wüste. Und mitten in dieser Wüste sieht man drei große Bäume stehen; man erzählt sich, daß das drei Rosenstöcke waren; heute sind es Zypressen, und in dem Dreieck, das sie bilden, befindet sich der Brunnen El Pocito. Der Brunnen ist klein und dürfte nicht tiefer als 1,50 Meter sein. An regnerischen Nachmittagen füllt er sich mit Wasser, aber wenn es nicht regnet, dann ist er trokken, so wie ausgesaugt durch das göttliche Feuer.

Das Gebet begann. Und als sie sagten »... schenk ihnen, o Herr, eine Spur des göttlichen Lichts«, an der Stelle war es, daß die Priesterinnen Vicentita Islas und Trinidad Pérez de Soto, die später meine Patin sein sollte, die Botschaft erhielten, daß ich gezeichnet werden sollte. Die Priesterin drehte sich um und sah mich an, denn, wie sie behauptete, sah sie in mir das Licht, aber ich verstand nicht die Bohne ... Die zwei Priesterinnen schauten sich gleichzeitig an, und dann wendete sich Vicentita an meine Patin: »Trinita, diese Schwester, ist sie schon vorbereitet, um das *Heilige Zeichen* zu bekommen?«

Ich fiel ihnen ins Wort: »Entschuldigen Sie, meine Schwestern, aber ich weiß von nichts. Mir hat niemand etwas gesagt.«

»Gut, wenn das so ist, warten wir die nächste Kennzeichnung ab.«

Ich kam noch nicht lange zum Tempel, und natürlich wußte ich bis dahin noch nicht, was die Kennzeichnung war. Wenn Sie wüßten, wie schön das ist! Ich verliebte mich darin. Während dieser Taufe machte die Priesterin ein Licht-Dreieck, zuerst auf die Stirn, dann auf den Kopf, dann an den Ohren, an dem Mund, auf dem Schädel, an den Füßen und an den Händen, mit der Handfläche nach oben. Das ist das göttliche Dreieck. Und dieses Dreieck hält Stürme, Unwetter, Wirbelwind auf und glättet auch die Wogen der aufwallenden Unruhen in einem selbst, läßt Abgründe verschwinden, denn es ist ein Schutz gegen alles Übel dieser Erde. Wenn es Streit gibt, reibt man sich die Hände, damit das Feuer überspringt; man wendet das Dreieck an, und der Streit legt sich. Das Dreieck ist unsichtbar. Nur der *Sehende* sieht es, denn wir sind nicht alle wie er. Wir haben die Augen geöffnet, aber wir sind blind. Mich erkennen sie, weil sie das Licht sehen, das ich mit mir führe. Deshalb fiel ich meiner Patin Trinita in Chimalpopoca Nr. 5 auf, und in Pachuca sollten sie mich sofort zeichnen. Ich habe keine Schuld daran, daß mein Beschützer mir soviel Gutes zuteil werden läßt; das Licht, das sie in mir sahen, war nicht das meine, sondern das von Manuel Antonio Mesmer.

An jenem Tag zeichneten sie dreizehn Personen. Da es keine Blumen gab und auch sonst nichts, schnitt man ein bißchen Gras ab, ein paar Kräuter und zwei oder drei Zweige Marienkraut und verteilte diese an die Gezeichneten. Danach erzählten die meisten der Anwesenden ihre Erscheinungen. Alle umstanden wir den Brunnen. Ich schaute unbewegt auf ein paar Röhren, die in eben diesem Brunnen ein Kreuz formten, als plötzlich eine weiße Hand über dem Wasser erschien und sich hin und her bewegte. Als ich an der Reihe war, sagte ich zu den Anwesenden: »Also ich habe gerade eine Hand gesehen, die auftauchte und das Wasser segnete.« Sie erklärten mir dann, daß das die Hand des Bruders Jacob gewesen sei, dem aus der Bibel, denn das Wasser jenes Brunnens in dem Örtchen San José ist eine Quelle des Jordans.

Nachdem sie Dank gesagt hatten, breiteten sie die Tischdecken aus und setzten sich zum Essen hin. Meine Patin hatte einen Weidenkorb mit Eßwaren mitgebracht, und jeder einzelne hatte sich, gemäß seinen Möglichkeiten, etwas mitgebracht, um seinen Hunger zu stillen. Meine Patin wurde von sechs oder sieben Leuten aus Chimalpopoca begleitet, ich erinnere mich nicht mehr, wer das war, aber es waren alles Patenkinder von ihr. Ich, ich kannte niemanden von all denen, die da gekommen waren, außer meiner Patin; ich fühlte mich verlassen zwischen so vielen Fremden. Es müssen so um die fünfzig Gläubige aus verschiedenen Tempeln gewesen sein, vom *Ersten Siegel* waren es so sechs oder sieben, vom *Zweiten Siegel* auch, vom *Dritten Siegel,* das sich heute in Antonio Maura befindet, auch, vom *Sechsten Siegel* in Neptuno auch. Meine Patin war der Stammbaum des *Dritten Siegels* in dieser ganzen Verzweigung. Die Siegel sind die sieben Haupttempel, die der Sendbote Elías auf die ganze Republik verstreut zurückließ.

Ich weinte sehr dort in El Pocito, nur Gott weiß, wie sehr ich weinte. Ich fühlte Trauer, ich weiß nicht, was ich fühlte, daß mir derart viel Wasser in die Augen stieg. Ich weinte sehr. Ich war nicht traurig, ich fühlte, ich weiß nicht, ob Zufriedenheit, ich weiß nicht, ob Enttäuschung ... Später dann sagte man mir Bescheid, daß ich zum Essen kommen sollte. Ich antwortete nur, daß ich keinen Hunger hätte, daß ich satt wäre, ich weiß nicht von was, wirklich, aber ich war satt. Nach dem Essen ging die ganze Bruderschaft zum Brunnen, um Wasser zu holen. Gab es Kranke, dann wurden sie dort geheilt, indem man ihnen Wasser aus dem Brunnen zu trinken gab, und wenn sie in ihre Häuser zurückgekehrt waren, ging es ihnen besser. Der Sendbote Elías, das heißt Roque Rojas persönlich, hatte diesen Brunnen ausgeschachtet. So steht es geschrieben, denn er selbst hat es erzählt. Ich weiß nicht mehr, wann er geboren wurde, aber als er fünf Jahre alt war, vollbrachte er Wunder, die Jesus Christus erst als erwachsener Mann vollbringen konnte. Er beherrschte zweiundzwanzig Berufe, übte aber nur drei aus. Er hatte studiert, um Priester zu werden, konnte aber die Weihe nicht empfangen, weil seine Eltern, die Spanier waren, starben und ihn einem Vormund unterstellten, der ebenfalls verstarb. Er begann dann, in einem Juwelierladen zu arbeiten, verheiratete sich und hatte eine Tochter oder zwei oder drei, ich weiß es nicht mehr. Als er das gebührende Alter erreicht hatte, hörte er eine Stimme, die zu ihm sagte: »Roque, deine Stunde ist gekommen. Geh auf die Straße und suche einen vertrauenswürdigen Mann, der für dich ein Loch graben soll, einen großen Brunnenschacht ... Du zeichnest ihm den Kreis.«

Er wohnte in einem uralten Haus, dort in der Nähe von Arena Mexiko. »Nun schick den Brunnengräber fort, denn jetzt bist du an der Reihe mit Graben! Wenn es anfängt, braun zu schimmern, legst du drei Kerzen im Dreieck auf die Erde, und deine Frau, deine Tochter und du, ihr bildet das andere, das fleischliche Dreieck. Danach steigst du mit der Hacke und allem in das Loch!«

Alles steht in der Geographie, Band I, geschrieben, deshalb erzähle ich das. Später dann hat man das fleischliche Dreieck aufgelöst, Roque blieb allein zurück, schlug nur einmal mit der Hacke zu, und schon schoß der Wasserstrahl hervor, und der Brunnen begann sich zu füllen. Bis zum Hals reichte ihm das Wasser, und nachdem es ihn ganz gebadet hatte, verflüchtigte es sich wieder. Er stand wieder im Trockenen und hörte aufs neue die Stimme: »Hast du dich reingewaschen? Denn dies war deine Taufe. Elías heißt du. Elías, Sohn des Menschen ... Roque Rojas war einmal.«

Er antwortete nicht. Die Stimme fragte ihn dann: »Hast du den Engel gesehen, der mit der Urkunde kam und sie dir übergeben hat?«

»Ja.«

Und nicht nur er hatte ihn gesehen, sondern auch seine Frau und seine Tochter: ein Bote auf einem weißen Pferd, ein Engel, der auf einem geflügelten Pferd ritt, ein Sendbote, den der Herr ihm geschickt hatte, mit der Urkundenrolle in der Hand.

»Du mußt nur alles tun, was in der Urkunde steht. Erinnere dich, dein Name ist Elías, Sohn des Menschen. Jetzt ziehe aus in alle vier Himmelsrichtungen und predige.«

Von dem Moment an, wo man ihm das Schriftstück mit den Anweisungen übergeben hatte, wurde dieser arme Roque von der Regierung verfolgt. Sie erkannten nicht an, daß er der Sendbote des Herrn sei, obwohl die Frau und die Tochter vor dem Gericht Zeugnis ablegten. Roque Rojas, das heißt Elías, richtete die Laden her und schickte sie dorthin, wo sie zu sein hatten. Ich weiß das, weil ich das im Tempel gehört habe, wenn sie seine Lebensgeschichte lasen. Ich weiß, daß eine der Laden sich in der Kathedrale unter dem Hauptaltar befindet, die zweite ist in der Villita, die anderen in Pachuca und in Antonio Maura, aber einige Leute behaupten, daß die Laden aufgebrochen und die Lebenselexiere herausgenommen worden seien. Ich glaube das nicht, weil Roque Rojas sie gut versiegelt hatte. Schließlich war er ja Juwelier gewesen. Nachdem er sie verteilt hatte, begann er zu den Menschen zu predigen, aber da die Polizei hinter ihm her war, versteckten die Indios von Xochimilco ihn auf einer der schwimmenden Inseln. In eben dieser Nacht hatte er eine Offenbarung. Er sah einen Feuerball, der über das Wasser rollte bis hin zu dem kleinen Haus, wo er versteckt war, und dann hörte er die Stimme, die zu ihm sagte: »Roque, Entschuldigung, ich will sagen Elías, fürchte dich nicht! Nichts wird dir geschehen! Zeig dich! Stell dich der Justiz der Menschen, der mit den ungleichen Waagschalen! Schließlich und endlich kennt der heilige Michael dein Gewicht.«

Sie warfen ihn ins Gefängnis und sagten ihm, wenn es wirklich so wäre, daß er besondere Fähigkeiten besäße, dann sollte er das beweisen. Sie legten eine runde Marmorplatte vor ihn hin und befahlen ihm, sie zu zerteilen, ohne sie auch nur zu berühren. »Wenn du das nicht kannst, dann bist du auch nicht der Sendbote des Herrn.«

Er bat das *Höchste Wesen* um Kraft, damit es ihm helfe bei dieser harten Probe. Er erhob die Hände, benutzte das Dreieck, und die Marmorplatte zerbrach in drei Teile. Die Häscher wichen erschreckt zurück. Auf Anweisung des Richters, der das Wunder offiziell in den Akten vermerkte, ließ man ihn frei.

Von dem Moment an konnte Roque Rojas sich damit beschäftigen, das zu erfüllen, was in der Urkunde geschrieben stand, und das als Elías. Er überzog das Land mit Mysterien, mit mehr als den fünfzehn, die die *Calzada de los Misterios* aufweist. Haben Sie diese Steine gesehen, die man Monumente nennt und die auf der ganzen Länge die Straße begrenzen? In diesen Mysterien sind die Wunder, die Roque vollbrachte, eingeschlossen.

Von da an fehlte es nicht an Leuten, die die gute Botschaft verbreiteten, und er führte seine Mission weiterhin aus. Bei jedem Werk, das er vollbrachte, gab es einige, die ihm glaubten, und andere, die ihm nicht glaubten, einige hegten einen Groll gegen ihn, und andere knieten nieder, wenn er vorüberging, bis die Jahre dahingingen und die Zeit kam, daß er von dieser Erde genommen wurde. Aber er hatte die Saat gestreut, damit die Leute seinem Weg folgen konnten. Dieser *Padre* ist hier in Dolores begraben. Man brachte ihn von Pachuca hierher, und jedes Jahr, am 16. August, pilgern die Gläubigen zum Friedhof, um mit *Padre* Elías, das heißt Roque Rojas, zusammen zu sein.

Eines Abends kam Sara Camacho in den Laden meiner *Comadre* Victoria: »Ich bin gleich zurück, ich gehe nur meine *Pulque* holen.« Sie überquerte die Straße mit der leeren Flasche. Wenn sie sich keine Tacos machte, dann kaufte sie sich ihren *Tamal,* aber normalerweise zog sie es vor, daß man ihr ein sehr schmackhaftes Stück vom Rind zerhackte, ich weiß nicht mehr, ob es Bries oder Backe oder Hoden war, irgend etwas eben vom Rind, und davon machte sie sich ihren Taco mit sehr viel Soße; sie kaufte sich eine tüchtige Ration von dem Gehackten und spülte es mit *Pulque* hinunter. An jenem Tag gab es das

Fleisch, das sie wollte, nicht. Sie hatte also ihren *Tamal* gekauft, als sie die Straße überqueren wollte. Sie wich der Straßenbahn, die die Straße heraufkam, aus, aber sie geriet ins Wanken und wurde von der Bahn, die aus Xochimilco kam, erfaßt. Die Straßenbahn bremste fast genau vor der Tür des Ladens, und man sagte uns, daß ein Mensch überfahren worden sei. Sara Camacho trug immer Männer-Schnürstiefel und einen Männer-Haarschnitt. Und an dem Kopf, denn der Zug hatte ihn abgetrennt, und an einem Stiefel erkannte ich sie. Nur ein Fuß, den der Zug am Knöchel abgetrennt hatte und der Kopf, der auf eine Seite flog, waren ganz geblieben.

Sara Camacho war gerne unter Männern. Sie war ein Mannweib. Schon um fünf Uhr in der Früh war sie mit den Straßenbahnern zusammen und kippte ihre *Teporochas** hinunter. Alle im Depot, die damaligen Straßenbahner, waren ihre Freunde. Der Straßenbahnfahrer sah sie noch im Scheinwerferlicht, konnte aber nicht mehr bremsen. Er machte sich nicht davon, sondern stieg aus und hielt neben dem Kopf Wache. Und als die Polizei kam, um den Unfall aufzunehmen, sagte er nur: »Sehen Sie zu, wie sie den Wagen anheben, denn ich werde ihn nicht bewegen, weder vor noch zurück.«

Sie sind ins Straßenbahn-Depot gegangen, um einen Wagenheber zu holen und den Wagen aufzubocken. Als man sie aufhob, hörte man die Knochen in der Haut und der Kleidung klappern. Sie war vollkommen zerstückelt. Man brachte sie auf einer Bahre im Krankenwagen aufs 4. Revier in der 5 de Febrero. Dort warteten wir, aber man ließ sie uns nicht sehen. Deshalb glaube ich nicht, was die Zeitungen schreiben, denn damals schrieben sie, daß Sara Camacho auf dem Kommissariat während der Ersten Hilfe gestorben sei, und das ist gelogen, denn wir zogen sie schon tot unter dem Zug hervor. Wenn doch auf den Geleisen einzelne Stücke von ihr lagen! Der Zug zerquetschte sie auf den Schienen. Hinterher konnte man nicht einmal mehr den Kopf erkennen, denn durch den Strom des Zuges wurde ihr das ganze Gesicht verbrannt. Man übergab sie uns dort also, um sie zu beerdigen, aber wir wußten nicht, ob es sie war, die wir beerdigten, denn wir haben sie nicht mehr zu Gesicht bekommen.

Meine *Comadre* Victoria wollte nicht hingehen, um sie gleich am Unfallort zu identifizieren. Wer weiß, ob vor Schreck oder aus Trauer, jedenfalls gingen nur wir, Klein-Sara und ich, aufs 4. Revier. Meine *Comadre* Victoria sagte immer, daß Sara Camacho wieder auftauchen würde, daß nicht sie die Zerstückelte war, aber ich hatte sie ja erkannt. »Doch, es ist Sara!« Victoria wollte es nicht glauben, nein und nochmals nein. Ich sagte zu ihr: »Sie ist es, aber

---

* Teporochas – Billiger Schnaps, den die Armen trinken.

falls ich mich geirrt habe, dann gebe Gott, daß sie wieder auftaucht.« Und bis heute warten wir auf sie.

Meine Freundin, die kurzgeschorene Sara Camacho und meine *Comadre* Victoria waren unzertrennlich. Als ich in die Gasse de los Reyes zog, freundeten sie sich auch mit mir an und baten mich, für sie einen Heiligen segnen zu lassen. Deshalb waren sie dann meine *Comadres.* Ich war fast immer Patin von allen möglichen Heiligen. Sara Camacho mochte die Frauen nicht, sie machte alles wie ein Mann. Die bösen Zungen nannten sie Sara *Quemacho**. Sie war nicht lesbisch. Die Lesbierinnen haben ihre Geliebten und sind eben homosexuell. Man sagt – ich selbst habe sie nicht gesehen –, daß sie sich abwechseln, einen Monat Mann und einen Monat Frau, weil sie gleichzeitig beides haben, das vom Mann und das von der Frau. Früher gab es viele Lesbierinnen in Mexiko City. Als ich ein junges Mädchen war, gefielen mir die langärmeligen Hemden mit Männerkragen und Krawatte, aber da sie das auch trugen, haßte ich sie schließlich. Eines Tages veranstaltete man einen Lesbierinnen-Fang, dort in der Alameda, und steckte sie ins Gefängnis. Vor Jahren konnte man sehr schön auf der Alameda spazierengehen, aber versuchen Sie einmal in der Dunkelheit hinter den Bäumen zu erkennen, wer wer ist. Und die Polizei fand engumschlungene Frauen vor. Von da ab begannen sie, viele Lesbierinnen zu verhaften. Man nennt sie Lesbierinnen oder Bauchfreundinnen. Sie reiben ihre Körper aneinander und geben sich Nasenstüber. Und das ist nicht normal. Alles, was normal ist, gut, damit bin ich einverstanden, aber das ist eine Unverschämtheit, die auf einem ganz anderen Blatt steht. Wenn sie so läufig sind, warum treiben sie es dann nicht mit einem Mann? So hat es zu sein, so war es schon immer, von jeher und seit Jahrhunderten, und wenn Mann mit Frau schon schlimm genug ist, dann stellen Sie sich Mann mit Mann oder Frau mit Frau vor, also das ist eine einzige Verderbtheit.

Vor ungefähr zehn Jahren traf ich Victorias Tochter, Klein Sara, in der San Juan de Letrán, aber ich erkannte sie nicht. Sie war es, die mich sah und mich ansprach, aber nur so im Vorbeigehen: »Mein Gott! Nachdem meine Mutter gestorben ist, haben Sie uns nie wieder besucht!«

»Nun ja. Jeder geht seiner Wege, nur Gott weiß, wohin.«

Da sie großes Glück gehabt hatte und in guten Verhältnissen lebte, verschwendete sie keinen weiteren Gedanken an mich. An jenem Tag damals sprach sie mit viel Getue mit mir, mit viel Eitelkeit, plusterte sich ziemlich auf; sie erinnerte sich nicht mehr daran, daß sie einmal arm gewesen war.

---

* Sara Quemacho – Nicht zu übersetzendes Wortspiel; Quemacho = ¡Qué macho!, was soviel heißt wie: Welch ein Mann!

»Meine Tochter Carmela ist schon verheiratet; mein Sohn auch schon; ich lebe also mit meinem Mann allein.«

»Und wo wohnst du?«

»In der Nähe der Villa-Chaussee; dort habe ich ein Grundstück.«

Sie sagte nicht: »Ich erwarte Sie« oder »Kommen Sie uns besuchen« oder irgendso etwas.

Und so verliert man sich aus den Augen, denn ich habe einige solcher Freundschaften gehabt wie die mit meiner *Comadre* Sara. Aber sie steigen auf, schweben in höheren Regionen, und dann sehe ich sie nicht mehr wieder. Genauso wird es mit den Hausmeistern passieren, die meine *Compadres* sind; an dem Tag, an dem ich dieses Viertel verlasse, wird man mich abschreiben, und ich werde nie wieder von ihnen hören. Sie werden ihren Weg gehen. Und Gott weiß, wohin es auch mich verschlagen wird.

XXV.

Alle Arbeiter aus der Fabrik Tres Estrellas gingen am Stand der Familie Torres essen. An der Ecke Calzada de Tlalpan und Lorenzo Boturini verkauften sie Suppe, Bohnen, Reis. Als ich meinen Bonbon-Stand hatte, ging ich mir auch bei ihnen den Bauch vollschlagen. Wir waren Bürgersteig-Kollegen. Die Torres wohnten in dem Viertel Alfredo Chavero, aber nach kurzer Zeit jagte man sie davon, weil sie die Miete nicht bezahlen konnten, und ich erzählte ihnen, daß auf dem Gelände von Magueyitos ein paar Mauern auf dem besten Wege waren, zusammenzubrechen, und daß der Verwalter ihnen für wenig Geld etwas Brachland vermieten könnte. Sie zahlten nur drei, vier, fünf Pesos für die Wände und den Fußboden und hatten eine Bleibe, wo sie wohnen konnten. Heutzutage würde ich sehr gerne solches Gelände finden, so eins mit halb zerfallenen Wänden, um mir ein Stückchen zu mieten, aber das wäre dasselbe, wie darum bitten, daß man mir die Perlen der Heiligen Jungfrau heruntergibt!

Als meine *Comadre* Victoria mich verließ, sagten mir die Torres, daß ich mir keine Sorgen machen sollte, daß ich einfach zu ihnen ziehen sollte. Ich sagte mir, ich lebe mit ihnen, aber sie brachten mich nur provisorisch unter, und daß ich ein Dach über dem Kopf hatte, davon kann keine Rede sein. Ich schlief draußen, an die Wand gedrückt, hin zur Straßenseite. Unter dem Vordach, das man zum Schutz gegen Regen hat, richtete ich mir ein paar geliehene Bretter her, und dort legte ich mich hin.

Die Familie Torres war sehr arm; die Mutter Doña Encarnación, Candelaria, die Tochter, und die zwei Söhne Domingo und José wuschen Matratzen für die Hotels. Sie mußten den Essensstand aufgeben, da sie sich nicht mehr mit Lebensmitteln versorgen konnten, soviel Wasser sie auch in die Suppe und soviel Erde sie auch in den Kaffee mischten. Da ich bei niemandem angestellt war, boten sie mir an, auch Matratzen zu waschen. Ich half ihnen zehn oder zwölf Matratzen zu waschen, je nachdem, wieviele anfielen; danach besserte ich die Bezüge aus, und sie klopften die Füllung, um sie aufzulockern und aufzufüllen. Das waren ganz gewöhnliche Matratzen, so wie auch ich eine habe, aus zusammengepreßter Wolle, nicht mit Federkern.

Domingo war ein sehr gesprächiger Mann, aber von guter Gesinnung. Wenn er sagte: »Es gibt dort und dort etwas zu tun«, dann wußten wir, daß für alle gleichermaßen Arbeit da sein würde. Er nahm seine Tochter Juana und seine Nichte Antonia, seine Mutter und Candelaria mit, und mir boten sie dann auch an, mitzukommen. José ging woanders hin; ihm sagte es mehr zu, als fliegender Händler durch die Kneipen und Cabaretts zu ziehen und seine Kleider zu verkaufen, und wenn nicht, dann verloste er Hühner; das war sein Beruf. Aber selbst wenn er viel verdiente, war es immer noch wenig. Mir zahlte man 50 Centavos am Tag, und wenn ich Glück hatte, einen Peso, einen Peso 50 Centavos, je nachdem, wieviele Matratzen ich wusch. Aber dann auf dem Nachhauseweg ging es dann los: »Jesusa, kauf uns doch ein paar Bonbons.« Ich kaufte ihnen, wonach es ihnen gelüstete, und mir blieb dann fast nichts mehr von dem Peso, den ich verdient hatte. Sie hatten also ihre Bonbons umsonst. Von dem wenigen, das mir verblieb, mußte ich Tortillateig, Tomaten, Chile-Pfeffer, Kaffee und Zucker kaufen. Damals kosteten drei Brote zehn Centavos. Ich aß für zehn Centavos Brot und wenn nicht, dann trank ich eben nur meinen Kaffee zusammen mit den dicken Tortillas, die ich mir selbst zubereitete ... Ich habe so manchen bitteren Tropfen geschluckt, so daß mir heute nichts mehr etwas anhaben kann.

Als Lázaro Cárdenas* Präsident wurde, ordnete er an, daß man all die, die in Magueyitos wohnten, fortjagen sollte. Er sagte, daß er ihnen Land geben

* Lázaro Cárdenas - 1934-1940 Präsident. Von 1934-1938 verteilte er insgesamt 15 Millionen Hektar Land an 800 000 mittellose Bauern. Zum ersten Mal wendete ein Präsident den Art. 27 der Verfassung an, wonach nur der Staat der tatsächliche Besitzer des Territoriums ist. Er legte den Grundstein für eine wirkliche politische Demokratie. Trotz heftiger innerer Opposition und Feindschaft der ausländischen, besonders der nordamerikanischen Finanzkreise, versuchte er, direkten Zugang zum Volk zu bekommen. Er nahm sehr deutlich Stellung gegen den mussolinischen Faschismus und den deutschen Nazismus und öffnete seine Tore für die spanischen Flüchtlinge, die durch Francos Sieg gezwungen waren, ihre Heimat zu verlassen. 1938 verstaatlichte er das Erdöl und enteignete die ausländischen Gesellschaften. Ganz Mexiko brach in Freudentaumel aus.

werde, aber an anderer Stelle. Eine Menge Familien hatten sich auf diesem Brachland niedergelassen. Und von einem Tag auf den anderen begannen sie, sich zu streiten um etwas, was ihnen gar nicht gehörte; die Menschen lieben nun einmal ihre Bequemlichkeit. Das Gelände von Magueyitos hat Tres Estrellas gekauft, und heute dient es als Bahnhof für die Busse aus Cuernavaca und Acapulco. Es war eine alte Hacienda, aber da kein Hahn danach krähte, weil die Besitzer, eine alte spanische Familie, alle gestorben waren, ließ man einige Jahre verstreichen, und dann fiel sie an den Staat. Die, die sich dort niederließen, suchten die Wärme all dieser eingestürzten Wände, sie kauerten sich an eine Wand, formten Lehmziegel und so, wie Gott es ihnen eingab, konstruierten sie ihr kleines Häuschen und deckten es mit Karton. Die Regierung bemächtigte sich des Geländes und untervermietete die kleinen Parzellen: ein Angestellter kam immer und kassierte die Miete von fünf oder sechs Pesos und gab dafür kleine Quittungen aus, die aussahen wie Busfahrscheine. Obwohl die Mauern, die es auf diesem Gelände gab, eingestürzt waren, waren sie für die Armen noch zu gut; und »Langnase« Cárdenas ordnete an, daß man sie fortjage. Alle Bewohner der Kolonie haben sich dann gespalten; sie gründeten Parteien, bildeten Kommissionen; jeder einzelne hat seine Partei gewählt, und eine Señora Micaila begann diese Geschichte des Kampfes um die Parzellen und wurde zur Präsidentin ernannt. Sie trommelte eine Menge Leute zusammen, und da zogen wir zum Zócalo, um für unser Stückchen Land zu kämpfen. Sie war es, die sich herumstritt, wir bildeten nur die Masse. Wir wußten nicht einmal, warum man sie hinzitierte, wir trabten nur wie eine Hammelherde hinter ihr her.

Ruhe ihr Frösche, die Kröte wird predigen! Ich weiß nicht, ob sie intelligent war oder was sonst, aber sie sprach mit allen von der Regierung; wer weiß, was sie da alles regelte, aber sie regelte es auf ihre Weise. Kurzum, keiner wollte das Gelände verlassen, weil sie dort sehr zufrieden lebten, und da die Autoritäten nicht auf sie eingingen, befahl uns die Señora Micaila, daß wir nachts zum Caballito gehen sollten, wo Kommissionäre der Regierung ihre Buden aufgestellt hatten, um dort zu protestieren, und wir verbrachten die ganze Nacht dort. Wie richtige Bettler sind wir dort hingegangen, um zu sehen, ob sie uns die Parzellen überließen. Diese Micaila war sehr energisch, sehr rechthaberisch, sehr gerissen und hielt uns ununterbrochen auf Trab. All das war wie ein wirklicher Krieg, mit Soldaten und ihrem General. Viele Leute hielten nichts von ihr, denn sie sagten, daß sie uns durch ihr Aufsteigen dem Feind ausliefern würde. Nachts in Magueyitos kaufte man seinen Branntwein, betrank sich, und dann begann das Gegröle. Die Leute besuchten sich gegenseitig, zogen von einem Haus zum anderen, Männer und Frauen, und in ihrem Suff heckten sie einen Streich nach dem anderen aus. Hinterher begann dann die Schlägerei mit denen der anderen Partei, und bei einer solchen Gelegenheit beschlossen sie, die Hütte der Präsidentin in die Luft zu sprengen. Da wir die Aufgabe hatten, sie zu beschützen, wechselte sich jede Nacht einer von uns ab, damit sich niemand ihrem Haus nähern konnte. Wenn die Señora Encarnación Torres an der Reihe war, sagte ich zu ihr: »Seien Sie unbesorgt, ich gehe für Sie!«

Und ich bin immer gegangen. Kaum, daß ich ein Geräusch hörte oder einen Schatten wahrnahm, rief ich: »Da kommt der Soundso, da kommt der Sowieso!« Und sofort wußte man, wer der Übeltäter war. Aber niemals sprach die Micaila mit mir über ihre Geschäfte, denn ich war ein Niemand. Ich hatte sie nur zu beschützen, ohne viel nachzudenken. Gab es was zu tun, gab's was, wenn nicht, auch gut ... Wir bekamen nichts dafür, daß wir für sie die Wachhunde spielten, wenigstens kann ich das für meinen Teil sagen, denn wenn ich an der Reihe war, sie zu begleiten, hat sie mir nicht nur keinen Centavo gegeben, sondern mich nicht einmal beachtet. In diesem ganzen Ränkespiel wollte der eine mehr sein als der andere, und der andere wieder mehr als der andere, und so war ihre ganze Politik.

Eines Morgens kamen sie mit der Nachricht, daß Lázaro Cárdenas unser Gelände der Verkehrspolizei zugesprochen hatte, und wir machten uns auf zum Präsidenten. Er selbst war es, der die ganze Kolonie zersplitterte. Er sagte zu den Polizisten, daß sie auf diesem brachliegenden Gelände ihre Häuser bauen sollten. Ich habe ihn gesehen, diesen Cárdenas, klar doch! Und ich war ziemlich wütend auf ihn, denn ich hatte ihn als einfachen Soldaten gekannt, damals bei Carranzas Truppen, und jetzt war er ein solcher Angeber mit seinem Regimentsstab, mit all seinen Leuten, seinen Untergebenen, denen er heimlich Befehle zuraunte. Aber wir haben ihn sehr gut verstanden, als er sagte: »Diese Elemente muß man fortjagen ...« Er erkannte mich nicht, denn die Chefs können nicht jedem gewöhnlichen Sterblichen Beachtung schenken, besonders wenn sie so arm sind wie ich. Dieser Lázaro ging immer zu Fuß, sogar als er Präsident war. An einem 16. September marschierte er von El Angel* bis hin zum Palast. Die Leute bewarfen ihn mit Luftschlangen, und er war hinterher vollkommen von farbigen Papierstreifen umwickelt. Er war der einzige Präsident, den ich im Profil gesehen habe und der zu Fuß durch die Straßen ging.

Als er die Kolonie Tránsito verließ, denn so hatte man sie genannt, wollten wir ihn, ziemlich aufgebracht wie wir waren, einholen, aber er war schon zu weit. Wir sagten uns: »Nein, wir werden ihm eben eins auswischen. Wir bleiben einfach hier.« Und niemand rührte sich von der Stelle.

---

* El Angel – Statue auf dem Paseo de la Reforma (eine der Hauptadern von Mexiko City)

Zu jener Zeit ging José Torres immer zum Tempel und sprach mit meiner Patin. Er war nicht Manns genug, mit mir selbst zu sprechen, sondern ging dorthin und sagte zu meiner Patin, die damals noch nicht meine Patin war, daß er mich heiraten wolle. Er wandte sich an das *Wesen* und erhielt die Antwort: »Bruder, mit mir mußt du das nicht ausmachen. Mach das mit der Schwester Jesusita aus. Wenn sie dir antwortet und ja sagt, können wir dich hier im Tempel dann trauen. Aber der, der sie überzeugen muß, das bist du, du mit deiner Hülle.«

Das hat mir das Wesen später erzählt ... Ich glaube, daß José sich in mich verliebt hatte, aber er sagte mir nichts, und er wollte alles durch spirituelle Vermittlung regeln. Abschaum ich und Abschaum er, warum zum Teufel wollte er eine Heirat? Außerdem war der Arme häßlich, und ich mag zwar einen schlechten Geschmack haben, aber einen so schlechten doch wieder nicht. Ich sagte mir: Ich nicht, mein Lieber, ich, warum soll gerade ich dich wollen? Wenn ich doch schon einen stattlichen Mann hatte, wieso soll ich mich dir zuwenden, mickeriges Männchen, wo du doch zu nichts taugst?

José ist klein, sehr klein, mit großer Nase, eine Fratze und dunkel, dunkel, ganz dunkelhäutig, dunkelhäutig ich und dunkelhäutig er, ein schönes Paar wären wir ... Außerdem hat er nicht um mich geworben, er trat nicht vor mich hin, sondern ging und sprach mit den Wesen. Er wußte von seiner Schwester Candelaria und von Doña Encarnación, daß ich immer zur *Geistlichen Gemeinschaft* ging, und er verfiel darauf, daß sie sich dort für ihn verwenden könnten. Aber dieser Waschlappen hatte sich ganz schön verrechnet. Es machte mir keine große Mühe, ihm von Angesicht zu Angesicht zu antworten, das brachte mich nicht in Verlegenheit.

Das Kind Georgina Valencia, das *Übersinnliche Wesen,* das sich durch das Medium manifestierte, fragte mich. Denn alle Liebesangelegenheiten werden von Kinderseelen behandelt, sei es Tomás Ramírez oder das kleine Mädchen Georgina Valencia, ein Albino, weiß, ganz weiß wie Mehl, mit ihren schneeweißen Wimpern und ihren Haaren wie Baumwollbällchen, ein hübsches Kind, nur ist sie schon sehr jung gestorben, weil man sie der Sonne ausgesetzt hatte, und diese Kinder, weiß wie Milch, können nicht den kleinsten Sonnenstrahl vertragen.

»Willst du ihn heiraten?

»Weder ihn noch jemand anderes, nicht einmal für die Perlen der Heiligen Jungfrau.«

Mir sagte das auf gar keinen Fall zu. Es schien so, als ob sie mich schon zu ihm gehörend glaubte, und außerdem, wieviele Jahre lebe ich schon allein? Wie könnte ich es zulassen, daß man über mich verfügt? Nein, nur das nicht! Er war ein Säufer und ist es noch, schamlos. Da er sich an das Mädchen gewandt hatte, war sie es auch, die mir die Mitteilung machte. Und mich machte das wütend. Als ich zu Hause ankam, dachte ich bei mir: Er soll mir nur irgendetwas sagen, dann werde ich es ihm aber geben. Aber José sagte nichts zu mir, er ging wieder zu dem Kind, damit es ihm eine Antwort gäbe. Es wäre besser für ihn gewesen, nicht hinzugehen.

Eines Tages erschien José mit einer Frau, einem armen Mädchen, das als Serviererin in einer Kneipe arbeitete, dort in der Nähe der Candelaria. Sie verdiente sich damit ihren Lebensunterhalt, mit dem Servieren, und José verdrehte ihr den Kopf und nahm sie mit sich. Zu Hause dann begann er damit, ihr das Leben schwer zu machen. Ich hörte ihn. Zuerst schlug er sie, dann verließ er das Haus und schlug die Tür hinter sich zu, und wenn er zurückkam, sagte er in sehr strafendem Ton zu ihr: »Was ist, Weib, laß uns ein bißchen die Lenden strapazieren . . .!« Armes Mädchen, sie hatte die Hölle mit ihm! Da sie seine Frau war, mußte sie zusehen, wie sie zurecht kam, was hatte es mich zu kümmern ... Aber ich war immer noch wütend über das, was José mir angetan hatte, und dafür mußte er noch bezahlen.

Ich ertrug bei den Torres draußen im Freien auf meinem Stückchen Brett Regengüsse, Hitze und Kälte, weil ich nirgends sonst hingehen konnte, und damit die Leute mich nicht für einsam und verlassen hielten, teilte ich ihr Schicksal. Jedesmal, wenn José betrunken nach Hause kam, behandelte er mich schlecht, er sagte mir die schlimmsten Dinge, und eines Tages habe ich ihm entsprechend geantwortet. Daraufhin schrie er mich an: »Halten Sie den Mund, sie ausgehaltene Dirne! Was tun Sie hier überhaupt?«

»Also, was Sie da sagen, das bin ich nicht, und selbst wenn ich es wäre, was geht Sie das an. Jeder kann mit seinem Hintern machen, wonach ihn gelüstet. Außerdem, weshalb streiten Sie hier herum? Ich beleidige niemanden in Ihrem Haus!«

»Sie schlafen mit jemandem, der Ihnen als Decke dient.«

»Und Sie dienen mir als Matratze!«

»Seien Sie still, oder ich haue Ihnen die Fresse ein!«

»Wir schlagen sie uns beide ein, denn wir sind zwei. Glauben Sie ja nicht, daß ich wie Pifania bin, die sich alles gefallen läßt! Gleich hier können wir es austragen, mal sehen, wer am meisten Federn läßt! Machen Sie schon! Auf geht's!«

Epifania zog ihn dann fort und brachte ihn ins Haus, aber ich hatte weiterhin Lust, es ihm zu zeigen. Ich sagte mir: Das wird nicht der erste Mann sein, dem ich es dort gebe, wo es ihm weh tut. Er schrie mir noch nach: »Hure!« Da sagte ich mir: Jetzt mache ich, daß ich fortkomme. Und am nächsten Tag machte ich mich ganz früh auf die Beine. Zu der Zeit gab es viele Matratzen zu waschen, voller Wanzen. Aber ich ließ sie damit allein, mal sehen, wie sie zurecht kamen, um es mit dem Hotel nicht zu verderben.

So nach einem oder zwei Monaten, nachdem ich Magueyitos verlassen hatte, kam die Feuerwehr und verjagte die Leute auf Befehl der Regierung. Lázaro Cárdenas hatte sie geschickt mit ihren roten Schlauchwagen. »Verjagt sie mit der Wasserspritze!« Sie schlossen die Schläuche an den Wasserstellen an, und mit der Uhr in der Hand gaben sie ihnen eine halbe Stunde, um ihre Sachen zusammenzupacken und die Lastwagen zu besteigen, die vorgefahren waren. Und so, wie man sie aufgriff und zu Hauf fortschaffte, so setzte man sie hier auf dem Gelände aus. Man gab ihnen das Stückchen Land, auf das sie ihren Fuß setzten. So entstand diese Kolonie de la Joya, wo vorher nur Brachland gewesen war, wie fast ganz Mexiko City, von Peralvillo bis zum Peñón. Das war alles eine kahle Fläche, es gab keine Häuser dort. Mit den Jahren ist es nach und nach bebaut worden.

Die von der Regierung sagten den Leuten, daß sie die Parzelle nehmen könnten, die sie wollten, daß sie geschenkt sei. Man maß jedem soundsoviel Meter ab und gab ihnen eine Urkunde. Wie dem auch sei, Cárdenas überschrieb ihnen das Land. Nur haben sie nicht das Recht, es zu verkaufen. Selbst, wenn sie wegen Hunger sterben, sie können nicht verkaufen. Das Land bleibt weiterhin im Besitz der Regierung. Solange sie leben, haben sie ihr Zuhause, aber wenn sie sterben und kein Vertreter der Familie vorhanden ist, verlieren sie es. Der Staat ist der Eigentümer. Die Frauen richteten sich in ein paar auf dem Gelände verstreuten Höhlen ein, und die Männer gingen in die Vereinigten Staaten, um zu arbeiten und ihnen Geld zu schicken, damit sie ihre Häuser bauen konnten. Die Torres sind Maurer. Das ist ihr Beruf. Nur für das Material brauchten sie Geld, und das, was sie mit den Matratzen verdienten, reichte nicht aus. Man gab ihnen die Anweisung, zu bauen, wenn nicht, würde man ihnen das Land wegnehmen, und da blieb nichts anderes übrig, als auch in die Vereinigten Staaten zu gehen. Heute sind sie Hausbesitzer und leben von ihren Mieten. Mich besuchen sie nie. Der, der mich alle heiligen Zeiten mal grüßt, ist Domingo: »Wie geht es dir, keusche Nonne?«

So redet er mich an: »Mach schon, keusche Nonne, laß uns arbeiten gehen!«

»Wenn ich die Nonne bin, dann sind Sie der verrückte Mönch.«

Domingo versteht mich, wenn ich zu ihm sage: »Wie geht es Mönch?«

Er baute sich ein dreistöckiges Haus und hat an viele Mieter vermietet. Alle haben sich rentable Mietshäuser gebaut. Sie eigneten sich große Stücke Land an, denn sogar Antonia, die Nichte, ließ sich registrieren, um mehr Land zu bekommen. Und ich, ich ging leer aus wie eine dumme Henne.

Wenn ich nur einen Monat gewartet hätte, hätte ich mein Stückchen Land gehabt, aber Gott hat es anders gewollt. Ich bin arm geboren, und arm muß ich ins Grab steigen, das ja, das bekomme ich, ein Grab. Wer schon als Reicher geboren wird, dem fällt im Leben noch mehr zu.

Doña Encarnación eröffnete ein Geschäft, einen Gemischtwarenladen, dort am Flußufer, wo sie landeten. An der Ecke, gleich da wo die Avenida vorbeiführt, dort haben sie ihr Haus. Später hatte sie ein Hotel. Ich weiß nicht, wieviel sie pro Tag kassierte, aber sie verdient gutes Geld damit. Die Mädchen von der Straße belegen die Zimmer, wenn es hoch kommt, für eine Nacht, und tagsüber ist das ein ständiges Kommen und Gehen. Dieses Hotel war ein einziger Sündenpfuhl. Nur eben Zeit, sich die Unterhosen aus- und wieder anzuziehen, falls sie Unterhosen trugen. Die Regierung schloß der Doña Encarnación das Etablissement nie, denn davon lebte sie ja. Die Regierung ist eine einzige Räuberbande. Sie nehmen von den Mädchen, die auf die Straße gehen; und durch das Schließen von Etablissements verdienen sie sich ihre Centavos. Zuwiderhandlungen ahnden, Siegel aufkleben und wieder abnehmen, unschuldige Leute ins Gefängnis werfen und sie wieder frei lassen, Razzien veranstalten, um - vollkommen unwichtig wen - einzusammeln, um dann von allen die gleiche Strafe zu kassieren, von den Stundenhotels, von all dem profitieren die Politiker, um sich ein schönes Leben zu machen. Und die einschlägigen Häuser öffnen wieder, und wieder werden sie geschlossen, und wieder kassieren sie für die Zuwiderhandlung, für das Siegelaufkleben und Schließen und wieder Öffnen, und was soll ich Ihnen erzählen.

Den Torres ist das Geld sehr zu Kopf gestiegen. Doña Encarnación ist schon ziemlich alt, aber mehr als das Alter macht ihr der Hochmut zu schaffen. Ich besuche sie nicht, damit sie nicht sagen kann, daß ich sie aufsuche wegen ihrer Reichtümer. Wen ich doch traf, war Epifania, die Frau von José. Sie heirateten kirchlich und sogar ganz legal. Ich ging zur Hochzeit.

Epifania sagte zu mir: »Ich bin José sehr dankbar dafür, daß er mich geheiratet hat, aber Sie sehen ja, wie schlecht er mich behandelt; er bereitet mir ein schweres Leben.«

»Aber du bist weiterhin der Dummkopf, denn wenn er dir das Leben so schon zur Hölle macht, dann verpflichtest du dich noch mehr durch die Heirat.«

»Nein, um meine Eltern besuchen zu können, mußte ich heiraten.«

»Selbst wenn meine Eltern mich ein gefallenes Mädchen genannt hätten, nicht einmal dann hätte ich José geheiratet.«

Sie senkte den Kopf.

Ich glaube, daß Epifania aufgrund der vielen Schläge, sicherlich aufgrund der vielen Fußtritte, die er ihr hier in der Kolonie La Joyita verpaßte, dahinstarb.

An dem Tag, als ich die Torres verließ, ging ich zu Madalenita Servín, die große, füllige Gutmütige aus Cuernavaca, die mir immer geholfen hatte. Ich erzählte ihr, wie ich untergebracht war.

»Aber, Sie haben keine Unterkunft?« sagte sie mir.

»Nein, ich habe keine ... Meine Sachen habe ich zusammengepackt draußen an der Mauer liegen.«

»Gott bewahre! Wir werden etwas suchen, wo Sie wohnen können. Ich werde Ihnen Nicanor schicken, damit er Ihnen hilft, ein Zimmer in irgendeiner Kolonie zu finden.«

Immer drängte sie mir Nicanor auf. Zurück aus Cuernavaca, begann er als Laufbursche in einer Fabrik zu arbeiten. Als er von seiner Schicht nach Hause kam, fragte Madalenita ihn: »Kennst du nicht zufällig jemanden, der Jesusa eine Unterkunft vermieten kann?«

»Nein, ich weiß nicht, aber wenn es ihr recht ist, dann gehe ich mit ihr auf Suche.«

Er schleppte mich durch all diese Kolonien, durch Rastro und Bondojo und fragte in den Geschäften nach. Denn ich taugte nicht für die Wohnungssuche, ich habe niemals eine finden können, ich meine, eine richtige. Er erkundigte sich, und dann gingen wir sie anschauen, bis wir schließlich in die Kolonie Felipe Angeles kamen, benannt nach dem, den der »Ziegenbart« hinrichten ließ. Dort endlich fanden wir etwas. Die Familie Vidales vermietete mir ein Zimmer; ein großes Zimmer, schlicht und so vier Meter lang. Sie hatten ihren Teil, und außerdem vermieteten sie die unbewohnten Zimmer. Dort blieb ich. Das war vor 21 Jahren.

XXVI.

Felícitas Vidales hatte zehn Kinder. Neun leben noch, denn Rutilio starb an dieser Krankheit, die ähnlich wie die Pocken ist und die die Kinder bekommen. Die Reihenfolge ist: Zacarías, der Älteste, nach Zacarías kommt Fidencio, nach Fidencio Pascualina, nach Pascualina Lola, nach Lola Julio, nach Julio Rutilio, der Verstorbene, nach Rutilio Perico, nach Perico Hilaria und nach Hilaria Blanca. Nicht doch, die Rosa fehlt noch! Die ist noch vor Julio, und nach Julio kommt August*.

Jetzt bin ich ganz durcheinander gekommen. Ich weiß schon nicht mehr, welchen Tag wir jeweils haben. Ist heute Dienstag oder Donnerstag?

Außer daß sie Zimmer vermietete, verkaufte Felícitas Vidales Hüte. Sie kaufte sie in den großen Hutgeschäften in La Merced en gros; aber bevor sie sie verkaufte, mußte sie sie zusammennähen und verzieren. Alle, die ganze Familie, gingen ihr dabei zur Hand, denn etwas anderes konnten sie nicht. Bis zum heutigen Tage haben sie nichts gelernt. Die Mutter war die einzige, die was taugte; sie verhandelte mit den Maurern und baute das Haus. Sie packte zu und besorgte alles, denn ihr Mann, José del Carmen Vidales, war zu nichts zu gebrauchen. »Ich bin der Herr im Hause! Machen Sie mir dies, und machen Sie mir jenes!« sagte er. Aber das war nur Geschwätz. Er hat sich dem Leben nie gestellt. Alles nur Theater. Die, die nichts können, sind so. Sie tönen herum und glauben, daß sie damit ihre Pflicht erfüllt haben. Sie ergehen sich in Geschwätz, aber können damit niemanden täuschen, und mich erst recht nicht, da ich damit schon meine Erfahrungen habe. Alter Schwächling!

Jeden Morgen ging ich arbeiten, nicht mehr als Dienstmädchen, sondern als Waschfrau ohne Logis. Ich verdiente einen Peso pro Tag, und da es für den Bus Fahrscheine zu 25 Centavos für drei Fahrten gab, bezahlten mir die Arbeitgeber die Fahrtkosten, den Peso und meine Verpflegung. So um sieben Uhr morgens ging ich zu den Leuten und verließ sie bei Dunkelwerden. Nach der Kolonie Santa María, in der Nähe von San Cosme, und nach der Straße Alzate, wo ich bei der Frau eines Arabers arbeitete, landete ich in Luis Moya bei der Señora Corcuera, die aus Guadalajara stammte und sehr schöne Augen hatte. Und von Luis Moya schickte man mich zum Liverpul Hochhaus zu Jungvermählten. Da sie dann ein Kind bekamen und einen Innenhof mit Sonne und frischer Luft haben wollten, was ja die Kinder brauchen, zogen sie in eine Wohnung in der Icazbalceta Nr. 17a, die mehr Fenster hatte. Die

---

* »Julio« ist im Spanischen Vorname und Monatsname, daher das Wortspiel.

Señora machte alles selbst, ich machte die Wäsche und bügelte nur. Ich ging zwei Tage in der Woche dorthin, einen zum Waschen und den anderen zum Bügeln. Die anderen Tage wusch ich bei anderen Leuten, bis die Portiersfrau Tránsito zu mir sagte: »Wenn Sie wollen, sorge ich dafür, daß man Sie im ganzen Gebäude beschäftigt.« Die Arbeit war sehr schwer, aber was sollte ich machen?

Abends, wenn ich in die Kolonie Felipe Angeles zurückkehrte, unterhielt sich die Señora Felícitas mit mir. Die war sehr lustig. Sie sang in ihrer Küche vor ihrem Herd, sie sang, während sie die Hüte verzierte, sang zu jeder Stunde. Immer hatte sie den Mund geöffnet und ein Lachen darin. Wenn ich sie fragte, woher sie dieses oder jenes wußte, dann antwortete sie mir: »Ein kleiner Vogel hat es mir erzählt...«, und sie brach in fröhliches Lachen aus. Mit ihren Kindern machte sie es genauso, sie erzählte ihnen die verrücktesten Dinge, sie erzählte von Wolken und Spottdrosseln, daß sie Prinzen auf goldenem Thron sein würden, und alle möglichen anderen Flausen setzte sie ihnen in den Kopf. Ein Geplapper machte sie! Wenn sie zu Ende war, fragte sie: »Zufrieden? Ja? Gut denn, ich gehe dann.«

»Nein, Mama! Gehen Sie nicht! Nein, Mama! Noch eine Geschichte!«

»Der Esel ist zufrieden, wenn er sein Futter im Bauch hat!« Und sie machte auf dem Absatz kehrt und ging... Sie war immer im Gehen oder im Kommen mit ihren abgenutzten Röcken und ihrem Geplapper. Und nicht nur ihre eigenen Kinder, sondern alle Kinder aus der Nachbarschaft scharten sich um sie, um mit ihr zu lachen. Perico, ihr jüngster Sohn, war viel bei mir, denn jeden Tag brachte ich in einem Eßgeschirr, das ich dort noch hatte, die Essensreste mit, die man mir in dem Hochhaus schenkte, und da er sich vor Hunger krümmte, sagte ich dann zu ihm: »Willst du ein Stück Brot?«

»Ja.« Und ich gab ihm ein Brötchen. Wenn ich nach Hause kam, tauchte er auf, um mich zu empfangen. Ich begrüßte ihn: »Kleiner, stinkender Blondschopf«, und er antwortete mir: »Und du, Hasenläufe«. Er hatte Zutrauen zu mir. Er nannte mich Jesutiti, ich weiß nicht, warum. Er kam zu meinem Zimmer gerannt und ich, ich holte ihn herein und servierte ihm immer Karnickel! Die Jungvermählten waren Spanier und waren Karnickel sehr zugetan. Karnickel jeden dritten Tag, und nehmen Sie die Reste mit nach Hause, sonst verderben sie nur. Perico fragte mich dann: »Geben Sie mir einen Centavo und ich bringe Ihnen Wasser.«

»Lauf schon zu!« Und er lief hin und her und hin und her, um das Wasser zu holen. Wenn es hoch kam, dann war er ganze drei Jahre alt, und er brauchte den ganzen Tag dafür, um in kleinen Mengen in einem kleinen Emailletopf das Wasser heranzuschaffen. Meistens verschüttete er es unterwegs, aber da die Mama ihnen beigebracht hatte, über alles und bei jeder Gelegehenheit zu lachen, setzte er sich in das verschüttete Wasser und lachte. Später dann haben ihn die Jungens von der Straße verprügelt und er, statt ihnen die Fäuste zu zeigen, verkroch sich. Er war nie ein Draufgänger. Er hing sehr an mir. Er verbrachte seine Zeit damit, Ausschau zu halten, wann ich nach Hause kam. Für die arme Felícitas waren die vielen Kinder einfach zuviel, und dazu noch dieser derart unverantwortliche Mann. Sie war die einzige, die für die Kinderschar arbeitete. Sie verkaufte Hüte, und samstags kam sie erst um zehn oder elf Uhr nachts nach Hause, und der Kleine irrte umher. Wenn ich dann nach Hause kam, hockten alle bei mir. Aber Perico war der Anhänglichste.

Eines Nachts, als ich etwas früher zurückkam, fand ich sie im Hof sitzend, und mit ihrem Plappermäulchen sagte sie zu mir: »Hören Sie, ich habe eine schlechte Nachricht für Sie. Die Decke in Ihrem Zimmer ist eingestürzt, und ich habe mich erschreckt, denn einer meiner Jungens rannte oben herum und wäre beinahe runtergefallen ...«

Gut also, Gott wollte es. Die Decke runtergekommen, und auf dem Bett lagen die ganzen Trümmer... Und sie unterhielt sich noch mit mir und spielte mit den Kindern, die auf ihr herumkletterten. Sie zwickte sie: »Kille, kille, ich war es nicht, ich war es nicht, es war Teté.« Bis ich ihr dann sagte: »Nun gut, dann werde ich eben hineingehen.«

»Ja, ich auch, ich werde mein Abendessen bereiten.«

Sie ging mit den wie Kletten an ihrem Rock hängenden Kleinen in ihre Küche, und ich begab mich in mein Zimmer, um mir den Schutt anzusehen: Ach je, jetzt, wo ich so müde bin, auch noch den ganzen Dreck wegräumen und die Decken ausschütteln, um überhaupt schlafen zu können! Man hatte oben schon ein paar Bretter hingelegt, die, so gut es ging, das Loch abdeckten, aber wie auch immer, ich mußte den ganzen Müll wegräumen. Ich überlegte gerade, wie ich den ganzen Putz wegschaffen könnte, als Lola kam und mir sagte: »Jesusita, Jesusita, meine Mutter läßt Ihnen sagen, daß Sie sie behandeln sollen.«

»Ach, stör mich nicht! Was hat denn deine Mama? Ich habe doch gerade mit ihr gesprochen. Erzähl mir keine Märchen! Laß mich, ich werde hier meinen Schutt zusammenräumen.«

Die Kleine ging weg, kam aber kurz darauf wieder: »Kommen Sie, seien Sie so gut, meiner Mutter geht es sehr schlecht.«

Als ich eintrat, schaute ich sie mir genau an und sah, daß sie einen Krampf hatte, man würde sagen, sie war praktisch tot ... Der Papa der Kinder hielt sich im Hauseingang auf und rauchte und rauchte. Ich verständigte ihn: »Hören Sie, holen Sie einen Doktor, denn der Señora geht es sehr schlecht.«

»Nein, was heißt hier, es geht ihr schlecht. Das, was sie hat, ist ein Schmerz im Gehirn. Reiben Sie sie mit irgendetwas ein, und sie wird wieder.« Und er fuhr fort, sich mit den anderen zu unterhalten. Dieser Dummkopf, der sich nicht einmal rührte, machte mich so wütend, daß ich ihn anschrie: »Sie werden also keinen Doktor holen?«

»Wozu, wenn sie doch nur ein kleines Unwohlsein hat?«

»Gut denn, wenn sie stirbt, bin ich dafür nicht verantwortlich. Ich wasche meine Hände in Unschuld.«

Tatsächlich waren sie ganz schön schmutzig. Ich drehte mich um und ging. Kurz darauf kamen Zacarías und Fidencio, und die zwei gingen dann den Doktor holen. Er verschrieb ihr etwas, gab ihr eine Spritze, aber ihr Zustand blieb unverändert, immer der gleiche Schmerz im Gehirn. Schlecht ging es ihr, sehr schlecht!

Und der Doktor, uff, der kassierte einen Haufen Geld! Und dann war das eine einzige Versammlung von Doktoren! Und nichts, Felícitas starb dahin! Ein anderer Doktor, der in der Platinos wohnt, wer weiß, ob er da noch wohnt, war der einzige, der herausfand, was sie hatte. Er sagte, daß sie eine Embolie gehabt habe, und begann, sofort etwas dagegen zu unternehmen. Er brachte ihr starke Medikamente, um sie wieder zum Bewußtsein zu bringen, denn sie war wie irre. Sie gewann die Sprache zurück, aber nicht sehr deutlich. Nach drei Monaten sprach sie immer noch alles nur halb aus, so wie die Kinder, wenn sie anfangen, Papa zu sagen. Der Doktor hat den Kindern nahegelegt, daß sie sie nicht aufregen dürften, daß sie ihr gut zu essen gäben, aber leichte Kost, nichts von wegen Rindfleisch, nur Fisch und Huhn mit Reis; daß sie ihr die Injektionen gäben und ihr auf jeden Fall die Stärkungsmittel einflößten. Felícitas war am Ende durch die vielen Kinder, die sie aufzuziehen hatte, und eins kam gleich nach dem anderen wie bei einem Hinterlader; fünf Mädchen und fünf Jungen. Ich glaube, daß sie davon aufgezehrt war; und selbst wenn sie sich besser hätte ernähren können, wären es immer noch zuviele Kinder für solch eine schmächtige Mutter gewesen. Die Jungens ernähren sich, bevor sie geboren werden, von der Lunge der Mutter, und die Mädchen ernähren sich vom Magen. Die Jungen von der Lunge, um Puste zu haben, und die Mädchen, weil sie den Bauch viel gebrauchen werden, deshalb ernähren sie sich vom Magen.

Eines Tages kam Zacarías seine Mutter besuchen: »Wie geht es Ihnen?«

»Besser, mein guter Sohn.«

»Gut, dann gehe ich als Erntearbeiter in die Vereinigten Staaten, denn durch Ihre Krankheit haben wir uns sehr verschuldet... Meine Brüder sollen hier bleiben und die Hütte verkaufen.«

So wie die Dinge lagen, was kümmerte das alles Felícitas? Sie sagte gar nichts. Schon vor einiger Zeit war ihre Fröhlichkeit verwelkt. Ich weiß nicht, als was Zacarías in den Vereinigten Staaten gearbeitet hat, aber er schickte seiner Mutter und seinem Vater immer Geld. Und ich zahlte ihnen sieben Pesos im Monat für ein Zimmer ohne Küche.

Zacarías hatte sich mit einer Frau eingelassen, die dann bei ihnen auftauchte und anfing: der Blondschopf gefiele ihr. Und er gefiel ihr so gut, daß sie ihn auch herumkriegte. Felícitas sagte nichts; sie lachte nur, bis sie eines Tages wütend wurde, denn fast alle ihre Söhne waren blond, und die Hergelaufene, nicht nur, daß sie sich aufdrängte, sondern sie war auch noch dunkelhäutig. Sie ließ nicht locker, bis sie bis über beide Ohren schwanger war. Da sie nicht seine Frau war, ging Zacarías weg, ohne ihr Bescheid zu sagen, aber die Nachbarn erzählten ihr, daß er als Feldarbeiter in die Vereinigten Staaten gegangen war. Eines Tages, als sie Post von Zacarías bekommen hatte, kam sie und schrie Felícitas an: »Alte Vettel, Sie wollten mir nie sagen, wo mein Zacarías ist, aber er hat mir geschrieben, damit Sie es nur wissen! Hier, er schickt mir zehn Dollar, alte Ziege!« Und aufgrund dieses Wutausbruchs der störrischen Schwiegertochter starb Felícitas in derselben Nacht.

Die Frau von Zacarías nennen die Leute »Panther der Verleumdung«. Wer weiß, wie sie wirklich hieß! Auf alles antwortete sie mit Grobheiten und Anmaßung, und die Señora Felícitas war von anderer Art, ganz anders. Bis zum heutigen Tag kann ich diese Frau nicht leiden, obwohl Zacarías mit dieser Hergelaufenen noch mehrere Kinder hatte.

Als Felícitas gestorben war, wozu sollte ich da noch weiterhin bleiben? Ich zog in die Kolonie La Joya, gleich neben der Felipe Angeles, in diesen Saustall, wo Sie mich heute sehen. Aber das hinderte mich nicht daran, die Vidales zu besuchen. Felícitas vererbte ihnen das Haus, das bezahlt und fertig gebaut war, und viel Arbeit, mehr als 5 000 Pesos in Waren. Nur, der Vater verfiel dem Suff, und er und die Schwägerin brachten alles durch mit ihrer Sauferei. Rogaciana, im Gegensatz zu Felícitas, war sehr verantwortungslos und ist es auch heute noch. Ich hasse diesen alten Fatzke von José del Carmen Vidales, weil er alles vertrunken hat. Es war nicht nötig, daß seine Kinder derart Mitleid erregend herumliefen. Wenn Felícitas doch dafür gearbeitet hatte und ihnen deshalb auch Arbeit zurückgelassen hatte. Als das Haus verloren, bat mich José del Carmen Vidales: »Besorgen Sie mir ein Grundstück in Tablas de San Agustín.«

»Womit?«

»Mit dem, was Zacarías aus den Vereinigten Staaten schickt. Das reicht für die Einstiegsquote.«

»Hören Sie, gehen Sie nur selbst.«

»Machen Sie schon, lassen Sie Rosa eintragen!«

Da es ihm weder gefiel, sich herumzustreiten, noch Papiere zu unterzeichnen, brachte ich die Kleine hin, die Schwester von Perico, und ließ das Grundstück auf ihren Namen schreiben. Ich sprach für sie, ließ Fotos von ihr anfertigen, damit man mir den Beglaubigungsschein aushändigte. Die Präsidenten der Kolonie Tablas de San Agustín, sehr freundlich, schrieben alle Leute ein, die vorsprachen und die Einstiegsquote bezahlten. Es interessierte sie nicht, ob das minderjährige Kinder waren oder gar Hunde, Hauptsache, sie brachten die Centavos an. Man gab uns ein großes Stück, und der Witwer begann, darauf zu bauen: zwei mit Brettern abgedeckte Zimmer. Dort lebte die ganze Familie außer Pascualina und Lola, die ihrer Wege gingen. Pascualina war wie Felícitas, nur daß sie mit zwölf begann, durch die Straßen zu flanieren, und Lola äffte sie nach und entschwand ebenso. Wenn ihre Mutter ehrenwert und ordentlich gewesen war, so trugen sie, die fast noch Kinder waren, Löckchen an den Schläfen wie Zirkusäffchen und begannen mit der Pflastertreterei, als sie noch die Muttermilch auf den Lippen hatten. Mir tat es weh zu sehen, wie sehr die Kinder litten, und ich sagte zu ihnen: »Gut, kommt mich besuchen, und ich werde euch euren *Taco* geben, aber erzählt eurem Vater nicht, wo ich wohne.«

Als Zacarías aus den Vereinigten Staaten zurückkam, forderte er sein Geld zurück, und um es ihm geben zu können, mußte José del Carmen Vidales das Grundstück verkaufen. Er ließ die schon gemauerten Wände zurück und stand vor dem Nichts.

»Jesutiti, Jesutiti, mein Vater wird zu Ihnen kommen, weil wir kein Dach mehr über dem Kopf haben. Er hat das Grundstück verkauft, weil Zacarías ihm das Geld geschickt hatte, damit er es für ihn aufbewahrt, und nicht, damit er es ausgibt!«

»Habe ich dir nicht gesagt, daß du ihm nicht erzählen sollst, wo ich wohne? Soll er doch die Verantwortung übernehmen! Alter Nichtsnutz! Es wird Zeit, daß er seinen Mann steht!«

Ein paar Tage darauf erschien er. Da war nichts zu machen! Das ja, er kam sehr ordentlich herausgeputzt. Gott weiß, wer ihm seine Wäsche gewaschen hatte.

»Ich komme zu Ihnen, damit Sie mir eine Unterkunft suchen.«

Ich sprach dann mit Casimira, der Hausbesitzerin, daß sie mir das Zimmer neben dem meinen, das unbewohnt war, vermietete. Und da hinein verfrachtete ich sie alle. Ich sagte zu José del Carmen, daß er seinen ganzen Kram dort verstauen sollte; Ziegelsteine und Latten und Draht, einen Eimer mit allem möglichen darin, außerdem das Bündel mit seinem Plunder. Ich dachte bei mir: Gut also, mögen sie hier bei mir bleiben. Was soll ich tun? Ich kann sie doch nicht auf die Straße werfen! Ich fragte den Alten sogar noch: »Werden Sie auf mich hören und den Kindern ein Heim schaffen?«

»Gewiß, Jesusita ... wenn ich mich erst wieder aufgerappelt habe, zahle ich Ihnen auch Miete.«

Inzwischen lieferte ich die Bohnen oder sonst irgend etwas, was sie essen konnten. Die Mädchen wollten den ganzen Tag an mir hängen, und wenn ich von der Arbeit nach Hause kam, kletterten sie auf das Bett: »Gib mir ein Küßchen, Jesutiti!«

»Mach schon, einen Schmatzer.«

»Ein Küßchen auf den Mund.«

Felícitas hatte das ihren Kindern so angewöhnt. Sie küßte sie auf den Mund, auf das Hinterteil, wo sie gerade hintraf. Das brachte sie zum Lachen, alles brachte sie zum Lachen. Blanca, die Kleinste, blieb bei ihrer Tante Rogaciana und Zacarías bei der *»Pantera«*. Er ging immer seine eigenen Wege.

José del Carmen arrangierte sich ein paar Tage lang. Dann lachte er über mich, weil ich mir Julio an eine Seite packte und Pico an die andere. Ich schob zwei Stühle zusammen und legte ein Brett darauf.

»Sie sind wie eine Henne mit ihren Küken.«

»Selbst wenn ich wie eine gluckende Henne bin, was hilft's. Ich kann nichts daran ändern, daß sie zu mir heranrücken.«

Sie waren noch klein, sie brauchten Mutterwärme, und beide krochen zu mir heran. Kurz darauf traf José del Carmen Rogaciana wieder, und sie verfielen wieder dem Suff. Seine Kinder interessierten ihn nicht mehr. Er war 50 Jahre alt. Er war weder groß noch klein, auch nicht beleibt. Er stellte nichts dar. Das einzige, was er tat, war, den ganzen Tag *Pulque* zu trinken.

Die Nachbarn sagten nichts, als der Witwer zu mir zog; sie hatten mir nichts zu sagen, solange ich meine Miete zahlte. Nachts kam er nach Hause und haute sich auf dem Fußboden auf ein paar ausgebreitete Kartons hin und schlief dort seinen Rausch aus. Die Kinder waren sehr anhänglich: »Kitzele mich, krabbel mich ein bißchen!« Es gefiel ihnen, an sich herumzufingern; immer fummelten sie dort herum, wo sie nicht sollten. Sie lebten drei Jahre bei mir. Eines Tages, als ich ihnen gerade das Abendessen vorsetzte, packte Pico in meinem Beisein und vor seinem Vater und seinen Geschwistern sein Bündel und machte sich davon. Und keiner hinderte ihn. Er ging auf und davon, weil es ihm so in den Sinn kam. Ich sagte zu José del Carmen: »Es ist Ihre Pflicht als Vater, ihn aufzuhalten.«

»Gott bewahre mich! Soll ihn der Sonstwer holen ... Ich esse jetzt. Ich lasse nichts zurückgehen.«

»Der Sonstwer wird ihn nicht mitnehmen. Er kann Sie mal, oder er kann Sie nicht, ich jedenfalls werde ihm den Marsch blasen.«

»Machen Sie, was Sie wollen.« Und er fuhr fort, sein Essen runterzuschlingen.

Aber ich, nichts wie auf und raus. Ich holte Perico in der Nähe des Stalles der Kolonie La Joya ein. Und von dort prügelte ich ihn nach Hause. »Mach, daß du nach Hause kommst, sonst wird es dir noch schlimmer ergehen!« Und ich brachte ihn zurück. An jenem Abend wollte er nichts essen. Der Vater aber, der legte sich ruhig schlafen.

Von da an begann ich, Perico zu verprügeln: »Ich liebe dich sehr, aber ich werde nicht zulassen, daß du tust, was du willst. Ich werde dich züchtigen.«

In dem Maße, wie sie heranwuchsen, nahm die Tante Rogaciana die Kinder zu sich. Kaum hielt sie sie für kräftig genug, hämmerte sie ihnen ein, daß ich sie zu meinem Vorteil bei mir behielte, um sie für mich arbeiten zu lassen und damit sie für mich sorgten, und sie nahm mir einen nach dem anderen weg. Sie war keine kräftige Frau; sie war nur eine alte Säuferin. Sie war ganz aufgedunsen vom Alkohol, wie eine Tonne sah sie aus. Rogaciana lief immer mit abgelaufenen Schuhen, einem dreckigen Umschlagtuch und schmutziger Schürze herum. Die Kinder stromerten herum, denn bei ihr konnten sie tun und lassen, was sie wollten, und sie warf sich mit ihnen sogar aufs Bett, um sie zu kitzeln, zu krabbeln und zu streicheln ... Und schließlich blieb mir nur noch Perico.

Zu Anfang schloß ich meinen Perico im Zimmer ein. Ich machte das Schloß vor, und so wie ich diese Tiere einschloß, schloß ich auch ihn ein. Um sieben Uhr morgens ging ich zum Wäschewaschen, und nachmittags um fünf Uhr kam ich zurück. Und der Junge war hier die ganze Zeit allein, ohne seine Geschwister, und weinte und weinte und weinte.

»Warum hast du nichts gegessen? Ich habe dir das Essen hingestellt.«

»Weil ich keinen Hunger habe.«

»Und warum weinst du dann?«

»Weil ich eingeschlossen war.«

»Gut, dann komm mit mir.«

Da es ihm an allem fehlte, kostete es mich große Mühe, ihn aufzuziehen. Er konnte kein Essen bei sich behalten. Seine Mutter gab ihm immer nur Zitronen-Tee oder schwarzen Kaffee, Tortillas und gekochte Bohnen. Und ich, in meiner Armut, habe in so vielen Häusern gearbeitet, daß ich an alle möglichen Speisen gewöhnt bin. Das war ein Elend, denn er vertrug nichts. Ich glaubte, daß er sterben würde. Ich begann dann, ihm Fleischbrühe einzuflößen, und machte ihm Haferflocken und Milchkaffee, wenn ich konnte auch Schokolade, und so gewöhnte ich seinen kleinen Magen nach und nach an anderes Essen. Als ich bei der Frau des Advokaten Pérez arbeitete, rief diese Perico immer, nachdem sie ihre Kinder abgefüttert hatte, und von allem, was ihre Kinder aßen, gab sie auch Perico, denn sie sagte mir, daß er sehr schwächlich wäre. Sie schenkte mir ein Stärkungsmittel, einen Teelöffel dreimal pro

Tag, und durch diese Art Glühwein bekam er einen roten Kopf, so als ob man ihm rote Bäckchen aufmalte. Pico war von heller Hautfarbe mit einem roten Haarschopf. So war er von Geburt an. Felícitas war blond, und er hatte einen Kopf wie ein Streichholz. Mein Pico lernte zu essen und wurde kräftig.

Eins hämmerte ich ihm ein: daß er nicht betteln sollte, daß er keinen Grund dazu hätte. Einmal habe ich ihn bestraft, denn kaum war er mit Frühstücken fertig, ging er nach draußen und stellte sich vor der Tür auf. Eine Familie war gerade dabei, Mittag zu essen, und man gab ihm einen *Taco*. Man gab ihm einen *Taco,* verstehen Sie! Und dann steckte ich meine Nase nach draußen, und was sehe ich, ihn mit seinem *Taco*.

»Und du, was soll das?«

»Nichts.«

Man sagte mir: »Wir haben ihm einen *Taco* gegeben, Señora.«

»Ja, Señora, vielen Dank.«

Und ich, ich verfrachtete Perico ins Zimmer.

»Komm nur her, mach schon! Iß deinen *Taco* erst einmal, und dann hole ich den Topf, nur zu, und den ganzen Topf Bohnen wirst du essen und all diese Tortillas, und wenn nicht, dann prügele ich dich windelweich, denn ich mag es überhaupt nicht, daß du hungrig bleibst und daß du dich an anderer Leute Türen stellst. Du bist noch nicht voll? Da du noch nicht satt bist, jetzt wirst du satt werden. Mach zu, iß deinen *Taco* auf, und dann schlag dir den Bauch voll mit dem, was ich dir gebe!«

»Ich kann nicht.«

»Sofort wirst du mir das aufessen! Ich werde dir das schon austreiben, vor anderen Türen wie ein Hund herumzulungern.«

Dort hatte ich ihn hingesetzt, und ich stand vor ihm mit einem Stock in der Hand.

»Wenn du das nicht aufißt, verprügele ich dich. Mal sehen, was du vorziehst!«

»Ich kann nicht.«

Er fing an zu weinen, weil er nicht mehr wußte, wie er alle diese Bohnen aufessen sollte.

»Mach zu! Da hast du den Löffel und hinein damit, wie auch immer, aber du wirst das hinunterschlingen.«

Ich erreichte, daß er alles aufaß. Ich dachte bei mir: Er wird auf dem Friedhof landen, aber ich werde ihm diese Herumnascherei austreiben. Welch wunderbares Mittel! Niemals mehr stellte er sich vor anderer Leute Türen.

Die Bettücher sind für eine Wächerin sehr schwer zu handhaben, denn man muß sie bearbeiten und dreimal spülen; dann breitet man sie an der

Sonne aus, sammelt sie wieder ein, bearbeitet sie wieder und spült sie noch einmal. Ich hatte täglich Bettücher zu waschen. Ich wusch sie viermal. Beim ersten Mal entferne ich den Staub nur mit klarem Wasser; ich bearbeite sie kräftig, damit der ganze Körperdunst rausgeht und auch die kleinen Härchen. Dann seife ich sie ein und lege sie in eine Wanne, damit sich der Schmutz löst; wenn alle Laken in Seifenlauge eingeweicht sind, dann hole ich eins nach dem anderen heraus, schrubbe es und lege es auf die Seite. Wenn ich die ganze weiße Wäsche geschrubbt habe, dann tue ich die Buntwäsche zum Einweichen in die Seifenlauge, die in der Wanne übrig geblieben ist. In der Zwischenzeit bringe ich die ganze weiße Wäsche in einem Waschzuber nach oben, um sie mit frischer Seife an der Sonne auszubreiten. Wenn sie trocken ist, sammele ich sie wieder ein. Ich ziehe sie erneut durch sauberes Wasser und seife sie noch einmal ein; wenn ich dann sehe, daß die Wäsche nicht mehr schmutzig ist, rubbele ich sie, spüle sie gut und lege sie zum Trocknen aus, und dann kommt die Buntwäsche an die Reihe. Die weiße Wäsche wird immer getrennt gewaschen; es gibt Leute, die waschen alles zusammen, und dann ist die weiße Wäsche verfärbt. Ich hatte täglich viele Bettücher zu waschen, und manchmal, wenn ich sah, daß man sie mir noch ziemlich sauber übergab, wusch ich sie nur einmal, aber wenn ich sie mir auf dem Trockenplatz dann genau anschaute, sah ich, daß sie ganz schwarz waren. Kleine Fettflecke traten hervor. So täuscht einen der menschliche Körper. Dann muß man sie doch genauso waschen wie die anderen, und nicht zu knapp, wenn nicht, dann wäscht man sie besser gar nicht erst. Waschen ist eine schwere Arbeit, aber meiner Meinung nach ist Kinderhüten noch schlimmer. Ich, ich habe Kinder nie gemocht. Sie sind sehr lästig und schlecht. Periquite hatte ich, nicht etwa weil ich das so wollte, aber was sollte dieses schmächtige Kerlchen ohne Mutter und an mich gewöhnt denn anfangen? Was sollte ich tun? Ihn auf die Straße werfen! Ich mußte für ihn sorgen, so als ob es mein Kind, mein eigenes gewesen wäre, denn, das kam noch hinzu, er war wie ein Schoßhündchen, alle mochten ihn; er war ein sehr fügsames Kerlchen, sehr sehr folgsam. Man hat sich niemals über ihn beschwert: »Hören Sie, Ihr Kind hat dies und jenes getan.« Denn, wenn ich oben beim Waschen war, war er auch da und spielte, was ihm in den Sinn kam, aber immer in meiner Nähe; daß er auf die Straße gelaufen wäre, daß er im Hof irgendetwas anstellte oder herumrannte, nein, nichts dergleichen. Wenn er müde wurde, legte er sich unter den Waschplatz und schlief dort ein. Und wenn er merkte, daß ich mit der Wäsche auf die Dachterrasse ging, ging er mit mir, und hinterher legte er sich wieder unter den Waschplatz. Er bereitete mir keine Unannehmlichkeiten. Im Gegenteil, ich war es, die zu ihm sagte: »Geh und spiele Ball mit den anderen Jungens.«

»Aber gehen Sie nicht weg!«

»Wie soll ich denn weggehen, wenn ich doch soviel Wäsche habe?«

»Ach nein, ich helfe Ihnen lieber.«

Er brachte mir die Waschzuber mit Wäsche hoch, um sie in der Sonne aufzuhängen, und wenn die weiße Wäsche fertig gespült war, dann brachte er mir die Buntwäsche hoch, und dann half er mir, sie auszubreiten. Und wenn nicht, dann sammelte er alle Servietten zusammen und wusch sie für mich; die Socken wusch er sehr gut und fragte mich: »Sind sie sauber genug, um sie zum Trocknen hinzulegen?« Und schon ging er mit dem Waschzuber nach oben, um sie auszulegen. Taschentücher. Alle Taschentücher hat Perico mir gewaschen, und wenn sie sauber waren, legte er sie an die Sonne, hinterher sammelte er sie ein und spülte sie.

»Kann ich sie aufhängen? Haben Sie nachgeschaut, ob sie in Ordnung sind?«

Ich schaute sie durch und sagte zu ihm: »Geh schon und häng sie auf!«

Er ging mir sehr zur Hand. Sogar darin war er anders, dieser kleine Junge; er war ein guter Junge. Und das, obwohl ich ihm nie die Zügel locker gelassen habe; ich hielt ihn immer schön kurz. Er war schon immer sehr schüchtern gewesen, er fühlte sich nicht wohl allein, immer hing er mir am Rockzipfel. Er spielte weder Murmeln noch sonst irgendetwas mit den anderen, er spielte allein. Wenn er rausging, dann entfernte er sich nicht; er blieb im Hausflur, schaute dem Spiel zu und achtete darauf, was ich tat, denn er hatte Angst, daß ich ihn verliere. Er hatte immer diese Angst. Er zog es vor, Spiel Spiel sein zu lassen und bei mir zu bleiben. Die jungen Männer in dem Hochhaus brachten ihn zur Verzweiflung; sie nahmen mich zum Tanz mit, sie luden mich zu einem Spaziergang ein, und er zog sich zurück und knabberte wie verrückt seine Fingernägel ab, ich glaube aus Nervosität. Ich legte ihn auf zwei Stühlen zum Schlafen: ich legte ein Brett auf die beiden Stühle und darauf seine Matratze. Er klammerte sich an meinen Arm, hielt meine zwei Hände fest und drückte sie so, so drückte er sie an sich und sagte: »So merke ich, wenn Sie mich loslassen.«

»Oh, mein Gott!«

»Sie können gehen, wenn ich eingeschlafen bin.«

XXVII.

Ich, ich bin nicht von der liebenswürdigen Sorte, ich mag die Menschen nicht. Ich habe immer einen trockenen Charakter gehabt. Ich bin nie mit jemandem warm geworden. Ich war immer zänkisch, und ich habe eine laute Stimme: »... Sei still, laß das!« Ich kann nicht anders reden. Die Kinder suchen meine Nähe, weil sie das wollen, nicht etwa, weil ich sie verhätschele oder so, Gott bewahre mich. Ich stoße alle Leute vor den Kopf, bin barsch, auch mit meinen Tieren.

Perico, ja, der war zutraulich. Er sagte immer zu mir: »Legen Sie sich hin, legen Sie sich nur hin, ich werde die Bohnen einweichen, ich werde aufräumen, werde aufwischen.« Morgens sprang er förmlich aus dem Bett: »Bleiben Sie, wo sie sind! Ich gehe einkaufen!«

Ich mußte trotz allem aufstehen, denn während er irgend etwas holen ging, überlegte ich: Ich werde Wasser aufstellen, denn sonst schaffe ich es nicht. Wenn er sich früh genug um Teig anstellte, dann machte ich ihm noch ein halbes Kilo Tortillas, damit er etwas zu essen hatte, wenn er Hunger bekam.

Perico nannte mich immer Jesusa. Wenn die Leute ihn fragten: »Wo ist die Señora?« antwortete er: »Wer? Meine Mama? Da drinnen ist sie.« Aber zu mir direkt sagte er nicht »Mama«, das habe ich nie zugelassen: »Ich bin deine Mutter, weil ich dich aufziehe, aber ich habe dich nicht geboren, du weißt das.« Und ich erinnerte ihn daran, daß seine Mutter gestorben war.

Der berühmte Spruch, daß die mehr Mutter ist, die ein Kind aufzieht, als die, die es geboren hat, ist entschieden eine Lüge. Daß man sich fremder Kinder bemächtigt, das ist nicht in Ordnung. Ich kann die Leute nicht ausstehen, die sich damit rühmen, daß Gott ihnen keine zugestanden hat. Daß sie einen aufziehen, nun gut, vielen Dank, sehr verbunden, aber sie sollen nicht versuchen, den Platz einzunehmen, der ihnen nicht zukommt. Meine Stiefmutter hat auch nie zu mir gesagt, daß ich sie »Mama« nennen soll, ich sagte immer »Señora Evarista«. Daß sie eine Mutter für mich war, das streite ich nicht ab, denn wenn sie mich nicht erzogen hätte, nun, was wäre dann aus mir geworden? Aber ich wußte, daß meine Mutter jemand anderes war, und zwischen uns beiden gab es deshalb nie so etwas wie »Mama« oder »meine Tochter«.

Ich nahm Perico immer zu Allerheiligen und zum Muttertag zur *Geistlichen Gemeinschaft* mit, damit er seine Mutter begrüßt. Er sprach mehrmals mit ihr; ich stellte ihn vor, wie es sich gehört, und von all seinen neun Geschwistern war er der einzige, der den Segen der Mutter bekam. Felícitas bedankte sich bei mir und vertraute mir nicht nur Perico, sondern auch alle anderen an, deshalb kümmerte ich mich anfangs um sie. Den einzigen, den sie mir nicht ans Herz legte, war ihr Mann. Sie tat gut daran. Was hätte ihr das eingebracht? Wenn die Toten einmal die anderen Welten durchstreifen, erinnern sie sich nicht mehr an die materiellen Dinge der Erde. Weder die Männer erinnern sich an die Frauen, noch die Frauen erinnern sich an die Männer. Aber Felícitas büßte wegen ihrer Kinder, denn das war ihre Mission. Sie wird nicht eher Ruhe finden, als bis sie alle zusammen hat, denn bisher hat sie nur einen bei sich, Rutilio. Erst wenn sie alle an Gott zurückgegeben hat, erst dann wird Felícitas ihre Schuld beglichen haben!

Seine Mutter gab Perico in dem geistlichen Tempel, der sich in Niño Perdido befand, gute Ratschläge; sie empfahl ihm, sich sehr um mich zu kümmern, daß er mir in allem gehorche. Perico erkannte ihre Stimme nicht, denn als sie starb, war er noch so klein, daß er sich nicht erinnern konnte. Sie starb früh morgens, als er noch schlief. Er war aufgestanden und ging, wie jeden Tag, mit den anderen Kindern der Kolonie spielen. In der Felipe Angeles wurden Abwasserkanäle ausgehoben, und dort spielten die Jungens herum. Perico war gerade dabei, auf den Rohren herumzuturnen, als wir mit dem Sarg vorbeizogen. Wir ließen ihn dort und gingen seine Mutter beerdigen. So kam es, daß Perico nicht einmal wußte, was der Tod ist.

Ich rede nicht gerne mit den Leuten. Wenn ich hier zu Hause bin, spreche ich lieber mit meinen Tieren: »Kommt rein!« oder »Kommt da herunter!« oder »Schlaft jetzt!« oder »Ruhe«, so höre ich meine Stimme, aber mit den Nachbarn rede ich wenig. Ich bin schon sehr komisch. Tránsito, die von dem Hochhaus, die konnte man nicht überhören; sie ratterte den ganzen Tag wie eine Mühle. Sie kam zu den Waschplätzen, um sich zu unterhalten; sie selbst feuerte sich an. Sie sagte dann zu mir: »Laß uns da und dort hingehen, Herzchen!«

»Und mein Junge?«

»Wir nehmen ihn mit, Herzchen.«

Sie hatte einige *Comadres* in der Nr. 20, und dorthin gingen wir zum Essen, aber ich bin eben ziemlich komisch; bei fremden Leuten schmeckt mir das Essen nicht. Tránsito beschwerte sich, daß sie sich in Mexiko City nicht auskannte, daß ich sie begleiten sollte. So kam es, daß wir zusammen ausgingen, sie mit ihren enganliegenden Röcken und ihrem Geplapper, Mädchen hier und Mädchen da, und ich daneben fast stumm, redete nur das Nötigste. Ich habe eben einen anderen Charakter, und sie ist fröhlicher, sehr kontaktfreudig; die unterhält sich mit Hinz und Kunz, ich bin da wählerischer. Als junges Mädchen habe ich viel gesungen, war sehr lebhaft, und selbst noch, als ich nach Icazbalceta kam, habe ich gerne gesungen, aber jetzt mag ich mit praktisch niemandem mehr reden.

Vor zwölf oder dreizehn Jahren hat mich Tránsitos Mann, der, den sie damals hatte, denn sie wechselte sie wie das Hemd, an seinem Namenstag zum Tanzen ausgeführt, aber nach nur einem Tanz wurden mir die Beine steif.

»Ich kann nicht mehr.«

»Aber wir haben doch gerade erst angefangen! Warum nicht?«

»Nein, mein Herr, entschuldigen Sie vielmals, aber nein.«

Die Beine versagten mir vollkommen den Dienst, um mich an das Versprechen zu erinnern. Die *Geistlichen Brüder* lassen mich einen Tanz tanzen, aber keine zwei oder drei. Und ich setzte mich neben meinen Perico. Tránsito liebte die Männer und die Feste. Sie war rundum zufrieden. Es gibt solche Frauen, unersättlich, die diese Unruhe in sich haben. Tránsito war ziemlich dreist. Nur die Herumtreiberei befriedigte sie. Eines Tages sagte sie zu mir: »Ich habe mir einen Spanier angelacht, ich habe einen Spanier, einen Spanier.« Sie plapperte wie eine Kastagnette. Herrje, wie sie angab! Bis ich ihn dann eines Nachmittags selbst sah. Ich sagte: »Also dieser Mann hat etwas von allem Möglichen, aber von einem Spanier hat er nichts. Er ist ein Indio, und dazu noch ein ziemlich dunkelhäutiger.«

Ich sagte zu Tránsito: »Nein, also die Spanier sind nicht so dunkel, erzähl mir doch nichts. Dieser Mann ist kein Spanier!«

»Er ist aber aus Spanien gekommen.«

»Er wird dort hingegangen sein.«

Da er, wie die Krämer, eine Baskenmütze trug, hielt sie ihn eben für einen Spanier.

Dieser Ehemann, den sie sich geangelt hatte, war, damit Sie klarer sehen, der Sohn von General Felipe Angeles. Nach vielem Gerede stellte sich heraus, wer Rafael Angeles war. Er kam mit einer Spanierin nach Mexiko City, die ihn im Krankenhaus gepflegt hatte, denn er wurde im Krieg der Republikaner verletzt. In Mexiko City lernte er dann Tránsito kennen, denn sie nimmt alles, was ihr über den Weg läuft... Sie braucht nur jemanden, der sie aushält, und dann tauscht sie ihn für nichts in der Welt ein! Angeles lebte mit Tránsito eine Zeitlang zusammen und besaß die Unverschämtheit, sie seiner Spanierin am Neujahrstag vorzustellen, und mir tat es leid, die arme Frau mit all ihren Kindern zusammen mit Tránsito feiern zu sehen. Tránsito interessierte lediglich, daß Rafael blechte, sie ausführte und sie unterhielt. Diese Frau war das, was der Satan verpfändete und niemals auslösen konnte.

Obwohl Rafael Angeles ein Draufgänger war, war er ein gutmütiger Mann. Er verschaffte Tránsitos Sohn eine Arbeit bei diesen Lichtreklamen, die man auf den Dächern der Häuser installiert, und er erkannte ihn an, obwohl er nicht sein Sohn war, sondern Sohn der Mexikanischen Revolution, nun gut, damit will ich sagen, daß er mitten im Getümmel geboren wurde. Angeles gab ihm seinen Namen und besorgte ihm diese Stelle bei der Neon-Reklame, und nie hat er es versäumt, ihm Geld zukommen zu lassen, weder ihm noch Tránsito. So kam es, daß der Junge Miguel Ángeles hieß.

Zwischen einem Aufbäumen und dem anderen gab Tránsito Schreie von sich, aber echte Schreie, denn die Schmerzen beim Abtreiben sind schlimmer als die Schmerzen bei einer richtigen Geburt.

»Was ist mit Ihnen?«

»Ich war beim Doktor, und er hat mir die Sonde eingeführt.«

»Und warum das?«

»Eben darum.«

»Aber schauen Sie doch, wie schlecht es Ihnen geht mit einer derartigen Blutung.«

Und da sie schon soviel Blut verloren hatte, wurde sie ohnmächtig und fiel hin. Ich dachte bei mir: Diese Frau wird sterben, und ihre Eltern werden sich beschweren, daß sich keiner gefunden hat, der sie verständigt. Und diesmal bekam ich es mit der Angst, und ich habe schnell ihre Mutter und ihren Vater benachrichtigt: »Kommen Sie, denn Tránsito geht es sehr schlecht. Wer weiß, ob sie nicht sogar sterben wird!«

Voller Schmerz erschienen die Mutter und der Vater. Das war das letzte Mal, daß ich sie in solch schlechter Verfassung sah. Am nächsten Tag ging ich sie besuchen: »Wie geht es?«

»Es geht mir schon besser.«

»Hören Sie! Warum haben Sie mir nicht früher Bescheid gesagt, daß es Ihnen nicht gut geht, dann hätte ich Ihnen einen Tee gemacht.«

»Nein, das hätte nichts mehr genutzt; es wurde Zeit, daß ich es los wurde.«

»Was los wurde?«

»Na, das Kind.«

»Aber, warum haben Sie es abgetrieben?«

»Warum sollte ich es behalten?«

»Und warum lassen Sie sich dann mit den Männern ein, wenn Sie nicht wollen, daß man Sie bedient?«

»Nein, mit Miguel habe ich genug. Das reicht mir.«

Sie hat nur einen Sohn, aber einen Haufen andere hat sie weggeschmissen, abgetrieben im dritten oder vierten Monat, wenn das kleine Wesen schon fertig gebildet war. Es gibt viele Frauen, die sich die Kinder wegmachen lassen. Wenn sie ihrer Sache nach zwei, drei Monaten sicher sind und nichts passiert, dann gehen sie zum Arzt, und der Grobian, der sagt: »Ein anderer hat es dir angehängt, ich hole es dir wieder heraus. Zahl mir soundsoviel! Ich lebe von deinem toten Kind.« Die Frau bezahlt ihn, und er führt ihr diese Art Schlauch ein, ich weiß nicht wieviele Meter davon, und das reicht dann aus, um abzutreiben. So acht- oder neunmal dürfte Tránsito abgetrieben haben. Und das während der Zeit, wo ich dort gearbeitet habe. Deshalb ist sie auch so dick geworden. Sie hatte einen nicht häßlichen Körper; sie war schlank, gut proportioniert. Heute ist sie fett, häßlich, mit kurzen Armen, die wie Gelatine wakkeln. Außerdem läuft sie immer fettglänzend herum, weil sie sich mit soviel Pomade einschmiert.

Die Frauen werden dick, weil sie soviel Luft aufnehmen, und die Luft schadet ihnen; die füllt sie von innen. Einer schwangeren Frau öffnen sich alle Poren des Körpers, um die günstigen Strömungen aufzunehmen, aber Tránsito hatte nichts in sich; deshalb füllte sie sich mit der Luft all der Kinder, die sie umgebracht hatte.

Perico war zehn Jahre alt, schon bald elf und wollte nicht zur Schule gehen, weil er glaubte, daß ich ihn verlassen würde. Sein Vater hatte ihn schon sehr früh eingeschrieben, aber da er so klein war, verhauten die Großen ihn, und dann ist er nicht mehr hingegangen, bis ich ihn in der Schule der Ciudadela, in der Nähe von Icazbalceta, angemeldet habe. Er wollte sich nicht von mir losmachen, aber eines Tages sagte ich: »Wie das, willst du vielleicht unfähig und dumm wie ein Esel bleiben? Du mußt irgendetwas lernen in deinem Leben, ich will nicht, daß du so wie ich endest.« Und ich verprügelte ihn ordentlich, und dann nichts wie zur Schule. Ich zwang ihn. Entweder tust du, was ich von dir verlange, oder ich bringe dich dazu. Ich wollte nicht, daß er als Lastenträger endete, ich wollte, daß er etwas Ordentliches lernte. Ich kaufte ihm die Bücher, die Hefte, alles, was er brauchte. Heutzutage braucht man die Bücher nicht mehr zu kaufen, aber als Perico zur Schule ging, habe ich sie bezahlen müssen.

So um zwei Uhr nachmittags brachte ich ihn hin. Ich badete ihn, kämmte ihn und zog ihm saubere Wäsche an. Ich brachte ihn hin und holte ihn ab, und seine Schulkameraden hänselten ihn: »Da kommt dein Dienstmädchen.«

Er bekam einen hochroten Kopf: »Das ist nicht mein Dienstmädchen, das ist meine Mama.«

Sie glaubten ihm nicht. Sie dachten wohl bei sich: »Diese dunkelhäutige Alte soll seine Mutter sein?«

Später dann rief ich ihn zur Vernunft: »Ach, du! Was können sie dir denn?«

»Sie sollen mit dem Gerede aufhören; sie sagen, daß Sie mein Dienstmädchen sind, wenn Sie doch meine Mama sind.«

»Hör mal, fällt mir deshalb ein Stein aus der Krone?«

»Nein, aber sie sollen mit dem Gerede aufhören.«

»Laß sie sagen, was sie wollen! Das ist ihre Sache!«

»Aber Sie, Sie sind nicht mein Dienstmädchen. Sie sind meine Mama!«

»Nun, das sagst du.«

Perico hat niemals mehr Kaffee getrunken, weil man mir in der Schule als erstes gesagt hatte, daß der Kaffee die Nerven angreift. Ich achtete also darauf, was er tat, aber bevor er überhaupt etwas anderes tat, ging er zum Stall und holte seine frisch gemolkene Milch. Ich hatte das Glück, daß zwei von Pericos Lehrerinnen meine *Patronas* waren, denn ich habe ihre Wäsche gewaschen; sie wohnten in diesem Hochhaus da, und deshalb achteten sie ganz besonders auf ihn. Ich für meinen Teil korrigierte ihn und brachte ihn auf den rechten Weg. Ich setzte mich ihm gegenüber und, obwohl ich nichts von all dem verstand, sorgte ich dafür, daß er seine Aufgaben machte. Jeden Tag des Jahres, sogar in den Ferien mußte er in seinen Büchern lesen, damit er zu antworten wußte, wenn Arbeiten geschrieben wurden. Ich will ihn nicht besonders loben, aber er gehorchte, und außerdem lernte er mehr als nötig gewesen wäre, ich hielt ihn immer kurz, damit er nicht nachließ, nichts von wegen schlechte Gedanken. Heutzutage werden die Kinder zu Taugenichtsen, da ihnen nichts geboten wird, womit sie sich beschäftigen können. Sie taugen nicht einmal dazu, sich gegenseitig zu entlausen. Die Straßen reichen ihnen nicht aus zum Spielen, und die Eltern selbst stellen sich vor sie, lassen ihnen vollkommene Freiheit und kümmern sich nicht genügend um sie; jedesmal, wenn sie ins Haus kommen, schreien sie sie an: »Raus mit euch, tretet uns nicht immer auf der Seele herum!«

Als ich aufwuchs, hatte man keine Freiheiten, ich meine nicht im Antwortengeben, aber wir mußten zu einer Person aufblicken. Ich bin nicht zur Schule gegangen, aber ich kann mich nicht erinnern, jemandem nachgerufen zu haben: »Da kommt die alte Sowieso.« Ich sagte vielmehr: »Herr X, Frau Y.« Sie mag reich oder arm gewesen sein, aber sie war »die Señora«. Welche Erziehung lassen die Lehrer den Kindern heute angedeihen? Ich bin damit nicht einverstanden. Deshalb habe ich Perico oft verhauen: »Du, du benimmst dich, wie es sich gehört. Du grüßt. Man sagt: 'Guten Tag' oder 'Guten Abend'.«

Eines Tages bin ich zu Tránsito gegangen und habe mich beschwert: »Tun Sie mir den Gefallen und geben Sie Perico nicht immer Geld, denn ich will nicht, daß er sich daran gewöhnt, daß die Frauen ihm Geld zustecken. Wenn er Taschengeld haben will, soll er es sich verdienen.«

»Ach, das ist doch sein Sonntagsgeld!«

»Ich will nicht, daß Sie ihm das mit dem Sonntagsgeld beibringen. Ich habe viel zu erleiden gehabt, ich habe tagelang nichts gegessen, aber ich habe niemals um Almosen gebeten. Also bringen Sie ihm keine schlechten Angewohnheiten bei.«

»Wenn doch alle Jungens ihr Sonntagsgeld bekommen, Jesusa.«

»Na und? Perico weiß, daß es ihm an Essen bei mir nicht mangelt. Er ist gut genährt; Obst, ich kaufe es ihm, Geld gebe ich ihm auch, nicht viel, aber genug, damit die anderen Jungens ihn nicht ohne einen Centavo sehen, aber daß Sie ihm etwas geben, das erlaube ich nicht. Ich bin es, die seine Mutter vertritt, ich bin es, die die Verpflichtung hat.«

Sie war daraufhin gekränkt: »Mein Gott, seien Sie doch nicht so hochmütig! Manchmal trägt er mir auch meine Einkäufe.«

»Soll er Ihre Einkäufe tragen, oder was immer Sie wollen, aber nicht gegen Bezahlung. Bezahlen Sie ihn nicht dafür!«

Ich bin damit nicht einverstanden. Betteln verdirbt die Kinder. Vor kurzem sah ich ein kleines Paar, einen Jungen und ein Mädchen, die im Autobus sangen. Wenn sie erwachsen sind und Straßensänger werden wollen, nun gut. Aber in dem Alter, warum schieben die Eltern sie vor? Nur, damit sie ihr Schamgefühl verlieren! Ich habe immer zu Perico gesagt: »Du mußt ein Mann mit Schamgefühl sein!«

Sicher, Tránsito gefiel das nicht, daß ich ihr derart geantwortet habe, denn später erfuhr ich durch die Nachbarn, daß sie Perico zu beeinflussen suchte; sie sagte ihm, warum er mich weiterhin ertrage, wenn ich doch schließlich und endlich gar nicht seine Mutter sei. Sie, sie führte das Leben einer Dirne, das Leben einer Dirne, nichts weiter; sie kaufte sich viele Kleider, Lotions, immer hatte sie irgend etwas Neues zum Vorzeigen, die Augenbrauen waren nur ein Strich, soviel hatte sie sie ausgezupft, und alles war ein einziges Fest, ein einziger Glanz. Klar, daß Perico die Augen übergingen: »Mein Herz, möchtest du eine Coca? Ach, wie gut du aussiehst, mein Kleiner...« Und Tránsito ließ den Jungen verzagen.

Sehr aufmerksam ging ich immer neben ihm her, denn einmal, als wir ins Kino Balbuena gingen, sah ich, wie er sich zwei Mädchen näherte, statt sich in die Schlange zu stellen, und er gab ihnen Geld, damit sie unsere Eintrittskarten kauften. Da er noch jung war, sorgte ich immer für Naschereien, und in eine Tüte packte ich ihm Kirschpastete, Zuckerrohr, Erdnüsse, Bananen und Apfelsinen und wer weiß, was sonst noch so alles, und dann gingen wir hinein.

Ich merkte, daß die Mädchen ihm nachgingen, aber ich sagte ihm nichts. Ich ging auf die Galerie, denn im Parkett kann ich wegen meiner Augen nicht gut sehen, und sie hinter uns her. Es dauerte nicht lange, und sie bedrängten ihn, und dann hat eine von ihnen ihm einen kleinen Schubs gegeben. Und ich habe das alles mitbekommen! Bis ich dann schließlich zu ihm sagte: »Also, bist du jetzt hier das Kino, oder was?«

»Ich kann nichts dafür.«

»Ich vielleicht? Sage ich ihnen vielleicht, daß sie dich bedrängen sollen?«

»Ach, was Sie immer nur haben!«

»Und du, was hast du vor? Man könnte sagen, daß du Würmer hast und dich nicht ruhig hinsetzten kannst, um den Film anzusehen.«

Ich sah, wie er sich umdrehte und nach allen Seiten Ausschau hielt. Also, sie ließen nicht locker, diese Mädchen, sie kamen und setzten sich direkt hinter uns.

»Gibst du mir nichts ab, Blondschopf?« Und sie kicherten.

»Gibst du mir nicht ein bißchen Zuckerrohr? Ach, gib mir doch etwas von der Paste!«

Deutlicher konnten sie nicht werden. Sie umgarnten ihn.

»Hör mal, Perico, wer sind die?«

»Ach, seien Sie doch still! Was weiß ich!«

»Wie? Ich soll still sein, wenn diese Verrückten dich anbetteln? Kennst du sie oder was?«

»Nein, ich kenne sie nicht.«

»Wir wollen sehen, ob es stimmt, daß du sie nicht kennst.«

Sie hörten, daß ich schimpfte, und sie begaben sich nach unten, sie hüpften überall herum wie zwei aufgebrachte Ziegen; diese Hurentöchter setzten sich hierhin und dorthin, ein bißchen weiter nach hinten, ein bißchen weiter nach vorne, um ihn von oben bis unten mustern zu können. Wir gingen. Und sie, sie gingen uns nach. Auf der Straße dann kochte ich vor Wut: »Hör mal, wenn du das nächste Mal eine Verabredung hast, dann lad mich nicht ins Kino ein.«

»Wenn ich doch von überhaupt nichts wußte.«

»Wie das? Wo hast du sie kennengelernt?«

»Wenn ich sie doch gar nicht kenne.«

»Wieso nicht, wenn du ihnen doch das Geld gegeben hast, damit sie unsere Eintrittskarten kaufen? Was glaubst du denn, wer ich bin? Ich habe gesehen, daß du ihnen etwas gegeben hast und sie dir. Deshalb weiß ich Bescheid! Also kennst du sie.«

»Ich sage Ihnen doch, daß ich sie nicht kenne.«

»Ach, und warum treiben sie es dann so mit dir? Fremde Leute haben kein Recht dazu, sich Vertraulichkeiten herauszunehmen.«

»Nun, sie sind von dort unten, aus der Ciudadela.«

»Die Soldatenliebchen, nicht wahr? Schämst du dich nicht! Schämst du dich gar nicht, du! Diese Hündinnen streichen dort herum, um die Soldaten abzuschleppen. Stimmt, jetzt erkenne ich sie! Ich habe sie dort schon gesehen!«

Und ich nahm ihn und prügelte ihn dort weg. Ich verpaßte ihm eine schöne Abreibung. Es machte mich rasend, daß er so jung schon hinter diesen dreckigen Ludern her war, und ich verprügelte ihn gleich dort auf der Straße. Dann drehte ich mich um und schrie sie an: »Kommt mir nur nach, und ihr werdet sehen, was euch blüht!« Sie machten auf dem Absatz kehrt und nahmen die Beine in die Hand. Als wir zu Hause ankamen, sagte er sogar noch: »Warum haben Sie mich dort vor allen geschlagen?«

»Wie, warum ich dich geschlagen habe? Um dir deine Torheiten auszutreiben, verdammt! Denn für was hältst du dich denn? Bist du ein Hund, oder warum scharwänzelst du hinter den Hündinnen her?«

Es waren schon etwas betagte Damen, durch viele Hände gegangene Beefsteaks, von der Sorte, die es auf die Schnelle machen, die in die Kasernen gehen und es mit einem ganzen Trupp treiben. Perico war 13 Jahre alt, fast schon 14, und sie schlichen ihm schon nach, denn schon von klein an wollten sie ihn haben. Sie hielten immer einen Schwatz mit ihm. Eine Blonde, die in dem Hochhaus wohnte, hoch aufgeschossen war sie, war sehr von ihm angetan. Und Tránsito hatte auch ein Auge auf ihn geworfen: »Kommen Sie, mein kleiner Perico!« Herzchen hier, mein kleiner Rotschopf dort ... Es machte ihnen überhaupt nichts aus, daß ich daran zu schlucken hatte. Da ich Perico sehr kurz hielt, konnte er mir allerdings nie Schande machen.

Im letzten Jahr, also genau zu dem Zeitpunkt, wo er die Grundschule verlassen sollte, verlangte man seine Geburtsurkunde von mir. Ich ging dann zu seinem Vater, und der sagte mir, daß er keine habe; ich sollte sie in Texcoco anfordern, wo der Kleine ja geboren wurde.

»Gut denn, ich werde dieses Opfer bringen und mich nach Texcoco begeben, aber Sie müssen mit mir kommen.«

Zu Hause angekommen, lamentierte mein Kleiner: »Warum nach Texcoco gehen, wenn doch mein Tante meine Geburtsurkunde hat?«

»Gut, dann geh und sag deiner Tante, sie soll sie dir geben!«

Tante Rogaciana hatte sie verloren. Immer kam ihr alles, was sie so an Papieren hatte, abhanden. Und ich nehme an, daß sie, als Perico sie um die Geburtsurkunde bat, ihm antwortete: »Wozu willst du das Papier, wenn du doch schon soweit bist, daß du selbst für dich sorgen kannst?« Seine Tante beriet ihn schlecht; warum er noch immer bei mir wäre, wenn er doch schon das Wichtigste, schreiben und lesen, konnte und auch schon das Alter hatte, um auf eigenen Füßen zu stehen. Sie war es, die ihm diesen Floh ins Ohr setzte, denn der kleine Junge, der mich jeden Tag der Woche begleitete, weigerte sich eines schönen Tages aus heiterem Himmel, als wir zur Arbeit gehen mußten: »Ich gehe nicht mit.«

»Hör zu, Perico, warum hast du mir nicht früher Bescheid gesagt, daß du lieber zu Hause bleiben möchtest, dann hätte ich dir Essen vorbereitet?«

»Nein, also selbst ohne Essen, ich bleibe hier.«

»Nicht doch, du weißt, daß du, wenn du mit mir gehst, zur Essenszeit auch zu essen bekommst. Ich bin nicht damit einverstanden, daß ich gehe und du hier ohne Essen bleibst. Mach zu, laß uns gehen!«

Ich glaube, daß er schon seine Absprachen getroffen hatte, um sich auf und davon zu machen, deshalb ist er mir so patzig gekommen. Als wir am Hochhaus ankamen, sagte er zur mir: »Ich gehe in den Park.«

Bei anderen Gelegenheiten war er auch schon in den Park gegangen und zur Essenszeit zurückgekommen, aber an jenem Tag befahl ich ihm: »Du bleibst hier!«

Ich begann zu bügeln. Nach einer Weile sagte er mir: »Ich werde etwas lesen.«

»Na endlich, setz dich hier her.«

Ich mochte seine Art zu lesen. Das erinnerte mich an Pedro. Es hat mir immer gefallen, wenn er mir erzählte, wie die Brote sich vermehrten.

Kurz darauf legte er das Buch zur Seite und ging nach draußen. Ich bügelte weiter. Ich glaubte, daß er auf die Toilette gegangen war. Er brauchte ewig. Dann kam er zurück, und gleich darauf verschwand er wieder, aber ich wußte, daß er sich nicht weit entfernte, denn ich hörte seine Stimme. Es dauerte lange, dann kam er zurück mit zwei Stück Kuchen. »Hör mal, du Bettler, wo treibst du dich herum?«

»Aber, ich habe nichts getan. Die Señorita hat mich gerufen.«

»Welche Señorita?«

»Nun, Carito, meine Lehrerin.«

»Gut, und warum?«

»Weil heute ihr Namenstag ist. Sie hat mir diesen Kuchen gegeben, aber ich habe ihn für Sie verwahrt.«

Heuchler! Er hatte gegessen, bis er nicht mehr konnte und hatte dann zu der Señorita Carolina gesagt: »Ich werde den Kuchen für meine Mama mitnehmen.«

»Nicht doch, iß nur. Ich werde deiner Mutter extra welchen schicken.«

Aber da er nichts mehr hinunterbrachte, deshalb kam er mit den zwei Tellern zu mir hoch; einen für sich und einen, den man mir schickte.

Um zehn Uhr nachts war ich mit dem Bügeln fertig. Ich wickelte die Kuchenstücke ein und verstaute sie in einer Tüte. Im Weggehen stießen wir auf Tránsito, die, fürchterlich nach Lotion stinkend, in der Tür des Hauseingangs Nr. 17 lehnte und zu mir sagte: »Warten Sie! Ich werde Sie bezahlen.«

»Nein, lassen Sie nur. Ich bin schon unterwegs ... Bezahlen Sie mich morgen.«

»Kommen Sie, bringen wir es hinter uns ... Dann ist es erledigt.«

Ich ging mit Tránsito zurück, und Perico blieb auf dem Bürgersteig zurück. Als ich aus dem Haus kam, sah ich ihn einen halben Häuserblock weiter. Er drehte sich um, und ich ihm nach, immer hinter ihm. Ich sagte mir: Nun, an der Bushaltestelle wird er schon auf mich warten. Weder wartete er auf mich, noch sah ich, wohin er verschwand. In keiner Tür fand ich ihn versteckt. Ich dachte: Er wird zu Fuß gegangen sein ... Ich nahm den Bus. Zu Hause angekommen, wartete ich auf ihn, es wurde elf Uhr nachts, zwölf Uhr, ein Uhr, bis ich mich schließlich ins Bett legte. Er wird schon kommen, dachte ich. Aber er kam nicht. Ich dachte die ganze Zeit über an den Kuchen: Er wird schon kommen, um ihn zu essen. Aber er kam nicht zurück. Der Kuchen tat seine Wirkung nicht. Am nächsten Tag stand ich sehr früh auf, ich ging zu den Schwestern, aber keine wußte etwas über ihn. Ich ging zu den Brüdern, auch nichts. Ich sagte mir: Da er weder bei den Schwestern noch bei den Brüdern ist, nun, dann werde ich jetzt zur Tante gehen. Und wirklich, er war bei ihr.

»Was tust du hier? Ist das hier dein Zuhause?«

»Nein, das ist nicht mein Zuhause, aber es wird es sein.«

Er sprach derart hochmütig mit mir, mit soviel Arroganz, daß mir die Spucke wegblieb.

»Das ist nicht mein Zuhause, aber ich werde hier bleiben.«

»Warum?«

»Weil ich eben hier bleibe.«

»Du bleibst also hier? Und, hältst du dich auch für fähig, deine Schule zu bezahlen?«

»Ich werde eben arbeiten.«

Er ließ seine Beine vom Bett herunterbaumeln, so als ob gar nichts wäre. Das machte mich derart wütend, daß ich keine schlechte Lust hatte, ihn zu verprügeln, aber ich sagte mir: Ich halte mich lieber zurück.

»Dann wirst du also nicht weiter lernen?«

»Doch, ich werde in die Abendschule gehen. Am Tage arbeite ich, und abends lerne ich.«

»Aha, sehr gut! Du bleibst dann also hier?«

»Ja.«

Ich dachte bei mir: Besser, ich gehe jetzt.

Die Tante Rogaciana, die bemerkte, wie übel mir das alles mitspielte, sagte dann zu mir: »Morgen bringe ich ihn zu Ihnen zurück.«

Aber dieses Morgen ist niemals gekommen.

XXVIII.

Ich arbeitete weiter als Wäscherin. In Traurigkeit versinken, was brachte das? Er amüsierte sich. Sollte ich deshalb umfallen? Also wirklich nicht. Zu Hause packte ich einen Koffer mit Kleidung. Ich sagte mir: Er will nicht mehr mit mir leben, dann soll er gehen. Seine Kleidung verblieb bei mir, und nach und nach habe ich sie verkauft. Wozu sollte ich sie aufbewahren? Kleidung eines Verstorbenen. Er hat sie nicht abgeholt, wenn er jetzt kommt, hat er eben nichts mehr. Seine Brüder sind es, die mir später erzählen, wie es ihm ergeht. Vor einem Monat teilten sie mir mit, daß er in Acapulco sei. Durch ein Patenkind von Felícitas erfuhr ich, daß es ihm sehr leid getan hat, mich zu verlassen, denn es ging ihm ziemlich schlecht. Aber er bereute ein bißchen zu spät. Hier hätte er gute Arbeit gehabt und gleichzeitig zur Schule gehen können, denn ich hätte mich dafür krumm gelegt. Er wollte nicht. Heute geht mich das nichts mehr an.

Keiner von seinen Geschwistern hat eine Schule besucht. Man schickte sie in die erste Klasse, in die zweite aber schon nicht mehr. Er war also der einzige, der eine Schulbildung hatte, denn inmitten meiner Armut wollte ich, daß aus ihm ein Mann wird, der wußte, wie er heißt. Ich wartete darauf, daß er käme und mir sagte, daß er wieder zur Schule ginge, daß ich ihm wieder mit den Büchern helfe. Wenn er Schneid gehabt hätte, wäre er zu mir gekommen, aber er hielt sich für sehr stark, und dabei blieb es dann. Zuerst erzählte man mir, daß er als Maurer arbeitete und daß er der Tante Rogaciana wöchentlich 20 Pesos gab, daß sie aber jedesmal mehr von ihm verlangte. »Schau, Perico, das reicht nicht aus!«

Er verließ dann die Tante Rogaciana, tat sich mit ein paar Freunden zusammen, und sie gingen zum Kaffeepflücken nach Veracruz. Er arbeitete auf den Zuckerrohrfeldern. Voller Furunkel kam er zurück, vollkommen am Ende, mit erhobenen Armen wegen der Drüsengeschwülste unter seinen Achselhöhlen. Er hatte viel zu erledigen, bis er wieder gesund wurde, aber er hat niemals nach mir verlangt, nichts dergleichen. Ich wußte es von Bekannten, die es mir im Vorbeigehen erzählten: »Ach, Pedrito geht es so schlecht, stellen Sie sich vor, wer weiß, wie schlecht.«

»Was soll's, was kann ich da tun? Ich werde nicht zu ihm gehen.«

Von den Brüdern weiß ich, daß er nicht geheiratet hat. Wahrscheinlich, weil er schon so daran gewöhnt war, sich herumzutreiben, ein paar Tage hier, ein paar Tage dort. Er wollte keine Verpflichtungen eingehen. Er wird seine Fünf- oder Zehn-Minuten-Beziehungen haben, aber mit den Frauen zusammenleben? Das kommt nicht in Frage, denn er will frei sein, ohne jemanden, der ihm sagt: »Warum kommst du so spät?« Der Mann ist sehr freiheitsliebend, und wenn die Frau ihn bittet: »Nimm mich da- oder dorthin mit«, dann will er sich das nicht aufhalsen. Deshalb, so glaube ich, hat Perico sich keine Frau genommen.

Ein paar Tage nach Pericos Verschwinden bekam ich hier eine Beule, und die ganze linke Seite schwoll an, Bein, Arm, Gesicht, und in der Lendengegend hing mir ein entzündeter Hautbeutel herunter. Es schien, als ob ich die Hände in einen Farbtopf getaucht hätte, so gelb waren sie. Ich ging dann zu einer ärztlichen Beratungsstelle, so drei Häuserblocks von der Balderas entfernt, in der Nähe der Bucareli, und ein kleiner, schon älterer Doktor sagte mir, daß ich meine Strümpfe herunterlasse, und befühlte nur meine Kniekehlen, und schon schuppte ich mich. Durch das Anschwellen trocknete meine ganze Haut derart aus, daß meine Beine sich wie eine Schlange häuteten.

»Sie müssen dort in die Nähe der Straßen von Tolsá gehen und jeden dritten Tag eine Spritze bekommen, denn sie befinden sich im vierten Stadium der Syphilis.«

»Also ich weiß nicht, wo ich mir die Syphilis geholt haben könnte.«

»Ziehen Sie sich Ihr Kleid aus, und bleiben Sie nur mit der Unterwäsche bekleidet, denn wir werden Sie in einen Apparat stellen.«

Hinterher erzählte man mir, daß man in solch einem Apparat den nackten Körper sieht, man sagt, daß man das Skelett ausmacht, man sagt, daß man sogar die Seele sieht. Dort in Tolsá verpaßten mir ein paar Krankenschwestern, die behaupteten, meine Stimme würde der der Prudencia Grifell, jener Schauspielerin, die beim Radio arbeitet, ähneln, zweiundzwanzig Wismut-Spritzen.

»Gut. Sie müssen morgen wiederkommen.«

Bis ich die Nase voll hatte.

»Es reicht jetzt, daß Sie mir Blut abzapfen. Bin ich gesund, bin ich nun krank, laßt mich in Ruhe sterben! Ich komme nicht mehr her.«

Zu Hause bei mir kochte ich Rosmarin und machte mir sieben Sitzbäder, und allein durch den Rosmarin-Dampf verringerten sich meine Schmerzen.

Um Tránsito nicht wiederzusehen, ging ich nicht mehr nach Icazbalceta. Ich habe in anderen Häusern die Wäsche gewaschen und begann, in einer Werkstatt Buen Tono Overalls zu waschen. Nachts dann, in meinem Zimmer, erinnerte ich mich an Perico, aber mit einer natürlichen Erinnerung, denn es gibt auch schlechte Erinnerungen, die man dann wälzt und wälzt, und man verfällt in Traurigkeit, wie die Hunde, die solange an einem Schorf kratzen, bis die Wunde sich entzündet. Dann wird man selbst zu einem Häufchen Traurigkeit ohne einen Blick für das, was um einen herum passiert. Ich hatte keinen Grund, traurig zu sein, denn ich wußte ja, daß Perico bei seiner Familie war. Daß er später seiner Wege ging und dorthin verschwand, wo es ihn hinzog, sein Problem! Ich habe nie wieder nach ihm gefragt. Wozu? Er hatte mir ja schon zu verstehen gegeben, daß es ein für alle Male hieß: nein.

Ich weiß nicht, was Traurigkeit ist. Ich war nie traurig. Was Sie mir da erzählen, ist für mich wie Chinesisch, denn ich verstehe nichts von Traurigkeit. Weinen ist eine Sache, aber Traurigkeit ist eine andere! Sie ist schlecht, taugt nichts, das geht, außer einem selbst, niemanden etwas an. Ich weine vor Wut, aber niemals, weil ich traurig bin. Ich weine, wenn ich mich nicht austoben kann, und die Tränen quellen vor lauter Wut aus mir hervor. Ich muß mich mit Beißen, Treten oder sonstwie abreagieren. Aber weinen wie eine Verlassene, damit man sagt: »Armes Ding«, da ist es schon besser, alles hinunterzuschlukken. Die Traurigen sind schlechte Menschen, die nur an ihr eigenes Leid denken. Ich habe niemals zu Ihnen gesagt, daß ich traurig bin, ich habe Ihnen gesagt, daß das Leben, das ich geführt habe, traurig war, aber ich, ich nicht. Das Leben, ja, das Leben, das ist schwer, aber ich und traurig? Ich singe gerne aus vollem Halse; als ich jung war, war ich sehr fröhlich, tanzte gerne – heute würde ich mich nur zum Gespött der Leute machen. Aber wenn es nach mir ginge, ich würde singen, und ich singe auch, aber nur in meinem Innern. Traurig? Ich bin sehr glücklich hier allein für mich. Ich beiße mich allein durch und kratze mich, ich falle hin und stehe allein wieder auf. Ich bin sehr glücklich. Ich habe es nie gemocht, mit jemandem zusammenzuleben.

So verbringe ich meine Zeit. Bei mir zu Hause, wenn ich mit der Hausarbeit fertig bin, gehe ich ins Bett und schlafe. Manchmal läuft und läuft und läuft das arme Radio, und ich schlafe schon längst. Morgens muß ich schon früh zur Werkstatt gehen. Um sechs Uhr morgens stehe ich auf, um meinen Tieren zu essen zu geben: den Vögeln, Hühnern, Tauben, Katzen. Die Kanarien-Vogel-Manie hat mich wieder befallen, die Leidenschaft für Tiere hat mich wieder ergriffen – wie ein Verlangen –, ich glaube, das kommt von dem, was ich der *Duquesa* angetan habe. Aber ich sagte ihr gleich: »Nein, ich werde dich töten, denn ich kann dich nicht ertragen.« Ich hatte sie neun Jahre lang. Ich mochte sie, denn ich sagte mir: »Armes Tier, wenigstens soll sie mich, wenn ich sterbe, fortschleppen, mich in die Ebene werfen.« Aber ich zog es vor, sie zu töten. Sie ist mir krumm gekommen, und ich dachte mir: »Diese Hündin wird nie zurechtkommen. Sie ist von Geburt an aufdringlich.« Die *Duquesa* zog ihre Jungen nicht auf, sie fraß sie. Und zwei Wochen, nachdem sie geworfen hatte, war sie schon wieder auf der Straße, und sie war ein ausgemachter Gauner, dieser verfluchte Köter! Sie stahl die Eier aus den Hühnerställen, und die Nachbarinnen stritten sich mit mir herum, weil sie ihnen alles kaputt machte. Ich nahm sie hier mit her, hier in die Inguarán-Chaussee, damit man mir in der Apotheke ein Gift verkaufte: »Warum wollen Sie sie töten?«

»Weil ich sie nicht mehr ertrage, mein Herr. Deshalb verkaufen Sie mir etwas, um dem ein Ende zu machen.«

»Aber nur unter der Bedingung, daß es für den Hund ist.«

Er erklärte mir, daß ich etwas davon in ein Stück Fleisch drücken sollte, und er verkaufte mir ein Fläschchen mit der Aufschrift: »Das letzte Abendessen«. Ich fragte mich: Wozu brauche ich das ganze Fläschchen? Irgendwann später weiß ich dann nicht mehr, was es ist, und schlucke den Inhalt selbst. Und deshalb gab ich dem Hund alles in ein Brot gedrückt, denn Fleisch hatte ich nicht. Er hat es nicht einmal zu Ende gefressen. Als er das Gift in sich hatte, fiel er einfach um, wie ein Stein. Meine Hündin war ziemlich dick, sie fraß viel, und sie machte mich wütend. Eines Tages wird man mich auch vergiften, weil ich meine Hündin vergiftet habe. Wo ich war, da war auch sie; ganz Mexiko City hat sie durchstreift. Wenn ich arbeitete, war sie auch dort, den ganzen Tag auf der Straße, und bevor ich nicht herauskam, ging auch sie nicht nach Hause. Ich bestieg den Bus, und sie lief schwanzwedelnd nebenher. Sie kannte alle Straßen. Vollkommen erschöpft kam sie immer an. Ihre eigene Dummheit, denn wer befahl ihr, hinter mir herzurennen? Ich sagte ihr: »Bleib hier!« Ich schlug sie, ich band sie an, aber sie machte sich los. Für alles muß man im Leben bezahlen. Das, was man schuldig ist, zahlt man hier, im anderen Leben gibt es keine Bezahlung, man schickt uns zurück auf die Erde, um unsere Strafen hier abzubüßen. Deshalb mußte auch die *Duquesa* bezahlen, obwohl sie sehr schlau war, diese Hündin.

Auch dieser Hahn hier ist schlau. Ich habe ihn angebunden, weil er die Hühner ziemlich attackiert; er tritt sie und tritt sie und tritt sie noch einmal, und wenn sie nicht wollen, dann schlägt er sie. Einmal ist ganz lustig, aber so oft eben, glaubt er denn, daß sie nichts fühlen? Seit vier Tagen halte ich ihn von den Hühnern getrennt, weil er sie mir sonst kaputt macht. Mein Hahn wäre gut für einen Hof, wo es zwei Dutzend Hühner gibt. Da hätte er dann viel zu tun. Aber dies hier sind nur zwei Hühner, und den ganzen Tag will er sie besteigen. Sicher, damit sie Eier legen, muß er sie treten, aber doch nicht gleich so oft, einmal am Tag vielleicht, aber nicht ein dutzendmal. Wenn ich nicht einschreiten würde, käme dieser Hahn überhaupt nicht mehr von ihnen herunter. Arme Hühner.

Von ihrem letzten Wurf ließ die *Duquesa* mir einen kleinen Hund übrig, acht Tage alt, den *Negro*. Ein undankbarer Hund, genau wie sie! Kaum war er herangewachsen, da verschwand er. Mich, mich hat Perico verlassen, und der *Negro* hat mich auch verlassen. Er streicht noch durch diese Straßen hier. Manchmal sehe ich ihn. Das letzte Mal, als er herkam, schrie ich ihn an: »Weshalb kommst du hierher? Hau ab! Wenn du schon verschwindest, dann für immer! Wenn nicht, dann bleib.« Ich brauchte das nicht zweimal zu sagen. Er machte kehrt, und weg war er.

Notgedrungen braucht jedes Haus ein Tier, was für eins auch immer, denn das Tier ist es, daß seine Herren beschützt, so sagt die alte Legende. Wenn es ein Hund ist, dann sträubt er sich und kämpft ab Mitternacht mit Barrabas, denn Barrabas will sich seiner Herren bemächtigen. Der Hund sagt zu ihm: »Ja doch, aber laß uns einen Handel machen.« Und er bläht sich auf, und seine Haare stellen sich auf wie bei einem Igel.

»Du zählst mir die Haare auf dem Rücken, vom Kopf bis zum Schwanz, mal sehen, wieviele ich habe.«

»Gut«, antwortet Barrabas, »fange ich eben an zu zählen.«

Er beginnt zu zählen, eins, zwei, drei, vier, fünf, sechs, ganz langsam, es sind eben viele Haare, und wenn er sich dem Schwanz nähert, schüttelt sich der Hund, und Barrabas schreit ihn wütend an: »Du hast dich geschüttelt, und ich habe micht jetzt vertan.«

»Na, dann fang eben wieder von vorne an«, antwortet der Hund in aller Ruhe. »Zähl noch einmal, was kann dir das ausmachen?«

Barrabas fängt aufs neue an zu zählen. Und so geht das weiter bis vier Uhr morgens. Wenn es vier Uhr schlägt: dong, dong, dong, dong, sagt der Teufel: »Du hast mich überlistet.«

»Nein, Barrabas.«

»Doch. Ich muß gehen, denn der Tag bricht an. Wir werden uns morgen sprechen.«

Es wird Tag, und der Hund hat seine Herren gerettet. Aber das ist eine Schlacht, die er alle dreihundertfünfundsechzig Tage des Jahres mit dem Teufel austrägt. Die Katzen tun das gleiche und die Hühner auch, sie schützen ihre Herren auf ihre Weise. Jedes lebende Tier auf dieser Erde also hat eine Mission zu erfüllen und ist nicht umsonst hier. Sie tun ihre Pflicht genauso wie wir Menschen. Vielleicht erfüllen die Tiere sie sogar besser als wir, denn wir sind sehr eingebildet und in einem gewissen Alter schlagen wir den Weg ein, der uns paßt. Die Tiere aber sind gehorsamer.

Eines Tages kam der Vater von Perico, José del Carmen Vidales, zu mir: »Ich komme, um Ihnen mitzuteilen, daß Pico im Gefängnis sitzt.«

Ich wurde wütend: »Und was geht mich das an? Ich habe ihn nicht hingeschickt.«

»Ich sage Ihnen eben Bescheid, weil er Ihr Sohn ist.«

»Wenn er mein Sohn wäre, dann würde er hier bei mir sein und nicht im Gefängnis. Aber da er nicht mein Sohn ist, ist er seiner Wege gegangen. Gehen Sie seine derzeitige Mutter benachrichtigen.«

So, wie er gekommen war, ging er auch wieder. Ich überlegte, aber mein Herz wurde nicht weich. Wenn Perico mir nicht einmal geschrieben hatte, wie komme ich jetzt dazu, ihn wie Martha die Barmherzige zu bitten, jetzt, da er im Knast saß? Deshalb habe ich Picos Vater geantwortet, daß er die derzeitige Mutter, die Tante Rogaciana, benachrichtige, denn da hat er ja Unterschlupf gesucht. Aber die Tante hat ihn das Jahr, das er im Gefängnis verbrachte, nie besucht. Sie war es, die ihn am schlechtesten behandelt hat.

Ich habe einige sehr schöne Visionen gehabt, die ich nicht verdient habe, Erscheinungen, die sogar die Luft mit Wohlgerüchen erfüllten, so als ob man Harz verbrannt hätte. Manchmal duftet es nach Orangenblüten, andere Male nach Eisenkraut, wieder andere Male nach Früchten, nach Moschus, und das ganze Zimmer ist in ein zartes violettes Licht getaucht. Aber die Erscheinungen ziehen schnell vorüber wie Filmstreifen. Obwohl ich versuche, die Augen zu öffnen, in einem Moment erscheinen sie, und im nächsten sind sie schon verschwunden. Das größte, was ich erhaschen konnte, war ein Stückchen Himmel, ein klitzekleines Stück, so winzig wie eine Briefmarke. Aus diesem Grunde, wenn sich die Brüder mittwochs im Tempel erheben, um ihre Visionen mitzuteilen, und sagen, daß sie einen hohen Berg gesehen haben, einen sehr hohen und eine große Wasserflut, wie soll ich da glauben, daß sie aus jener unermeßlichen Weite des Jenseits die Dinge derart groß sehen? Ach, Herr, ich glaube, daß sie das nur sagen, damit die weiter hinten Sitzenden nur so staunen, aber für mich sind das Lügen. Viele Medien rühmen sich ihrer Visionen und erzählen, daß sie *Ihn* sehen, wie er seine Herde hütet ... Ich glaube ihnen nicht! Denn wenn *Er* sich in jener Unendlichkeit befindet, die man Universum nennt, wie zum Teufel sollen sie ihn dann sehen können? Nein. Das ist eine Übertreibung, und ich bin damit nicht einverstanden.

Hier, in Canal del Norte, gibt es einen, der Manuel Alcalá heißt. Mir hat Gott niemals erlaubt, mich seiner Tür zu nähern, obwohl er auch zur *Geistlichen Gemeinschaft* gehört, denn er hat sich Übertreibungen zuschulden kommen lassen. Wenn ich mit dem Bus fahre, kann ich ihn vor seinem Bethaus sitzen sehen, bekleidet mit einer violetten Tunika, einer Krone und einer Schärpe, die er sich um die Taille bindet und die an einer Seite herunterhängt. Ich behaupte, daß er nicht ganz richtig ist im Kopf, denn die Leute, die ihre fünf Sinne beisammen haben, reißen keine derartigen Possen. Die *Gemeinschaft* ist eine sehr heilige Angelegenheit, sicher doch. So vor acht oder neun Jahren hörte ich, daß Alcalá sich zu einem See begeben hatte und über das Wasser schreiten wollte wie unser Herr Jesus Christus, das habe ich gehört. Aber er ging unter, und wegen dieses Unsinns hat man ihn dann ertrunken aus dem Wasser gezogen. Aber so vor ungefähr drei Jahren kam ich durch Canal del Norte, und ich sah ihn vor der Tür sitzen: »Gut, er wird wieder auferstanden sein, oder was sonst?«

Ich, ich glaube diesem armen Irren nichts. Eine Sache ist, daß Gott unser Herr uns eine Mission überträgt, und eine andere ist es, derartige Täuschungsmanöver zu veranstalten.

Heute, wenn ich abends die Augen schließe, um zu schlafen, mache ich es mir bequem, und ich habe sie noch nicht ganz geschlossen, dann sehe ich schon eine Wolke, die vorüberzieht, oder ich habe das Gefühl, ich fahre in einer Kalesche mit Juchtenleder-Verdeck, und alles grüßt mich voller Respekt. Im Aufwachen schaffe ich es gerade noch, das Schlüsselwort zu hören, je nachdem. Ich habe deutlich gesehen, wie unser Herr am Fuße einer Schlucht Buße tuend mit seinem Kreuz, seinem Mantel und seiner Dornenkrone entlang ging. Eine Erscheinung, die mir nicht zukommt. Ich bin ihrer unwürdig, aber Gott vergönnt sie mir, soviel ich ihm auch sagen mag: »Oh, mein Gott, ich verdiene deine Herrlichkeit und Güte nicht, denn eine so schlechte Frau wie ich sollte derartige Wunder nicht betrachten!« Aber er stellt sie mir vor die Nase, und ich stehe verblüft da und sehe sie, bis ich flehe: »Nein, Herr, laß mich schlafen, sonst werde ich, ganz betäubt von all deinen Wunderdingen, aufwachen.«

Man hat mir gesagt, wenn der Moment, eine Mission zu erfüllen, gekommen wäre, würde ich drei Rosen sehen. Eines Nachts sah ich winzig kleine Rosen, so klein wie die Kügelchen des Schleierkrauts, eine gelbe, eine rosa und eine weiße, aber wirklich so klein. Ich dachte: Nun, man hat mir gesagt, drei Rosen, aber diese hier sind so klein ... Ich erwartete, richtige Rosen zu sehen, so als ob ich sie in einem Garten schneiden würde, so wollte ich sie sehen. Deshalb erzählte ich dem Meister im Bethaus nichts davon, aber am dritten Tag der Sitzung zog er mir die Worte mit Gewalt heraus, und ich erzählte dem Bruder, der sehr klug war, daß ich etwas sehr Kleines, ein Nichts praktisch, gesehen habe; eine blaßrosa Rose, eine von verblaßtem Gelb und eine mattweiße Rose, aber das waren Winzigkeiten von der Größe der Schleierkraut-Blüten.

»Ja, du hast eine wirkliche Blume erwartet, aber ich schicke sie dir nicht so, sondern ich schicke sie dir im Geiste, aus dem entferntesten Winkel des Universums.«

Deshalb bleibe ich dabei, daß man die unermeßlichen Weiten so winzig klein sieht, und daß, wenn andere sagen: »Ich sehe riesige Flüsse«, es sich dabei dann um einen Seidenfaden am Himmel handelt. Aus diesem Grunde sah ich auch keine derart enormen Rosen, sondern solche Winzigkeiten. Jedesmal, wenn der Herr mir vergönnt hat, seine göttlichen Herrlichkeiten zu sehen, entsprach das meiner Größe.

An einem Sitzungstag, die Karwoche näherte sich, sah ich, die Augen weit geöffnet, wie ein kleiner Sessel, eingehüllt in einen roten Lichtschein, über den Kopf von Bruder Pedestal schwebte und auf mich zukam, und ich betrachtete ihn, ohne mit der Wimper zu zucken. Einen halben Meter von mir entfernt verharrte er. Als ich sah, wie er sich mir näherte, schloß ich die Augen, und als ich sie wieder öffnete, hatte sich der kleine Sessel wieder entfernt und schwebte erneut über dem Kopf des Bruders. Und dann löste er sich erneut und kam auf mich zu. Dreimal kam dieser kleine Sessel dorthin, wo ich stand, aber ich verstand das nicht, und beim dritten Mal sprach der Herr und sagte: »Mein Kind, dreimal habe ich dir mein Licht gesandt. Ich wende mich jetzt noch einmal an dich, denn ich habe von Geist zu Geist mir dir gesprochen, aber du hast so getan, als ob du nicht verstehst. Höre also! Ich kam auf spirituellem Wege zu dir, und ich habe dich gerufen, aber du bist taub, denn dein Gehör nimmt die Worte, die ich zu dir entsende, nicht wahr. Obwohl du mir nicht geantwortet hast, dient mir das unreine Fleisch, welches dein Körper ist, als Sprachrohr. Wir wollen sehen, ob du mich verstehst.«

Ich war bestürzt. Ich schaute mich nach allen Seiten um, ob jemand antwortete, und da das niemand tat, fühlte ich, wie mir die Luft wegblieb. Endlich sagte ich: »Herr, bin ich es etwa, an die du dich wendest?«

»An dich, mein Kind, an dich ... Die Zeit ist gekommen, daß du deine Pflicht erfüllst. Du kannst deinen Brüdern mitteilen, was du gesehen hast.«

»Herr, mit deiner göttlichen Erlaubnis werde ich meinen Brüdern das übermitteln, was du mir zu sehen vergönnt hast. Einen halben Meter über dem Kopf des Körpers, durch den du dich manifestierst, löst sich ein kleiner, leuchtender roter Sessel, der heranschwebt und sich wieder entfernt, und in der Mitte des kleinen Sessels liegt eine kleine, weiße Perle. Das war es, was du mir vergönnt hast zu sehen und was ich meinen Brüdern übermitteln kann.«

»Daraufhin sagte er mir: »Dann also erfülle deine Pflicht auf dieser Erde.«

Ich verfiel in Trance. Nur Gott weiß, was ich gesprochen habe. Der Eindruck war derart stark, daß ich, als ich wieder zu mir kam, wie von Sinnen war und nicht mehr wußte, wo ich wohnte.

Eine Schwester, Zenaida, brachte mich nach Hause: »Hier ist es, wo Sie wohnen, Schwester Chuchis ... Es ist nur so, daß Sie sich noch nicht wieder von dem Eindruck erholt haben.«

Erst am nächsten Tag hatte ich mich wieder soweit gefangen, aber plötzlich, obwohl ich herumging und die Augen aufhielt, wußte ich nicht mehr, wo ich war, noch erkannte ich mein Haus. Ich war bereit, meine Mission zu erfüllen, aber da der Egoismus sehr groß ist, war ich bei den Brüdern und Schwestern nicht gern gesehen. Erstens war ich arm; ich besaß keine schönen weißen, bis zum Boden reichenden Kittel wie die anderen, und sie betrachteten mich als einen Eindringling. Und genau das ist es nicht, was Jesus Christus uns gelehrt hat, denn für Jesus Christus ist der Reiche genauso sein Sohn wie der Habenichts, ich meine, der Bettler. Alle sind sie seine Kinder, aber hier wird man nach seinem Äußeren behandelt. Ich hatte meinen kleinen Christus, meine Kerzen, meinen kleinen Stock, die Lotion »Siete Machos« und alles, was man sonst noch für die Heilungen braucht, aber es waren einfache Dinge, wenn auch sehr wirkungsvoll. Zweitens arbeite ich nicht im Sitzen, sondern im Stehen, denn eben jene Medien des Bethauses haben mir die Lust genommen, mich zu setzen. In dem Moment, wo ich in Ekstase verfiel und wir alle da saßen, damit die Seelen in uns eindringen konnten, kamen andere Medien hinzu, die, wie sie sagten, ihren Stuhl schon bezahlt hatten und mich mit dem Ellenbogen wegstießen. »Schwester, setzen Sie sich weiter hinten hin.«

Selbst der Meister dachte nicht mehr daran, daß er mich ausgesucht hatte, und sagte: »Schwester Chuchis, rücken Sie etwas weiter, denn die Schwester María del Sagrario, mit anderem Namen María la Chata, ist gerade gekommen.« Wütend setzte ich mich auf einen anderen Stuhl. Wenn ich mich schon, wie man so sagte, wegen der Anstrengung der Seelenwanderung im Trance-Zustand befand, unterbrachen sie mich. Ich fühlte es wie Nadelstiche am ganzen Körper und mußte von vorne beginnen. Ich konzentrierte mich erneut, und wenn ich gerade wieder die Anstrangung machte, in geistigen Trance-Zustand zu verfallen, sagte die Schwester Sowieso zu mir: »Schwester, rücken Sie noch ein bißchen weiter, denn gerade ist die Schwester Guillermina gekommen, eine der wegen ihrer Visionen Angesehendsten. Seien Sie so gut, ja?«

Mann, das bedeutet also, daß alle die Stühle für die Schwestern X, Y ... bestimmt waren, und für mich blieb nicht einmal ein Holzklotz übrig.

»Hier habt ihr eure Stühle, pflanzt euch darauf mit euren beiden Hinterbacken.«

Ich dachte bei mir: Habe ich es nötig, mir ihr Naserümpfen gefallen zu lassen? Ich gehe da nicht mehr hin ... Aber da wäre ich mir denn doch schofel vorgekommen, denn wenn Gott selbst uns erklärt: »Ich habe dir mein Licht gegeben, damit du es hoch hältst, und nicht, damit du es versteckst«, also wenn Gott mir die Fackel gegeben hat, muß ich sie von Hand zu Hand weiterreichen, und ich wartete, bis alle eingetreten waren, gegenüber der Kongregation Platz genommen hatten, und wenn dann all die Mächtigen sich hingesetzt hatten, stellte ich mich neben der Tür auf, im Stehen verrichtete ich mein Gebet, schloß die Augen, bat Gott um Hilfe, und während ich brav dort stand, nahm mein Beschützer Manuel Antonio Mesmer von mir Besitz: Daß ich bloß nicht umfalle! Ich war vollkommen angespannt, Krämpfe schüttelten mich, der ganze Körper tat mir weh, und den Mund hatte ich voller Speichel, und so ging ich ein in die *Geistige Kraft*. So kommt es, daß ich bis zum heutigen Tage aufstehe, wenn der Beschützer in mich eindringt, denn ich weiß sehr wohl: er und ich, wir verstehen uns stehend. Und all die anderen macht das wütend: »Ach, Schwester, es hat den Anschein, Sie wollen Aufmerksamkeit erregen.«

»Ich kann mich im Sitzen nicht in Ekstase versetzen, Schwestern, versteht das doch.«

Mein Beschützer Mesmer bemerkte sehr wohl, daß nirgends ein Stuhl für mich frei war, sah die Geringschätzung, die sie mir zuteil werden ließen, und deshalb brachte er mir bei, die göttliche Kraft unter gleich welchen Umständen zu empfangen. Klar, daß *Er* mich auf diese Art und Weise jetzt vollkommen beherrscht. Er stellt mich hin, läßt mich niederknien, er macht mit mir, was er will, und die Anwesenden schenken mir mehr Aufmerksamkeit als den anderen Medien. Die Leute, die mich haben arbeiten sehen, können den Blick nicht von mir abwenden: »Ach, Schwester, natürlich, wenn Sie doch auf den Knien rutschen.«

»Ich kann mich nicht sehen.«

»Sie arbeiten nicht wie die anderen.«

»Anweisung des Beschützers! Ich befehle mir nicht selbst. Alles, was der Beschützer will, das soll er eben in meiner Hülle tun. Ich kann dagegen nichts machen.«

Hier in Inguarán hat man mich geweiht, um die Priesterin von *Padre* Elías, das heißt Roque Rojas, zu sein, und an dem Tag, an dem *Padre* Elías heruntersteigen sollte, wurde ich von den Seelen ganz besonders darauf vorbereitet, ihn zu empfangen. Als menschliches Wesen hatte ich keine Nahrung zu mir genommen. Von dem Moment an, wo ich mein Haus verließ, begann ich mit meinem Gebet, und ich entleerte mich vollkommen, damit *Er* von mir Besitz ergreifen könne. An diesem Tag dann kam noch eine andere Priesterin, sie mischte sich ein und griff sich meinen Stuhl. Alle Welt und alle Brüder wußten, daß ich an der Reihe war, daß ich die Hände auflegen und heilen würde, aber Delfina drängte mich zur Seite, und niemand protestierte, denn diese Delfina war reich und hatte einen Nylonkittel und weiße Strümpfe und weiße Schuhe wie eine Krankenschwester. Ich sagte dann: »Ich komme nicht mehr her. Wenn Sie am Ende doch tun, was Sie wollen, dann sollen Sie zusehen, wie Sie mit *Padre* Elías klarkommen. Besser noch mit Barrabas. Wir sehen uns dann in der anderen Welt.«

In der *Geistlichen Gemeinschaft* verlangt man nicht von uns, daß wir fasten oder daß wir diesen ganzen Firlefanz machen, den man sich in der katholischen Kirche ausdenkt: »... eßt kein Fleisch, eßt Fisch.« Das sind Albernheiten, wenn man bedenkt, daß die Leute sich oft genug nicht einmal Bohnen leisten können, wie sollen sie sich da Fisch leisten? Uns hält man dazu an, daß wir uns der Seelen, die vorbeikommen, enthalten, daß wir unseren Nächsten nicht lästern: »Schau doch, wie sie aussieht, wie das Pferd einer Bettlerin...« – »Und humpeln tut sie auch...!« – »Sogar den Stößel eines Mörsers hat sie sich angehängt und sich Liebesperlen auf das Haar gestreut wie ein verziertes Törtchen...!« – »Wie der Griff eines Bügeleisens läuft sie herum!« Das ist eine Last, die man sich selbst aufhalst und womit man dann später nicht mehr fertig wird.

Das Essen ist zur Ernährung des Körpers da. Das Fasten ist für den Geist. Man darf die Leute nicht danach beurteilen, ob sie gegessen haben oder nicht: »Das ist eine Hungerleidende« – »Der hat nicht einmal ein Plätzchen zum Sterben«, ob sie betrunken sind oder ob nicht; das ist unser Fasten. Schauen Sie mich an! Ich habe viel getanzt, viel getrunken, mich viel herumgeschlagen. Aufhören mit dem Trinken und aufhören mit der Schlägerei, das ist die Enthaltsamkeit, die das *Oberste Wesen* mir auferlegt hat.

Es ist schon lange her, daß ich an einer Kongregation teilgenommen habe, denn all die, zu denen ich gehörte, sind von der Erde genommen worden. Denn aus der *Gemeinschaft* haben sie jetzt ein Geschäft gemacht, sie haben sich der Scharlatanerie verschrieben, betrügen die Gläubigen und sind zu jeder Schurkerei fähig. Und, was wollen Sie, die ganze Welt ist materiell geworden! In Mexiko City gibt es keine Kanalisation, alles stinkt, alles verfault, nur dreckige Straßen, stinkende, schlampige Frauen. Alles ist ein einziger Sumpf. Und das nur, weil die materielle Welt dem Herrn den Gehorsam verweigert hat. Wir strapazieren seine Geduld solange, bis *Er* eines Tages sagen wird: »Gut, das reicht, bis hierhin und nicht weiter.« Und wenn dieser Tag kommt, dann wünscht euch, daß ihr eure Sünden bekannt habt.

XXIX.

Einmal kann man mir etwas antun, aber zweimal nicht. Es gibt viele Menschen, die sich streiten und sich wieder vertragen und sich wieder zerstreiten und sich wieder versöhnen. Für mich ist das eine einzige Verstellung, ein Hin und Her, ein Nehmen und Geben. Ich mache da nicht mit. Zum Teufel damit! Ich hatte eine Freundin: die Iselda. Die ist die Schwägerin von Casimira, der Hausbesitzerin. Mit ihr, mit Iselda verhandelte ich wegen des Zimmers, und ich war ihr sehr zugetan. Ihre Kinder nannten mich Großmütterchen. Wir waren unzertrennliche Freundinnen; ich brachte ihr von dem, was ich aß, und sie gab mir von ihrem Essen. Aber, weiß der Himmel, was sie ihr hinterbracht haben, ich habe es niemals erfahren, jedenfalls wendete sie sich von mir ab. Wenn man mich nicht liebt, dann soll man auch nicht mit mir sprechen! Darauf kann ich verzichten. Wenn ich Arbeit habe, esse ich, und wenn nicht, dann esse ich eben nicht und fertig. Was soll's! Die Faustina, ihre Schwester, war die Klatschtante. Das habe ich gerüchteweise erfahren. Es verging viel Zeit, und an einem 10. Mai, nachdem sie jahrelang nicht mit mir gesprochen hatte, sagte mir Iselda, als ich morgens früh Milch holen ging: »Stellen Sie sich vor, die Mädchen werden Ihnen ein Geschenk bringen, weil doch Muttertag ist.«

»Mir? Und wozu das? Ich bin nicht ihre Mutter.«

»Natürlich nicht, aber sie lieben Sie sehr.«

Nach so vielen Jahren also kam so gegen zwölf Uhr mittags die Älteste, einfältig und mit saurem Gesicht, die ich vor wer weiß wie langer Zeit als Kleinkind kannte, und gab mir eine kleine Tasse mit Teller und sagte zu mir: »Schauen Sie, ich bringe Ihnen hier ein Geschenk.«

»Mir? Warum?«

»Weil Muttertag ist.«

»Und wieso kommst du dazu, mir kleine Geschenke zu bringen? Ich bin nicht deine Mutter, ich bin überhaupt nichts für dich. Dieses Geschenk hier, bring es deiner Mutter! Ich brauche es nicht. Wozu? Um daraus Wasser zu trinken? Aus irgendeinem x-beliebigen Gefäß trinke ich Wasser, also, was kümmerst du dich.«

Die Klatschtante Faustina, die in dem Saustall gegenüber wohnt, uff, die bellte gleich los: »Da siehst du es, Prisca, das hat man davon, wenn man sich anbietet.«

»Da ich sie um nichts gebeten habe«, antworte ich, »bietet sie sich auch nicht an, sie hat gar keinen Grund dazu, ihre Dienste anzubieten! Wie es scheint, haben Sie Verlangen danach.« Und ich wende mich wieder an das Mädchen: »Bring das deiner Tante, mach schon, bring es ihr!«

Die Prisca zog dann ab mit ihrem Geschenk. Ich hätte es angenommen, wenn sie von klein auf diesen Brauch gepflegt hätten, mir etwas zu schenken, und sei es nur eine Banane, etwas getrockneten Mais, aber nach sovielen Jahren ... Das Mädchen war schon 22 Jahre alt, als sie daran dachte, mir mit dieser Schmeichelei zu kommen ... Und ausgerechnet am Muttertag. Der ausgetrockneten Mutter, ich, ich war wie eine Mauleselin!

Die Prisca, die kam nie mehr zu mir, und als sie noch ein kleines Mädchen war und sich noch in die Hosen machte, da habe ich sie auf dem Arm getragen. Die anderen habe ich auf die Welt kommen sehen. Ich habe sie aus dem Bauch ihrer Mutter geholt, wie ich das auch bei meiner Katze mache, sonst ersticken sie mir. Iselda ging nicht zum Arzt wie die anderen, die die Beine breit machen und über die sich dann lustig gemacht wird. Welche Behandlung lassen sie denen zuteil werden, frage ich Sie? Nicht einmal die Neugeborenen versorgen sie ordentlich, denn man läßt ihnen den Bauchnabel draußen, und sie sind dann die Angeschmierten. Die Ärzte taugen nichts, sie sind unfähig, den Nabel richtig abzubinden. Man muß ihn ganz fest, ganz fest abbinden, ihn ganz nahe am Körper des Neugeborenen zusammendrehen, und dann mißt man vier Fingerbreit Nabelschnur und schneidet ab. Es kommt darauf an, wenn es ein Mädchen ist, drei Finger, wenn es ein Junge ist, vier. Bei einem Jungen dürfen es nicht weniger als vier Fingerbreit sein, und dann schneidet man mit einer Lichtschere ab, und das Ende, das muß man abbrennen. In Mexiko City macht man das nicht. Alles, was auch der Iselda noch herauskam, nachdem das Kind geboren war, das Blut, die Placenta, die Nabelschnur, der Nabel, alles habe ich auf dem Feld begraben. Ich grub ein Loch in die Erde, und dort hinein legte ich alles. In den Krankenhäusern schmeißt man nicht nur die Placenta weg, sondern manchmal sogar die Neugeborenen. Nur in Mexiko City, wo man sich wirklich fragt, ob das Christen sind, und wo man außerdem noch 300, 400 Pesos verlangt, wirft man die Placenta weg. Einmal bin ich an einer Abfalltonne vorbeigekommen, die voll von Nachgeburten war, die an der Sonne ausbleichten. Und stellen Sie sich nur die Hunde vor! Die Ärzte interessiert das alles nicht im geringsten! Die amüsieren sich nur über den Gesichtsausdruck der Frauen und lachen über ihr Geschrei. Sie lassen sie weder sich hinhocken, noch bedecken sie sie, sie schieben ihnen nur die Beine auseinander: »Machen Sie, nur zu, schreien Sie nicht so, erinnern Sie sich an die Flitterwochen ...!«

Und die Männer, die sich hinterher nicht einmal um die Kinder kümmern, die beschäftigen sich dann damit, herumzuposaunen, daß sie einen Sohn bekommen haben. Und nehmen das zum Anlaß, sich zu besaufen. Was ist das doch für eine Sauerei, herumzurennen und Dinge zu erzählen, über die man nicht spricht? Kein Schamgefühl haben sie. Heutzutage posaunt man alles herum. Sogar in die Zeitung wollen sie kommen ... Gott hat uns einen Sohn geschenkt, sehr gut, ihm dafür danken, ja, aber nicht wie ein Marktschreier. Ist die Geburt gut verlaufen, dann alles Gute. Ist es schlecht ausgegangen, dann behüt ihn Gott. Gott hat ihn zu sich genommen, und damit Schluß. Früher waren die Menschen sehr wohlerzogen, und die Kinder waren es auch. Heute zetern die Mütter bei der Krankenversicherung herum und die Männer in der Kneipe. Ich glaube, das kommt alles von diesen Geschichten über das Recht, geboren zu werden, die es im Fernsehen gibt.

Der Iselda ist nicht eines ihrer Kinder gestorben. Sie waren kräftig. Sie wollte sie nicht stillen, weil diese Banditen von Ärzten es nicht zulassen, denn sie haben ein Abkommen mit den Herstellern von Kindernahrung. Drei Tage lang sind die Kinder im Krankenhaus und bekommen Serum, und die Mutter sitzt da mit den geschwollenen Brüsten, wenn sie nicht sogar Milchfieber bekommt, und die Milch gerinnt. Sie sagen allen Müttern: »Stillen Sie ihn höchstens einen Monat«, sie erzählen ihnen, daß die Milch danach dünn wird, fein wie ein Sprühregen, wie Buttermilch und nichts mehr wert ist. Iselda, ja, die wußte, wie man Kinder großzieht, und ich habe sie ihr gesund gemacht. Juanita behandelte ich mit Wurzeln gegen Verstopfung, Apolinario hatte etwas mit den Nieren, und ich machte sie nur mit Schachtelhalm wieder gesund. Herlinde gab ich Kraut für die Blase und Farnkraut für die Gallenblase und Heiltee und Faulbaum und viele andere Kräuter mehr. Prisca gab ich Rosmarin gegen Seitenstiche und Schlangenpuder, damit ihr Blut sich nicht verdickt. Und all ihre Jungens haben wunderschöne Bauchnabel, so wie das früher üblich war, nicht solche dicken Knubbel von der Größe einer Mispel.

Priscas Mutter, die Iselda Gutiérrez, die mochte ich schon sehr, und wenn sie mich grüßt, wenn ich vorübergehe, dann wünsche ich ihr einen guten Tag, einen guten Abend, aber nicht mehr mit dieser Zuneigung, die wir früher füreinander hatten. Sie hat mir all die Jahre gefehlt, und sie fehlt mir auch heute noch, aber wir können keine Freundinnen mehr werden, denn ich kann mit meiner Freundschaft nicht hausieren gehen. Bis heute weiß ich nicht, warum wir uns getrennt haben. Sie hat mir nie eine Erklärung dafür gegeben, und solche Sachen kann man nicht auf später verschieben. Ich brauche sie nicht, denn wenn ich krank bin, versperre ich meine Tür und wälze mich allein hier herum, ganz allein. Ich gehe nicht herum und sage: »Kommen Sie und wischen Sie mir den Speichel ab!« Das kommt nicht in Frage. So war ich immer. Selbst wenn es mir schlecht geht, erledige ich, was ich zu erledigen habe. Ich beschwere mich, weil ich aus Fleisch und Blut bin, ich bin voller Ausschlag, mein Leben hängt an einem seidenen Faden, aber ich gebe mich nicht geschlagen. Und deshalb werde ich, wenn meine Stunde gekommen ist, zu einem Berg gehen, damit mir dort die Geier helfen, anständig zu sterben. In der Zwischenzeit gehe ich weiter in die Werkstatt zum Saubermachen. Ich kann kaum in den Bus kommen, so tun mir die Kniekehlen weh, aber ich habe nie aufgehört zu arbeiten, nicht einmal, wenn ich mich nicht mehr auf den Beinen halten konnte. Niemals. Von Kindesbeinen an bin ich daran gewöhnt, und deshalb gibt es für mich keine Krankheit, die wirklich zählt. Ich bleibe allein mit meinem »Au, Auweh«, und niemand erfährt etwas davon. Niemanden belästige ich damit. Ich sage »Auweh!«, aber ich bin weiterhin auf dieser Erde Gottes, wasche meine Overalls, ich reinige die Metallteile der Druckerei mit Benzin, ich ordne die noch brauchbaren Deckblätter und schmeiße die unbrauchbaren weg, ich räume mein Zimmer auf, gehe im Stall Milch holen, obwohl ich weiß, daß es für mich keinen Ausweg gibt. An mir ist nicht ein Stückchen in Ordnung, ich bin alt, alt, alt, es kommt alles von dem Alter, nur vom Alter. Wenn Jesus Christus sich schon beklagte, daß er es nicht mehr ertragen konnte, um wieviel mehr habe ich Grund, mich zu beklagen, die ich doch nur ein Dreck bin.

In vergangenen Zeiten ging das Leben auf dieser Erde Gottes ganz leise und ganz langsam vorbei, und man verweilte lange auf der Erde. Heutzutage, beim kleinsten Schmerz, ratsch, ratsch: »Wetzt das Messer«. Und die Menschen machen sie zu Idioten, denn sie schneiden weg, was nicht weggeschnitten werden darf, und lassen sie mit ausgefransten Nerven zurück, wie zwei Stromkabel, die da draußen herumhängen und nirgendswo angeschlossen sind. Sie werden zu Idioten, denn sie trennen ihnen all die Fäden ab, die wir im Gehirn haben. Was haben sie denn mit mir angestellt, statt mich gesund zu machen? Haben sie mich nicht ins Unglück gestürzt mit dieser Entnahme der Flüssigkeit aus der Wirbelsäule? Und hinterher dann verschrieben sie mir wie wild: »Wenn Sie Kopfschmerzen bekommen, legen Sie sich hin.« Man ist diesen alten Taugenichtsen, die sich Ärzte nennen, nur auf Gedeih und Verderb ausgeliefert, das ist alles. Angeblich sollte dieser Saft, den man in der Wirbelsäule hat, untersucht werden. Aber darüber habe ich nie etwas erfahren. Sicherlich haben sie mir das Knochenmark herausgeholt, deshalb bin ich so zusammengeschrumpft, deshalb ist mein Leben so verkümmert. Sie haben mich auslaufen lassen. Durch Gottes Willen wurde ich gesund. Wer behandelte mich denn? Keiner, der mir sagte: »Deshalb verfaulst du.«

Zu Beginn der Zeit aßen unsere herumziehenden Vorfahren Gemüse und Fisch. Deren Vorfahren tranken Milch und Honig aus den Flüssen, und die

Speisen regneten vom Himmel. Sie arbeiteten nicht, sie spazierten nur langsam, um nicht zu ermüden. Die Jahre vergingen, aber sie waren noch immer stark, sie krümmten sich nicht, sie besaßen Energie. Auf den Abbildungen kann man sie mit ihren weißen Bärten sehen, aber sie waren weder zusammengeschrumpft noch gekrümmt, denn die Ernährung war gut und gelangte direkt ins Knochenmark. Heutzutage mit der modernen Kühltechnik, nach wievielen Monaten erst ißt man den Fisch? Früher zog man die Fische aus dem Meer, und wenn sie sich noch bewegten, schnitt man sie schon auf, reinigte sie dort direkt am Strand, und dann nichts wie in die Pfanne mit ihnen, ganz frisch. Die Rinder wurden geschlachtet und am gleichen Tag noch verspeist, und das Blut trank man noch warm, ganz rot. Und auch die Hammel aß man gleich nach dem Schlachten, versehen mit dem Segen des *Allmächtigen Jehova.* Deshalb haben die Jahre unseren Vorfahren nichts anhaben können. Ich weiß das durch die Visionen; ich habe die Wüste gesehen und wie sich die Wasser teilten, um sie hindurchgehen zu lassen; ich weiß es, denn es steht geschrieben. Aber, da sie mehr besitzen wollten als *Er,* als der *Ewige Vater,* schickte er Adam und Eva. Vorher waren es die Primitiven, die auf der Erde wandelten, und von diesem Geschlecht stammten Adam und Eva ab. Nicht doch. Was heißt hier Affen! Dort in Frankreich glaubt man vielleicht an dieses Affentheater, aber wir hier in Mexiko sind Christen, und wir sind gescheiter. Was sollen diese Geschichten von den Affen! Adam und Eva waren Lehmklumpen, und der *Ewige Vater* machte ein Loch hinein und hauchte ihnen das Leben ein. Aber sie hatten es nicht nötig zu arbeiten. Es fehlte ihnen an nichts. Sie sorgten sich um nichts. Wenn sie Hunger hatten, aßen sie voller Genuß. Wozu sich Sorgen machen? Sie lebten unter den Bäumen, beschirmt von der unendlichen Macht des *Ewigen Vaters.* Es gab weder Kälte noch Hitze, weder Licht noch Finsternis, es gab nichts. Alles war ein und dasselbe, und sie waren gut versorgt. Sie hatten keinen Hunger zu leiden. Und das ist das einzige, was zählt, keinen Hunger leiden. Bis daß Luzifer, diesmal in Gestalt einer Schlange, sich um den Baum der Erkenntnis des Guten und des Bösen wikkelte, den sie nicht gesehen hatten, und Eva zu sich rief: »Iß«, sagte er, »schau, wie herrlich er ist.« Die Schlange hatte vor Eva in den Apfel gebissen. Die Schlange sprach, weil sie mit Barrabas im Bunde war. Er nimmt die Gestalt verschiedener Tiere an: des Schweins, des Ziegenbocks, des Truthahns und legt seine Brut in dem Bauch der Frauen ab. Eva aß von dem Apfel, und während sie aß, wuchsen ihr Brüste, denn vorher hatte sie weder Brüste noch Körperhaare. Sie war nur ein Geschöpf, ganz platt, wie aus einem Stück, glatt, ohne Brüste, ohne Farbe. Und als sie in den Apfel biß, in eben diesem Moment wuchsen ihre Brüste und die Körperhaare hier und dort, begannen ganz dicht zu sprießen, wie Gras. Sie bemerkte davon nichts, und als sie Adam begegnete, sagte sie zu ihm: »Nimm, die Schlange hat mich kosten lassen, er schmeckt köstlich.« Sie konnte sich nicht sehen, und er sah sie wie früher, aber kaum hatte er sich den Apfel in den Mund gesteckt, da hatte er es bemerkt und erschrak. Und als er das Stück Apfel runterschlucken wollte, blieb es ihm im Halse stecken. Und das ist heute der Adamsapfel. Sie sah, wie er sich verschluckte und sagte: »Was ist mit dir?«

Er rief ihr zu: »Herrje, du hast Haare und Merkmale!«

Und sie ihrerseits: »Ach, und du, du hattest nichts!« Und sie lief auf ihn zu: »So habe ich dich nie gesehen, schau doch, wie du aussiehst!«

Ihm war ein Haarkreuz auf der Brust gewachsen, und alle, die von Adams Geschlecht sind, haben den Apfel und das Haarkreuz. Sie waren damit beschäftigt, etwas zu finden, womit sie sich bedecken konnten, als der *Ewige Vater* zu ihnen sprach. Sie wußten nicht, wie sie sich präsentieren sollten. Adam schnitt dann ein Weinblatt ab und bedeckte sich damit, und ihr gab er drei. Vorher aber gingen sie nackt umher, wie sie geschaffen worden waren. Sie spürten weder Kälte noch Hitze. Der Herr sprach zu ihnen und Adam antwortete ihm: »Ich nicht, Herr, Eva war es, die mich verführte.«

Eva entgegnete: »Die Schlange war es, die mich verführte.«

Die zwei beschuldigten sich gegenseitig. Ohne weiter darauf einzugehen, hob unser Herr den Arm und wies sie aus dem irdischen Paradies. Er sagte ihnen, sie sollten ihre Wege suchen und gehen. Und der Engel gesellte sich zu ihnen. Ich erinnere mich nicht mehr, wie dieser Engel hieß, ob Merkur oder Gabriel, aber in der *Geistlichen Gemeinschaft* versicherte man mir, daß auf jeden Fall, wie und was auch immer passierte, Eva nicht einmal 24 Stunden im Paradies geblieben wäre. Adam dagegen verbrachte darin die schönste Zeit seiner Jugend, als er noch allein war. Der Engel brachte sie bis zum Tor, danach begann die Erde. Sie begannen zu kämpfen, zu arbeiten, zu schlafen und aufzuwachen. Damit begann die Ehe der zwei. Sie waren ein Paar, aber nicht verheiratet, denn sie hatten sich nie mit menschlichen Augen gesehen. Als sie sich das erste Mal sahen, begann ihre Schöpfung. Das war nicht mehr die des Herrn, sondern ihre, die der Menschen. Sie hatten viele Kinder, viele, und waren sehr glücklich. Um die gesamte Schöpfung zu bewerkstelligen, stellen Sie sich vor, wieviele Kinder das gewesen sein müssen.

An einem Donnerstag des vergangenen Monats, am 18. August, kam doch tatsächlich der ungehorsame Sohn. Er fragte Iselda und die Mädchen in der Tür, ob hier die Señora Jesusa Aguilar wohnt: »Ja, die wohnt hier, aber im Moment ist sie nicht da.« Und da ich ihnen erzählt hatte, daß er rote Haare hat, haben sie ihn genau betrachtet.

»Sind Sie der Sohn der Chuchita?«

»Ja, ich bin ihr Sohn. Wird es wohl möglich sein, daß meine Mutter mich empfängt? Ich komme, sie um Verzeihung zu bitten. Um sie um Verzeihung zu bitten für all das, was ich ihr angetan habe.«

»Ja doch, ja, sie wird Sie empfangen. Warten Sie, kommen Sie später noch einmal wieder.«

»Nun, heute kann ich nicht mehr zurückkommen, weil ich meine Schwester besuchen gehe, aber morgen komme ich.«

Am nächsten Tag, Freitag, klopfte es so gegen sieben Uhr abends. Als ich ihn sah, fühlte ich nichts, nur Wut. Er sagte zu mir: »Wie ...? Kennen Sie mich nicht?«

»Nein, mein Herr, ich kenne Sie nicht.«

Natürlich habe ich ihn erkannt, aber ich sagte ihm, nein. Er begann, mit den Füßen auf dem Boden zu scharren wie ein Stier: »Ich bin nur gekommen, um Sie um Verzeihung zu bitten für all das, was ich Ihnen angetan habe.«

»Mir ...? Mir, mir haben Sie in keinster Weise etwas angetan ... Also, da Sie mir nichts getan haben, haben wir auch keinen Grund, miteinander zu reden.«

»Ich bin doch der Sowieso ... Ich bin Perico.«

»Achje! Der Perico, der ist vor vielen Jahren weggegangen, und ich weiß nichts von ihm und will auch nichts von ihm wissen.«

»Da kann man nichts machen. Sie wollen mich nicht kennen, dann werde ich gehen, aber diesmal, ja, diesmal für immer, um niemals mehr nach Mexiko City zurückzukehren.«

Ich wollte ihn nicht mit zu mir hereinnehmen, aber ich erinnerte mich daran, daß ich den Herd angemacht hatte, und ob ich wollte oder nicht, ich sagte zu dem Jungen: »Also, kommen Sie schon rein ... Ich habe ein Ei auf dem Feuer für die Kanarienvögel, und das wird mir anbrennen.«

Er unterhielt sich eine Weile mit mir. Da es schon dunkel wurde, drehte ich mich zu ihm um: »Es ist schon Nacht ... Ich habe nichts, was ich Ihnen anbieten könnte ... Was kann ich Ihnen geben? Ich werde Ihnen einen Kaffee machen, trinken Sie den?«

Ganz verschüchtert antwortete er mir, seinen Blick unentwegt auf seine Füße gerichtet: »Ja.«

Ich machte ihm Kaffee, briet ihm ein paar Kartoffeln und ein Ei, und ich gab ihm Brot dazu. Mehr konnte ich ihm nicht anbieten. Er hat alles aufgegessen. Als er sich zum Essen hinunterbeugte, sah ich, daß ihm viele Haare schon ausgefallen waren; sein Haar war nicht mehr so schön rot; es war mit ihm abwärts gegangen. Hinterher fragte er mich: »Würden Sie mir erlauben, Sie jeden Tag zu besuchen?«

»Gut, Sie können kommen.«

Er ging zu seiner Schwester, um sie um 50 Pesos zu bitten, damit er Material kaufen und zu arbeiten beginnen konnte. Er wollte nicht, daß seine Brüder ihm das Geld gaben, damit seine Schwägerinnen ihm das später nicht vorhalten konnten. Die ganze Familie verkauft Bilderrahmen, und das ist es auch, was Perico in den Straßen verkauft: heilige Herzen und leere Rahmen.

Nach einer Woche kaufte er sein Material und zog als fliegender Händler durch die Straßen, die Rahmen über einen Arm gehängt. Seinem Vater und seinen Brüdern erzählte er: »Ich habe meine Mutter besucht«, denn alle wissen, daß er mich für seine Mutter hält. »Sie hat mir verziehen, und von heute an werde ich sie jeden Tag besuchen.« Und er kam jeden Tag.

Mir gefällt das, und mir gefällt das nicht, denn da man mich immer nur allein gesehen hat, schäme ich mich ein bißchen. Die einzigen, die wissen, daß er wirklich mein Sohn ist, sind die von nebenan, weil ich ihnen das Bild gezeigt habe und wegen der roten Haare und durch das, was ich ihnen erzählt habe, aber die meisten Leute wissen nichts. Sie werden sagen: »Diese Alte taugt zu nichts mehr und geht mit einem so jungen Kerl!«

Als Perico sich gerade davongemacht hatte, sagte man mir in der *Geistlichen Gemeinschaft,* daß er wiederkommen würde, daß ich warten und ihm Zeit lassen solle, daß der Tag schon kommen würde, daß ich mich nicht aufregen solle und daß sie auf ihn acht geben würden. Perico erzählte mir, daß er oft in ausweglosen Situationen gewesen war. Er hatte eine Narbe am Kopf, und das kleine Jesus-Kind, das ich gekauft hatte, damit es ihn beschützt, hat all die Wunden, die Perico in Nayarit, im Norden, in Acapulco oder wo auch immer zugefügt wurden, an sich. Der kleine Jesus hat eine offene Wunde am Kopf, hat den Rücken und die Rippen eingedrückt, den Arm ganz verrenkt und einen der Füße auch. In Acapulco hat Perico noch Rahmen verkauft, aber am Strand hat man ihn oft überfallen. Jetzt, da er wieder hier ist, erzählt er mir alles. Er wohnt ziemlich weit weg, aber jeden Tag um fünf Uhr ist er hier, spätestens um sechs Uhr, und er geht wieder so gegen neun Uhr abends. Wir lassen alles wieder aufleben, beginnen da, wo er noch klein war, und es tut ihm leid, all das zu sehen, was ich mit der Hausbesitzerin durchgemacht habe. Er sagt zu mir: »Dann ist die Casimira also schlecht geworden?« Er hatte sie anders kennengelernt. Jedesmal, wenn der Abfluß im Gang verstopft war, ließ sie ihn richten; in der Trockenzeit kamen zwei Maurer, um das Dach zu reparieren, und selbst wenn es hinterher reinregnete, war man ihr dankbar, aber heute gibt es das nicht mehr. Heute droht sie uns bei jeder Gelegenheit, denn sie behauptet, man hätte ihr einen guten Preis für diesen Saustall geboten. Sie hat sogar ein Schild auf der Dachterrasse befestigt: »Wird als Grundstück verkauft«, nur hat der Wind es umgeweht.

Perico ist heute 30 Jahre alt, und es schmerzt ihn, zu hören, was ich in all dieser Zeit durchgemacht habe. Perico lebte bei mir, als er mich brauchte; aber kaum hielt er sich für fähig dazu, ging er seiner Wege. Ich habe nie Kinder gewollt, wozu? Wenn ich doch mit Mühe gerade für mich selbst sorgen kann. Aber, wem Gott keine Kinder schenkt, dem halst der Teufel welche auf: Perico. Perico habe ich aufgezogen, weil er keine Mutter hatte. Das nennt man, einen Unschuldigen aufnehmen. Aber ich habe ihn nicht großgezogen, damit er das ganze Leben lang bei mir bleibt. Nur solange, bis er erwachsen genug war und für sich selbst sorgen konnte. Kaum, daß er sich dazu für fähig hielt, machte er sich auf und davon. Gut denn, in Gottes Namen, mach, daß du wegkommst, mach schon, denn schließlich und endlich ist alles von der allmächtigen Hand vorbestimmt. Das ist sehr gut so. Kaum ist er erwachsen geworden, schon zieht er davon wie die Vögel, die Federn bekommen, und wenn sie welche haben, werden sie flügge und fliegen davon und erinnern sich nicht einmal daran, wer die Taube war, die sie ausgebrütet hat. So sind sie. In einem bestimmten Alter machen sie sich davon und suchen sich ihre wirklichen Mütter, diese Frauen, die sie auf der Straße treffen und die immer zu ihnen sagen, komm mein Kleiner, laß dich einlullen ... Und sie, nichts wie ran, machen ihnen ein Kind.

Perico hat jetzt erkannt, daß ich ihm fehle; denn, so wie er lebt, braucht er mich eben; also er kommt mich besuchen, weil ihm das etwas einbringt. Glauben Sie nur nicht, daß er wegen mir kommt. Im Gegenteil, er würde wünschen, daß ich bald sterbe. Deshalb habe ich daran gedacht, mich nach und nach von dem Zeug, das ich besitze, zu trennen; solange mir noch ein Stück Papier auf dem Fußboden bleibt, genügt das, denn schließlich wäre das nicht das erste Mal, daß ich so schlafe. Wozu brauche ich diesen Krempel? Wenn ich sterbe, soll er selbst für sich sorgen; ich habe mich für diese paar Dinge, die ich besitze, genug abgerackert. Danach trachtet Perico: sich das anzueignen, was ich besitze, bestimmt. Als er wegging, hatte ich noch keine Nähmaschine, weder Radio noch Kleiderschrank noch Frisierkommode mit Spiegel noch Nachttisch noch Stühle, ich hatte nichts, denn alles, was ich verdiente, gab ich für sein Essen aus. Als er dann ging, schaffte ich mir an, was Sie hier sehen. Weshalb kommt er also? Er kommt, um zu sehen, was bei mir zu holen ist. Ich mag ihn, ja doch, aber ich weiß längst, daß er nicht zu mir gekommen ist, weil er mich liebt. Wenn er doch ohne einen Centavo hier aufkreuzte, abgerissen bis aufs Hemd, warum also kam er hierher? Deutlicher konnte er es nicht mehr sagen. Nein, meine Liebe, seien Sie nicht so dumm, machen Sie sich nichts vor! Schauen Sie mich an, Sie tun mir leid, wenn Sie mir mit Ihrem Gebabbel kommen, von wegen die Menschen sind gut und sie lieben einen. Perico ist gekommen, damit ich ihm zu essen gebe, bestimmt! Um fünf Uhr nachmittags, ganz pünktlich, steht er da. Manchmal, wenn ich noch nicht zu Hause bin, sehe ich ihn schon von weitem, wie er gegen die Wand gelehnt auf mich wartet. Es geht mir nicht um die Tortilla, sondern mir tut es weh, wie er mich ausnutzt ...

Eines Tages brachte Perico sein Bett mit und nistete sich hier ein. Wenn er ein Mann mit Schamgefühl wäre, würde er sich sagen: ich stehe früh auf und schaue, was ich besorgen kann. Aber nichts dergleichen. Er schläft lange. Um welche Uhrzeit er sich den Schlaf aus den Augen reibt? Wann er das Haus verläßt? Wer weiß das? Ich gehe zur Arbeit, und er badet sich. Er badet sich täglich, ich bitte Sie. Diese schlechte Gewohnheit hat er in Acapulco angenommen. Auch das Hemd wechselt er einmal die Woche, aber diese Woche hat er dreimal die Wäsche gewechselt; von Kopf bis Fuß hat er sich umgezogen und verließ dann das Haus. Man kann also nicht behaupten, daß das Leben, das ich führe, schön ist. Sicherlich haben die *Comadres* ihm eingeredet, daß ich Geld habe, denn eines Nachts, als er betrunken war, begann er im Schlaf zu reden: »Nein, wenn ich doch des Suchens überdrüssig bin ... Sie hat nichts.«

Wen meinte er wohl? Sicherlich doch mich. So verkalkt bin ich nun doch noch nicht. Der will selbst das aus mir herausholen, was ich nicht besitze ... Eines Tages sagte ich zu ihm: »Ach, es fehlt mir noch soundsoviel für die Miete ...!« Als ob ich nichts gesagt hätte. Zu einem Ohr rein, zum anderen wieder raus. Leute mit Verstand würden antworten: »Hören Sie, ich werde Ihnen mit sounsoviel aushelfen ... Morgen gebe ich Ihnen etwas zur Miete dazu.« Aber er: nichts. Manchmal sagt er zu mir: »Morgen gehe ich Rahmen verkaufen.« Das mag stimmen oder auch nicht. Man hat mir erzählt, daß er sich in die »Lagarta« verknallt hat, eine, die es ganz schön bunt treibt, eine der Dirnen dieser Gegend. Mag sein. Er bringt nie Geld. Auf der anderen Seite muß er aber Milch trinken, Brot essen; wenigstens für drei Pesos Brot am Tag, denn er ißt kein normales Brot, nur süßes Brot, Zuckerbrot und Kuchen, alles, was nicht satt macht, aber was mehr kostet.

Wenn es nach mir ginge, würde ich ihm ein Dutzend Brötchen mit Bohnen belegen, aber nein. Auch die fertigen Tortillas will er nicht haben, dieses undefinierbare Zeug, das nach nichts aussieht und das auch nicht aufgeht, wie lange man es auch immer im Ofen hat. Er sagt, die taugen nichts, weil sie die Maiskörner samt Kolben zermahlen. Ich weiß nicht, wieso er so empfindlich ist. Vielleicht war es meine Schuld. Vor ein paar Tagen sagte er mir doch tatsächlich: »Beeilen Sie sich, damit Sie mir meine Tortillas schön heiß servieren.«

Außerdem, jedesmal, wenn ich darüber nachdenke, weiß ich genau, wonach Perico trachtet. Ich weiß, daß er wegen meiner Habseligkeiten hier ist, nicht weil er mich liebt. Ich lege mich ins Bett, aber ich schlafe nicht. Wenn er nach Hause kommt, ärgert er mich, denn er macht das Licht an und fängt an, seine illustrierten Heftchen zu lesen. Oder er will mit mir über seine Angelegenheiten reden, und ich verzweifele, und ich verzweifle, denn ich muß ja früh aufstehen. Aber ihm, da er nicht früh aufsteht, was macht ihm das schon aus, daß ich nicht ausgeschlafen bin? Die Männer schauen immer nur auf ihren Vorteil, nur was für sie von Nutzen ist, interessiert sie. Früher sorgte der Mann für die Frau; er brachte alles, was er verdient hatte und so, wie er es verdient hatte. Sie nahm davon das Haushaltsgeld, und das, was übrig blieb, wurde gespart. Und alle Kinder besaßen zweifache Kleiderausstattung. Heutzutage bringt das gar nichts mehr, wenn eine Frau sparen will, denn man nimmt es ihr bloß weg.

Pericos Bruder, Fidencio, verfuhr so mit seiner Frau. Tranquilina hatte vier Schweine, die sie klein gekauft hatte und die schon ungefähr so, ja so groß waren, als er eines Tages, als er betrunken war, kam und die Tiere mitnahm und verschacherte. Sie bekam nicht einen Centavo davon. Kein Wort hat sie verloren, denn sie beschwert sich nie. Fidencio schreit sie an: »Du, du machst mir nur die Einkäufe!« Deshalb hat Tranquilina zu mir gesagt: »Soll mir Fidencio das Haushaltsgeld geben, und ich gebe es für Lebensmittel aus, und mag er mir nur wieder etwas geben, und ich gebe es wieder aus, aber nicht einen Centavo werde ich mehr sparen. Wozu? Wie eine Blöde lege ich mich krumm, damit er es dann mit seinen *Compadres* versäuft ... Nein, nicht mit mir!«

Deshalb sage ich, daß die Männer heute nichts weiter interessiert als ihr Vorteil. Niemand achtet seine Frau, noch sorgt er für sie. Im Gegenteil, je mehr sie sie vernachlässigen, desto besser. Eines schönen Tages werde ich nicht mehr können, und es gibt für mich keine Aussicht, sagen zu können: »Mein Junge wird für mich sorgen.« Nein, meine Liebe, besser, ich haue ab. Und wozu könnte ich ihm noch nützlich sein, wenn ich nicht mehr in der Lage bin, seine Sachen zu waschen oder ihm seine Bohnen zu kochen. Wenn ich nicht mehr kann, werde ich mein Bündel schnüren, und da ich weiß, daß auf dem Friedhof kein Platz auf mich wartet, werde ich in die Berge gehen, damit mich die Geier fressen. Von klein auf war ich ihnen zugetan. Ich spreche viel über sie, weil ich sie mag. Es sind Tiere, denen ich morgen oder übermorgen als Nahrung dienen werde, und ich will, daß sie mich in der freien Landschaft fressen.

Es kommt mir so vor, als ob ich sie schon ihre Kreise ziehen sehe, jedesmal tiefer, jedesmal tiefer. Sie sind ungefähr so groß wie ein Truthahn, auch so schwarz und mit genauso einem rotgefärbten Kopf. Die Jungen glänzen schön, wie frischer Asphalt. Sie sind es, die die Menschheit von den Epidemien befreien; gibt es ein Massensterben der indianischen Bevölkerung, ein

Blutbad unter der Kavallerie, ein Massaker an den Bauern, ein Niedermetzeln von Mensch und Tier, die Geier verschlingen alles. Und alles vollkommen geräuschlos! Würden die Geier doch auch die Schlechtigkeit mit hinunterschlingen, wenn sie uns als blanke Skelette zurücklassen, aber die Schlechtigkeit, die bleibt immer in der Welt.

Die Dinge sind für eine gewisse Zeit vorbestimmt, denn keiner meiner Familienangehörigen kannte die *Geistliche Gemeinschaft*. Keiner hatte davon gewußt. Niemandem hat man die Augenbinde abgenommen; sie durchwanderten diese Welt und eckten überall an, sie kamen nicht über ein »Man wird sehen« hinaus. Und von meiner ganzen Familie war ich die einzige nicht Seßhafte, die herumzog und überall war. Denn mein Vater hat längst nicht all das gesehen, was ich gesehen habe. Ich habe so manche Wegstrecke hinter mich gebracht, denn geschrieben steht, daß ich viel unterwegs sein muß. Ich kenne viele Ecken. Mein Vater aber nicht. Er ging immer nur eine gewisse Strecke, und nach kurzer Zeit schon blieb er auf dem Schlachtfeld liegen. Mein Mann sagte immer, daß er mich nicht lebend auf der Erde zurücklassen würde, aber dazu hätte Gott seine Einwilligung geben müssen. Deshalb sage ich, daß die Dinge geschrieben stehen und daß Gott die Entscheidung fällt. Man selbst hat damit nichts zu tun, noch kann man die Zeiger der Uhr vorstellen. Ich jammere die ganze Zeit, die Zunge hängt mir schon heraus wie bei den Aufgehängten, ich bin schon mit einem Fuß im Grab, und trotzdem, wie die verfaulten Bäume, ich stehe noch. Nur Gott weiß, wielange noch.

Es ist ziemlich hart, nicht rechtzeitig zu sterben. Wenn ich krank bin, öffne ich meine Tür den ganzen Tag über nicht; tagelang schließe ich mich ein, kaum daß ich mir einen Tee oder *Atole* zubereite oder mir sonst irgend etwas mache. Aber ich laufe nicht herum und belästige die Leute, und niemand erscheint in meiner Tür. Eines Tages, wenn ich mich hier vor Schmerzen krümme, wird meine Tür verschlossen sein. Deshalb bitte ich Gott, er möge mich dort oben auf dem Berg sterben lassen. Wenn Gott mir das zugestehen würde, hätte ich nichts weiter zu tun, als auf den Berg zu klettern. Aber da Gott den giftigen Skorpionen keine Flügel gibt, nun, wer weiß. Ich bitte *Ihn* darum, aber wenn nicht, nun, sein Wille geschehe.

Ich habe große Lust, zum Sterben dorthin zurückzukehren, wo ich herumgezogen bin. Möge Gott sich an mich erinnern, denn ich möchte weit weg unter einem Baum sterben! Mögen mich dann die Geier umringen und Schluß; sie kämen und würden nach mir fragen, und ich würde dort zufrieden in den Gedärmen der Geier herumfliegen. Andernfalls kommen die Nachbarn nachsehen, ob man schon im Sterben liegt, Grimassen schneidet, denn die meisten Menschen kommen, um über den Sterbenden zu lachen. So ist das Leben. Einer stirbt, damit die anderen etwas zu lachen haben. Sie machen sich lustig über die Vorstellung, die man liefert; man streckt alle Viere von sich, verzerrt das Gesicht, krümmt sich, man liegt da mit offenem Mund und hervorquellenden Augen. Glauben Sie nicht, daß es hart ist, so zu enden? Deshalb schließe ich mich ein. Die Hausbesitzerin, die Casimira, wird die Tür einschlagen müssen, um mich herauszuholen, wenn ich schon steif bin und anfange zu stinken. Man wird mich hinausschleifen müssen, aber daß man herkommt und gafft und daß man sich dieses und jenes erzählt, das nicht, nein, niemand, ... niemand. Nur Gott und ich. Deshalb will ich nicht in Mexiko City sterben, sondern da draußen an einem Berghang, an einem steilen Flußufer wie mein Papa, der auf offenem Feld unter einem Baum starb. Wenn Gott mir doch die Erlaubnis erteilte, mich auf den Weg zu machen. Es ist schön, seine Todesstunde zu wissen. Ich bitte Gott darum, damit ich mich darauf vorbereiten kann, soweit zu gehen, wie es sein Wille ist, und dort den Tieren der Wildnis als Fraß zu dienen, den Koyoten, wie dieser Pedro, der einst mein Mann war. Es ist nicht so, daß ich etwas dagegen hätte, daß man mich beerdigt, aber was meinen Sie, wer mich beerdigen soll? Die Leute werden sagen: »Barmherziger Gott, endlich ist dieses alte Weib gestorben.«

Ich glaube nicht, daß die Menschen gut sind, wirklich, ich glaube es nicht. Nur Jesus Christus, und den lernte ich nicht kennen. Und mein Vater, der nie wußte, ob er mich liebt oder nicht. Aber hier auf der Erde, wer, glauben Sie, ist hier gut?

Und jetzt lassen Sie mich in Ruhe! Gehen Sie! Lassen Sie mich schlafen!

Diät, Bericht von ...
Rheinpfalz u. Carter

(kleines) Japan Sandstelle;
Ohne Absatz

Dinge, die mir zu meiner Person als viel Umfang.

- Werden solch eine Art die AA konform zu übernehmen?
- 3. Schlusse, Sitzungsraum.
-